청소년학의 이해

Introduction to Youth Studies

강영배 · 박선영 · 하중래 · 허일수 · 이지연 · 송원일 · 정희진 공저

학지사

머리말

21세기 한국 사회는 그 어느 때보다 빠르고 격동적인 변화를 겪고 있습니다. 인공지능(AI)을 중심으로 한 디지털 혁신, 인구구조의 급격한 재편, 세계화와 지역화의 동시적 전개, 그리고 기후 위기와 같은 전 지구적 과제는 사회 전반의 질서를 근본적으로 재구성하고 있습니다. 이러한 변화의 한가운데에서 청소년은 더 이상 '미래를 준비하는 세대'에 머무르지 않습니다. 이들은 지금 이 순간을 살아가는 핵심적인 사회 구성원이자, 사회 변화의 중요한 주체입니다. 청소년을 이해한다는 것은 곧 그들이 놓인 시대적 조건과 삶의 환경을 이해하는 일과 다름없습니다.

산업화, 민주화, 세계화, 디지털화로 이어진 사회 변동의 흐름은 각 시대 청소년의 성장 경험을 서로 다르게 형성해 왔습니다. 그 결과, 청소년의 성장 및 발달 과정은 물론, 문화적 양식, 사회적 관계망, 가치관 또한 끊임없이 변화하고 있습니다. 따라서 청소년을 온전히 이해하기 위해서는 개인의 심리적 · 발달적 특성에 대한 접근을 넘어, 그들이 위치한 사회 구조와 문화적 맥락을 함께 고려하는 종합적 시각이 필요합니다.

학문적 차원에서 청소년학은 유럽을 중심으로 발전해 왔습니다. 서양에서 청소년학(Youth Studies)은 20세기 초 · 중반, 산업화와 도시화가 급격히 진행되던 시기 청소년이 독자적인 사회집단으로 주목받으면서 본격적으로 형성되었습니다. 미국의 심리학자 스탠리 홀(G. Stanley Hall)이 1904년 『Adolescence』를 출판하면서 청소년기를 아동기와 분리된 독립된 발달 단계로 규정한 것은 학문적 출발점으로 평가됩니다. 이후 서유럽과 북미에서는 교육학, 사회학, 심리학을 중심으로 청소년 연구가 확산되었고, 제2차 세계대전 이후 대중 교육의 보편화, 청소년 문화의 부상, 청년층 실업과 사회 불평등 문제가 맞물리면서 학문적 필요성이 한층 강화되었습니다.

2000년대 이후 서구의 청소년학은 세 가지 특징적 흐름을 보입니다. 첫째, 글로벌화와 디지털 환경 변화에 따른 청소년의 정체성, 관계망, 정치 참여 연구가 확대되고 있습니다. 둘째, 다문화 · 이주 배경 청소년 연구가 활성화되어 사회적 배제, 문화 적응, 이중정체성 형성 등이 주요 주제로 다뤄집니다. 셋째, 사회적 불평등과 청소년 권리에 대한 관심이 높아져 기후위기 행동, 청소년 의회, 청년 기본소득 논의 등 정치적 주체성 연구가 활발히 진행되고 있습니다.

최근 서구 학계에서는 청소년을 사회적 행위자(social actor)이자 변화의 주체로 이해하는 경향이 뚜렷합니다. 이는 청소년을 수동적 보호 대상이 아닌, 사회적 관계망 속에서 능동적으로 의미를 재구성하는 존재로 보는 시각이며, 정책 설계 · 교육 실천 · 복지 서비스 개발에 폭넓게 반영되고 있습니다.

한편, 우리나라에서는 1992년 대학에 청소년지도학과가 개설된 이후, 청소년학이 청소년에 대한 종합적 이해를 가능하게 하는 학문으로 자리매김해 왔습니다. 청소년학은 심리학, 사회학, 교육학, 복지학, 정치학 등 다양한 학문 분야의 이론과 연구 성과를 융합하여 청소년의 발달과 사회화, 문화, 정책, 권리, 복지를 통합적으로 탐구합니다. 청소년학의 궁극적인 목표는 단순한 지식의 축적에 그치지 않고, 청소년이 사회의 주체로서 건강하게 성장할 수 있도록 실천적 · 정책적 방향을 제시하는 데 있습니다.

이 책 『청소년학의 이해』는 이러한 학문적 · 사회적 요구를 바탕으로, 청소년을 다각적으로 조망하는 체계적인 내용을 담고자 하였습니다. 제1~2장에서는 청소년의 개념과 발달 특성 그리고 청소년학의 학문적 성격을 다루고, 제3~4장에서는 청소년의 심리 · 발달과 문화의 변화를 살펴봅니다. 제5~6장에서는 청소년활동과 진로를 중심으로 청소년의 자기계발과 미래를 위한 준비 과정을 조명하며, 제7~9장에서는 청소년문제와 보호, 청소년복지, 청소년지도방법을 다룹니다. 이어 제10~11장에서는 청소년상담과 청소년프로그램 개발 · 평가를, 마지막 제12~13장에서는 청소년과 정책, 청소년 인권과 참여를 통해 청소년의 사회적 주체성을 심층적으로 탐구합니다. 각 장은 이론적 논의와 더불어 현장 적용 가능성을 고려하여 구성하였습니다.

이 책을 통해 학생들에게는 청소년학에 대한 기초 학습의 토대를 제공하고, 현장 실무자에게는 실천을 위한 길잡이를, 연구자에게는 새로운 탐구의 출발점을 제시하고자 합니다. 청소년은 미래의 가능성이자 현재를 살아가는 주인공입니다. 그들의 삶과 발달을 이해하고 지원하는 일은 단순한 복지의 차원을 넘어, 사회 전체의 지속 가능성과 직결된 중요한 과제입니다. 이 책이 청소년을 연구 및 지도하며, 더 깊이 이해하고자 하는 모든 이들에게 의미 있는 참고 자료가 되기를 기대합니다. 나아가 학문과 현장, 이론과 실천이 서로 연결되어 청소년과 우리 사회가 함께 성장하는 데 기여하기를 바랍니다.

2026년 2월

대구한의대학교 사회복지학과

강영배 교수

차례

제5장 청소년활동

제6장 청소년과 진로

제7장 청소년문제와 보호

제8장 청소년복지

제9장 청소년지도방법

제10장 청소년상담

제11장 청소년프로그램 개발과 평가

제12장 청소년과 정책

제13장 청소년 인권과 참여

제 1 장

청소년의 이해

1. 청소년의 개념
2. 청소년, 청소년기의 등장
3. 청소년 연령 구분
4. 청소년기의 발달적 특징
5. 후기 청소년기의 등장
6. 청소년과 사회 환경

청소년학의 이해

1. 청소년의 개념

청소년(青少年)이란 한자적 의미에서 푸르고, 미성숙함을 의미하는 '청(青)'과 젊고 어리다는 의미의 '소(少),' 나이, 시기를 의미하는 '년(年)'이 합쳐져서 만들어진 용어이다. 즉, 청소년을 문자 그대로 해석하면 '푸르고 젊은 시기'로, 성숙(成熟)해 가는 과정에 있는 젊은 사람을 뜻한다. 한편, 사전적 의미에서 청소년(青少年)은 소년(少年)과 청년(青年)을 아울러 이르는 말로, 나이가 12세에서 20세에 이르는 미성년의 젊은이들(나이가 젊은 사람)을 통틀어서 이르는 말로, 흔히 10대 후반의 젊은이를 일컫는다. 여기에서 소년이란 '아직 완전히 성숙하지 아니한 어린 사내아이'를 의미하며, 청년이란 '신체적 · 정신적으로 한창 성장하거나 무르익은 시기에 있는 사람'을 의미한다.

청소년을 사전적 차원에서 정의함에 있어 '어리다' '젊다'는 표현이 내포하고 있는 의미에 대해 생각해 보자. 먼저, '어리다'의 어원에 대해 살펴보면 '어리다'는 고대 한국어에서 유래되었으며, '미숙하다' 또는 '분별이 없다'는 의미로 사용되었다. 근대 사회에 들어와서는 미숙하다는 의미에 더해 연령적으로 미성숙함을 표현하는 의미가 추가되었다. 현대 사회에서 어리다는 의미는 '연령적 미성숙함'을 표현하는 의미로 사용되고 있다. 대표적인 예로 "그 아이는 아직 어리다."라는 표현을 들 수 있다(이기문, 1973; 최현배, 1947).

다음으로, '젊다'의 의미에 대해 살펴보고자 한다. 고대 한국어에서 '젊음'의 개념은 활기, 생동감과 관련된 포괄적 의미를 가지고 있으며, '젊다'는 나이와 관련된 연령적 특성과 함께 '기운차고 생동감 있는 상태'를 묘사하는 단어의 사용에서 유래되었다. '젊다'의 의미는 시대적 흐름에 따라 그 의미도 변화하는 과정을 거치게 되는데, 고대 및 중세 한국어에서 '젊다'는 나이가 적은 것뿐 아니라, 에너지가 넘치고 활력이 있는 상태를 의미한다. 그 예로는 활기찬 시절을 의미하는 '젊은 나날'을 들 수 있다. 근대 한국어에서 '젊다'의 의미는 나이를 중심으로 한 개념으로 점차 좁아지며, 성인과 노인의 대비로 사용되었다. 그 예로는 청년이나 연소자를 지칭하는 '젊은이'를 들 수 있다. 오늘날 '젊다'는 연령적 의미가 주된 의미로 사용되며, 여전히 활력과 에너지를 함축하는 의미로 사용되고 있다. 그 예로 "젊음이 아름답다."라는 표현을 들 수 있다(김동소, 1982).

앞에서 언급한 청소년과 관련된 유사 용어와 그 의미를 정리하면 다음의 〈표 1-1〉과 같다.

〈표 1-1〉 청소년 관련 용어의 사전적 정의

용어	뜻	비고
아동(兒童)	나이가 적은 아이, 통상 유치원에 다니는 나이로부터 사춘기 전의 아이를 이름	아동복지법
어린이	대개 4, 5세부터 초등학생까지의 아이를 이름	
소년(少年), 소녀(少女)	아직 완전히 성숙하지 아니한 어린아이	
청소년	청년과 소년을 아울러 이르는 말	청소년 기본법
청년(青年)	신체적 · 정신적으로 한창 성장하거나 무르익은 시기에 이르는 사람	청년기본법
젊은이	나이가 젊은 사람, 혈기가 왕성한 사람	
미성년(未成年)	아직 어른이 되지 않은 나이	민법
학생	학교에 다니면서 공부하는 사람	
연소자	나이가 어린 사람	

출처: 두산동아(2012). 『동아새국어사전(제5판)』의 내용을 토대로 재구성함.

한편, 영어권에서는 청소년을 지칭하는 용어로 'youth, adolescent, child, boy/girl, teenager, juvenile' 등이 사용되고 있으며, 최근 들어 청소년 시기가 연장됨에 따라 'post-adolescent, young adult, emerging adulthood' 등과 같은 용어들도 청소년 또는 청소년기를 지칭하는 의미로 사용되고 있다. 각각의 단어의 쓰임새에 대해 살펴보면 다음과 같다.

먼저, 'child'는 일반적으로 출생부터 사춘기 이전까지의 시기를 살아가는 사람을 가리킨다. 법적으로는 만 18세 미만을 아동(child)으로 간주하는 경우가 많으나, 사회적 · 발달적 맥락에서는 보통 만 12세 이전을 아동기(childhood)로 구분한다. 이 시기는 인지적 · 정서적 · 신체적 기초가 형성되는 시기이며, 보호의 대상이 되는 연령대로 여겨진다(Steinberg, 2016). 'boy'와 'girl'은 성별을 구분하여 남자아이와 여자아이를 의미한다. 연령대는 유아기부터 사춘기 전후까지 다양하게 사용할 수 있으나, 일반적으로 '성인(adult)' 이전의 남성과 여성을 지칭할 때 사용된다. 문맥에 따라 청소년기까지도 포함될 수 있다(American Psychological Association, 2025).

'youth'는 폭넓은 의미를 지니며, 보통 청소년기에서 젊은 성인기까지를 포괄하는 개념이다. 유엔(UN)에서는 15~24세를, 대한민국 「청소년 기본법」에서는 9~24세를 청소년(youth)으로 정의한다. 이 용어는 단지 생물학적 연령뿐 아니라 사회적 지위, 문화적 정체성을 내포할 수 있다. 경우에 따라 정치적 · 경제적 맥락에서 '청년'을 포괄하는 개념으로도 사용된다(법제처 국가법령정보센터, 2024f; United Nations, 2025). 'teenager'는 나이 명칭에 '-teen'(13~19세)이 붙는 연령대, 즉 13세부터 19세까지의 사람을 일컫는다. 주로 청소년기 중기에서 후기까지를 포함하며, 신체적 사춘기 변화와 자아정체감 형성이 중요한 발달 과제로 등장하는 시기이다. 이 용어는 '청소년'을 직접적으로 가리키는 일상적 표현이다(Steinberg, 2016).

'young person'은 연령적으로 어린 사람을 지칭하는 표현이며, 일반적으로 아동부터 젊은 성인까지를 포괄하는 중립적 용어이다. 특정 연령에 국한되기보다 문맥에 따라 다양하게 쓰이며, '청소년' 또는 '청년'과도 겹칠 수 있다(OECD, 2025).

'adolescence'는 '청소년기'를 의미하는데, 생물학적 사춘기(puberty)부터 성인기로 이행하는 시기를 가리킨다. 심리적 · 사회적 · 신체적 변화가 복합적으로 나타나는 과도기이며, 인지발달과 자아정체성 탐색이 활발히 이루어진다. 세계보건기구(WHO)에서는 보통 10~19세를 이 시기의 범주로 본다(Steinberg, 2016; World Health Organization, 2025).

'puberty'는 생물학적인 개념으로, 신체적으로 성적 성숙이 시작되는 시기를 의미한다. 일반적으로 여아는 8~13세, 남아는 9~14세 사이에 시작되며, 이 시기에는 성호르몬의 분비가 활발해지고 2차 성징이 나타난다. 즉, adolescence가 사회 · 심리적 과도기라면, puberty는 그 시작점이 되는 생리적 변화기라고 할 수 있다(Steinberg, 2016).

'juvenile'은 법적 · 생물학적 맥락에서 성인이 아닌 미성년자를 가리킨다. 특히 법률 분야에서는 청소년 범죄와 관련된 '소년범(juvenile delinquent)'의 의미로 자주 사용된다. 영어권에서는 다소 형식적이거나 법적 맥락에서 쓰이며, 아동과 청소년을 포괄할 수 있다(U.S. Department of Justice, 2025).

'young adult'는 청소년기를 지난 후 20대 초반부터 30대 초반까지의 연령대를 지칭하는 표현이다. 사회적으로는 자율성과 책임을 갖춘 성인의 삶을 시작하는 단계로 간주되지만, 경제적 · 정서적으로는 아직 독립의 과도기에 있는 경우가 많다. 이 시기는 교육, 취업, 가족 형성 등 주요 인생 과제를 수행하는 시기로 여겨진다(Arnett, 2000).

'post-adolescent'는 사춘기와 청소년기(adolescence)를 지난 이후, 성인으로서의 안정된 정체성이 아직 형성되지 않은 이행기의 사람들을 일컫는다. 이는 '청소년기 이후의 청년' 혹은 '성인이 되었지만, 아직 완전히 성숙하지 않은 시기'라는 개념으로, 현대 사회에서 청년기 연장의 현상을 설명하는 데 사용된다(Arnett, 2000).

'emerging adult'는 심리학자 제프리 아넷(Jeffrey Arnett)이 제안한 개념으로, 18~25세

또는 29세까지의 사람들을 가리킨다. 이 시기는 아직 완전한 성인으로서의 책임을 지지 않지만, 청소년기의 종결 이후 자율성과 탐색이 강조되는 독립적인 시기이다. 진로, 관계, 세계관 등에서 자기탐색이 이루어지며, 현대 사회에서 청년기의 특징적 시기로 강조된다(Arnett, 2000).

앞에서 기술한 청소년 관련 영어의 의미를 정리해 보면, child, boy/girl은 사춘기 이전의 아동기를 의미하며, puberty는 생물학적으로 사춘기가 시작되는 시기를 의미하는 용어로 주로 사용된다. adolescence, teenager, juvenile은 사춘기에서 성인기로 넘어가는 과도기인 청소년기를 의미하며, youth, young person은 문맥에 따라 아동기에서 청년기를 포함하는 포괄적 표현으로 사용된다. 마지막으로, young adult, post-adolescent, emerging adult는 청소년기를 지난 이후 청년기 또는 성인기로 이행해 가는 과도기적 시기를 나타내는 의미로 사용되고 있다. 아울러 이러한 용어들은 발달심리학, 사회학, 교육학, 법학 등 다양한 맥락에서 조금씩 다르게 정의되며, 사용되는 목적에 따라 그 경계가 융통성 있게 적용된다.

〈표 1-2〉 청소년을 의미하는 영어 표현

용어	뜻	비고
child	a young person of either sex, usually one below the age puberty	
boy(girl)	a male child or youth. also: a son, irrespective of age	
teenager	a person who is in his or her teens; an adolescent	
young person	a person who is growing from a child into a adult	
youth	the time when one is young; the early part or period of life; more specifically, the period from puberty till the attainment of full growth	
adolescence	the period of following the onset of puberty during which a young person develops from a child into an adult	
puberty	the period of life during which a young person reaches sexual maturity and becomes capable of reproduction	
juvenile	a young person who is not yet old enough to be considered an adult	
young adult	a person in his or her teens or early twenties. a person in his or her mid to late teens	
post-adolescent	someone who has recently become an adult, but who may behave as if they have not yet fully developed into an adult	
emerging adult	a period of development spanning from about ages 18 to 29	

출처: 옥스퍼드 사전(https://www.oed.com/search/dictionary/?scope=Entries&q=child)의 내용을 토대로 재구성함.

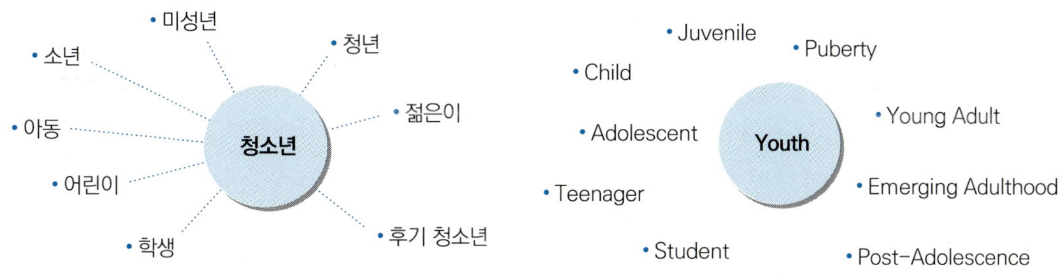

[그림 1-1] 청소년(youth) 연관어(한글 · 영어)

2. 청소년, 청소년기의 등장

청소년기는 오늘날 하나의 독립된 발달 단계로 인식되지만, 이는 오랜 시간에 걸친 역사적 · 사회적 · 경제적 변화의 산물이다. 고대 및 중세 사회에서는 청소년기를 별도로 구분하지 않았으며, 어린이는 일정한 나이에 이르면 곧바로 성인의 역할을 부여받았다. 고대 그리스나 로마에서는 성년식을 통해 전환이 이루어졌으며, 예컨대 스파르타에서는 7세에 군사 훈련을 시작해 청소년기 없이 바로 성인 남성으로 편입되었다. 아리스토텔레스는 생애 주기를 구분하긴 했으나, 오늘날과 같은 청소년기에 대한 구체적 개념은 없었다. 중세 농경 사회에서도 아이들은 조기에 노동과 종교적 의무를 수행하며, 사회적으로 '작은 성인'으로 간주되었다.

청소년 개념의 형성은 산업혁명과 더불어 본격적으로 나타난다. 18~19세기 산업화는 도시화를 가속화시키고 아동과 청소년의 노동 참여를 증가시켰으나, 이는 아동 노동 착취라는 심각한 사회문제로 이어졌다. 이에 따라 영국에서는 1833년 「공장법」을 통해 아동 노동을 규제하였고, 미국과 유럽에서는 의무교육제도 도입이 확대되었다. 이러한 변화는 아동과 성인을 구분하는 법적 · 제도적 기반을 마련하고, 아동기와 성인기 사이의 과도기 개념으로서 청소년기를 자리매김하게 했다.

20세기 초, 미국의 심리학자 스탠리 홀(G. Stanley Hall)은 저서 『Adolescence』(1904)를 통해 청소년기를 학문적으로 정의하였다. 그는 이 시기를 '질풍노도의 시기'라 명명하며, 신체적 · 심리적 · 사회적 변화가 복합적으로 나타나는 시기로 보았다. 이후 청소년은 성인으로 이행하기 전 정체성 확립, 가치 선택, 진로 탐색을 수행하는 고유한 존재로 인식되었다.

20세기 중반 이후 대중매체의 확산과 소비 문화의 발전은 청소년을 독립적인 문화 집단이자 경제적 주체로 부각시켰다. 로큰롤, 청바지, 재즈, 영화 등은 청소년만의 문화 정체성을 형성했고, 기업은 청소년을 주요 소비 계층으로 타기팅하기 시작했다. 이로써 청소년은 단순한 과도기적 존재를 넘어, 하나의 '사회문화적 세대'로 자리 잡게 되었다.

현대에 이르러 청소년기의 경계는 더욱 확장되었으며, 고등교육과 취업 준비 기간이 길어지면서 청소년기와 성인기 사이에 '청년기(post-adolescence)'라는 개념도 등장하게 되었다. 아울러 각국 정부는 청소년의 교육, 노동, 건강, 참여를 위한 정책과 법제도를 정비하며, 청소년의 권리 보장과 역량 강화를 위한 노력을 지속하고 있다. 1985년 유엔이 '국제 청소년의 해'를 선포한 것도 이러한 흐름의 일환이다.

결국 청소년기는 생물학적 발달뿐 아니라 사회적·문화적·제도적 변화를 통해 구성된 역사적 개념이다. 이는 단지 인간발달의 한 단계가 아니라, 시대적 맥락 속에서 끊임없이 재구성되는 사회적 구성물(social construct)로 이해할 필요가 있다.

1) 청소년기의 역사적 등장과 개념 형성: 서양 사회

(1) 고대 및 중세 사회: 청소년기 개념의 부재

고대와 중세 사회에서는 현대적인 의미의 청소년기 개념이 존재하지 않았다. 고대 그리스와 로마에서는 일정한 나이에 성년식을 통해 어린이가 곧바로 성인의 역할을 수행하게 되었으며, 대표적으로 스파르타에서는 7세부터 군사 훈련에 돌입해 조기 성인화가 이루어졌다. 중세 유럽 농경 사회에서도 아이들은 어린 시절부터 노동에 참여하고 종교적 의무를 수행하며 '작은 성인'으로 간주되었고, 보통 12~13세에 결혼하거나 직업을 갖는 경우가 많았다(Aries, 1962). 이 시기에는 아동기와 성인기 사이를 구분하는 뚜렷한 개념이 없었으며, 청소년이라는 개념 자체가 사회적으로 성립되지 않았다.

(2) 근대 사회: 산업화와 교육제도 속 청소년 개념의 초석

18~19세기 산업혁명은 청소년 개념 형성에 결정적인 전환점을 제공했다. 산업화와 도시화로 인해 아동과 청소년의 노동이 증가하였고, 이로 인해 아동 착취 문제가 사회적 논의의 중심에 떠오르게 되었다. 이에 따라 영국은 1833년 「공장법」을 통해 아동의 노동시간을 제한하였으며, 미국과 유럽은 19세기 말부터 의무교육제도를 도입하여 아동을 보호하고 교육의 장으로 이끌었다(Steinberg, 2014). 이 시기부터 아동과 성인을 명

확히 구분하려는 사회적 · 법적 기반이 형성되었고, 청소년기는 학교를 중심으로 머무는 과도기적 단계로 자리 잡기 시작했다.

(3) 20세기 초: 학문적 개념으로서 청소년기의 정립

1904년, 미국의 심리학자 스탠리 홀은 저서 『Adolescence』를 통해 청소년기를 생애주기의 독립적 단계로 처음 학문적으로 규정하였다. 그는 청소년기를 '질풍노도(storm and stress)'의 시기로 묘사하며, 이 시기가 신체적 변화뿐 아니라 심리적 혼란과 갈등이 심화되는 시기라고 보았다(Hall, 1904). Hall의 이론은 발달심리학에서 청소년기를 독립된 연구 대상이자 과도기의 전형으로 다루게 되는 계기를 마련했다.

(4) 20세기 중후반: 청소년문화와 사회적 제도의 확립

1950년대 이후 청소년은 독자적인 문화적 주체로 인식되기 시작했다. 대중매체의 보급과 소비 문화의 확대 속에서 청소년은 패션, 음악, 영화 등 다양한 문화 양식을 주도하는 집단으로 자리매김하였다. 특히 로큰롤 음악, 청바지 문화, 반항적 태도는 청소년만의 정체성과 세대 문화를 형성했다(Griffin, 1993). 이와 함께 각국 정부는 청소년을 위한 정책을 수립하며, 교육, 노동, 복지 영역에서 청소년을 보호하고 지원하는 제도적 기반을 강화했다. 유엔은 1985년을 '국제 청소년의 해'로 지정하며 청소년의 권리와 사회참여를 강조하였다.

(5) 현대 사회: 청소년기의 확장과 복합적 정체성

현대 사회에서는 고등교육의 확대와 경제적 독립의 지연으로 인해 청소년기가 더욱 연장되고 복잡해졌다. 중학생부터 대학생에 이르는 광범위한 시기를 청소년기로 포괄하는 경향이 나타났으며, 이에 따라 성인기 초기와 겹치는 '청년기(post-adolescence)' 개념도 함께 대두되었다. 오늘날 청소년은 가족의 보호 아래 있으면서도 독립성을 추구하고, 동시에 소비 주체이자 문화 생산자로 기능한다. 또한 각종 정책과 제도를 통해 사회의 미래를 준비하는 존재로 인정받고 있다(Steinberg, 2014).

2) 한국 사회 청소년기의 역사적 등장과 개념 형성

(1) 전통 사회

한국 전통 사회에서는 청소년기의 개념이 명확하게 구분되지 않았다. 청소년기는 대개 성년식을 통해 성인으로 인정받는 시기로 간주되었다. 조선시대의 유교 문화에서는 청소년기를 가정과 공동체의 역할을 배우는 시기로 보고, 어린이는 성인으로 성장하기 위한 준비 과정으로 여겼다. 청소년기를 독립적인 발달 단계로 보지 않았으며, 어린이는 일찍이 성인과 비슷한 역할을 수행하는 경우가 많았다(김영호, 2013).

(2) 근대화 이후

일제강점기와 해방 이후, 서구적 교육제도와 사회체계가 도입되면서 청소년기의 개념이 점차 구체화되었다. 20세기 초반에는 의무교육제도가 도입되어 아동기와 성인기를 구분할 수 있는 사회적 구조가 형성되었다. 1970년대에는 산업화와 도시화가 빠르게 진행되면서 청소년기에 대한 사회적 문제들이 부각되었고, 특히 학업 스트레스, 청소년 비행, 문화적 갈등 등이 주요 사회적 문제로 떠오르며 청소년기에 대한 학문적 관심이 증가했다(박지현, 2006).

(3) 현대 사회

1980년대부터 청소년에 대한 국가적 관심이 증가하면서, 청소년을 위한 법적 · 제도적 체계가 마련되었다. 이 시기에는 「청소년육성법」과 「청소년 기본법」 등이 제정되었고, 이를 통해 청소년의 권리와 복지를 보호하려는 노력이 시작되었다. 오늘날 한국 사회에서는 청소년기를 중학교, 고등학교 그리고 대학교까지 포함하는 시기로 인식하고 있으며, 이 시기를 진로 탐색과 자아정체성 형성의 중요한 단계로 보고 있다. 특히 청소년들은 청소년기를 자신의 미래를 준비하는 중요한 시기로 인식하며, 이에 따라 청소년 문제 해결을 위한 정책도 지속적으로 발전하고 있다(정미영, 2015).

3) 청소년기의 사회적 · 법적 인식의 변화

이처럼 한국에서 청소년기 개념은 시대적 · 사회적 변화에 따라 발전하였고, 청소년은 더 이상 단순히 성인으로의 과도기를 넘어서 독립적이고 중요한 발달 단계로 자리 잡게 되었다. 청소년기의 사회적 · 법적 인식은 오늘날까지 지속적으로 변화하며, 이는 청소년들이 사회적 · 경제적 · 문화적으로 중요한 영향을 미치는 주체로 자리매김하는 데 기여하고 있다(이승현, 2018).

결론적으로, 청소년기는 사회적 · 경제적 변화 속에서 형성된 역사적 개념이다. 고대 및 중세에는 별도의 단계로 인식되지 않았으나, 산업화와 교육의 확대를 통해 점차 독립적인 생애주기로 확립되었다. 현대 사회에서는 청소년기가 개인의 정체성을 형성하고 성인기로 전환하는 중요한 시기로 인식되며, 이와 관련된 정책과 연구가 계속해서 진행되고 있다.

3. 청소년 연령 구분

청소년의 연령 구분은 시대에 따라 또는 나라마다 상이할 뿐만 아니라, 같은 나라 안에서도 법률의 제정 목적 등에 따라 서로 다르므로 한마디로 정의하기는 어렵다. 「청소년 기본법」을 비롯한 청소년 관련 법령에서 정의하고 있는 청소년의 연령에 대해 살펴보고자 한다.

한국 사회에서 청소년의 연령 정의는 법령의 제정 목적에 따라 상이하게 규정되고 있다. 우선, 「청소년 기본법」은 청소년을 만 9세 이상 24세 이하로 정의하며, 이 법은 청소년의 건전한 성장과 자질 향상 그리고 청소년정책의 체계적 추진을 목적으로 한다(법제처 국가법령정보센터, 2024f). 해당 법은 청소년을 정책의 수혜자이자 자율적인 주체로 인식하는 경향이 있으며, 이 범위는 대학생 일부까지 포함한다는 점에서 발달적 관점에 기반한 정의로 볼 수 있다(김경준, 2014).

반면, 「청소년 보호법」은 청소년을 만 19세 미만으로 규정하며, 이 법의 핵심 목적은 청소년을 유해 환경으로부터 보호하고, 건강하고 안전한 성장을 유도하는 데 있다(법제처 국가법령정보센터, 2024f). 따라서 해당 법은 유해매체, 약물, 성매매, 업소 이용 제한 등에 대한 규제 중심의 내용을 담고 있다(박현정, 2017).

「소년법」은 형사 책임 연령 미만의 청소년, 즉 비행 청소년에 대한 교정과 보호를 위한 법률로 만 10세 이상 14세 미만은 촉법소년, 14세 이상 19세 미만은 범죄소년으로 규정한다(법제처 국가법령정보센터, 2024b). 이 법은 청소년의 심리적 · 사회적 미성숙을 고려하여 형벌이 아닌 보호처분 중심의 사법 체계를 운영한다(김경준, 2014).

또한 「형법」은 만 14세 미만의 자를 형사미성년자로 규정하여, 형사 책임을 지지 않도록 한다(법제처 국가법령정보센터, 2024g). 이는 책임 능력의 발달 수준을 기준으로 청소년기 이전의 아동을 형사적 책임 대상에서 배제하는 원칙에 기반하고 있다.

「아동복지법」(법제처 국가법령정보센터, 2024c)은 18세 미만의 자를 '아동'으로 정의하며, 보호와 복지를 중심으로 청소년 초기 단계의 아동까지 포함하여 규율하고 있다. 이는 청소년기 초반의 아동이 단순한 보호의 대상일 뿐 아니라, 권리의 주체로서도 이해되어야 함을 강조하는 것이다(박현정, 2017).

〈표 1-3〉 청소년관련 법령의 호칭, 연령구분, 정의

법령	호칭	연령구분	청소년의 정의
청소년 기본법	청소년	9~24세	청소년은 9세 이상 24세 이하의 사람을 의미하며, 이들의 권리 · 책임 보장을 위해 정책을 수립
청소년 보호법	청소년	19세 미만	청소년은 만 19세 미만인 사람을 의미하되, 결혼한 사람은 제외. 유해 환경으로부터 보호받아야 할 대상으로 정의
아동복지법	아동	18세 미만	아동은 18세 미만인 사람을 의미하며, 청소년기의 초기에 해당. 보호와 복지 서비스를 제공받아야 할 대상으로 정의
근로기준법	연소자	18세 미만	청소년 근로자는 15세 이상 18세 미만의 미성년자로, 근로 시간 · 조건 등의 보호를 필요로 하는 대상
청소년활동 진흥법	청소년	9~24세	청소년은 9세 이상 24세 이하의 사람으로, 다양한 활동을 통해 역량을 개발할 대상으로 정의
형법	형사미성년자	14세 미만	형법상 형사 책임이 없는 사람으로 정의되며, 형사처벌의 대상에서 제외
소년법	소년	19세 미만	소년법에서 청소년은 범죄소년(14~19세), 촉법소년(10~14세 미만), 우범소년(10~19세)으로 나뉘며, 보호와 교정을 통해 건전한 사회 구성원으로의 복귀를 목표
민법	미성년자	19세 미만	미성년자는 만 19세 미만의 사람으로, 법적 행위 능력이 제한되며 후견인이 필요한 대상으로 정의
아동 · 청소년의 성보호에 관한 법률	아동청소년	19세 미만	아동 · 청소년이란 19세 미만의 자

출처: 국가법령정보센터(https://law.go.kr/)의 내용을 토대로 재구성함.

노동과 관련된 「근로기준법」에서는 청소년의 노동권 보호와 규형을 위해 15세 이상을 취업 가능 연령으로 하되, 야간 · 유해 작업 제한 등 연령에 따른 노동 보호 조항을 포함하고 있다(법제처 국가법령정보센터, 2024a). 이는 경제 활동 주체로서의 청소년을 인정하되, 권익 보호가 병행되어야 함을 보여 준다.

한편, 「청소년활동 진흥법」은 청소년의 자기계발과 사회참여 활동을 촉진하기 위한 법으로, 만 9세 이상 24세 이하를 대상으로 하며, 이들은 자기주도적인 시민적 주체로 간주된다(법제처 국가법령정보센터, 2024f). 이는 청소년의 자율성과 책임, 사회적 성장을 중시하는 참여적 관점을 반영한다(김경준, 2014).

결론적으로, 한국 사회의 청소년 관련 법제는 청소년을 규제의 대상, 보호의 대상, 정책 수혜자, 시민 주체 등 다양한 관점에서 정의하고 있으며, 각 법령이 청소년의 성장 단계와 사회적 역할을 반영해 연령을 차별적으로 설정하고 있음을 알 수 있다.

국제기구와 국가별로 청소년의 연령 정의는 정책 목적, 사회문화적 배경, 법체계, 발달심리적 기준에 따라 다소 차이가 있다. 먼저, 유엔(UN)은 청소년(youth)을 15세에서 24세 사이의 사람으로 정의한다(United Nations, 2023). 이는 개발정책, 인구통계, 교육, 고용 등과 관련된 통계 및 청년 참여 확대를 위한 기준으로 널리 사용된다. 유엔은 이 연령대의 인구를 '청소년 집단(young people)'으로도 분류하며, 이는 아동기에서 성인기로의 과도기라는 인식을 반영한다.

WHO 역시 청소년(adolescents)을 10세부터 19세까지로 정의하며, 특히 이 시기를 생리적 사춘기의 시작부터 사회적 성인의 이행기로 본다(World Health Organization, 2022). WHO는 청소년기를 다시 초기(10~13세), 중기(14~16세), 후기(17~19세)로 구분하여 건강, 성, 정신건강 정책 등에 적용한다. 국제노동기구(ILO)는 청소년 노동에 대한 정의에서 청소년을 15세 이상 24세 이하로 규정하고, 특히 18세 미만은 '미성년 노동자(minor workers)'로 보호가 필요하다고 본다(International Labour Organization, 2021). ILO는 아동노동 금지와 청소년의 안전한 취업 보장을 균형 있게 고려하는 것이 특징이다. 세계은행(World Bank)은 통계적 분석 및 청소년 역량 강화 정책에서 15세에서 24세를 청소년으로 간주하며, 이 연령층을 인적 자원 개발과 경제 성장의 핵심 인구군으로 본다(World Bank, 2021). 세계은행은 특히 청소년실업률, 교육 수준, 노동시장 진입과 관련된 정책에서 이 연령대를 중심으로 통계를 제시한다.

미국(United States)은 「연방법」상 '청소년'이라는 용어가 자주 사용되지는 않지만, 청소년 사법 시스템(juvenile justice system)에서는 일반적으로 18세 미만을 청소년(juvenile)

으로 본다(U.S. Department of Justice, 2023). 그러나 일부 주(state)에서는 형사 책임 연령이나 보호처분 기준을 16세 또는 17세로 조정하는 등 분권적인 기준을 채택하고 있다.

영국(United Kingdom)에서는 청소년을 법적으로 10세 이상 17세 이하로 규정하며, 10세는 형사 책임의 최소 연령이다(UK Government, 2022). 사회정책에서는 보통 13세에서 19세까지를 청소년으로 다루며, 청소년 서비스, 교육, 보건정책 등에서 실무적 기준으로 사용된다.

〈표 1-4〉 국제기구 및 주요국가의 청소년 연령 정의 및 구분

기관/국가	대상	연령구분	비고
UN	청소년(youth)	15~24세	
국제노동기구(ILO)	청소년(youth)	15~24세	
	청소년(adolescent)	10~19세	
	청소년(young person)	10~24세	
세계은행 (World Bank)	아동(child)	12세 미만	
	청소년(youth)	12~24세	
유엔아동권리협약 (UNCRC)	아동(child)	18세 미만	
세계보건기구 (WHO)	청소년(adolescent)	10~19세	
	청년(youth)	15~24세	
미국	청소년(youth)	24세 이하	「연방 청소년정책 조정에 관한 조정에 관한 법률(Federal Youth Coordination Act of 2009)」
독일	아동(kind)	14세 미만	「아동청소년지원법(Kinder und Jugend-hifegesetz)」
	청소년(jugendiche)	14~18세	
	청소년(heranwachsende)	18~21세	
	청년(junge voljahrige)	18~27세	
영국	아동(child)	12세 미만	「아동・청소년법(Children and Young persons Act)」
	청소년(young person)	12~18세 미만	
일본	아동(子供)	0~18세	「아동청소년육성추진법(子ども若者育成支援推進法)」 아동청소년육성추진대강(子ども若者育成支援推進大綱)
	청년(若者)	18~30세	
	청소년(青少年)	3~30세	

출처: 여성가족부(2024)의 「2023 청소년백서」, 内閣府(2024)의 「子供・若者白書」의 내용을 토대로 재구성함.

독일(Germany)은 「사회복지 및 청소년 보호법(Jugendgerichtsgesetz)」에서 청소년을 14세 이상 17세 이하로 정의하며, 18세부터 21세까지는 '청년(adolescent adult)'이라는 중간 범주로 간주하여, 보호 또는 형벌 기준을 개별 사례에 따라 유연하게 적용한다(Bundesministerium für Familie, Senioren, Frauen und Jugend, 2023). 이는 발달 단계의 다양성과 개인차를 반영하려는 독일식 접근이다.

일본(Japan)은 전통적으로 20세 미만을 미성년자로 간주했으나, 2022년 「민법」 개정을 통해 성인 연령이 18세로 하향 조정되었다. 그러나 여전히 청소년 관련 보호법령에서는 청소년을 대체로 13~19세 혹은 20세 미만으로 간주하며, 범죄 예방, 인터넷 규제, 유해 환경 보호 등의 맥락에서 적용된다(Ministry of Internal Affairs and Communications, Japan, 2023).

이처럼 각국 및 국제기구는 청소년기를 단일한 나이로 고정하기보다는 법적·사회적·문화적 목적에 따라 융통성 있게 설정하고 있으며, 특히 청소년의 이중적 정체성(보호받는 존재 대 자율적인 존재)을 반영한 제도적 대응이 공통점으로 나타난다.

4. 청소년기의 발달적 특징

1) 청소년기의 시작과 끝

청소년기는 언제 시작되어 언제 끝나는가에 대한 질문은 청소년기를 이해하는 데 있어 피할 수 없는 물음이다. 이러한 질문에 대한 해답을 찾기 위한 실마리는 청소년기를 의미하는 adolescence의 라틴어 어원인 adolescere(아돌레스케레, 성인으로 성장해 가는 시기, to grow into adulthood)에서 찾을 수 있을 것이다(Lerner & Steinberg, 2009). 이는 모든 사회에서 청소년 아동기의 미성숙한 상태에서 성인기의 성숙한 상태로 성장해 가는 시기이자 미래를 준비하는 시기를 의미한다(Larson, Wilson, & Rickman, 2009). 청소년기의 시작과 끝을 생물학적, 인지적, 정서적 그리고 사회적 측면으로 구분하여 살펴보면 다음과 같다.

첫째, 생물학적 측면에서 사춘기의 호르몬 변화로 시작하여 신체적 발달이 완전히 성인 수준에 도달하는 시점이 청소년기의 끝으로 간주된다.

둘째, 인지적 측면에서 살펴보면, 청소년기 초기에는 논리적 사고와 미래에 대한 계획 능력이 제한적이지만, 후기에는 복잡한 문제를 해결하고 장기적인 결과를 예측하는 성숙한 사고로 발전한다.

셋째, 정서적 측면에서 청소년기 초기에는 부모와의 갈등이 늘어나고 독립성을 추구하지만, 후기에는 자신의 정체성을 확립하고 안정적인 감정 조절 능력을 갖추게 된다.

넷째, 사회적 측면에서는 청소년 초기에 또래 집단의 영향력이 극대화되며, 후기에는 자율성과 책임감을 가진 사회적 역할 수행으로 전환된다.

〈표 1-5〉 청소년기의 시작과 끝

관점	청소년기 시작(begin)	청소년기 끝(end)
생물학적	사춘기의 시작(2차 성징 발달, 급격한 신체 성장)	신체적 성숙 완성(성인의 신체적 발달 완료)
정서적	부모로부터의 정서적 독립 욕구의 증가	정체성 확립 및 감정 조절 능력의 성숙
인지적	추상적 사고 능력의 발달(형식적 조작 사고의 시작)	성숙한 논리적 사고 및 의사결정 능력의 완성
대인관계적	대인관계에 대한 관심이 부모에서 또래 관계로 이동 시작	또래와의 친밀감 형성 능력 발달
사회적	또래 관계와 동료 집단의 중요성 증가	친밀한 성인 대인관계 및 독립적인 사회적 역할 수행
교육적	중학교(junior high school) 입학	공식 교육(formal schooling)의 종료
법적	청소년(juvenile) 지위의 획득	성인(majority) 지위의 획득
문화적	통과의례를 위한 훈련 기간 돌입	통과의례의 종료

〈표 1-6〉 청소년기의 시기별 구분

구분	특징
초기(early) (10~13세)	○ 이 단계에서 사춘기 시작 • 아이들의 신체적 성장이 현저하게 이루어지고 성적 관심이 증가함 • 겨드랑이 밑과 생식기 주변의 털이 자라나는 것과 같은 신체적 변화가 일어나기 시작함. 여성의 경우 가슴이 발달하고, 남성의 경우 고환이 커지기 시작함 - 이러한 변화는 여성의 경우 8세, 남성의 경우 9세에 시작될 수 있음 - 여아는 12세 무렵에 생리를 시작할 수 있음 - 신체적 변화는 호기심과 불안을 유발할 수 있음 - 이 단계에서 아이들은 자신의 성 정체성에 대해 의문을 가질 수 있으며, 트랜스젠더 청소년들에게는 힘든 시기일 수 있음

<table>
<tr><td></td><td>○ 이 단계의 인지발달
• 이 단계의 청소년들은 구체적이고, 흑백의, 전부 아니면 아무것도 없는 사고를 하는 경향이 있으며, 추상적 사고를 할 수 있는 능력이 제한적임
• 사고가 자기중심적일 수 있으며, 이 연령대의 아이들은 외모에 대해 자의식이 강하고 또래의 판단을 두려워하는 경향을 보임
• 지적 관심이 확장되고, 초기 청소년은 더 깊은 도덕적 사고를 발달시킴
○ 10대 초반(9~12세, pre-teen) 청소년은 사생활 보호에 대한 필요성을 더 크게 느낌
• 그들은 가족으로부터 독립하는 방법을 모색하고, 한계를 넘어서고, 제한이 가해질 때 강하게 반응할 수 있음</td></tr>
<tr><td>중기(middle)
(14~17세)</td><td>○ 남녀 모두 사춘기 변화 지속
• 남성의 경우 성장이 급격히 진행되고 목소리가 갈라질 수 있음
• 여성의 신체적 성장이 둔화되고 이때쯤이면 대부분 규칙적인 월경이 시작됨
○ 로맨틱하고 성적인 관계에 대한 관심이 시작되고 10대들이 자신의 성적 정체성에 대해 질문하고 탐구할 수 있음. 자위행위가 이러한 성적 탐구와 신체에 대한 이해의 일부가 될 수 있음
○ 10대들이 더 많은 독립을 추구함에 따라 부모와의 다툼이 증가할 수 있음
• 가족과 보내는 시간이 줄어들고 친구와 보내는 시간이 증가함
• 10대들은 자기 자신에 더 몰두하게 되고, 외모가 중요해지며, 또래 집단의 압력이 이 단계에서 최고조에 달할 수 있음
• 뇌는 계속해서 성숙해 가고 추상적 사고 능력이 커지지만, 감정이 의사결정을 주도하는 경우가 많고, 사물을 충분히 생각하지 않고 충동적으로 행동할 수 있음
○ 이 단계에서 아이들은 장기적인 목표를 세우기 시작하고 삶의 의미와 도덕적 추론에 관심을 가지게 됨</td></tr>
<tr><td>후기(late)
(18-21세)</td><td>○ 이 단계는 일반적으로 신체발달보다는 인지발달이 더 많이 이루어짐
• 대부분은 성인이 될 때까지 성장함
○ 이 단계에서 청소년들은 합리적으로 사고하고, 충동을 조절하며, 만족을 미룰 수 있고, 미래를 계획할 수 있게 됨
○ 그들은 정체성과 개성에 대한 감각이 더 강해지고, 자신의 가치를 식별할 수 있게 됨
○ 또한 독립성, 정서적 안정성, 우정과 연애 관계의 안정성이 증가하고, 부모를 권위적인 존재가 아닌 동료로 바라보며 부모와 '성인 관계(adult relationship)'를 맺을 수도 있음</td></tr>
</table>

출처: https://www.emedicinehealth.com/what_are_the_three_stages_of_adolescence/article_em.htm

2) 청소년기의 발달적 특징

(1) 신체적 발달 특징

청소년기는 신체적으로 급격한 변화가 일어나는 시기로, 사춘기를 중심으로 성장 급등기(growth spurt)를 경험한다. 이 시기에는 남녀 모두 키와 체중이 빠르게 증가하고, 2차 성징이 나타나며 성적 성숙이 이루어진다. 이러한 생리적 변화는 호르몬 분비의 증가에 의해 주도되며, 생물학적으로는 생식 능력을 갖추게 된다. 신체발달 속도는 개인차가 크며, 성숙이 빠른 청소년은 또래 집단 내에서 사회적 영향력이나 자기 이미지에 영향을 받기도 한다. 신체적 변화는 외모에 대한 민감성과 자의식 증가로 이어지며, 이는 정서적 불안정이나 자기 수용 문제로 나타날 수 있다. 홀은 이러한 변화를 근거로 청소년기를 '질풍노도의 시기'라 명명했다. 외형적 성숙은 사회적으로 성인에 대한 기대를 불러일으키지만, 심리적 준비가 동반되지 않을 경우, 혼란과 갈등이 발생할 수 있다. 따라서 이 시기의 신체적 변화는 생물학적 측면뿐 아니라 심리사회적 적응이 병행되어야 함을 시사한다.

(2) 심리적 발달 특징

청소년기는 아동기와 성인기를 연결하는 전환기로, 신체적 · 인지적 변화에 따라 심리적으로도 복잡한 양상을 보이는 시기이다. 이 시기는 일반적으로 12세에서 18세 전후까지로 규정되며, 정체성을 형성하고 독립적인 자아를 확립해 가는 과정에서 다양한 심리적 특성이 나타난다(Erikson, 1968; Steinberg, 2014).

가장 핵심적인 심리적 특징 중 하나는 자아정체감(identity)의 탐색이다. 에릭슨(Erikson, 1968)은 청소년기를 '자아정체감 대 역할혼미(identity vs. role confusion)'의 시기로 보고, 이 시기에 청소년은 자신이 누구이며 어떤 가치와 목표를 추구할 것인가에 대한 질문에 직면한다고 하였다. 자아정체감이 안정적으로 형성되지 않으면 진로, 대인관계, 삶의 방향성에서 혼란을 겪을 가능성이 크다.

또한 청소년기에는 자기중심적 사고(egocentrism)가 두드러진다. 엘킨드와 갈린스키(Elkind & Galinsky, 1975)의 연구에 따르면, 이 시기 청소년은 자신의 생각이나 감정이 다른 사람들에게도 중요하게 여겨지고 있을 것이라 믿는 '상상적 청중(imaginary audience)'과 자신이 특별하고 독특하다는 '개인적 우화(personal fable)' 경향을 보인다. 이는 또래 관계에서 과도한 자의식이나 감정적 기복으로 나타나기도 한다.

이와 함께 청소년은 정서적 불안정성을 자주 경험한다. 급격한 신체 변화와 호르몬 분비, 학교나 또래 집단 내 갈등, 진로에 대한 불확실성 등이 복합적으로 작용하여 분노, 우울, 불안 등 다양한 감정이 교차된다(Larson & Richards, 1994). 정서 표현 방식이 미성숙한 경우, 충동적 행동이나 공격성으로 나타날 수도 있다.

또 하나의 중요한 특징은 또래 관계의 중요성 증가이다. 청소년은 부모로부터 심리적 독립을 시도하며, 또래 집단을 정체성의 기준점으로 삼는다(Berndt, 2004). 또래와의 상호작용은 사회적 기술을 연습하는 장이며, 집단 소속감은 자아존중감에 큰 영향을 미친다. 하지만 또래 압력(peer pressure)으로 인해 위험한 행동(예: 음주, 흡연, 비행)에 노출될 위험도 있다.

인지발달 측면에서는 피아제(Jean Piaget)가 말한 형식적 조작기(formal operational stage)에 해당하며, 청소년은 추상적 사고, 논리적 사고, 가설 설정 능력을 갖추게 된다. 이로 인해 철학적 · 정치적 문제에 대한 관심이 생기고, 기존의 사회 규범이나 권위에 대해 비판적으로 사고하기 시작한다(Piaget, 1972a).

이처럼 청소년기는 정체성을 형성해 가는 심리적 전환기이며, 자아, 감정, 인지, 사회적 관계 측면에서 역동적인 변화가 동시에 일어나는 시기이다. 따라서 이 시기의 청소년을 이해하고 지원하기 위해서는 그들의 복잡한 내면과 발달적 특성을 고려한 접근이 필요하다.

감정 변화
포브스와 달(2010)의 연구에 따르면, 청소년의 감정 변화는 호르몬과 밀접한 연관이 있음. 감정 기복이 심해지고 자신의 감정을 조절하는 능력이 아직 완전히 발달되지 않은 상태임.

자아정체성 탐색
청소년기는 '나는 누구인가?'라는 질문에 답을 찾아가는 시기임. 다양한 역할과 가치관을 시험해 보며 자신만의 정체성을 형성해 나감.

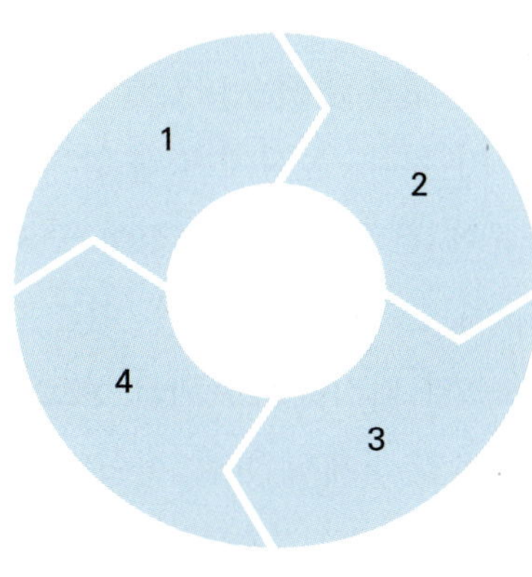

독립성 추구
부모로부터 심리적으로 독립하려는 욕구가 강해지며, 이 과정에서 부모와의 갈등이 증가할 수 있음. 자율성과 책임감 사이에서 균형을 찾아가는 시기임.

또래 영향력 증가
이 시기에는 또래 영향력이 부모 영향력을 초월하게 됨. 친구들의 의견과 행동이 청소년의 의사결정과 행동 방식에 큰 영향을 미치게 됨.

[그림 1-2] 청소년의 심리적 특징

(3) 인지적 발달 특징

청소년기의 인지발달단계는 피아제(Piaget, 1972a)가 제시한 '형식적 조작기(formal operational stage)'에 해당한다. 이 시기 청소년은 추상적 사고, 논리적 사고, 가설 설정 및 검증 능력 등 고차원적인 사고 기능을 발달시킨다. 예를 들어, 단순한 사실을 넘어서 '만약 ~이라면'과 같은 가설적 상황을 상상하고 해결책을 도출할 수 있다. 또한 철학,

윤리, 정의 같은 개념적 주제에 대한 관심이 증가하며, 사회적 문제에 대해 자기 나름의 판단 기준을 형성하기도 한다. 엘킨드(Elkind, 1967)는 이 시기의 사고 특징으로 '상상적 청중'과 '개인적 우화'를 제시하였다. 이는 또래의 시선을 과도하게 의식하거나, 자신이 특별하고 독특하다는 믿음을 가지는 사고 경향이다. 이러한 자아중심적 사고는 정체감 형성과도 밀접하게 연관되며, 동시에 대인관계에서의 갈등이나 불안의 원인이 되기도 한다. 인지적 성숙은 진로 탐색, 자기가치관 정립, 학업 계획 수립 등 실질적인 삶의 방향 설정에 중요한 역할을 한다. 그러나 인지적 발달 속도에는 개인차가 있으므로 교육적 지원이 병행되어야 한다.

(4) 사회적 발달 특징

청소년기는 부모 중심의 유년기에서 벗어나 또래 중심의 관계로 확장되는 시기이며, 정체감 형성과 사회적 역할 탐색이 활발해진다. 에릭슨(Erikson)은 이 시기를 '자아정체감 대 역할혼미'의 단계로 보며, 다양한 사회적 시도와 경험을 통해 '나는 누구인가'를 탐색한다고 설명하였다. 또래 집단은 사회적 지지와 피드백의 장으로 작용하며, 청소년은 소속감과 인정 욕구를 충족하려 한다. 이 과정에서 청소년은 사회 규범, 관습, 기대 등을 내면화하게 되며, 또래와의 상호작용은 대인관계 기술, 의사소통 능력, 협동심 등을 발달시키는 데 중요한 기반이 된다. 동시에 또래 압력(peer pressure)은 부적응 행동으로 이어질 위험도 있기 때문에 건전한 관계 형성이 중요하다. 가족과의 관계에서는 심리적 독립을 시도하며 갈등이 증가할 수 있으나, 이는 성인기로의 전환을 위한 자연스러운 과정이다. 최근에는 SNS와 디지털 네트워크 상호작용이 사회적 발달의 새로운 양상으로 나타나고 있으며, 온라인 정체성 형성, 사이버 관계 등의 문제도 함께 논의되고 있다.

(5) 도덕적 발달 특징

청소년기의 도덕성 발달은 콜버그(Kohlberg, 1984)의 도덕성 발달이론에 따라 인습적 수준(3~4단계)에서 후인습적 수준(5단계)으로의 이행이 가능해지는 시기로 본다. 초기에는 타인의 기대나 법과 질서를 기준으로 판단하지만, 점차 사회 계약과 보편적 원리에 기반한 판단으로 발전할 수 있다. 즉, 단순히 규칙을 따르는 것을 넘어서 그 규칙의 정당성과 목적에 대해 사고하고 판단할 수 있는 능력이 발달한다. 콜버그는 이러한 도덕적 판단 능력이 인지적 발달 수준과 밀접하게 관련되어 있으며, 도덕적 딜레마(moral dilemma)에 대한 토론과 갈등 상황의 경험이 발달을 촉진한다고 보았다. 이 시기의 청소년은 정의, 권리, 책임 등 보편적 가치에 대한 관심이 증가하고, 윤리적 고민이나 사회문제에 대해 자신의 입장을 세우기도 한다. 그러나 도덕적 판단과 실제 행동 간에는 차이가 존재할 수 있으며, 공감 능력이나 감정 이입과 같은 정서적 요소도 함께 고려되어야 한다. 또한 도덕성의 실천을 위한 사회적 모델링, 공동체적 체험, 가족과 학교의 도덕 교육이 필요하다.

5. 후기 청소년기의 등장

후기 청소년기(post-adolescence) 또는 성인모색기(emerging adulthood), 청년기(young adulthood)의 개념은 20세기 후반 이후 서구 사회를 중심으로 등장한 사회문화적 · 경제적 변화에 기인하여 형성되었다. 전통적으로, 아동기에서 청소년기를 거쳐 성인기로 곧바로 진입하던 생애주기 구분은 후기 근대 사회로의 전환과 함께 복잡하게 변화하였다. 이 시기 동안 사회구조와 개인의 삶의 방식이 다양해지며, 청소년기 이후 성인기 이전의 과도기적 단계가 점점 더 독립된 발달기로 인식되기 시작했다.

첫째, 후기 청소년기의 개념이 부각된 주요한 배경은 산업화 및 후기 산업 사회의 진전과 이에 따른 교육 기회의 확장이다. 20세기 중반 이후 대학 진학률이 증가하고, 고등교육이 거의 보편화되면서 많은 청년이 학업을 지속하며 경제적 자립을 늦추게 되었다. 아넷(Arnett, 2000)은 이러한 현상을 설명하며 만 18세에서 25세 사이의 청년들이 결혼이나 취업, 자녀출산 등 전통적인 성인기의 상징을 유예한 채 자신을 '아직 성인이 아닌 존재'로 인식하는 경향이 있다고 밝혔다. 그는 이를 '성인모색기(emerging adulthood)'라는 개념으로 명명하며, 후기 청소년기의 심리사회적 특성을 구체화하였다(Arnett, 2000).

둘째, 포스트모던(post-modern) 사회에서의 개인주의의 확대와 자기정체성 탐색의 연장도 중요한 요인이다. 후기 청소년기 청년들은 더 이상 전통적인 성인 역할에 곧바로 진입하기보다, 다양한 진로 탐색, 관계 실험, 가치관의 재구성 등을 통해 자아정체성을 지속적으로 형성하고자 한다(Giddens, 1991). 이는 단순히 생물학적 나이로 규정되는 성인기와 달리, 심리적 · 사회적 · 경제적 자립이 다차원적으로 이루어지는 과정을 강조하는 흐름이다.

셋째, 경제적 구조의 변화 또한 후기 청소년기 개념 형성에 기여하였다. 청년 실업률의 증가, 정규직 일자리 감소, 비정규직 및 플랫폼 노동의 확대 등은 청년들이 안정적인 경제적 기반을 마련하기 어렵게 만들었고, 이에 따라 결혼, 출산, 독립 등의 전통적인 성인기로의 이행이 지연되었다(Settersten, Furstenberg, & Rumbaut, 2005). 이러한 사회경제적 불안정은 후기 청소년기의 지속을 낳는 구조적 배경이 되었다.

넷째, 사회적 정책과 제도의 변화 역시 무시할 수 없다. 청년정책이 독립적으로 분화되기 시작하고, 법적 성인 연령과 실질적인 사회참여 가능 연령 사이의 간극이 확대되면서 후기 청소년기는 제도적으로도 독립된 관심 대상이 되었다. 특히 청소년정책과는 구분되는 청년정책의 필요성이 부각되면서, 후기 청소년기를 별도의 정책 대상군으로 인식하려는 시도가 세계 여러 나라에서 이루어지고 있다(UNESCO, 2017).

요컨대, 후기 청소년기는 단순한 연령대의 구분이 아닌, 사회문화적 전환과 경제적 구조, 개인의 생애주기 인식 변화가 복합적으로 작용한 결과를 통해 형성된 개념이다. 이는 현대 사회의 유동성과 불확실성 속에서 청년들이 겪는 현실을 반영하며, 생애 과정에서 중요한 과도기로서의 지위를 점차 확립해 가고 있다.

1) 후기 청소년기

후기 청소년기는 청소년기를 지나면서도 성인기의 전형적인 사회적 책임을 완전히 수행하지 못한 과도기적 시기를 의미한다. 이 개념은 20세기 중반 이후 본격적으로 논의되기 시작했으며, 1970년대 이후 청소년기와 성인기 사이의 독립된 발달 단계로 주목받기 시작하였다. 후기 청소년기는 단순한 연령 구분이 아닌, 개인의 사회적 · 심리적 · 경제적 독립 여부에 따라 정의된다는 점에서 현대 사회의 구조 변화를 반영한다.

청소년기의 개념은 홀이 1904년 자신의 저서 『Adolescence』에서 처음 제시하였다. 그는 청소년기를 아동기에서 성인기로 이행하는 심리적 · 신체적 과도기라고 보았다(Hall, 1904). 이후 에릭슨은 청소년기를 자아정체성 형성의 시기로 규정하면서, 성인기로의 성공적인 이행을 위해 자율성과 친밀감 형성이 필요하다고 설명하였다(Erikson, 1968). 그러나 이 이론에서는 청소년기와 성인기 사이에 존재할 수 있는 또 다른 과도기에 대해서는 구체적으로 다루지 않았다.

후기 청소년기 개념이 부각된 배경에는 사회적 변화가 깊이 관련되어 있다. 20세기 후반 이후 고등교육의 대중화, 진로 준비 기간의 장기화, 노동시장 진입의 불확실성 등으로 인해 결혼, 취업, 경제적 자립과 같은 전통적인 성인기 진입이 늦어지게 되었다. 이에 따라 청소년기를 넘긴 청년들이 성인으로서의 사회적 역할을 수행하지 못하는 과도기적 현상이 발생하게 되었고, 이를 설명할 새로운 개념이 필요하게 되었다.

이에 따라, 아넷은 후기 청소년기를 '신흥성인기(emerging adulthood)'로 명명하고, 이를 18세에서 25세 사이의 독립된 발달 단계로 정의하였다. 그는 이 시기의 특징으로 정체성 탐색, 삶의 가능성에 대한 낙관, 자기중심성, 불안정성, 독립성 추구 등을 제시하며, 후기 청소년기를 단순히 지연된 성인기가 아니라 고유한 심리사회적 특성을 지닌 발달 단계로 보았다(Arnett, 2000).

사회학자 앤서니 기든스(Anthony Giddens)는 후기 근대 사회에서 개인이 삶의 서사를 자율적으로 구성해야 한다는 점에서 후기 청소년기의 정체성 탐색이 현대적 불확실성과 밀접하게 연관되어 있다고 분석하였다(Giddens, 1991). 또한 세터스턴(Settersten) 등은 후기 청소년기를 '성인기의 문턱에서 유예된 시기'로 보고, 구조적 요인들이 이 시기를 하나의 생애주기적 단계로 고착화시키고 있다고 설명하였다(Settersten et al., 2005).

결론적으로, 후기 청소년기는 단순히 '어른이 되지 못한 상태'가 아니라, 현대 사회의 교육, 경제, 문화 변화 속에서 등장한 새로운 발달 단계이다. 이는 청년들의 삶의 지연이 아닌, 정체성 형성과 자립을 위한 능동적 탐색의 시기로 이해될 수 있으며, 사회적으로도 이 시기의 존재를 인정하고 지원할 필요가 있다.

2) 성인모색기

후기 청소년기 또는 '성인모색기'라는 개념은 2000년 심리학자 아넷이 본격적으로 제시한 이론으로, 기존의 청소년기와 성인기라는 이분법적 구분으로 설명하기 어려운 현대 청년들의 발달 특성을 설명하기 위해 등장하였다. 그는 『Emerging Adulthood: The Winding Road from the Late Teens Through the Twenties』에서 이 개념을 심리적·사회적 과도기로 정의하며, 새로운 생애주기 발달 단계로 자리매김하였다(Arnett, 2000).

아넷은 이 시기를 대체로 18세에서 29세 사이로 보며, 청소년기의 종결 이후이지만 성인기의 책임을 온전히 수행하지 않은 시기라고 설명한다. 이는 발달심리학적으로 '성인기를 향한 전이 단계'이며, 자기정체성의 확립과 자율성의 성장, 사회적 지위의 변화가 점진적으로 이루어지는 시기이다. 이와 같은 개념은, 특히 고소득 서구 사회에서 두드러지며 고등교육의 확대, 경제적 독립의 지연, 결혼 연령 상승, 취업 불안정과 같은 사회 변화에 기초하고 있다. 즉, 후기 청소년기는 사회구조의 변화에 따라 생겨난 새로운 '사회적 발달기'라고 할 수 있다.

성인모색기의 특징은 다섯 가지로 요약된다. 첫째, '정체성 탐색의 시기'로, 개인은 직업, 연애, 삶의 방향에 대해 적극적으로 탐색하며 자아를 형성해 간다. 둘째, '불안정성'의 시기이기도 하므로 이사, 직업 이동, 인간관계 변화 등이 잦다. 셋째, '자율성의 증가'가 나타나며, 부모로부터의 독립과 함께 자기 주도적인 삶의 방향을 설계하기 시작한다. 넷째, 이 시기의 청년들은 자신을 청소년도, 완전한 성인도 아닌 '중간 상태'로 인식한다. 다섯째, 이 시기는 '가능성의 시기'로 간주되며, 다양한 삶의 가능성을 실험하고 미래에 대한 낙관적 기대를 품는 경향이 강하다(Arnett, 2000).

이러한 성인모색기의 개념은 단순히 성장의 지연을 의미하는 것이 아니라, 사회적 · 경제적 맥락 속에서 새롭게 구성된 생애 단계로서, 정책적 · 교육적 접근에서 별도의 관심과 지원이 필요함을 시사한다. 이는 청년층의 현실을 더 정교하게 이해하고 지원할 수 있는 틀을 제공한다는 점에서 오늘날 매우 중요한 이론적 기여라고 할 수 있다.

3) 청년기

청년기라는 개념은 원래 문학 장르에서 청소년과 성인 사이의 독특한 정체성과 경험을 다루는 데서 출발했지만, 20세기 후반 이후 심리학과 사회학에서는 생애주기의 하나의 독립된 단계로 자리 잡기 시작했다. 특히 게일 시히(Gail Sheehy)는 『Passages: Predictable Crises of Adult Life』(1976)에서 성인 초기의 전환기를 '청년기(young adult)'로 정의하며, 이 시기를 개인 발달의 중요한 전환점으로 조명하였다. 또한 다니엘 레빈슨(Daniel Levinson)은 『The Seasons of a Man's Life』(1978)에서 17세에서 22세 사이를 '성인 초기 전환기'로 분류하며, 청년이 자신의 인생 구조를 설계하고 사회적 책임을 받아들이기 시작하는 시기로 보았다.

이 시기의 등장은 현대 사회에서 교육 기간의 연장, 결혼과 출산의 지연, 직업적 독립의 불확실성 등으로 인해 전통적인 성인 개념이 재정의될 필요성이 커지면서 뚜렷해졌다. 일반적으로 청년기는 20대 초반에서 30대 초반까지의 연령층을 포함하며, 이미 법적으로는 성인이지만 여전히 개인적 · 경제적으로 자리 잡는 과정을 겪는 시기로 이해된다.

이 시기의 주요 특징은 다음과 같다. 첫째, 개인은 직업적 안정성과 경제적 독립을 추구하며, 성인으로서의 책임을 본격적으로 수용하려 한다. 둘째, 결혼, 동거, 친밀한 사회적 관계를 통해 자신의 사회적 정체성을 확립해 나간다. 셋째, 경제적 자립과 경력 개발, 가정 형성 등의 사회적 요구로 인해 심리적 부담과 사회적 압박을 경험하게 된다. 넷째, 장기적 목표를 설정하고 이를 실현하기 위한 계획과 노력을 시작하는 시기로서, 삶의 방향성을 구체화하는 중요한 시기이다.

결국 청년기는 단순히 '어른이 된 청소년'이 아니라, 사회적 성인으로 전환하는 복합적 · 점진적 과정을 담은 발달 단계로, 현대 사회에서 청년 세대의 삶을 이해하는 핵심 개념 중 하나다.

〈표 1-7〉 후기 청소년기를 의미하는 주요 개념(post-adolescence, emerging adulthood, young adult)의 비교

개념	학자	연령대	주요 특징	배경
post-adolescence	G. Stanley Hall, Erik Erikson	20대 초반~중반	청소년기와 성인기의 과도기, 심리적 · 사회적 불안정성	현대 산업화, 교육 기간의 연장, 경제적 독립 지연
emerging adulthood	Jeffrey Arnett	18~29세	정체성 탐색, 자율성 증가, 불안정성, 다양한 가능성을 실험	후기 산업 사회, 결혼 연령 및 독립 시기의 지연
young adult	Gail Sheehy, Daniel Levinson	20~30대 초반	성인기의 초기 단계, 성인의 책임을 수용하고 사회적 관계를 형성하며 개인적 목표를 설정	성인기로의 진입과 책임 있는 삶을 시작하는 시기의 필요성 강조

출처: Arnett (2000); Hall (1904); Sheehy (1976)의 내용을 토대로 재구성함.

6. 청소년과 사회 환경

1) 청소년과 가정

가족은 청소년의 최초 사회화 기관으로서 정서적 지지, 사회적 규범 학습, 보호, 경제적 지원 등 다양한 기능을 수행한다(Minuchin, 1974). 가족은 전통적으로 혈연과 혼인에 기초한 단위로 이해되어 왔으나, 현대 사회에서는 정서적 유대와 상호 돌봄을 중시하는

다양한 형태의 가족으로 변화하고 있다(최경숙, 장미경, 유은경, 2022). 청소년기에는 부모-자녀 관계에서 독립성이 강조되며, 부모의 양육 태도에 따라 청소년의 자아개념 및 심리적 안정에 큰 차이를 보인다(Baumrind, 1991).

형제 · 자매 관계 또한 협력과 경쟁을 동시에 경험하는 장이며, 출생 순서나 부모의 양육 방식에 따라 역동적 상호작용을 형성한다(Dunn, 1988). 더불어 핵가족화, 맞벌이 가정, 한부모 및 조손가족, 다문화가정의 증가와 같은 가족 형태 변화는 청소년의 발달과 적응에 복합적인 영향을 미치고 있다(고정은, 2016). 예컨대, 다문화가정 청소년은 언어 및 문화적 이질감, 정체성 혼란을 경험할 수 있으며, 조손가족의 경우 정서적 지지 부족과 경제적 어려움이 주요 과제로 나타난다(이현숙, 2021).

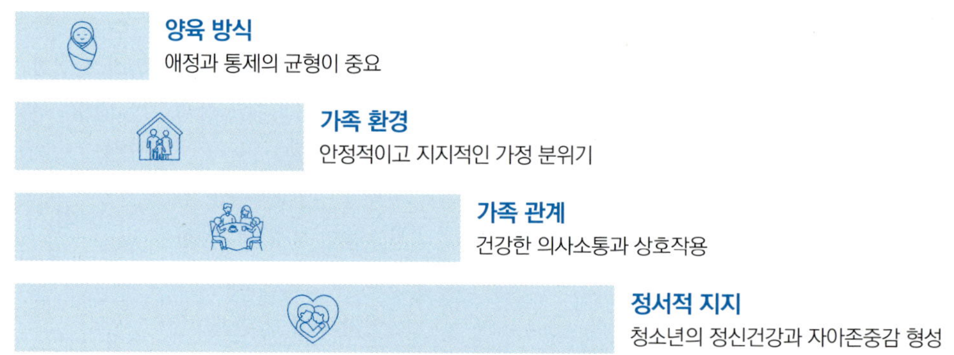

[그림 1-3] 가족이 청소년 발달에 미치는 영향

2) 청소년과 또래 집단

청소년기에는 또래와의 관계가 점차 중심적인 위치를 차지한다. 또래 집단은 청소년에게 정서적 안정감, 소속감, 사회적 기술 습득의 기회를 제공하며, 자아정체감을 형성하는 데 핵심적인 역할을 한다. 청소년은 또래를 통해 사회적 비교를 하며 자기 자신을 인식하고, 다양한 역할을 시도해 보면서 자신만의 정체성을 구축해 나간다. 그러나 또래 관계는 긍정적인 기능뿐 아니라 부정적인 영향력도 지니고 있다. 예를 들어, 또래 압력(peer pressure)에 의해 음주, 흡연, 학교 부적응 등의 위험 행동이 발생할 수 있으며, 이러한 부정적 영향은 또래 관계의 질과 관계의 형태에 따라 달라진다(정문자, 김혜숙, 박혜준, 2020; Brown & Larson, 2009).

3) 청소년과 학교

학교는 공식적인 교육기관으로서 지식 전달은 물론, 사회적 규범과 역할을 학습하는 기능을 수행한다. 청소년은 학교에서 다양한 또래와의 상호작용을 통해 사회적 기술을 습득하며, 교사와의 관계를 통해 사회적 모델을 접하게 된다. 학업 성취 경험은 자아개념과 자존감에 큰 영향을 미치며, 진로 탐색과 미래 계획 수립에도 중요한 기반이 된다. 학교는 또한 청소년기의 스트레스 요인이 되기도 한다. 성적 경쟁, 입시 압력, 교우 갈등은 심리적 불안과 스트레스를 유발할 수 있으며, 교사나 상담자의 적절한 개입이 중요하다. 학교 문화와 분위기, 진로 지도 체계는 청소년의 전반적인 사회적 적응과 태도 형성에 중대한 영향을 미친다(김신일, 2016; Eccles & Roeser, 2011).

지식 전달 및 학업 성취

교과 교육을 통해 인지적 능력을 함양하고, 진로 교육 및 직업 선택과 연결함. 체계적인 교육 과정을 통해 청소년의 지적 발달을 촉진함.

사회화 기능

또래 관계 및 교사-학생 관계 형성을 통해 사회적 기술을 습득하고, 규범과 가치를 학습함. 다양한 집단 활동을 통해 협동심과 리더십을 기름.

심리 · 정서적 지원

상담교사 및 또래 관계를 통한 정서적 안정을 제공함. 청소년기의 다양한 심리적 어려움을 극복할 수 있도록 지원함.

학교는 청소년에게 지식 전달뿐만 아니라 사회화와 정서적 지원이라는 중요한 기능을 수행함. 교과 교육을 통해 인지적 능력을 함양하고 진로 탐색의 기회를 제공하며, 또래 및 교사와의 관계를 통해 사회적 기술을 습득하게 함.

또한 학교는 청소년의 심리 · 정서적 안정을 지원하는 역할도 수행함. 상담교사와의 상담, 또래 관계를 통한 정서적 지지는 청소년의 건강한 발달에 중요한 요소임. 이러한 학교의 다양한 기능은 청소년의 전인적 성장을 돕는 데 필수적임.

[그림 1-4] 학교의 기능과 역할

4) 청소년과 대중매체

현대 사회에서 대중매체는 청소년의 인지 및 정서 발달, 가치관 형성에 지대한 영향을 미친다. 청소년은 TV, 영화, 게임, SNS 등 다양한 매체를 통해 정보를 습득하고 세상을 인식한다. 특히 디지털 미디어는 청소년의 여가생활과 또래 소통의 주요 수단이 되었으며, 이는 자아정체감 탐색과 표현의 도구가 되기도 한다. 그러나 동시에 대중매체는 청소년에게 왜곡된 성 가치관, 폭력성, 소비지향적 사고방식을 전달할 우려가 있다. SNS(Social Network Service)는 자기표현과 소통의 장이 되는 동시에 비교와 평가, 사이버폭력 등의 부정적 요소를 내포하고 있다. 따라서 청소년에게는 매체 정보에 대한 비판적 수용 능력을 함양시키는 미디어 리터러시(media literacy) 교육이 필수적이다(이현림, 강수경, 김민정, 2022; Strasburger, Jordan, & Donnerstein, 2010).

5) 청소년과 지역사회

지역사회는 청소년에게 물리적 환경(주거, 여가공간), 사회적 환경(공동체 네트워크), 경제적 환경(일자리 등)을 제공하며, 이들의 상호작용은 청소년의 행동 양식, 삶의 만족도, 사회적 책임감에 영향을 미친다(김진희, 박은정, 정경은, 2018). 청소년이 성장하는 지역이 안전하고 지지적인 환경을 제공할수록 그들의 사회적 적응력과 자기효능감은 향상된다.

지역사회는 청소년수련관, 상담복지센터, 공공기관 등을 통해 다양한 프로그램을 제공하고 있으며, 이를 통해 청소년은 다양한 참여 경험을 쌓고 사회적 자본을 축적할 수 있다. 자원봉사, 지역축제, 청소년 참여기구 활동은 공동체 의식을 높이고 청소년의 시민성을 강화하는 데 기여한다(김현수, 이은정, 조수진, 2022). 또한 지역사회의 지원 체계는 취약계층 청소년에게 실질적인 보호와 기회를 제공함으로써 균등한 성장 환경을 조성할 수 있다.

참고문헌

강은혜(2022). 디지털 사회 속 청소년 정체성 형성과 윤리적 문제. 철학과 사회, 38(2), 55-80.

강현석(2022). 청소년 맞춤형 학습지원 방안 연구. 한국교육학회지.

고정은(2016). 가족 형태 변화에 따른 청소년 발달의 특성. 가족과 문화, 28(1), 45-68.

구광현(2015). 루소의 『에밀』에 나타난 자연주의 교육사상 연구. 교육철학연구, 45(4), 1-23.

김경식(2020). 학교사회복지론. 학지사.

김경준(2014). 청소년정책론. 학지사.

김경준(2022). 미래사회 청소년 역량에 관한 연구. 청소년학연구, 29(4), 47-69.

김동소(1982). 우리말의 옛 모습.

김신일(2016). 교육사회학. 교육과학사.

김영모(2019). 청소년복지론. 한국방송통신대학교출판문화원.

김은희, 조성진, 김성태, 이혜진(2023). 청소년심리 및 상담. 공동체.

김지혜(2023). 학교 밖 청소년 교육복지의 방향과 과제. 청소년복지연구.

김진희, 박은정, 정경은(2018). 청소년의 지역사회 참여와 사회적 자본의 관계. 청소년학연구, 25(3), 25-52.

김현수, 이은정, 조수진(2022). 지역사회 기반 청소년프로그램 참여가 사회성 발달에 미치는 영향. 청소년복지연구, 24(1), 71-95.

김혜원, 이현림, 강수경, 조상우(2023). 청소년활동론. 양서원.

루소(저자), 이환(역자)(2017). 에밀 또는 교육에 관하여. 서해문집.

박경자, 김진숙, 김지연, 김은정(2020). 청소년학개론. 학지사.

박성연 외(2019). 청소년심리 및 상담. 학지사.

박성혁, 윤정원, 이재호(2021). 청소년학개론. 양서원.

박수민(2020). 청소년 사회참여 확대를 위한 법제 및 정책 개선 방향. 청소년과 법, 6(2), 19-42.

박주형(2019). 청소년의 학교생활적응에 영향을 미치는 요인에 관한 연구. 교육사회학연구, 29(2), 81-103.

박현정(2017). 청소년 보호법의 이론과 적용. 청목출판사.

법제처 국가법령정보센터(2024a). 근로기준법. https://www.law.go.kr

법제처 국가법령정보센터(2024b). 소년법. https://www.law.go.kr

법제처 국가법령정보센터(2024c). 아동복지법. https://www.law.go.kr

법제처 국가법령정보센터(2024d). 청소년 기본법. https://www.law.go.kr

법제처 국가법령정보센터(2024e). 청소년 보호법. https://www.law.go.kr

법제처 국가법령정보센터(2024f). 청소년활동 진흥법. https://www.law.go.kr

법제처 국가법령정보센터(2024g). 형법. https://www.law.go.kr

서경민(2021). 기술사회에서 청소년 정체성과 윤리교육의 방향. 철학논집.

송민정(2023). 청소년 삶의 의미와 행복에 대한 철학적 탐구. 청소년철학연구, 11(1), 23-51.

여성가족부(2022). 2022 청소년백서.

여성가족부(2023). 제7차 청소년정책기본계획(2023~2027).

여성가족부(2024). 2023 청소년백서.

이기문(1973). 중세 국어의 세계.

이은영(2021). 코로나19 이후 청소년 정신건강과 심리적 회복력 연구. 한국심리학회지.

이현림, 강수경, 김민정(2022). 청소년문화. 공동체.

이현숙(2021). 조손가족 청소년의 심리사회적 적응에 관한 연구. 청소년상담연구, 29(4), 33-52.

이현주, 박종희(2021). 디지털 시대 청소년의 사회화 변화에 관한 연구. 사회과학연구, 47(3), 123-148.

장호순(2022). 청소년 사회불평등과 계층화 문제 연구. 사회학연구.

정문자, 김혜숙, 박혜준(2020). 청소년심리학. 학지사.

정옥분(2018). 발달심리학: 인간발달의 이해. 학지사.

정윤아(2023). 청소년문화 속 가치관 비판과 인문학적 읽기 프로그램 개발. 인문학연구

정진경(2021). 청소년 발달 심리 연구의 최근 동향과 과제. 한국심리학회지: 발달, 34(1), 45-73.

조용환(2020). AI 시대의 청소년 교육 방향. 교육과 철학, 33(1), 89-112.

조용환(2020). 루소의 자연주의 교육사상이 현대 청소년 교육에 주는 시사점. 청소년학연구, 27(3), 29-56.

최경숙, 장미경, 유은경(2022). 가족학 개론. 교문사.

최수진(2022). 청소년의 회복탄력성과 자기조절 능력 발달에 관한 연구. 발달심리연구.

최현배(1947). 국어학사전.

한지은(2023). 청소년 노동환경과 사회적 보호체계 개선 방안. 청소년사회연구

황정원, 정유진, 김수연(2021). 학교 기반 청소년 지원정책의 과제. 청소년복지연구, 23(2), 91-118.

American Psychological Association. (2025). APA Dictionary of Psychology. https://dictionary.apa.org

Arnett, J. J. (1999). Adolescent storm and stress, reconsidered. *American Psychologist, 54*(5), 317-326.

Arnett, J. J. (2000). Emerging adulthood: A theory of development from the late teens through the twenties. *American Psychologist, 55*(5), 469-480. https://doi.org/10.1037/0003-066X.55.5.469

Baumrind, D. (1991). The influence of parenting style on adolescent competence and substance use. *The Journal of Early Adolescence, 11*(1), 56-95.

Brown, B. B., & Larson, J. (2009). Peer relationships in adolescence. In R. M. Lerner & L. Steinberg (Eds.), *Handbook of adolescent psychology* (Vol. 2, pp. 74-103). Wiley.

Bundesministerium für Familie, Senioren, Frauen und Jugend. (2023). *Jugendgerichtsgesetz und Jugendhilfe*. https://www.bmfsfj.de

Dunn, J. (1988). *The beginnings of social understanding*. Blackwell.

Eccles, J. S., & Roeser, R. W. (2011). Schools as developmental contexts during adolescence. *Journal of*

Research on Adolescence, 21(1), 225-241.

Elkind, D. (1967). Egocentrism in adolescence. *Child Development, 38*(4), 1025-1034. https://doi.org/10.2307/1127100

Erikson, E. H. (1968). *Identity: Youth and crisis*. W. W. Norton & Company.

Giddens, A. (1991). *Modernity and self-identity: Self and society in the late modern age*. Stanford University Press.

Hall, G. S. (1904). *Adolescence: Its psychology and its relations to physiology, anthropology, sociology, sex, crime, religion, and education*(Vols. 1-2). D. Appleton & Company.

International Labour Organization. (2021). Youth employment and child labour. https://www.ilo.org

Kohlberg, L. (1984). *Essays on moral development, Volume 2: The psychology of moral development*. Harper & Row.

Lerner, R. M., & Lerner, J. V. (2013). The positive development of youth: Comprehensive findings from the 4-H study of positive youth development. Tufts University Institute for Applied Research in Youth Development.

Ministry of Internal Affairs and Communications, Japan. (2023). Legal reforms on youth and adulthood in Japan. https://www.soumu.go.jp

Minuchin, S. (1974). *Families & family therapy*. Harvard University Press.

Organisation for Economic Co-operation and Development. (2025). Youth and intergenerational justice. https://www.oecd.org/youth/

Piaget, J. (1972a). Intellectual evolution from adolescence to adulthood. *Human Development, 15*(1), 1-12. https://doi.org/10.1159/000271225

Piaget, J. (1972b). *The psychology of the child*(H. Weaver, Trans.). Basic Books. (Original work published 1966)

Rousseau, J. J. (1762). *Émile, ou De l'éducation*. Jean Néaulme.

Santrock, J. W. (2018). *Adolescence* (17th ed.). McGraw-Hill Education.

Settersten, R. A., Furstenberg, F. F., & Rumbaut, R. G. (2005). *On the frontier of adulthood: Theory, research, and public policy*. University of Chicago Press.

Steinberg, L. (1993). *Adolescence*. McGraw-Hill.

Steinberg, L. (2016). *Adolescence* (11th ed.). McGraw-Hill Education.

Strasburger, V. C., Jordan, A. B., & Donnerstein, E. (2010). Health effects of media on children and adolescents. *Pediatrics, 125*(4), 756-767.

U.S. Department of Justice. (2023). Office of Juvenile Justice and Delinquency Prevention (OJJDP). https://www.ojjdp.ojp.gov

U.S. Department of Justice. (2025). Juvenile justice system structure and process. Office of Juvenile

Justice and Delinquency Prevention. https://www.ojjdp.ojp.gov

UK Government. (2022). Youth justice and criminal responsibility. https://www.gov.uk

United Nations. (2023). Definition of youth. https://www.un.org

United Nations. (2025). Youth. Retrieved April 10, 2025, from https://www.un.org/en/global-issues/youth

World Bank. (2021). World Development Report: Adolescents and young people. https://www.worldbank.org

World Health Organization. (2022). Adolescent health and development. https://www.who.int

World Health Organization. (2025). Adolescent health. Retrieved April 10, 2025, from https://www.who.int/news-room/fact-sheets/detail/adolescent-health

제2장

청소년학의 이해

1. 청소년학의 정의
2. 청소년학의 시대적 변천 과정
3. 한국 사회에서 청소년학의 발전 과정
4. 청소년학의 연구 분야
5. 청소년학 관련 이론
6. 청소년학의 연구 성과
7. 청소년학의 향후 과제

청소년학의 이해

1. 청소년학의 정의

청소년학은 본질적으로 다학제적(multidisciplinary) 성격을 지니고 있어, 이를 일관되게 정의하거나 포괄하는 단일한 학문 용어를 특정하기는 어렵다. 철학, 역사학, 심리학, 사회학 등 다양한 학문 분야에서 청소년기와 청소년에 대한 연구는 오랫동안 지속되어 왔으나, 청소년학이 하나의 독립된 학문 영역으로서 인식되기 시작한 것은 20세기 이후의 일이다(정익중, 2012).

일반적으로 영어권에서는 청소년학을 지칭하는 데 있어 'youth studies'와 'youthology'라는 용어가 사용된다. 이 중 'youthology'는 비교적 최근 등장한 개념으로 청소년 및 청소년문화에 대한 포괄적 연구를 지칭한다(Miles, 2000). 이 용어는 'youth(청소년)'와 '-ology(학문 또는 연구)'의 합성어로, 청소년의 태도, 행위, 가치, 문화적 경향 등을 분석하는 연구에 활용된다. 특히 실용적 응용 분야에서 두드러지며, 마케팅, 트렌드 분석, 문화 연구 등에서 청소년층의 소비 습관과 문화적 특성을 파악하는 데 중점적으로 사용된다(Wyn & White, 1997).

반면, 'youth studies'는 사회학, 심리학, 교육학 등 기존 학문 내에서 청소년을 주제로 한 연구들이 발전하면서 등장한 보다 구조적이고 학문적인 접근을 의미한다. youth studies는 청소년의 사회화 과정, 발달 특성, 정책 및 제도, 권리와 참여 등의 주제를 심층적으로 다루며, 21세기에 들어 디지털 환경과 세계화된 청소년문화 속에서 그 중요성이 더욱 부각되고 있다(Wyn & White, 1997).

앞에서 언급한 바와 같이, 청소년학(youth studies)은 청소년을 사회적 · 문화적 맥락 속에서 이해하고 분석하는 학제 간(interdisciplinary) 학문 분야이다. 이 학문은 단순히 청소년기를 생물학적 또는 심리학적 발달의 한 시기로 보는 기존의 관점을 넘어, 청소년을 능동적인 사회적 주체로 간주하고 이들의 문화, 정체성, 정치적 참여, 권리 등을 중심으로 연구한다. 다시 말해, 청소년학은 청소년의 삶과 경험을 단일화하거나 고정된 존재로 간주하지 않고, 사회적 구조 속에서 끊임없이 구성되고 재구성되는 복합적인 존재로 본다.

또한 청소년학은 사회학, 교육학, 문화연구, 심리학, 정치학, 인류학 등 다양한 인문사회과학 분야와 긴밀히 연관되어 있으며, 이들 학문에서 발전된 개념과 이론을 바탕으로 청소년에 대한 다각적인 접근을 시도한다. 특히 사회학적 관점에서는 청소년을 사회 변화와 불평등의 관계를 통해 이해하고자 하며, 청소년 세대가 겪는 구조적 제약과 그 속에서 형성되는 저항, 창조, 정체성 구축의 과정을 중요하게 다룬다(Woodman & Wyn, 2015).

전통적인 발달심리학은 청소년을 미성숙하거나 아직 완성되지 않은 존재로 보고, 성인으로의 이행 단계로만 이해하였다. 그러나 청소년학은 이러한 이분법적인 관점을 비판하며, 청소년을 독립적인 사고와 실천 능력을 지닌 존재로 인식한다(Wyn, 2020). 이에 따라 청소년이 사회에 적극적으로 참여할 수 있도록 돕는 것, 즉 정치적 목소리를 내고 교육, 노동, 환경 등 다양한 영역에서 주체적으로 활동할 수 있는 기반을 마련하는 것이 청소년학의 중요한 관심사가 된다.

또한 청소년학은 연구 방법론에서도 기존의 대상 중심 연구를 넘어, 청소년을 연구 과정에 참여시키는 '참여적 연구 방법론(participatory research)'을 강조한다. 이러한 접근은 청소년의 목소리와 경험을 직접 반영하고, 그들이 자신의 삶에 대해 해석할 권리가 있다는 인식에 기반한다(Furlong, 2013). 이를 통해 청소년학은 단순한 이론적 학문을 넘어서, 실천적이고 비판적인 사회적 개입을 지향한다.

요약하자면, 청소년학은 청소년을 다면적이고 동적인 사회적 주체로 바라보며, 이들의 권리, 참여, 문화적 표현 등을 중심으로 다양한 학문과 방법론을 통합하여 연구하는 학문이다. 이는 청소년을 둘러싼 사회적 현실을 비판적으로 성찰하고, 이들이 보다 평등하고 정의로운 사회에서 살아갈 수 있도록 지원하려는 학문적 · 실천적 노력이라 할 수 있다.

2. 청소년학의 시대적 변천 과정

청소년학 연구는 시대의 청소년에 대한 사회적 관심과 이론적 틀에 따라 변화해 왔다. 청소년 연구의 주요 변천사를 크게 4단계를 구분하여, 각 시기별 특징을 정리하면 다음과 같다.

1) 근대 청소년 연구의 시작(19세기 후반~20세기 초)

청소년학의 기초가 마련된 시기는 19세기 후반부터 20세기 초반까지로, 당시 사회는 산업화와 도시화가 진행되던 시기였다. 이 시기의 사회적 관심은 청소년기를 독립적인 발달 단계로 인식하고, 이를 과학적이고 체계적으로 연구하려는 노력에 집중되었다. 이전까지 청소년기는 단순히 아동과 성인의 중간 단계로 취급되었으나, 이 시기부터 청소년기는 고유한 발달적 특성을 지닌 중요한 시기로 주목받기 시작했다.

연구 분야와 성과 면에서는 심리학적 접근이 주를 이루었다. 특히 스탠리 홀은 청소년기의 심리적 갈등과 감정적 변화를 연구하여 청소년 연구의 기초를 마련했다. 그는 청소년기를 '질풍노도의 시기'로 보고, 이를 연구함으로써 청소년 발달의 심리학적 이해를 발전시켰다. 또한 이 시기의 교육적 접근은 도덕성과 직업 교육을 중심으로 이루어졌다. 청소년을 단순히 교육의 대상으로만 보지 않고, 그들의 신체적 · 정서적 발달을 이해하고 지원하는 방향으로 발전했다.

2) 산업화 및 도시화에 따른 연구(20세기 초반~중반)

20세기 초반부터 중반까지는 산업화와 도시화가 본격적으로 진행되면서 청소년문제는 사회적 쟁점으로 떠오르게 되었다. 특히 도시화된 환경에서 청소년은 새로운 경제적 · 사회적 문제를 경험하게 되었고, 이 시기에 사회는 청소년의 비행, 사회적 적응 문제에 주목하게 되었다. 따라서 청소년을 위한 새로운 교육적 접근과 사회적 보호가 필요하다는 인식이 확산되었다.

이 시기의 주요 연구는 사회학적 접근을 기반으로 이루어졌다. 특히 대도시 환경에서 청소년 비행의 원인을 분석한 연구가 활발히 진행되었으며, 이를 통해 청소년 비행이 단순한 개인의 문제가 아니라, 사회적 · 환경적 요인에 의해 영향을 받는다는 주장이 제기되었다. 대표적으로, 쇼와 맥케이(Shaw & McKay)는 도시 환경에서의 청소년 비행 이론을 제시하며, 청소년 비행의 주요 원인으로 빈곤과 교육의 불균형을 지적했다. 또한 심리학적 연구에서도 에릭슨은 청소년기의 정체감 위기를 강조하며, 청소년 발달에서 중요한 이론적 기초를 제공했다.

3) 현대 청소년 연구(1960~2000년대)

1960년대부터 2000년대까지의 청소년 연구는 점차 다학제적이고 체계적인 접근을 보였으며, 청소년기의 심리적 · 사회적 문제를 해결하기 위한 다양한 연구가 이루어졌다.

이 시기에는 청소년의 권리, 자율성 그리고 사회적·정치적 문제에 대한 관심이 크게 확대되었다. 청소년을 보호하는 법과 정책이 발전하고, 청소년에 대한 사회적 인식이 크게 변화한 시기였다.

청소년 연구는 발달심리학, 사회학, 교육학 등 다양한 분야에서 활발히 이루어졌다. 피아제는 청소년기의 인지적 발달과 도덕적 사고발달에 대한 이론을 제시하며, 청소년기의 발달적 특성을 명확히 설명했다. 또한 에릭슨은 청소년기를 '정체성 형성의 중요한 시기'로 정의하고, 이 시기의 사회적·심리적 갈등을 연구하여 청소년 연구에서 중요한 이론적 기초를 제공했다. 또한 이 시기에는 청소년문화 연구가 본격화되어, 미드(Mead, 1928)의 문화상대주의와 같은 이론이 등장하면서, 청소년을 단지 사회적 문제를 일으키는 존재로 보는 것이 아니라, 독립적이고 고유한 문화적 특성을 가진 집단으로 바라보는 시각이 형성되었다.

4) 디지털 시대와 청소년 연구(2000년대~현재)

21세기에 들어서면서 디지털 기술의 발전과 글로벌화는 청소년 연구에 중요한 영향을 미쳤다. 스마트폰, 소셜미디어, 인터넷 게임 등 디지털 환경에서 청소년의 발달과 행동에 대한 새로운 연구 주제가 등장하였고, 이는 청소년 연구의 주요한 방향으로 자리 잡았다. 디지털 기기와 소셜 네트워크의 사용은 청소년들의 사회적 상호작용, 정체성 형성, 심리적 발달에 중요한 영향을 미친다는 사실이 여러 연구를 통해 밝혀졌다.

이 시기 연구는 디지털 미디어와 청소년의 관계를 다루는 데 중점을 두었으며, 특히 디지털 중독, SNS에서의 정체성 형성, 사이버 괴롭힘 등의 문제는 중요한 연구 주제로 떠오르며 주목받고 있다. 또한 청소년의 심리적 회복력과 스트레스 대처 능력(stress coping skills)에 대한 연구가 활성화되었고, 코로나19 팬데믹 이후에는 청소년의 회복탄력성(resilience)에 관한 연구가 필수적인 연구 분야로 자리 잡았다. 타일러와 해리스(Tylor & Harris, 2018)는 디지털 미디어가 청소년의 발달에 미치는 영향을 연구하였으며, 이들은 디지털 환경에서 청소년의 심리적 및 사회적 변화에 대해 논의하였다.

3. 한국 사회에서 청소년학의 발전 과정

한국 사회에서 청소년 연구는 다음과 같은 여러 영역을 중심으로 발전해 왔다. 먼저, 대학에서 청소년지도학과 등 관련 학과가 개설되었으며, 청소년 관련 법령의 제정과 국가자격제도의 도입이 이루어졌다. 또한 청소년 관련 학회와 학술지의 발간, 정책 연구의 활성화 등을 통해 학문적 · 제도적 기반이 점차 확대되어 왔다.

1) 청소년 관련 학과의 개설

대학에서 청소년 관련 학과의 개설은 한국 사회에서 청소년 연구의 발전에 중요한 영향을 미쳤다. 청소년학과 개설은 청소년문제를 전문적으로 연구하고 해결할 수 있는 학문적 기반을 마련했으며, 청소년문제 해결을 위한 교육과 정책 개발에 기여했다. 대학에서 청소년학과 개설이 청소년 연구에 미친 영향을 정리하면 다음과 같다.

첫째, 청소년 연구의 전문화이다. 청소년 관련 학과의 개설은 청소년문제에 대한 연구가 보다 전문적이고 체계적으로 이루어질 수 있는 토대를 마련했다. 청소년학과는 청소년의 심리적 · 사회적 · 신체적 발달을 다루는 이론적 연구뿐만 아니라, 실천적 교육과 정책 개발을 위한 연구도 포함하게 되었다. 특히 명지대학교가 1991년에 개설한 청소년지도학과는 청소년 학문 분야의 기초를 다졌으며, 이후 중앙대학교, 경산대학교(현 대구한의대학교), 경기대학교, 순천향대학교 등 다른 대학들의 청소년 관련 학과 개설로 이어졌다. 이러한 학과 개설은 청소년문제를 다양한 관점에서 연구하고 해결할 수 있는 전문가를 양성하는 데 중요한 역할을 했다(강현석, 2022; 김지혜, 2023a, b).

둘째, 청소년학의 학문적 정체성 확립이다. 대학에서 청소년학과의 개설은 청소년학이 독립적인 학문 분야로 자리 잡는 계기를 마련했다. 기존에는 청소년문제를 교육학, 심리학, 사회학 등의 하위 분야에서 다루었으나, 청소년학과의 개설은 청소년을 중심으로 한 융합적 연구가 가능하도록 했다. 이를 통해 청소년학은 단순히 한 학문 분야에 국한되지 않고, 다양한 학문적 접근을 통해 청소년의 발달과 사회적 역할을 다각도로 연구할 수 있게 되었다. 또한 청소년학은 단기적인 연구 성과에 그치지 않고, 지속적으로 학문적 발전을 거듭하며 청소년문제 해결을 위한 장기적 전략을 제시할 수 있는 기반을 마련했다(이은영, 2021a, b).

셋째, 청소년문제 해결을 위한 정책 및 프로그램 개발이다. 청소년학과의 개설은 청소년문제 해결을 위한 정책 및 프로그램 개발에도 큰 영향을 미쳤다. 대학에서 청소년학을 전공한 전문가들이 청소년정책 및 프로그램에 직접 참여하게 되면서, 이론과 실무가 결합된 실질적인 해결책을 제시할 수 있었다. 또한 청소년학과에서의 연구 성과는 정부 및 민간 부문에서 청소년 교육 및 정책을 개선하는 데 중요한 기초 자료로 활용되었다. 예를 들어, 학교 밖 청소년의 학습권 보장, 청소년 정신건강 증진 그리고 청소년을 위한 복지 정책 등은 대학에서의 연구 결과를 바탕으로 구체적인 정책으로 이어졌다(장호순, 2022a, b; 최수진, 2022a, b).

넷째, 청소년 연구의 다학제적 접근이다. 청소년학과의 개설은 청소년 연구에 다학제적 접근을 촉진하는 데 중요한 역할을 했다. 청소년학은 교육학, 심리학, 사회학, 철학 등 다양한 분야의 이론을 통합하여 청소년문제를 다각도로 연구하는 방식을 채택하고 있다. 이를 통해 청소년의 발달 과정과 사회적 요구를 보다 심도 있게 이해할 수 있게 되었으며, 각 분야의 전문가들이 협력하여 청소년문제를 해결하기 위한 통합적 방안을 모색할 수 있게 되었다. 이로 인해 청소년 연구는 단편적인 연구가 아니라, 사회적 변화와 청소년의 복합적인 요구를 반영한 종합적인 연구로 발전하게 되었다(한지은, 2023b).

결론적으로, 대학에서 청소년 관련 학과의 개설은 청소년 연구의 전문화, 학문적 정체성 확립, 정책 개발 및 다학제적 접근을 통해 청소년문제 해결에 실질적인 기여를 하였다. 청소년학은 학문적으로 발전함과 동시에, 사회적 요구에 부응하는 연구와 정책을 통해 청소년의 삶의 질 향상에 중요한 역할을 하고 있다.

2) 청소년 관련 법제도의 정비

「청소년 기본법」을 비롯한 청소년 관련 법제도의 정비는 한국 사회에서 청소년 연구의 제도적 기반을 확립하고, 연구의 방향성과 실천적 적용 가능성을 높이는 데 크게 기여해 왔다. 특히 1991년 제정된 「청소년 기본법」은 청소년정책의 체계적 수립과 추진을 위한 법적 기반을 마련함으로써, 청소년을 사회적 보호의 대상이자 주체적 권리 주체로 인식하는 패러다임의 전환을 촉진하였다.

첫째, 청소년 연구의 제도적 기반을 마련하였다. 「청소년 기본법」의 제정은 청소년에 대한 국가적 책임을 명확히 하고, 청소년정책과 관련한 다양한 연구 주제를 제도적으로 뒷받침하는 역할을 하였다. 이 법은 청소년의 권리와 책임, 보호와 지원, 참여의 보장을 명문화함으로써, 청소년을 둘러싼 다양한 쟁점이 단순한 사회문제가 아닌 정책과 법의 틀 속에서 분석되고 해석되도록 유도했다(여성가족부, 2021). 이에 따라 청소년학 연구는 법·제도적 현실과의 연계를 강화하며 실증성과 정책지향성을 갖춘 학문으로 정립될 수 있었다.

둘째, 연구대상의 확대 및 심화이다. 법제도의 정비는 청소년 연구의 대상을 확대하고 보다 구체적인 실태 분석과 정책 제언을 가능하게 했다. 예컨대,「학교 밖 청소년 지원에 관한 법률」(2014),「청소년복지 지원법」(2004),「청소년 보호법」(1997) 등의 법률 제정은 청소년의 세부 집단(학교 밖 청소년, 위기청소년, 취약계층 청소년 등)에 대한 특성화된 연구가 활성화되는 계기가 되었다. 이는 기존의 일반화된 청소년 개념에서 벗어나, 다양한 삶의 맥락 속에서 청소년을 이해하고 지원할 수 있는 이론적 틀과 정책 개발을 가능하게 했다(김진아, 2019).

셋째, 청소년 참여와 권리 관련 연구가 활성화되었다.「청소년 기본법」은 청소년의 자율성과 참여 권리를 강조하며, 청소년의 사회참여, 자치 활동, 권리 보호에 관한 연구를 촉진하였다. 청소년특별회의, 청소년참여위원회 등 제도적 참여 구조가 법적 기반 위에서 운영되면서, 이에 대한 실증적 효과, 청소년의 참여 동기, 권리 의식에 대한 연구들이 활발히 진행되었다(이창호, 2020). 이는 청소년을 수동적 보호의 대상이 아닌 능동적 주체로 바라보는 연구의 확장을 가져왔다.

넷째, 청소년정책 평가와 실증 연구가 강화되었다. 법령의 정비는 국가 정책의 수립과 시행을 정기적으로 평가하고 개선할 수 있는 장치를 마련하게 하였고, 이는 곧 청소년정책 평가 및 실증 연구의 활성화로 이어졌다. 청소년정책 기본계획 수립 및 실행 의무(「청소년 기본법」 제6조)는 각종 실태조사와 정책 연구를 제도화하여, 청소년 관련 데이터 기반 연구의 질과 양을 높이는 데 기여하였다. 이를 통해 청소년정책 평가 및 분석 관련 연구는 학문적 탐구를 넘어서 실질적 정책과 프로그램 개발로 이어지는 구조를 갖추게 되었다(한국청소년정책연구원, 2022).

결론적으로,「청소년 기본법」을 비롯한 청소년 관련 법령의 정비는 청소년학 연구의 방향과 내용을 다변화하고, 연구의 실천성과 정책 연계성을 높이는 중요한 전환점이 되었다. 법제도는 청소년을 하나의 독립적 연구 대상으로서 다룰 수 있는 기반을 제공하였으며, 이에 따라 청소년 연구는 단순한 사회현상 분석을 넘어 실질적인 정책 기획과 실행에 기여하는 실천적 학문으로 발전하고 있다.

3) 청소년 관련 국가자격제도의 도입

청소년지도사 제도를 포함한 국가자격제도의 도입은 청소년학 및 청소년 관련 연구의 제도화와 전문화에 중대한 영향을 미쳤다. 특히 1993년 「청소년 기본법」의 제정과 함께 도입된 청소년지도사 국가자격제도는 청소년 분야의 전문성을 제고하고, 관련 학문 연구의 실천적 기반을 강화하는 데 이바지해 왔다.

첫째, 청소년학의 학문적 정립과 제도적 기반을 강화하였다. 청소년지도사 자격제도는 청소년 분야의 실천 전문가 양성을 제도화함으로써, 관련 학문인 청소년학과 청소년 지도학의 학문적 위상을 강화하는 계기가 되었다. 자격 취득을 위해 요구되는 학문적 기반과 현장실습 등의 요건은 청소년학의 이론과 실제를 아우르는 체계를 정립하는 데 중요한 역할을 하였다. 이러한 제도는 청소년 관련 학과 개설을 촉진하는 동시에, 학과 교육 과정이 자격제도 기준과 연계되어 구성되도록 하여 청소년학의 학제적 구조를 공고히 하는 데 영향을 미쳤다(한상철, 2013).

둘째, 청소년 연구의 실천성과 정책 연계성의 확대이다. 청소년지도사 제도의 시행은 청소년활동, 복지, 보호 등의 현장과 직결된 자격제도를 요구함으로써 실천적 연구의 필요성을 높였다. 이에 따라 청소년 현장 문제를 다루는 질적 및 양적 연구가 활발해졌으며, 청소년 시설 운영, 프로그램 평가, 지도자 역량 분석 등 실증 중심의 연구가 확대되었다(장근영, 2015). 자격 취득 후 활동하는 청소년지도사의 경험과 역량에 대한 연구는 청소년학이 단순 이론적 탐구를 넘어서 정책과 실천 현장에 기여할 수 있는 방안을 모색하는 계기를 마련하였다.

셋째, 전문성 중심의 연구 주제가 다양해졌다. 청소년지도사의 전문성 개발은 청소년학 연구 주제를 다변화시키는 동인이 되었다. 청소년지도사의 전문역량, 직무만족도, 소진과 회복탄력성, 윤리성, 리더십 등에 관한 연구가 지속적으로 이루어졌으며, 이는 청소년 관련 정책 개발과 인력 양성 체계 개선에도 영향을 미쳤다. 나아가 청소년지도사의 역할이 확대됨에 따라 청소년문화, 진로, 인권, 참여 등 새로운 영역에 대한 관심이 증가하고, 이에 대한 학술적 연구가 더욱 활발하게 이루어졌다(정미라, 2020).

넷째, 현장 실습 및 교육 훈련 체계화와 연구 기반 마련이다. 청소년지도사 양성 과정에는 법적으로 일정 기간의 청소년기관 실습이 요구되며, 이 과정은 청소년학 연구와 청소년기관의 연계를 강화하는 기반이 되었다. 이를 통해 실습의 질적 관리, 청소년기관의 교육적 기능, 실습생의 전문성 발달 등에 관한 연구가 활발해졌고, 실천 현장을 중심으로 한 연구방법론의 발전에도 기여하였다(이혜영, 2017).

이상의 내용을 정리해 보면, 청소년지도사 제도는 청소년학 및 청소년 연구의 제도화, 실천화, 전문화를 가능하게 하는 제도적 기반이 되었으며, 자격제도 도입 이후 관련 연구의 질적·양적 성장이 이루어졌다. 자격제도는 단순한 인력 인증을 넘어 학문과 실천, 정책 간 연계를 촉진하는 구조적 매개로서의 기능을 수행하고 있으며, 앞으로도 청소년학의 지속적 발전을 위한 중요한 자산으로 평가된다.

4) 청소년 관련 학회 및 학술지의 등장

한국에서 청소년 관련 연구의 발전에 있어 학회 및 학술지의 역할은 매우 중요하였다. 특히 1984년 설립된 '한국청소년학회'를 중심으로, 청소년학의 학문적 정체성을 확립하고 연구 생태계를 조성하는 데 있어 핵심적인 기여를 해 왔다. 1970년대 후반부터 청소년문제에 대한 사회적 관심이 높아지면서 학계에서도 청소년을 독립적인 연구 주제로 다루기 시작하였다. 이러한 시대적 흐름 속에서 등장한 한국청소년학회(Korean Association of Youth Studies)는 청소년학의 기초 이론을 정립하고, 정책적·실천적 연구를 체계화하는 데 주도적인 역할을 해 왔다. 학회는 교육, 복지, 심리, 사회문화 등 다양한 분야를 아우르며, 학제 간 접근을 통해 청소년학의 다차원적인 학문적 정체성을 형성하였다(한국청소년학회, 2024).

이와 함께 학술지의 발간은 청소년학의 학문적 발전을 이끄는 주요한 동력이 되었다. 한국청소년학회는 1986년부터 『청소년학연구』를 정기적으로 발간해 왔으며, 이는 청소년 관련 이론과 실증 연구 성과를 체계적으로 축적하고 확산하는 장으로 기능해 왔다. 해당 학술지는 청소년의 발달, 교육, 복지, 참여, 정책 등 다양한 분야를 포괄하며, 이론적 기반을 강화하고 정책 제안의 실효성을 높이는 데 기여하고 있다. 특히 최근에는 디지털 환경에서의 청소년 삶, 사회적 약자인 청소년의 권리와 참여 등 변화하는 사회적 요구에 부응하는 연구가 활발히 이루어지고 있다(박선영, 2022).

이러한 학술 활동은 학문적 네트워크를 구축하고, 학제 간 융합을 촉진하는 데에도 긍정적인 영향을 미쳤다. 미래를여는청소년학회, 한국청소년복지학회, 한국청소년시설환경학회, 한국청소년정책학회 등 다양한 전문 학회가 설립되면서, 각 학회는 청소년을 특정 영역에서 조명하며 융합적 연구의 기회를 넓히고 있다. 이들은 정기 학술대회, 공동 심포지엄, 정책 포럼 등을 통해 실천 현장과 학계 간의 소통을 활성화하고, 국가 정책 및 제도 개선을 위한 학문적 기반을 마련해 왔다(김기헌, 2023).

또한 청소년 관련 학회들은 청소년지도사 자격제도, 청소년정책기본계획, 청소년 참여 및 권리 증진을 위한 법 · 제도 개선 등 다양한 정책 개발에 실증적 기반을 제공해 왔다. 정부 및 지자체와의 공동 연구를 통해 정책 수립의 과학적 근거를 제시함으로써, 청소년정책의 전문성과 실효성을 강화하는 데에도 중요한 역할을 수행하였다(이정화, 2021).

결론적으로, 한국의 청소년학 관련 학회와 학술지는 청소년학의 학문적 위상 정립과 연구 다변화, 실천 현장과의 연계, 정책적 파급 효과의 확대 등 다방면에서 중추적인 기능을 수행해 왔다. 이들의 지속적인 활동은 학문적 성장뿐 아니라 사회적 실천과 정책 발전에도 결정적인 기여를 하고 있으며, 앞으로도 변화하는 청소년 환경에 능동적으로 대응하는 학술 공동체로서의 역할이 더욱 기대된다.

5) 청소년 관련 정책 연구의 확대

한국의 청소년정책 연구는 실천과 이론을 연결하고, 학문적 지평을 확장하는 데 중요한 역할을 해 왔다. 특히 여성가족부가 약 5년 주기로 수립하는 청소년정책기본계획은 국가 차원의 중장기 정책 방향을 제시하는 대표적인 사례이며, 그 기획과 수립 과정에서 한국청소년정책연구원(NYPI)의 정책 연구가 핵심적인 기여를 해 왔다. 예컨대, 제7차 청소년정책기본계획(2023~2027)은 청소년 권리 보장, 참여 확대, 정신건강 증진 등을 주요 목표로 설정하였으며, 이를 뒷받침하기 위해 청소년 실태조사 및 요구조사 결과가 기초 자료로 활용되었다(한국청소년정책연구원, 2022).

정책의 과학적 기반을 마련하기 위한 중요한 연구로는 청소년종합실태조사가 있다. 이 조사는 청소년의 삶 전반을 포괄적으로 측정하는 국가 수준의 조사로, 5년 주기로 시행된다. 조사 항목에는 청소년의 주관적 삶의 질, 건강 상태, 사회관계, 미디어 이용 등 다양한 영역이 포함되며, 수집된 데이터는 학계에서 실증적 분석의 주요 자료로 널리 활용된다. 이처럼 청소년종합실태조사는 청소년학 분야에서 데이터 기반 연구의 확산에 크게 기여하고 있다(조민정, 박선영, 2023a, b).

이 외에도 청소년활동 실태조사 및 정책 평가 연구는 다양한 청소년프로그램의 효과성을 검증하고, 정책 운영의 개선 방향을 제시하는 데 중요한 자료로 기능한다. 이러한 연구는 청소년수련시설, 방과후아카데미, 청소년참여기구, 공모사업 등 국가와 지방자치단체가 운영하는 활동 프로그램의 질을 관리하고, 청소년의 참여권을 보장하며, 지역 사회와의 연계를 강화하기 위한 실질적 근거를 제공한다(이재희, 2021b).

이처럼 정책 중심의 청소년 연구는 단지 행정적 자료 제공을 넘어, 청소년학의 학문적 발전과 학제화, 실천 현장과의 연계 그리고 이론의 현장 적용 가능성 탐색이라는 다층적인 차원에서 학문적으로 의미 있는 기여를 해 왔다. 앞으로의 정책 연구는 청소년을 수동적 정책 대상이 아닌 능동적 주체로 인식하고, 그들의 다양성과 문화적 특성을 반영할 수 있는 다차원적 연구방법론과 비판적 시각의 확대가 필요하다.

4. 청소년학의 연구 분야

청소년학의 연구는 학제 간 접근을 바탕으로 다양한 분야와 연결되어 있으며, 그중에서도 철학, 심리학, 사회학, 교육학의 네 가지 학문 영역은 청소년학의 기초이론과 응용 연구를 구성하는 중심축을 이룬다. 각 영역에서 다루어지는 청소년 관련 연구 주제는 다음과 같이 정리할 수 있다.

1) 철학 분야에서의 청소년 연구

철학 분야에서는 청소년의 삶의 의미, 존재론적 정체성, 가치 탐구에 대한 연구가 주로 이루어진다. 청소년기는 자기 존재에 대한 물음과 삶의 방향성을 고민하는 시기인 만큼, 철학적 성찰을 통해 삶의 목적과 윤리적 기준을 세우는 과정이 중요하다는 점이 강조된다. 송민정(2023)은 청소년이 행복과 삶의 의미를 탐색하는 과정이 인격 형성과 연결되며, 이를 위한 철학적 탐구가 교육 현장에서 적극적으로 이루어져야 한다고 주장했다. 또한 AI와 기술 발전 속에서 인간다움과 존재 의미에 대한 고민 역시 철학적 연구 주제로 부각되고 있다. 강은혜(2022)는 청소년이 디지털 사회 속에서 인공지능과의 관계 속에서 인간 정체성을 어떻게 인식하고 책임감을 가질 수 있는지를 탐구하는 철학적 접근의 필요성을 강조하였다. 나아가 공동체 윤리, 자유와 책임, 사회적 실존 문제에 대한 논의 역시 청소년 철학 연구에서 중요한 주제로 다루어진다(조용환, 2020).

2) 심리학 분야에서의 청소년 연구

심리학 분야에서는 청소년기의 발달적 특성과 관련된 연구가 중점적으로 이루어진다. 이 시기는 신체적 변화뿐만 아니라 정서적 · 인지적 변화가 동시에 나타나는 시기로, 자아정체성 형성, 정서조절 능력, 사회적 관계 형성 과정이 주요 연구 주제가 된다. 정진경(2021)은 청소년기의 심리적 발달 과정에서 발생할 수 있는 우울, 불안, 충동성 등의 문제를 예방하기 위한 심리적 회복탄력성 연구의 필요성을 강조하였다. 또한 디지털 환경에서 청소년의 주의력 저하, SNS 중독, 사이버폭력 피해 경험과 같은 심리적 위험 요인을 다루는 연구도 늘어나고 있다. 발달심리학에서는 청소년기의 사회인지 능력, 공감 능력, 도덕성 발달 등을 탐구하며, 위험 행동과 비행 예방을 위한 심리 치료 및 개입 프로그램 개발도 중요한 연구 주제로 다루어진다(정진경, 2021).

3) 사회학 분야에서의 청소년 연구

사회학적 관점에서 청소년은 사회구조와 문화 속에서 다양한 영향을 받으며 성장하는 존재로 인식된다. 사회학 분야에서는 청소년의 사회화 과정, 사회적 불평등, 계층 간 격차, 젠더 문제, 다문화 갈등, 사회적 배제 경험 등이 중요한 연구 주제이다. 여성가족부(2022) 『청소년백서』에 따르면, 청소년의 소속감 저하와 사회참여 부족 문제는 여전히 과제로 남아 있으며, 이들의 사회적 역량 강화를 위한 정책적 지원이 필요하다고 지적한다. 이현주와 박종희(2021)는 디지털 사회에서 청소년의 사회적 관계 형성 및 집단 소속감 변화에 주목하며, SNS가 청소년 사회화의 새로운 통로가 되고 있다는 점을 분석하였다. 사회참여 기회의 확대와 자치 활동 경험의 효과에 대한 실증 연구 또한 진행되고 있으며, 박수민(2020)은 청소년이 스스로 사회적 주체로 성장하기 위해 필요한 법제 및 제도 개선 방향을 제시했다.

4) 교육학 분야에서의 청소년 연구

교육학 분야는 청소년의 학습, 진로, 인성, 시민성 교육을 중심으로 다양한 연구가 진행되고 있다. 김경준(2022)은 AI 시대 청소년에게 요구되는 자기주도적 학습 능력과 창의적 문제해결 능력을 길러 주기 위한 교육 모델 개발의 필요성을 언급했다. 청소년기 진로 탐색과 설계 과정을 지원하는 진로 교육 연구도 중요한 분야로, 여성가족부(2022)는 청소년의 진로 불안을 해소하기 위한 맞춤형 진로 프로그램 운영과 직업 체험 기회 확대를 강조했다. 또한 학교 밖 청소년 및 다문화가정 청소년을 위한 대안 교육, 온라인 학습, 평생교육 연계 방안도 중요한 연구 주제이다. 조용환(2020)은 디지털 및 AI 환경 속에서 인성 및 공동체 역량을 함양하는 청소년 교육 방향에 대한 연구의 중요성을 강조했다.

5. 청소년학 관련 이론

청소년기는 아동기와 성인기 사이에 위치한 전환기로, 신체적 성장과 더불어 정서적 · 인지적 · 사회적 변화가 급격히 일어나는 시기이다. 이러한 청소년기의 본질과 특성을 이해하기 위해 다양한 학자가 이론적 틀을 제시해 왔다. 이 책에서는 청소년기 이해에 기초가 되는 홀(G. Stanley Hall)의 청소년기 이론, 에릭슨(Erik Erikson)의 심리사회적 발달이론, 미드(Margaret Mead)의 문화상대주의 이론, 브론펜브레너(Urie Bronfenbrenner)의 생태체계이론 그리고 피아제(Jean Piaget)의 인지발달이론을 중심으로 이들의 핵심

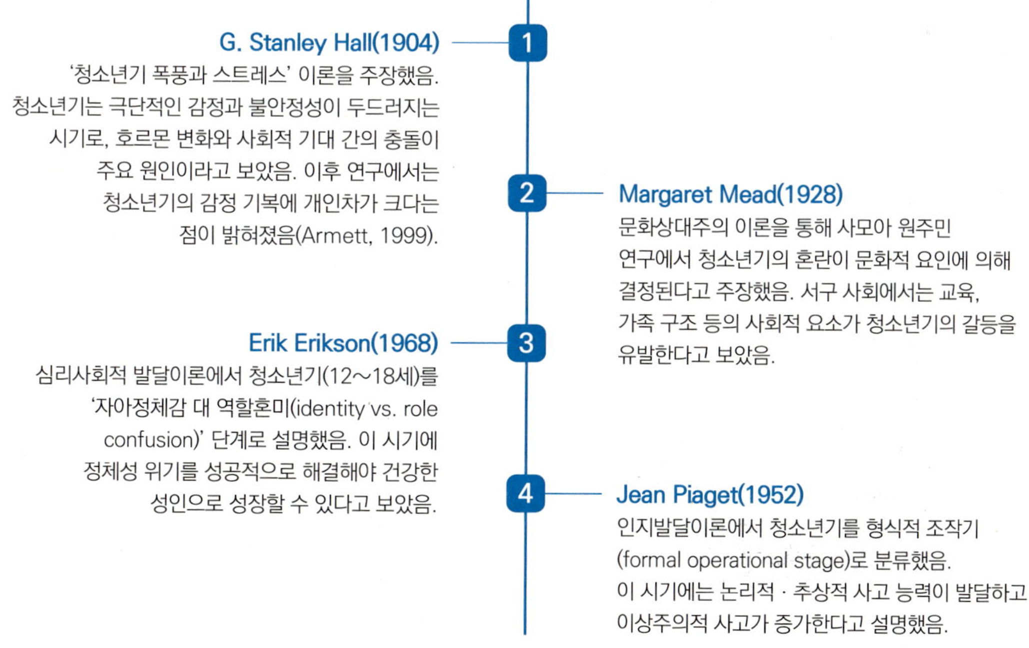

[그림 2-1] 청소년학 관련 주요 이론

내용과 청소년기 특성과의 관련성을 고찰하고자 한다.

1) 홀의 청소년기 이론

홀은 청소년기를 '질풍노도(storm and stress)'의 시기라고 규정하며, 청소년기는 본질적으로 내적 갈등과 정서적 불안정이 특징인 시기라고 보았다. 그는 진화론적 관점에서 청소년기를 인류발달 과정의 반복으로 이해하였으며, 개인이 아동기에서 성인기로 넘어가는 과정에서 생리적 변화와 함께 심리적 갈등을 경험한다고 주장하였다. 이 이론은 청소년기의 혼란스러운 모습과 충동적 행동을 설명하는 데 기여했으나, 청소년기를 지나치게 부정적 · 갈등 중심으로만 보는 시각이라는 한계도 지닌다.

2) 미드의 문화상대주의 이론

미드는 사모아 등 다양한 원주민 사회의 사례를 통해 청소년기의 특징이 보편적이지 않고, 문화에 따라 달라질 수 있음을 강조하였다. 그녀는 청소년의 갈등과 불안이 필연적이라기보다는 특정 사회의 문화적 기대와 가치관에 의해 형성된다고 주장하였다. 이러한 관점은 청소년기에 대한 문화상대주의적 접근을 가능하게 했으며, 현대 사회의 다양한 청소년문제를 이해할 때 단일 보편적 설명보다 문화와 사회적 맥락을 함께 고려해야 한다는 점을 시사한다.

3) 에릭슨의 심리사회적 발달이론

에릭슨은 인간발달을 8단계로 나누었으며, 청소년기에 해당하는 단계는 '정체감 대 역할혼미(identity vs. role confusion)'이다. 이 단계에서 청소년은 자아정체감을 형성하기 위해 다양한 역할과 가치관을 탐색하며, 자신의 정체성을 확립하지 못할 경우, 혼란과 불안에 빠질 수 있다. 에릭슨의 이론은 청소년기를 심리적 성숙의 핵심 시기로 강조하며, 청소년기의 자기 탐색과 진로 탐색 과정에서 겪는 갈등과 고민을 이해하는 데 중요한 이론적 틀을 제공한다.

4) 피아제의 인지발달이론

피아제는 인간의 인지발달을 감각운동기, 전조작기, 구체적 조작기, 형식적 조작기의 네 단계로 구분하였으며, 청소년기는 형식적 조작기(formal operational stage)에 해당한다. 이 시기 청소년은 추상적 사고, 가설적 사고, 논리적 사고를 통해 복잡한 문제해결 능력을 기른다. 이 단계는 청소년이 자아와 사회에 대한 깊이 있는 질문을 시작하며, 철학적 · 도덕적 · 진로적 고민을 심화시키는 시기임을 보여 준다. 이러한 인지적 성장은 청소년기 특유의 비판적 사고, 자기중심성, 미래지향적 사고 등과 직접적으로 관련이 있다.

5) 브론펜브레너의 생태체계이론

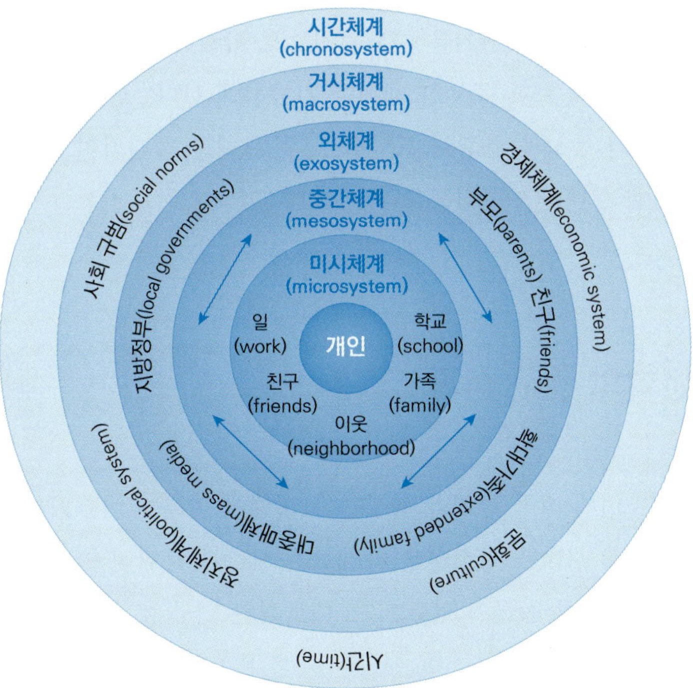

[그림 2-2] 생태체계이론 모형

브론펜브레너는 인간발달을 개인 내부의 특성만이 아니라, 이를 둘러싼 환경 간의 상호작용 속에서 이해해야 한다고 보았다. 그는 발달에 영향을 주는 환경을 미시체계(가족, 또래 등), 중간체계(가정과 학교의 상호작용), 외체계(부모의 직장, 지역사회 등), 거시체계(문화, 법, 가치), 그리고 시간체계(개인의 생애와 역사적 맥락의 변화)로 구분하였다

(Bronfenbrenner, 1979). 이 이론은 청소년기의 발달을 단순히 개인의 문제가 아닌 복합적인 사회 · 환경적 요인의 상호작용 결과로 이해하게 하며, 청소년문제에 대한 통합적 접근의 필요성을 강조한다.

청소년기는 신체적 성장뿐만 아니라 정서적 불안정, 인지적 성숙, 사회적 관계 변화가 동시에 나타나는 복합적인 시기이다. 다양한 이론이 이러한 청소년기의 특성을 설명해 왔다. 홀은 청소년기를 '질풍노도의 시기'로 규정하며 본능적 갈등을 강조했고(Hall, 1904), 에릭슨(Erikson, 1968)은 이 시기를 '정체감 대 역할혼미'의 심리사회적 위기를 겪는 시기로 보았다. 미드(Mead, 1928)는 문화마다 청소년기의 경험이 다르다는 문화 상대주의적 관점을 제시하였으며, 피아제(Piaget, 1972)는 형식적 조작기 발달을 통해 청소년의 추상적 사고 능력과 논리적 사고가 본격화된다고 설명하였다.

이러한 다양한 이론은 청소년기를 다차원적으로 이해하는 이론적 기반을 제공하며, 상호보완적 시각을 통해 보다 풍부한 해석을 가능하게 한다. 이는 청소년정책 및 프로그램 개발 시 개인의 특성과 환경적 요인을 모두 고려한 실질적이고 통합적인 접근을 설계하는 데 중요한 토대를 이룬다.

6. 청소년학의 연구 성과

역사적으로, 청소년에 대한 관심과 연구는 고대에서 현대에 이르기까지 다양한 방식으로 이어져 왔다. 각 시대는 청소년을 바라보는 시각과 사회적 맥락에 따라 청소년의 정의와 역할, 발달에 대한 접근이 달랐으며, 대표적인 연구 성과는 다음과 같이 정리할 수 있다.

1) 아리스토텔레스의 연구 성과

아리스토텔레스는 고대 그리스 철학자로서, 『니코마코스 윤리학』과 『정치학』 등에서 인간의 발달과 미덕의 형성을 다루며 청년기(오늘날의 청소년기 포함)에 대해 중요한 통찰을 제시하였다. 그는 청년이 강한 감정과 욕망을 지니며 충동적으로 행동하는 경향이 있다고 보았다. 특히 성적 욕망이나 분노와 같은 감정에 쉽게 좌우되며, 이러한 감정적 특성은 아직 이성이 충분히 발달되지 않았기 때문이라고 설명하였다(Aristotle, Rhetoric, as cited in bekkos.wordpress.com, 2009).

또한 아리스토텔레스는 청년이 삶의 경험이 부족하여 상황을 깊이 있게 분석하거나 현명한 판단을 내리기 어렵다고 보았다. 그는 감정보다는 이성에 의해 통제되어야 할 정치학이나 윤리학과 같은 실천학문을 배우기에는 아직 청년에게 적합하지 않다고 주장하였다(Aristotle, Nicomachean Ethics, as cited in iep.utm.edu).

그러나 그는 청년이 이상주의적이며 정의에 대한 강한 열망을 가진 존재라고 평가하였다. 청년은 현실의 제약보다는 이상적인 가치에 집중하며, 세상을 바꾸고자 하는 강한 열망을 보이지만 그 열망이 현실을 충분히 반영하지 못할 가능성도 내포하고 있다는 점을 강조한다(Aristotle, Rhetoric, as cited in bekkos.wordpress.com, 2009).

아리스토텔레스는 이러한 청년기의 특성으로 인해 교육의 중요성을 더욱 강조하였다. 그는 청년이 아직 습관이 굳어지지 않은 상태이기 때문에, 이 시기에 바람직한 방향으로 이끌고 도덕적 훈육을 통해 미덕을 형성하는 것이 가능하다고 보았다(Aristotle, Politics, as cited in en.wikipedia.org, 2024).

이와 같이 아리스토텔레스는 청년기, 즉 오늘날 청소년기에 해당하는 시기를 인간발달의 중요한 단계로 보았다. 그는 이 시기를 단순히 미숙함의 시기가 아니라, 올바른 교육과 지도가 병행된다면 훌륭한 시민으로 성장할 수 있는 가능성의 시기로 평가하였다. 이러한 그의 관점은 현대 청소년학에서도 청소년기의 특성을 이해하고, 이 시기의 교육과 발달 지원의 중요성을 강조하는 데 중요한 철학적 기반이 되고 있다.

2) 루소의 연구 성과(『에밀』)

장-자크 루소(Jean-Jacques Rousseau, 1712~1778)는 프랑스의 철학자, 작가, 교육학자로 계몽주의 시대의 중요한 사상가 중 한 명이다. 그는 인간 본성과 사회에 대한 독특한 관점을 제시했으며, 특히 교육에 관한 이론으로 널리 알려져 있다. 루소는 인간이 자연 상태에서 본래 선하다고 믿었고, 사회와 문명은 인간을 타락시킨다고 주장했다. 그의 대표작인 『에밀(Émile, ou De l'éducation)』에서 그는 교육의 목적과 방법에 대해 혁신적인 접근을 제시하며, 자연주의 교육관을 체계적으로 발전시켰다. 루소의 교육이론은 아동과 청소년기의 발달을 중시하며, 이를 통해 현대 교육학과 발달심리학에 깊은 영향을 미쳤다(Rousseau, 1762/2009).

루소의 청소년 연구와 관련된 대표적인 성과로 『에밀』을 들 수 있다. 에밀의 내용 주요 내용, 성과 등을 정리하면 다음과 같다.

루소는 『에밀』(1762)을 통해 '자연에 따르는 교육'을 주장하였다. 그는 인간은 본래 선하게 태어나지만 사회의 부조리와 인위적인 교육에 의해 타락한다고 보았으며, 따라서 교육은 자연의 질서에 따라 이루어져야 한다고 주장했다. 특히 청소년기에는 인위적 통제가 아니라 자연적 발달 과정을 존중해야 하며, 스스로 배우고 경험하도록 돕는 교육을 강조하였다.

루소는 인간의 발달을 다섯 단계로 구분하여 각 단계에 맞는 교육적 접근을 제시했다. 그는 발달이 연령에 따라 자연스러운 순서로 이루어지고, 각 발달 단계는 신체적 · 감각적 · 지적 · 도덕적 측면에서 특징적인 변화를 겪는 시기로 보았다. 이러한 발달 단계는 오늘날 발달심리학의 기초로 평가되고 있다.

(1) 유아기(0~2세)

유아기는 신체적 발달이 주로 이루어지는 시기이다. 루소는 이 시기의 교육을 자연적 양육으로 정의하며, 신체 발달과 감각 자극을 중심으로 한 환경을 제공해야 한다고 주장했다. 유아는 아직 언어와 사고 능력이 충분히 발달하지 않았기 때문에, 이 시기의 교육은 감각적 경험과 신체적 발달을 돕는 것이 중요하다고 보았다.

(2) 아동기(2~12세)

아동기는 감각 경험과 관찰을 통해 세상에 대해 배우는 시기이다. 루소는 이 시기의 교육에서 강요 없는 학습을 강조했다. 아동은 감각을 통해 세상을 인식하며, 이때 중요한 것은 강압적인 교육보다는 자연스럽게 배우고 경험한다는 것이다. 아동의 호기심을 자극하고 자율적 학습이 이루어지도록 환경을 조성하는 것이 필요하다.

(3) 소년기(12~15세)

소년기는 지적 호기심이 발달하고, 자율적 탐구 활동이 중심이 되는 시기이다. 루소는 이 시기의 교육에서 지적 호기심을 존중하며, 청소년이 스스로 학습하고 사고할 수 있도록 돕는 방법을 제시했다. 이는 단순히 지식을 전달하는 교육이 아니라, 소년이 스스로 문제를 해결하고 탐구할 수 있는 기회를 제공하는 방식이어야 한다고 보았다.

(4) 청소년기(15~20세)

청소년기는 이성과 도덕적 판단 능력이 발달하는 시기이다. 루소는 청소년기를 이성과 도덕의식의 발달로 정의하며, 이 시기의 교육은 도덕적 가치와 인간관계를 배우는 것에 집중해야 한다고 보았다. 또한 청소년기는 사랑, 우정, 정의, 인간관계와 같은 도덕적 가치에 대해 배우고, 자아 발견과 자기 통찰이 이루어지는 시기이다. 이 시기의 교육은 교사가 직접적으로 지시하기보다는, 질문과 유도를 통해 청소년이 스스로 깨닫고 성찰할 수 있도록 하는 것이 바람직하다고 강조했다.

(5) 성인기(20세 이후)

성인기는 사회적 책임을 배우며 성숙한 시민으로 성장하는 단계이다. 루소는 이 시기에 성인이 되어 사회적 역할과 책임을 다하는 법을 배우며, 도덕적 성숙과 사회적 책임을 강조했다. 이는 개인이 사회에서 성숙한 시민으로서의 역할을 수행할 준비가 되는 시기로, 교육은 성인의 사회적 책임을 이해하고 이를 이행할 수 있도록 돕는 방향으로 이루어져야 한다고 보았다.

루소의 발달단계이론은 각 시기의 발달적 특징을 존중하며, 그에 맞는 교육적 방법을 제시하는 중요한 교육 이론으로, 현대 발달심리학과 교육학에 큰 영향을 미쳤다.

루소는 청소년기를 이성이 발달하고 도덕적 판단 능력이 형성되는 중요한 시기로 보았다. 그는 이 시기의 교육이 단순한 지식 전달이 아니라 사랑, 우정, 정의, 인간관계와 같은 도덕적 · 사회적 가치를 이해하도록 돕는 방향으로 이루어져야 한다고 강조하였다(Rousseau, 1762/2009). 루소는 청소년이 자율적으로 고민하고 선택하며 스스로 결론에 도달하는 과정을 중시하였으며, 이를 위해 내적 성찰과 경험에 기반한 교육이 필요하다고 보았다. 특히 교사의 직접적인 지시보다는 질문과 유도를 통해 청소년이 스스로 사고하고 깨달음을 얻도록 이끄는 교육 방식이 바람직하다고 주장하였다(조화태, 2015).

또한 루소는 청소년기의 혼란과 갈등을 문제로 보기보다는 인간이 사회적 존재로 성장해 가는 자연스럽고 긍정적인 과정으로 해석하였다. 그는 청소년을 미성숙한 존재가 아닌 잠재력을 지닌 존재로 이해하며, 올바른 환경과 존중 속에서 스스로 성장할 능력을 갖춘 존재로 간주하였다. 이러한 낙관적 시각은 청소년 발달에 대한 긍정적 이해를 가능하게 하며, 성장과 자율성을 중시하는 교육철학으로 이어진다(김희백, 2009).

루소의 저작 『에밀』은 청소년기를 자연의 법칙에 따라 발달하는 존재로 이해하는 교육적 관점을 제시하며, 현대 발달심리학과 발달 단계에 따른 교육이론의 기초를 마련하였다. 그는 교육의 목적을 자유롭고 도덕적인 시민을 양성하는 데 두었으며, 이는 오늘날 인성교육과 민주시민교육의 철학적 기반으로 이어지고 있다(Rousseau, 1762/2009).

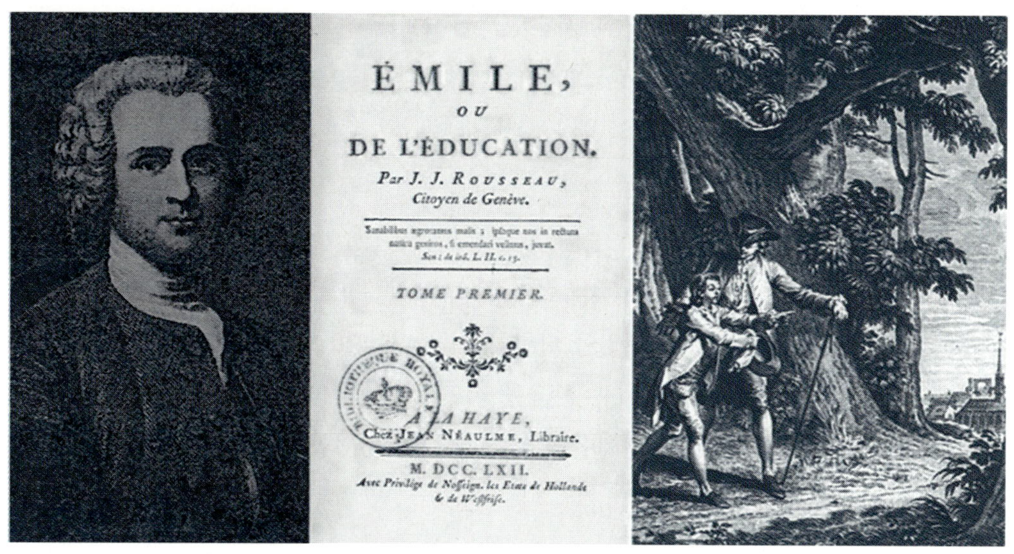

[그림 2-3] 루소의 『에밀』 표지

3) 홀의 연구 성과

앞에서도 언급한 바와 같이, 스탠리 홀(G. Stanley Hall, 1844~1924)은 청소년기 개념을 학문적으로 정립하는 데 크게 기여한 학자이다. 홀은 청소년기를 아동기와 성인기 사이의 독립적 발달 단계로 처음 규정한 학자로, 현대 청소년학의 기초를 마련한 인물로 평가된다. 그는 1904년 『청소년기: 그 심리 및 생리, 인류학, 사회학, 성, 범죄, 종교, 교육과의 관계(Adolescence: Its Psychology and Its Relations to Physiology, Anthropology, Sociology, Sex, Crime, Religion, and Education)』라는 두 권짜리 저서를 통해 '청소년기(adolescence)'라는 개념을 학문적으로 정립하였다(Hall, 1904). 이 책은 청소년기의 발달적 특성에 대한 포괄적이고 체계적인 논의를 담고 있으며, 청소년을 단순히 미완의 존재가 아닌 고유한 발달 단계의 주체로 인식하는 데 큰 기여를 하였다.

홀의 가장 대표적인 개념은 청소년기를 '질풍노도(storm and stress)'의 시기로 규정한 것이다. 그는 청소년이 신체적 급성장과 호르몬 변화로 인해 정서적 불안정, 충동, 반항, 긴장, 불안을 경험한다고 보았으며, 이는 청소년기 전반에 걸쳐 나타나는 보편적 특성이라고 주장하였다(Hall, 1904). 그는 청소년의 정서적 격변을 단순한 일탈이 아닌 발달 과정의 일부로 이해해야 한다고 강조하였다.

또한 홀은 다윈의 진화론에 영향을 받아 개인의 발달 과정이 인류의 진화 과정을 반복한다는 '재현 이론(recapitulation theory)'을 청소년기에 적용하였다. 그는 청소년기를 인간발달사에서 원시적 감정과 본능이 강하게 표출되는 단계로 보았으며, 이를 통해 성숙하고 문명화된 성인기로 나아가는 과도기적 시기라고 해석하였다. 다시 말해, 청소년기는 인류가 겪은 역사적 진화를 개인이 축약적으로 되풀이하는 시기로 이해되었다(Hall, 1904).

[그림 2-4] 스탠리 홀의 『Adolescence』의 표지

출처: Hall, G. Stanley. (2006). *Adolescence*.

홀의 이론은 당시 미국 사회에서 청소년문제에 대한 교육적 · 사회적 관심을 고조시키는 계기가 되었으며, 청소년의 특성과 발달 단계에 맞춘 교육과 보호정책의 필요성을 학문적으로 뒷받침하는 데 기여하였다(Kett, 1977). 그는 청소년을 사회적 통제나 순응의 대상이 아니라, 발달적 이해를 바탕으로 교육과 사회적 지원이 필요한 존재로 보았다. 이러한 인식은 이후 청소년을 위한 공교육제도, 청소년기관, 지도자 양성 등 다양한 제도적 기반을 마련하는 데 중요한 이론적 토대를 제공하였다.

그러나 홀의 이론은 이후 여러 측면에서 비판을 받았다. 우선, 청소년기를 부정적 정서와 갈등 중심으로 바라본 '질풍노도' 개념은 청소년을 문제적 존재로 낙인찍는 효과를 초래할 수 있다는 점에서 한계가 지적되었다(Arnett, 1999). 또한 그의 접근은 생물학적 결정론에 기반하여 사회적 · 문화적 요인의 영향을 간과하였다는 평가도 있다. 이후 청소년 연구는 홀의 생물학적 관점을 보완하며, 청소년기의 다양성과 긍정적 가능성을 강조하는 방향으로 확장되었다.

그럼에도 불구하고, 홀은 청소년을 연구의 주체로 설정하고 독립된 발달 단계로 명확히 정의함으로써, 청소년기 연구의 기초를 정립한 선구자로서 여전히 중요한 학문적 의미를 지닌다.

4) 미드의 연구 성과

마거릿 미드(Margaret Mead, 1928)는 문화인류학의 시각에서 청소년기를 조명한 대표적인 학자이다. 그녀는 청소년기의 갈등과 위기가 생물학적으로 보편적인 현상인지, 아니면 특정한 사회문화적 맥락에 따라 달라지는 것인지에 대한 질문에서 출발하였다. 이러한 문제 의식을 바탕으로, 미드는 1920년대에 남태평양의 사모아(Samoa) 섬을 방문하여 청소년들의 생활을 관찰하고 분석하였다.

미드는 사모아 청소년들의 삶을 통해 서구에서 흔히 나타나는 청소년기의 혼란, 정체성 위기, 성적 억압 등이 문화적 조건에 따라 달라질 수 있다는 점을 강조하였다(Mead, 1928). 그녀는 사모아 청소년들이 상대적으로 조화롭고 안정적인 성장을 보이며, 부모와 또래, 공동체 간의 관계에서 갈등보다는 유연한 적응 양상을 보인다고 보았다. 이러한 결과는 사모아 사회의 개방적이고 공동체 중심적인 문화적 구조 덕분이라고 해석하였다.

특히 미드는 사모아 사회의 성(sexuality)에 대한 개방성을 주목하였다. 서구 사회는 청소년기의 성적 탐색을 금기시하고 억제하는 반면, 사모아는 성적 실험을 자연스러운 성장의 일부로 받아들인다. 이에 따라, 사모아 청소년들은 성과 관련된 심리적 억압이나 죄책감 없이 성숙해질 수 있었으며, 이는 청소년기의 전반적인 안정성에 기여하였다(Mead, 1928).

또한 미드는 사회구조와 교육 방식의 차이가 청소년기의 경험에 영향을 미친다고 분석하였다. 사모아에서는 공동체 전체가 청소년의 성장에 책임을 지며, 실생활에 필요한 기술과 역할을 어린 시절부터 자연스럽게 학습한다. 이는 사모아 청소년들이 성인 사회로의 이행에 대해 보다 분명한 방향성을 지니게 하며, 혼란 없이 사회적 정체성을 형성할 수 있도록 한다(Mead, 1928). 특히 사모아의 통과 의례(rite of passage)는 청소년이 성인으로서의 사회적 지위를 명확히 인식하게 해 주는 상징적 장치로 작용한다.

미드는 이 같은 사례를 통해 청소년기의 위기와 혼란은 필연적인 것이 아니라, 특정한 문화의 산물이라는 점을 강조하였다. 그녀는 청소년기를 생물학적으로만 접근할 것이 아니라, 사회문화적 맥락 속에서 이해해야 한다고 주장하였다(Mead, 1928). 이러한 관점은 이후 청소년 연구에 문화적 상대주의의 시각을 도입하는 데 큰 기여를 하였다.

하지만 미드의 연구는 전적으로 수용된 것은 아니다. 후속 연구자인 데릭 프리먼(Derek Freeman, 1983)은 미드의 연구 방법론과 해석에 대해 강한 비판을 제기하였다.

그는 사모아 청소년들의 진술이 과장되거나 미드가 이상화한 측면이 있다고 주장하면서, 사모아에서도 청소년기의 갈등과 문제가 존재한다고 반박하였다. 이 논쟁은 청소년기 경험의 보편성과 문화적 차이를 둘러싼 학문적 토론을 불러일으켰으며, 청소년학 내에서 문화적 이해의 중요성을 부각시키는 계기가 되었다(Freeman, 1983).

[그림 2-4] 마거릿 미드의 『사모아의 청소년』 표지
출처: 박자영(2008). 사모아의 청소년.

미드의 연구는 비록 논란의 여지는 있지만, 청소년기를 단일하고 보편적인 발달 단계로 보지 않고, 문화적 맥락에 따라 그 양상과 의미가 달라질 수 있음을 밝힌 점에서 오늘날에도 중요한 이론적 유산으로 평가된다.

7. 청소년학의 향후 과제

향후 한국 사회 청소년학 연구 분야는 사회의 급변하는 환경과 미래적 과제를 고려하여 학제 간 연구와 실천적 접근이 요구된다. 이에 이 장에서는 교육학, 심리학, 사회학, 철학 등 주요 학문 영역별로 청소년학 연구의 방향성과 구체적 연구 과제를 살펴보고자 한다.

첫째, 교육학 분야에서는 4차 산업혁명과 디지털 전환에 대응하는 청소년 교육 패러다임의 변화가 필수적이다. 청소년 학습 부진과 학업 중단 문제는 여전히 심각하며, 이를 해소하기 위한 맞춤형 학습 지원 및 학습동기 제고 방안에 대한 연구가 필요하다(강현석, 2022). 또한 청소년의 진로발달 단계에 맞는 교육 프로그램 개발과 디지털 리터러시 및 미디어 리터러시 교육 강화가 중요하다. 특히 학교 밖 청소년의 학습권 보장을 위한 교육복지 모델 개발 역시 향후 중점 연구 과제가 될 것이다(김지혜, 2023b).

둘째, 심리학 분야에서는 청소년 정신건강 증진과 발달적 적응 과정에 대한 심층 연구가 필요하다. 코로나19 팬데믹 이후 청소년의 심리적 회복력과 회복 과정에 대한 연구는 필수적이며(이은영, 2021a), 스마트폰 및 게임 중독, SNS 중독과 같은 디지털 중독 문제에 대한 예방 및 중재 프로그램 개발이 시급하다. 또한 청소년의 공감 능력, 자기조절 능력, 회복 탄력성 등 심리적 자원의 발달 과정 연구 및 가족 내 갈등 조정과 의사소통 프로그램 개발이 필요하다(최수진, 2022b).

셋째, 사회학 분야에서는 청소년의 사회적 불평등 문제와 계층화 양상에 대한 분석이 더욱 심화될 필요가 있다. 교육과 노동, 주거 및 문화 영역에서 나타나는 청소년 불평등 문제는 한국 사회의 지속 가능한 발전을 위협하는 요소로, 이를 해결하기 위한 정책적 연구가 절실하다(장호순, 2022b). 청소년의 사회참여 확대와 자치 활동의 지속 가능성, 다문화 청소년의 사회적 통합 및 차별 경험에 대한 실태 연구 또한 중요한 연구 주제로 떠오르고 있다. 아울러 청소년 노동 환경과 사회적 보호 체계에 대한 실증 연구 역시 시급하다(한지은, 2023a).

넷째, 철학 및 인문학 분야에서는 청소년기의 의미와 가치, 청소년 주체성 및 자율성에 대한 철학적 탐구가 필요하다. 기술과 인공지능 시대에 청소년의 인간성과 정체성 문제를 철학적으로 성찰하고, 윤리교육의 새로운 방향을 모색하는 연구가 강조되어야 한다(서경민, 2021). 청소년 인권과 의무의 균형, 생태윤리 교육, 공존과 다양성의 가치 내면화를 위한 철학적 논의도 학계의 중요한 과제이다. 나아가 청소년문화와 미디어 속 가치관 비판 및 철학적 읽기 프로그램의 개발도 필요하다(정윤아, 2023).

결론적으로, 향후 한국 청소년학 연구는 학제 간 융합과 현장성 강화를 통해 청소년의 삶의 질 향상에 기여하는 방향으로 나아가야 한다. 각 학문 영역의 특성을 살리되, 실질적 정책 및 프로그램으로 연결될 수 있는 실증적 연구가 활성화되어야 하며, 급변하는 사회 환경에 대응하는 유연하고 지속 가능한 연구 기반을 구축하는 것이 중요하다.

참고문헌

강석(2022). 디지털 시대 청소년 학습지원 정책의 과제. 한국교육개발원.

강현석(2022). 청소년학의 발전과 청소년 교육 패러다임. 청소년출판사.

김경준, 박희진, 윤진상, 이기순, 정선영(2013). 청소년학의 이해. 양서원.

김기헌(2023). 청소년학 연구의 흐름과 과제: 학제 간 접근의 가능성과 한계를 중심으로. 청소년학연구, 30(2), 5-27.

김민(2023). 청소년학 연구의 구조와 방향성에 대한 비판적 고찰. 청소년정책연구, 30(1), 35-58.

김지혜(2023a). 청소년학과 교육 정책의 연계. 교육학 연구, 41(2), 88-105.

김지혜(2023b). 학교 밖 청소년을 위한 교육복지 모델 개발 연구. 청소년학연구, 30(1), 55-78.

김희백(2009). 루소의『에밀』에 나타난 교육사상 고찰. 교육철학, 23(1), 35-58.

박선영(2022). 청소년학 학술지 분석을 통한 연구 동향 고찰. 청소년복지연구, 24(3), 61-84.

서경민(2021). 인공지능 시대의 청소년 윤리교육 방향 탐색. 인문과 철학, 44, 77-98.

여성가족부(2021). 2021 청소년백서. 여성가족부.

이경화(2021). 청소년정책과 청소년학 연구의 연계성에 관한 분석. 한국청소년정책학회보, 15(1), 33-55.

이은영(2021a). 코로나19 이후 청소년의 심리사회적 회복력 연구. 정신건강과 사회, 25(2), 88-110.

이은영(2021b). 청소년 정신건강의 이론과 실천. 청소년학연구, 28(3), 45-60.

이재희(2021a). 청소년정책평가의 실천적 함의와 과제. 청소년복지연구, 23(2), 41-62

이재희(2021b). 청소년활동 실태조사와 정책평가의 통합적 접근. 청소년정책포럼, 27(3), 41-60.

이정화(2021). 청소년정책과 청소년학 연구의 연계성에 관한 분석. 한국청소년정책학회보, 15(1), 33-55.

이창호(2020). 청소년 참여정책의 현황과 과제. 청소년정책포럼, 34(3), 12-24.

이혜영(2017). 청소년지도사 현장실습의 교육적 효과와 개선방안에 대한 탐색. 한국청소년연구, 24(4), 51-74.

장근영(2015). 청소년지도사의 전문성 제고를 위한 실천적 과제. 청소년복지연구, 17(2), 23-40.

장호순(2022a). 한국 사회 청소년 불평등의 구조와 대응 방안. 사회학연구, 59(4), 201-223.

장호순(2022b). 청소년문제 해결을 위한 정책과 프로그램. 청소년학회지, 34(1), 23-40.

정미경(2022). 정책 중심 청소년 연구의 한계와 대안적 접근 모색. 청소년연구논총, 39(2), 17-41.

정미라(2020). 청소년지도사의 직무 만족과 역할 인식에 대한 질적 연구. 청소년문화포럼, 26(3), 78-95.

정윤아(2023). 청소년 철학적 독서 프로그램의 개발과 효과 분석. 청소년문화포럼, 18(2), 102-125.

정익중(2012). 청소년학의 학문적 정체성과 학제 간 접근의 필요성. 청소년학연구, 19(3), 45-66.

조민정, 박선영(2023a) .청소년종합실태조사의 분석과 활용 가능성. 청소년연구, 30(1), 55-78.

조민정, 박선영(2023b) 청소년종합실태조사의 내용 분석과 활용 방안. 한국청소년연구, 30(3), 67-89.

조화태(2015). 루소의 청소년기 이해와 현대적 함의. 청소년교육포럼, 11(3), 45-63.

최수진(2022a). 청소년의 공감능력 및 회복탄력성 향상을 위한 심리 프로그램 개발. 한국심리학회지: 발달, 35(3), 121-139.

최수진(2022b). 청소년 심리적 자원 발달. 심리학 연구, 29(4), 57-70.

한국청소년정책연구원(2022). 제7차 청소년정책기본계획 수립을 위한 기초연구 보고서. 한국청소년정책연구원.

한국청소년정책연구원(NYPI)(2022). 제7차 청소년정책기본계획 수립 연구보고서. 여성가족부.

한국청소년학회(2024). 학회 연혁 및 활동. Retrieved from http://www.youthstudies.or.kr.

한상철(2013). 청소년지도사 제도와 청소년학 발전의 연계성에 관한 고찰. 청소년학연구, 20(1), 45-67.

한지은(2023a). 청소년 노동과 사회보호: 정책적 과제와 실천 방향. 노동복지정책연구, 18(1), 33-60.

한지은(2023b). 청소년 사회적 통합 연구. 사회학 연구, 31(2), 112-126.

Aristotle. (1992). Politics (T. A. Sinclair, Trans., revised by T. J. Saunders). Penguin Books. (원저 기원전 350년 출간).

Aristotle. (1999). *Nicomachean ethics* (T. Irwin, Trans., 2nd ed.). Hackett Publishing Company. (원저 기원전 350년 출간).

Arnett, J. J. (1999). Adolescent storm and stress, reconsidered. *American Psychologist, 54*(5), 317-326. https://doi.org/10.1037/0003-066X.54.5.317

Bronfenbrenner, U. (1979). *The ecology of human development: Experiments by nature and design*. Harvard University Press.

Erikson, E. H. (1968). *Identity: Youth and crisis*. W. W. Norton & Company

Freeman, D. (1983) *Margaret Mead and Samoa: The making and unmaking of an anthropological myth*. Harvard University Press.

Furlong, A. (2013). *Youth Studies: An Introduction*. Routledge.

Hall, G. S. (1904). *Adolescence: Its psychology and its relations to physiology, anthropology, sociology, sex, crime, religion, and education* (Vols. 1-2). D. Appleton & Company.

Kett, J. F. (1977). *Rites of passage: Adolescence in America 1790 to the present*. Basic Books.

Kraut, R. (2018). Aristotle's ethics. In E. N. Zalta (Ed.), *The Stanford encyclopedia of philosophy* (Fall 2018 Edition). Stanford University. https://plato.stanford.edu/entries/aristotle-ethics/

Mead, M. (1928). *Coming of age in Samoa: A psychological study of primitive youth for Western civilisation*. William Morrow & Company.

Miles, S. (2000). *Youth Lifestyles in a Changing World*. Open University Press.

Mulgan, R. G. (1991). *Aristotle's political theory: An introduction for students of political theory*. Oxford University Press.

Piaget, J. (1972). *The psychology of the child* (B. Gabain, Trans.). Basic Books. (원저 1966년 출간).

Rousseau, J.-J. (2009). *Emile, or On education* (A. Bloom, Trans.). Basic Books. (원저 1762년 출간).

Woodman, D., & Wyn, J. (2015). *Youth and Generation: Rethinking Change and Inequality in the Lives of Young People*. SAGE Publications.

Wyn, J. (2020). *Youth Studies*. Oxford Research Encyclopedia of Education. https://oxfordre.com/education.

Wyn, J., & White, R. (1997). *Rethinking Youth*. Allen & Unwin.

제3장

청소년심리와 발달

1. 청소년기의 신체적 발달
2. 청소년기의 인지적 발달
3. 청소년기의 심리사회적 발달

청소년학의 이해

일반적으로 인간의 발달 단계는 '태내기(수정~출생)-신생아기(출생 1개월)-영아기(1개월~2세)-유아기(2~6세)-아동기(6~12세)-청소년기(12~20세)-성인전기(20~40세)-성인중기(40~65세)-노년기(65세 이상)'로 나눈다.

인간의 전 생애 중 신체적 · 인지적 · 정서적 · 사회적으로 급격한 발달을 보이는 청소년기에 대해 이해할 필요가 있다. 아동기에서 성인기로 이행하는 과도기로서 청소년기는 아동기까지의 발달 결과이며, 청소년기의 발달은 향후 성인기의 발달에 중요한 영향을 미치기 때문이다.

이 장에서는 인간의 전 생애 발달 가운데 청소년기의 심리와 발달에 대해 이해한다.

1. 청소년기의 신체적 발달

1) 청소년기의 신체적 변화

인간의 생애 발달에서 청소년기(adolescence)는 아동기에서 성인기로 이행하는 과도기적 단계로 신체적 · 인지적 · 정서적 · 사회적 발달이 동시에 이루어지는 시기이다. 특히 신체적 변화는 급격하게 나타나며, 이는 성장호르몬 및 성호르몬의 증가와 관련이 있다.

인간은 출생 후 영아기인 약 2년 동안 신체적으로 가장 빠르게 성장하는데, 이를 1차 성징이라고 한다. 반면, 청소년기에 들어서면 신체가 급격히 성장하고 아동기에서 성인기로 전환되면서 신체적 변화가 뚜렷해지는데, 이를 **2차 성징**이라 한다. 2차 성징은 사춘기(puberty) 동안 나타나는 신체적 변화로 남성의 목소리 변화, 근육량 증가, 여성의 가슴 발달, 체지방 분포 변화 등이 해당된다. 이러한 변화는 성호르몬(테스토스테론과 에스트로겐)의 영향을 받는다.

이 시기에는 **성장 급등**(growth spurt)이 두드러지게 나타난다. 성장 급등이란 단기간 동안 신장과 체중이 급격히 증가하는 현상으로, 남성과 여성에서 나타나는 시기와 정도가 다르다. 일반적으로 여아는 남아보다 약 2년 정도 빨리 성장 급등을 경험하며, 평균적으로 10~12세경에 성장 정점에 도달하고, 남아는 12~14세경에 성장 속도가 가장 두드러진다.

청소년기의 가장 대표적인 신체 변화 중 하나는 신장의 급격한 성장이다. 최근 3년간(2021~2023) 우리나라 청소년의 평균 신장 변화를 분석한 결과, 다음과 같은 경향이 나타났다. 〈표 3-1〉에 따르면, 신장 증가에서 남녀 성차를 보여 주고 있다. 남자 청소년은 8~18세까지 신장이 꾸준히 증가하며 18세에 평균 174.4cm로 성장하고, 여자 청소년은 8~14세까지 급성장이 두드러지며 18세에 평균 161.6cm로 성장한다. 특히 여자 청소년은 남자 청소년보다 약 2년 정도 일찍 신장의 변화를 경험한다. 초기 사춘기(11세 이전)까지는 남녀 간 신장 차이가 크지 않지만, 12세가 되면서 남자 청소년이 여자 청소년보다 커지다가 15세가 되면서 남자 청소년의 평균 신장이 여자 청소년보다 10cm 이상이 커지는 것이 일반적이다.

〈표 3-1〉 우리나라 청소년 8~18세의 최근 3년간 평균 신장(cm) 비교

연령(세)	남자 청소년			여자 청소년		
	평균 신장(cm)			평균 신장(cm)		
	2021년	2022년	2023년	2021년	2022년	2023년
8	132.3	132.0	132.2	131.5	130.8	131.2
9	138.0	138.0	138.2	137.5	137.6	137.4
10	143.9	144.5	143.9	144.7	144.0	144.2
11	150.6	150.7	150.5	151.1	151.3	151.1
12	158.4	158.3	158.6	156.0	156.0	156.0
13	165.0	165.0	165.2	158.8	159.2	159.0
14	169.6	168.9	169.9	160.3	160.8	160.4
15	172.2	171.5	172.3	161.3	160.7	161.3
16	173.5	173.3	173.5	161.4	161.0	161.6
17	174.0	174.2	174.3	161.6	162.0	161.7
18	174.0	174.4	174.4	161.4	161.5	161.6

출처: 교육부(2024). 2023년 학생 건강검사 분석 보고서.

청소년기의 또 다른 중요한 신체적 변화는 체중의 증가이다. 최근 3년간(2021~2023) 우리나라 청소년의 평균 체중 변화를 분석한 결과, 다음과 같은 경향이 나타났다. 〈표 3-2〉에 따르면, 12세까지 남자 청소년과 여자 청소년 사이에 체중의 차이는 미미하며 비슷한 속도로 성장한다. 13~15세경에 남자 청소년의 체중이 급격히 증가하여 여자 청

소년과의 격차가 점차 벌어진다. 18세까지 남자 청소년의 체중은 68kg 수준, 여자 청소년은 57~58kg 수준으로 안정된 것을 볼 수 있다.

보다 구체적으로 살펴보면, 15세가 되면서 남자 청소년이 여자 청소년보다 5kg 이상이 무거웠고, 가장 큰 폭의 체중 변화가 관찰되는 시기로 남자 청소년은 11~12세경(6.4kg), 여자 청소년은 10~11세경(5.8kg)으로 나타났다.

〈표 3-2〉 우리나라 청소년 8세~18세의 최근 3년간 평균 체중(kg) 비교

연령(세)	남자 청소년			여자 청소년		
	평균 체중(kg)			평균 체중(kg)		
	2021년	2022년	2023년	2021년	2022년	2023년
8	25.3	25.0	25.5	24.5	24.3	24.4
9	29.1	28.9	29.0	28.0	27.8	28.1
10	34.2	34.5	34.1	33.5	33.3	33.6
11	39.7	40.0	39.8	39.0	39.2	39.1
12	45.5	45.2	45.6	44.0	44.3	44.2
13	50.8	51.0	50.9	48.6	48.7	48.5
14	56.4	55.9	56.5	52.5	52.3	52.6
15	61.0	60.7	61.3	55.2	55.0	55.3
16	64.8	64.5	65.0	56.5	56.2	56.7
17	67.5	67.2	67.8	57.2	57.5	57.8
18	68.5	68.3	68.6	57.4	57.6	57.9

출처: 교육부(2024). 2023년 학생 건강검사 분석 보고서.

청소년기의 체중 변화는 건강 상태 및 체질량지수(BMI)와도 밀접한 관련이 있는데, 성장 급등은 개인차에 따라 이상 체중을 일으키기도 한다. BMI(Body Mass Index)는 체중(kg)을 키(cm)의 제곱으로 나눈 값으로, 비만 또는 저체중 여부를 판단하는 기준이 된다. 2023년 학생 건강검사 분석 보고서에 따르면, 전체 대상자의 29.6%가 과체중 및 비만으로 나타났다. 남자 청소년의 33.4%, 여자 청소년의 25.5%로 남자 청소년의 과체중 및 비만 비율이 상대적으로 높다. 연령으로는 남자 청소년의 경우 10~11세, 여자 청소년의 경우 11세와 18세가 과체중 및 비만의 비율이 높게 나타났다. 청소년기의 급격한 체중 증가가 비만으로 이어질 경우, 성인기의 대사증후군, 당뇨병, 심혈관계 질환 위험

이 증가할 수 있다. 특히 최근 한국 청소년들의 고열량·저영양 식습관 및 신체 활동 부족으로 인해 비만율이 증가하고 있기에 건강에 대한 관심과 예방이 필요하다. 반면, 위의 조사에서 저체중은 남녀 모두 고등학교에서 유병률이 높았고, 성별로는 여자 청소년의 저체중 유병률이 다소 높았다. 이러한 저체중 상태가 지속될 경우, 골밀도 감소, 면역력 저하, 발달 지연 등의 문제가 발생할 수 있기에 청소년기의 적절한 영양 섭취와 운동 습관 형성이 중요하다.

신장과 체중의 증가와 함께 그 밖의 신체적 변화도 나타난다. 다음 [그림 3-1]처럼 청소년기의 성장이 진행되면서 청소년의 외모와 신체적 체형은 아동의 모습을 탈피해 성인과 비슷한 수준에 도달하게 된다. 남자 청소년은 골격과 근육이 발달하여 어깨가 넓어지고 남성스러운 체형으로 변모하고, 여자 청소년은 피하지방이 축적되고 골반이 넓어지면서 여성스러운 체형으로 변모하게 된다. 이 과정에서 신체 변화와 관련된 심리적 문제를 예방하기 위해서는 건강한 신체 이미지 형성을 위한 교육과 상담이 중요하다. 부모와 교사는 청소년들이 체중 변화에 대해 건강한 시각을 가질 수 있도록 도와야 하며, 비만이나 저체중이 건강에 미치는 영향을 정확하게 이해할 수 있도록 지도해야 한다.

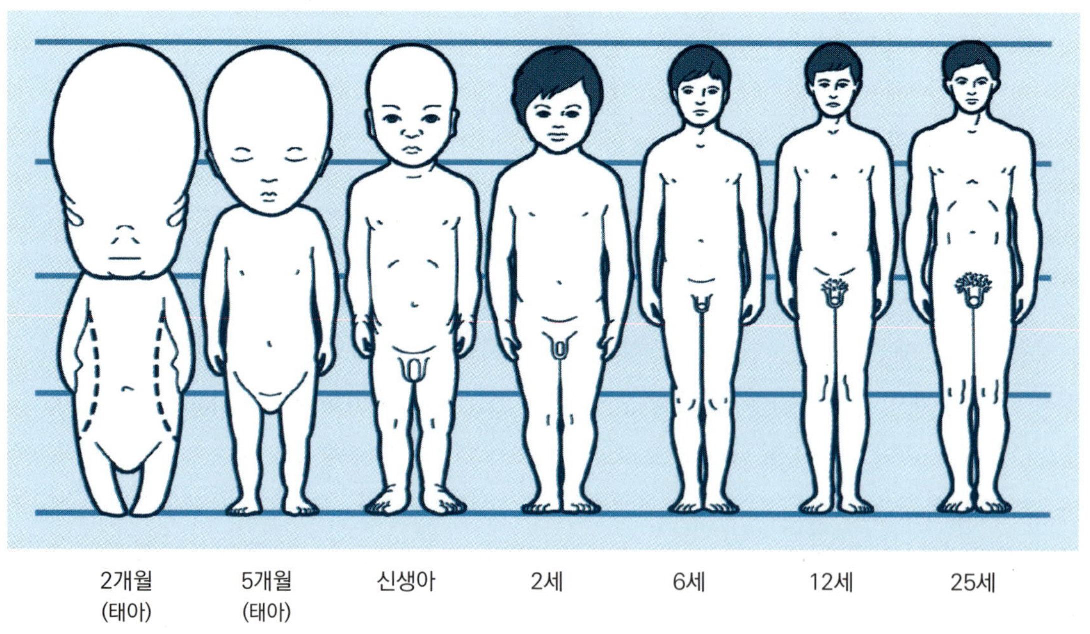

[그림 3-1] 연령에 따른 신체 변화의 그림

출처: 정옥분(2022). 아동발달의 이해(제3판).

2) 사춘기의 성적 발달

사춘기(puberty)는 신체 성장과 성적 성숙이 동시에 이루어지는 중요한 시기로, 성장 호르몬과 성호르몬(에스트로겐, 테스토스테론)의 분비가 활성화되면서 급격한 신체적 변화를 경험하게 된다. 일반적으로 사춘기의 주요 변화는 **성장 급등**(growth spurt)과 **성적 성숙**(sexual maturation)으로 나눌 수 있다.

피터 블로스(Peter Blos, 1962)는 사춘기를 신체적 변화와 내분비계의 활성화가 이루어지는 시기로 정의하면서, 성적 성숙으로 나아가는 중요한 시기라고 설명하였다. 사춘기의 신체 변화는 호르몬의 분비 양상 변화에 의해 이루어지며, 대체로 일정한 순서로 진행되지만, 개인마다 시작 연령과 진행 속도에 차이가 있다.

제임스 태너(James Tanner, 1969)는 사춘기의 신체적 성숙을 5단계로 나누어 설명했다. 태너의 사춘기 단계는 청소년의 신체 발달을 이해하는 중요한 기준이 된다. 1단계는 사춘기 전 상태로 아직 신체적 변화가 없는 단계이다. 2단계는 2차 성징이 시작되는 상태로 유방 발달, 음모 발생, 고환 크기 증가가 나타나는 단계이다. 3단계는 신체 성장이 급속화되는 단계로 음모 확산, 음경 길이가 커지는 단계이다. 4단계는 성적 성숙에 가까운 단계로 유방의 둥근 형태, 성기 및 음모 발달 완료에 근접한 상태이다. 마지막 5단계는 성인의 신체적 성숙에 도달한 단계이다. 태너의 연구는 사춘기의 진행 과정이 단순한 신체적 변화가 아니라, 호르몬의 활성화와 생식기관의 발달이 함께 이루어지는 과정임을 강조한 점에서 중요한 의미를 갖는다.

사춘기의 진행 과정은 신체 내의 호르몬 분비 양상의 변화에 의한 것으로 발달의 일정한 순서로 진행되지만, 사춘기의 시작 연령과 진행의 속도는 개인마다 차이가 있다.

[그림 3-2]는 남자 청소년의 사춘기 진행 순서이다. 남자 청소년은 사춘기에 접어들면서 테스토스테론(testosterone)의 분비가 증가하며, 신체적·성적 변화가 순차적으로 나타난다. 사춘기의 가장 초기 변화로 고환이 제일 먼저 커지기 시작하고, 음모는 성기 근처부터 자라나며 점차 허벅지 쪽으로 넓어진다. 이후 겨드랑이와 얼굴, 다리에도 점차 털이 많아진다. 이후 음경의 길이가 증가하며 발기가 잦아지고, 자다가 자신도 모르게 사정하는 몽정이 일어나는데, 평균 13~14세경에 사정이 가능하게 된다. 급성장은 사춘기의 후반에 나타나며 평균 14세경(범위 12~16세)이다(질병관리청, 2024).

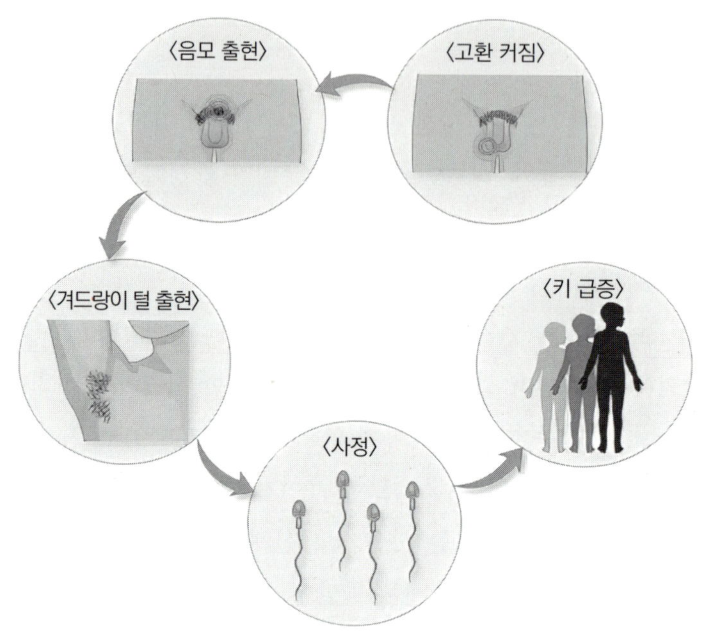

[그림 3-2] 남자 청소년의 사춘기 진행 순서

출처: 질병관리청 국가건강정보포털 홈페이지. https://health.kdca.go.kr

[그림 3-3]은 여자 청소년의 사춘기 진행 순서이다. 여자 청소년의 사춘기는 주로 에스트로겐(estrogen)의 분비 증가로 인해 시작되며, 일반적으로 남자 청소년보다 2년 정도 빠르게 진행된다. 여자 청소년의 사춘기 초기 변화로 젖멍울이 생기면서 유륜이 커지고 젖꼭지가 나오는 유방 발달로 시작한다. 이후 약 6개월 정도 지나면 성기 근처와 겨드랑이에 털이 나기 시작한다. 12세 정도(범위 10~16세)가 되면 키가 훌쩍 크게 되고, 첫 월경은 이후 약 12~13세경에 시작되지만 개인차가 많다. 초경 후 키의 성장은 더디어지고, 그 후 약 1~2년이 지나면 성장이 완료된다(질병관리청, 2024). 초경이 시작되더라도 배란은 불규칙할 수 있으며, 완전한 생식 기능이 갖춰지기까지 수년이 걸릴 수 있다.

남자 청소년과 여자 청소년 모두 성숙 과정이 점점 빨라지는 추세이다. 특히 여자 청소년의 초경 시기는 성숙도를 객관적으로 평가할 수 있는 주요 지표로, 여자 청소년의 초경 연령이 점차 낮아지는 경향을 보이고 있다. 지난 80년 동안 초경 연령이 약 2세 정도 앞당겨졌고, 최근 여자 청소년 중 12세까지 41%가 초경을 경험한 것으로 나타났다(박미정 외, 2006).

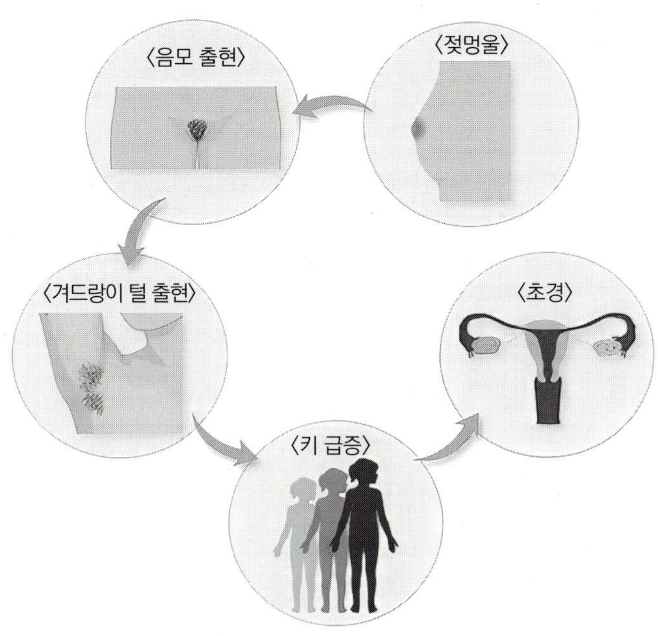

[그림 3-3] 여자 청소년의 사춘기 진행 순서

출처: 질병관리청 국가건강정보포털 홈페이지. https://health.kdca.go.kr

[그림 3-4]는 한국 여자 청소년의 초경 연령 변화를 나타낸 그래프이다.

최근 2006~2015년 청소년 건강 행태 온라인조사에 참여한 여자 청소년 35만 1,006명(12~18세)의 초경 연령을 분석한 결과, 1988년 출생자의 평균 초경 연령은 13.0세였으

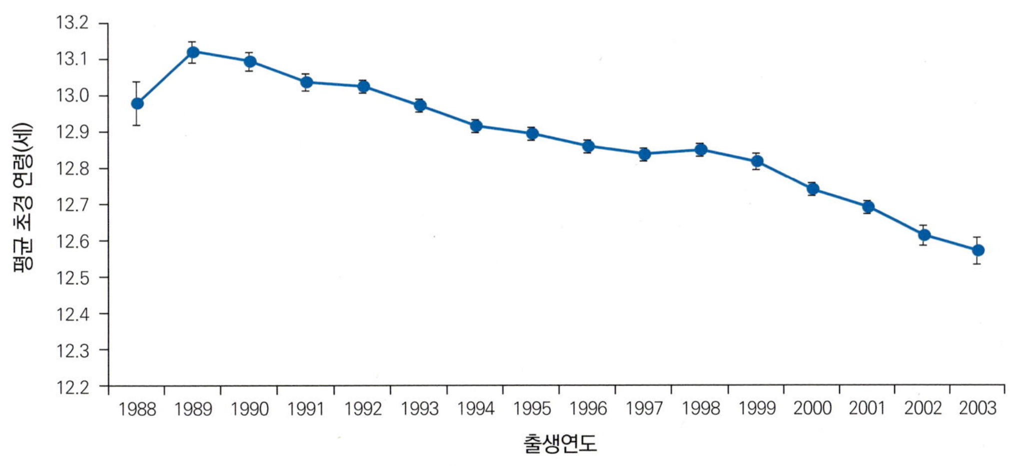

[그림 3-4] 한국 여자 청소년의 초경 연령 변화

출처: 서문영 외(2020). 한국 소녀의 초경 연령 추세. https://jkms.org/pdf/10.3346/jkms.2020.35.e406

나, 2003년 출생자는 12.6세로 앞당겨졌다. 또한 조기 초경(10.5세 미만)의 비율도 증가하였는데, 조기 초경의 유병률이 2006년 1.8%에서 2015년 3.2%로 증가하였다(서문영 외, 2020).

이렇듯 사춘기의 성숙도는 점차 연령이 낮아지고 있는데, 사춘기 성숙은 가족력, 영양상태 및 체질량지수, 환경적 요인 등 다양한 요인에 의해 영향을 받는다. 부모의 사춘기 발달 시기가 자녀에게 유전될 수 있으며, 이는 사춘기 시작 연령에 영향을 미친다. 또한 영양상태 개선으로 인한 충분한 영양 공급은 사춘기 발달을 촉진하며, 체질량지수(BMI)가 높을수록 사춘기가 조기에 시작될 가능성이 높다(조현하, 문소현, 2016). 환경적 요인으로는 내분비계 교란 물질(EDCs)인 프탈레이트(Phthalates)와 비스페놀 A(BPA)와 같은 화학물질도 호르몬 기능을 방해하여 사춘기 발달 시기를 앞당길 수 있는데, 성조숙증을 보인 남아의 소변에서 조기 사춘기를 유발하는 것으로 알려진 프탈레이트 대사물질 농도가 높게 측정되기도 하였다(고지원, 2015). 또한 성적 자극이 노출되는 영화나 TV, 인터넷 등의 각종 매체를 통해 청소년의 성숙이 가속화되고 있다.

조기 사춘기가 진행될 경우에 심리적 스트레스 증가, 또래 관계에서의 위축, 조기 성적 관심 증가 등의 문제가 발생할 수 있어 이에 대한 교육과 관리가 필요하다.

3) 개인차로 인한 조숙과 만숙

사춘기의 신체 변화는 모든 청소년에게 나타나는 보편적인 현상이지만, 변화의 속도는 개인별로 다르게 진행되며, 남녀 간 차이도 존재한다. 이러한 차이로 인해 청소년들은 자신의 신체 변화에 당황하거나 심리 · 사회적 적응에 어려움을 겪을 수 있다(이춘재, 오가실, 정옥분, 1991). 또한 청소년기의 성숙 시기는 같은 연령의 또래와 비교되는 특성이 있으며, 이는 단순한 생물학적 차이를 넘어서 또래와의 상대적 비교나 사회적 반응의 영향을 받아 심리 · 사회적 변화에 중요한 역할을 한다(Petersen, 1988).

사춘기가 시작되는 시기는 개인마다 다르며, **또래에 비해 일찍 성숙하는 경우를 조숙(early-maturing), 늦게 성숙하는 경우를 만숙(late-maturing)**이라고 한다. 시간이 지나면서 신체적 발달의 차이는 점차 감소하지만, 신체 성숙의 속도는 청소년의 정서와 행동에 상당한 영향을 미친다(정옥분, 2021). 특히 조숙과 만숙이 미치는 영향은 성별에 따라 다르게 나타난다. 〈표 3-3〉은 조숙과 만숙에 따른 남녀 청소년의 심리 · 사회적 특성을 정리한 것이다.

〈표 3-3〉 조숙과 만숙에 따른 남녀 청소년의 심리사회적 특성

성별	성장	사춘기 동안	사춘기 이후
남	조숙	• 자신의 용모에 더 만족함 • 또래 여자 청소년과 쉽게 친함 • 적극적, 긍정적, 독립적임 • 안정감, 자신감 있음 • 자기 신뢰, 자아존중감 높음 • 집단에서 리더 역할을 함	• 책임감 있고 협동적임 • 사회성이 좋아 집단 내에서 리더의 위치를 차지하는 경우가 많음 • 완고함, 도덕주의, 유머가 없고, 순종적임 • 약물, 음주, 흡연 등에서 자기통제력이 약함
	만숙	• 불안하고 안정감이 없음 • 학습의 열의가 부족함 • 집단 내 인기가 낮음 • 부정적인 자아개념 • 어린아이 취급을 받으며 오랫동안 아이같이 행동할 수 있음	• 통찰력, 창의력, 지각 능력 우수 • 명랑하며 유머 있음 • 새로운 상황 적응이 빠름 • 충동적, 공격적, 자기주장이 강함
여	조숙	• 불안, 우울, 낮은 자아존중감 • 집단 내 인기 낮음 • 사회적 상황에 무관심 • 안정감 결여 • 또래 집단과 잘 어울리지 못함 • 부모의 심한 간섭으로 부모-자녀 관계 문제가 많음	• 침착, 냉정, 자발적, 자제력이 강함 • 만숙아에 비해 상대적으로 심리적으로 건강함 • 이성관계에 빨리 몰입 • 음주, 흡연에 조기 노출 • 조기 성경험 • 낮은 교육적 · 직업적 성취
	만숙	• 활발하고 자신감이 있음 • 자기주장이 강함 • 집단 내 인기가 많음 • 리더의 역할 수행	• 명랑하며 유머 있음 • 스트레스에 대한 적응이 어렵고, 조숙아에 비해 상대적으로 심리적으로 불안정함

출처: 신명희 외(2017). 발달심리학.

조숙한 남자 청소년은 신체적으로 성숙한 외형 덕분에 또래보다 더 매력적으로 보이며, 긍정적인 사회적 평가를 받는 경우가 많다. 이로 인해 자신감과 자아존중감이 높아지고, 적극적이며 독립적인 성향을 보인다. 또한 집단 내에서 리더 역할을 수행하며 사회적 관계를 원활하게 형성하는 경향이 있다. 그러나 조숙한 남자 청소년은 완고한 태도를 보일 수 있으며, 도덕적 판단이 엄격하고 유머 감각이 부족한 특징도 나타난다. 또한 자기통제력이 낮아 음주, 흡연, 약물 사용 등의 문제 행동에 노출될 가능성이 있다.

반면, 만숙한 남자 청소년은 신체적으로 또래보다 덜 성숙해 보이기 때문에 사회적 평가에서 불리한 위치에 놓이기도 한다. 이로 인해 불안정한 정서를 경험하고 자신감이 낮

아지는 경향이 있으며, 학습 의욕이 부족할 수 있다. 그러나 시간이 지나면서 이들은 높은 통찰력과 창의성을 발휘하며, 새로운 상황에 대한 적응력이 뛰어난 모습을 보인다.

조숙한 여자 청소년은 또래보다 빠른 신체적 변화로 인해 심리적으로 위축되거나 불안, 우울을 경험할 가능성이 크다. 또한 조기 성숙으로 인해 또래 관계에서 소외감을 느낄 수 있으며, 부모의 간섭이 심해질 가능성이 높다. 이러한 요인들은 청소년의 사회적 적응을 어렵게 만들고 낮은 자아존중감을 초래할 수 있다. 한편, 조숙한 여자 청소년은 성숙한 외모로 인해 또래보다 이른 이성 교제를 시작할 가능성이 있으며, 이에 따라 조기 성경험, 음주, 흡연 등의 위험 행동에 노출될 가능성이 높아진다. 조숙한 여자 청소년일수록 공격적 성향이 높아지고 이러한 경향이 시간이 지남에 따라 학교 규범 준수에도 부정적인 영향을 미치기도 한다(김예성, 안재진, 2015).

반대로, 만숙한 여자 청소년은 활발하고 자신감이 있으며, 또래 집단 내에서 리더 역할을 수행하는 경우가 많다. 사회성이 높고 명랑하며 유머 감각이 뛰어난 경우가 많지만, 조숙한 또래와 비교했을 때 상대적으로 스트레스에 대한 적응이 어려운 경향이 있다. 또한 심리적 불안정성을 경험할 가능성이 높다.

이처럼 사춘기의 시작 시기는 청소년의 심리적 발달에 중요한 영향을 미친다. 이는 사춘기가 또래 집단 내에서 개인의 사회적 위치를 청년으로 변화시키며, 조숙한 청소년은 아동기의 과업을 충분히 해결하지 못한 상태에서 청년기의 어려움을 직면해야 하기 때문이다(정옥분, 2021). 또한 조숙과 만숙으로 인해 신체 변화 과정이나 모습이 또래와 다를 뿐만 아니라, 주변 사람들로부터 다르게 대우받기 때문에 심리적 부담감을 경험할 수 있다. 특히 조숙한 청소년의 경우, 성인과 같은 성숙한 행동을 기대받는 경향이 있어 심리적 불편감을 느낄 수 있다(이미리 외, 2019).

4) 신체적 발달이 청소년기에 미치는 영향

사춘기에 접어든 청소년은 신체의 급격한 성장과 함께 성적 발달의 변화를 경험한다. 신장과 체중의 증가, 2차 성징의 발달 등은 청소년이 자신의 몸에 대한 강한 자각을 불러일으키고, 자신의 신체를 새롭게 인식하도록 만드는 주요 요인이다. 사춘기의 신체 변화 과정에서 청소년은 자신의 변화된 외모와 체형을 바라보며, 자신의 신체에 대한 인식과 평가를 통해 새로운 신체상(body image)을 형성하게 된다. 이는 단순히 외모에 대한 평가를 넘어 자신에 대한 전반적인 만족도와 연결되어 청소년기 자존감과 정체성 형성에 영향을 미친다.

사춘기 청소년은 이 시기에 또래와의 비교, 사회적 기준, 미디어의 영향을 통해 자신의 신체를 긍정적으로 혹은 부정적으로 인식하게 된다. 청소년은 자신의 모습을 또래와 비교하며 어떻게 다른지 민감하게 반응하는데, 예를 들어 키가 큰 청소년은 긍정적인 주목을 받을 수 있지만, 다른 친구들과 외모가 크게 다르다고 느끼는 경우에는 스트레스를 받을 수 있다. 또한 자신의 외모가 성인과 가까워지는 것을 긍정적으로 받아들이는 경우도 있지만, 일부 청소년은 변화된 자신의 모습에 적응하지 못하고 불안감을 느끼는 경우도 있다.

또한 외모를 중시하는 사회적 환경과 미디어에서 강조하는 이상적인 외모 기준은 청소년의 신체상에 부정적인 영향을 미칠 수 있다. 외모지상주의를 보여 주는 매체들로 인해, 특히 여자 청소년은 자신의 신체 이미지를 왜곡해 외모 강박을 지니며 과격한 다이어트를 하기도 하는데, 다이어트에 대한 스트레스를 다시 폭식으로 푸는 악순환이 반복되며 섭식장애로 이어질 우려가 있다. 저체중 상태인 여자 청소년은 거식증, 폭식증 등 섭식장애를 겪을 가능성이 높으며, 이는 신체적 건강뿐만 아니라 정신건강에도 장기적으로 부정적인 영향을 미칠 수 있다. 섭식장애는 신경성 식욕부진증, 신경성 폭식증, 폭식장애를 포함한 식이행동과 관련된 부적절한 행동과 생각의 문제를 통칭하는 장애이다.

최근 미디어와 SNS를 통해 잘못된 식습관 문제를 공유하는 10대와 20대의 젊은 여성들이 많아지고 있다. 무작정 단식을 하거나 극단의 깡마른 몸을 동경하는 일명 '프로아나(pro-ana: 거식증을 찬성한다는 뜻)' '뼈말라(뼈가 보일 정도로 말랐다는 뜻)' '먹토(먹고 토한다는 뜻)' '씹뱉(씹고 뱉기의 뜻)' 등 극단적 방식으로 앙상한 몸을 추구하는 유행이 청소년에게까지 나타나고 있다. [그림 3-5]에서 볼 수 있듯이 '프로아나'와 관련된 200개의 키워드 중 상위 5개의 키워드로 '거식증' '다이어트' '청소년' '소셜미디어' '몸매'가 도출되었다.

국민건강보험공단(2022)의 자료에 따르면 최근 5년간 10대 이하 아동을 포함, 10대 여성의 거식증이 97.5% 증가했고, 성별로 보면 10명 중 8명은 여성으로 나타났다. 청소년기는 급격한 신체 변화와 또래 간 평가에 매우 민감한 시기이므로 섭식장애의 위험성은 더욱 크다. 성장기 청소년에게 섭식장애는 신체적 문제뿐만 아니라 정신건강에도 부정적인 영향을 미칠 수 있다. 과도한 식이 제한은 뇌 성장을 방해하고, 빈혈, 탈모, 감염성 질환 등으로 나타날 수 있으며, 성인이 되어서도 우울증, 강박증, 성격장애 등을 초래할 수 있다.

따라서 발달 과정에 있는 청소년이 건강한 신체상을 형성하기 위해서는 부모와 친구 등 주변 사람들의 지지와 긍정적인 피드백이 필요하다. 부모나 교사가 청소년의 신체적 변화를 자연스러운 성장 과정으로 이해하고 지지적이고 수용적인 태도를 보인다면 청소년의 긍정적인 신체상 형성에 도움을 줄 수 있다.

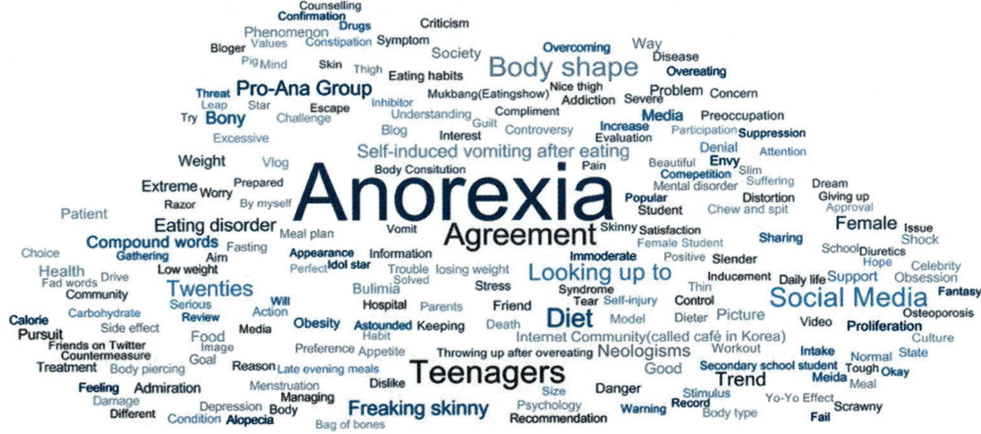

[그림 3-5] 프로아나와 관련된 핵심 키워드 시각화

출처: 임하진 외(2021). 빅데이터에 나타난 '프로아나'에 대한 동향분석: 국내 포털 및 소셜미디어를 중심으로.

'연예인처럼 되고 싶다'…음지에서 퍼지는 '프로아나'

허현정 기자 hhj224@imaeil.com, 윤정훈 기자 hoony@imaeil.com

폭식, 구토 반복…언제 폭식할지 몰라 늘 불안감 시달려
프로아나 자처한 10대들 "키는 포기하고 살 뺄 것…건강 상해도 괜찮아"

[그림 3-6] 프로아나 기사 사진

출처: 매일신문(2023. 03. 05.). '연예인처럼 되고 싶다' 음지에서 퍼지는 '프로아나' 기사.

2. 청소년기의 인지적 발달

1) 피아제의 인지발달

청소년기는 신체적 발달과 성적 성숙뿐만 아니라 인지적으로도 중요한 변화를 경험하는 시기이다. 이 시기의 청소년은 아동기의 구체적 사고에서 벗어나 추상적이고 논리적인 사고를 할 수 있게 된다.

인지발달 연구에 많은 영향을 준 피아제(Piaget, 1954)는 인지의 주요 개념인 도식(schema), 적응(adaptation), 동화(assimilation), 조절(accommodation), 평형(equilibration)의 의미를 설명하면서, 인지발달이 질적으로 다른 네 개의 단계를 거쳐 이루어진다고 하였다.

피아제에 따르면, **도식(schema)**은 개인이 세상을 이해하고 상호작용 할 때 사용하는 기본적인 사고구조 또는 틀이다. 예를 들어, 아이가 '네 다리를 가진 모든 동물은 말이다.'라고 생각하는 경우를 들 수 있다.

적응(adaptation)은 환경과의 상호작용을 통해 학습하고 인지를 발전시키는 과정이다. 적응 과정은 동화와 조절을 포함하며, **동화(assimilation)**는 새로운 정보를 기존 도식에 맞추어 받아들이는 과정이다. 예를 들어, 아이가 처음 본 낙타를 '말'이라고 부르는 것은 기존의 동물 도식에 새로운 정보를 통합하려는 시도로 볼 수 있다.

반면, **조절(accommodation)**은 기존 도식을 수정하거나 새로운 도식을 형성하여 새로운 정보를 수용하는 과정이다. 예를 들어, 아이가 '낙타와 말이 다르다.'라는 것을 배우고, 낙타에 대한 새로운 도식을 형성하면 조절이 이루어진 것이다.

평형(equilibration)은 동화와 조절의 균형을 유지하며 학습과 발달을 촉진하는 과정으로, 기존의 도식과 환경 간의 불일치(인지적 불평형)가 발생하면, 이를 해결하기 위해 조절을 통해 평형 상태로 돌아가려 한다. 예를 들어, 이제는 아이가 '낙타와 말의 차이를 알게 됨'이 평형의 상태라 볼 수 있다. 이러한 과정을 거쳐 아이의 인지는 양적인 변화가 아닌 질적으로 다른 인지 변화를 가지게 된다.

피아제는 이처럼 질적으로 다른 인지는 4개의 단계를 거쳐 발달하게 되는데, 정해진 순서대로 진행되고 단계가 높아질수록 사고의 복잡성이 증가한다고 보았다. 〈표 3-4〉는 피아제의 인지발달 4단계를 정리한 것이다. 1단계는 감각운동기(sensorimotor stage),

2단계는 전조작기(pre-operational stage), 3단계는 구체적 조작기(concrete operational stage), 4단계는 형식적 조작기(formal operational stage)이다.

〈표 3-4〉 피아제의 인지발달 4단계

연령	단계	특성
0~2세 (영아기)	감각운동기 (sensorimotor stage)	감각과 운동을 통해 세상을 탐구하는 단계
⬇		
2~7세 (유아기)	전조작기 (pre-operational stage)	상징적 사고, 자기중심적 사고, 물활론적 사고
⬇		
7~12세 (아동기)	구체적 조작기 (concrete operational stage)	구체적 사물에 대한 논리적 사고, 보존개념의 획득, 유목화 · 분류화 · 서열화
⬇		
12세 이후 (청소년 · 성인기)	형식적 조작기 (formal operational stage)	추상적 · 논리적 사고, 체계적이고 과학적 문제해결 능력

1단계인 **감각운동기(sensorimotor stage)**는 출생~2세까지 영아기에 해당하는 단계로 영아의 행동은 자극에 대한 반응으로 자극은 감각이며, 반응은 운동이 되어 이 단계를 감각운동기라 한다. 즉, 감각과 운동을 통해 세상을 탐구하는 단계라 할 수 있다.

2단계인 **전조작기(pre-operational stage)**는 2~7세까지 유아기에 해당하는 단계로 유아는 상징적 사고와 언어가 급격히 발달한다. 이 단계의 유아는 자기중심적 사고와 물체에도 생명이 있다고 여기는 물활론적 사고를 하는 것이 특징이다.

3단계인 **구체적 조작기(concrete operational stage)**는 7~12세까지 아동기에 해당하는 단계로 아동은 논리적 사고가 발달하며 구체적인 사물에 대해 논리적인 사고가 가능해 보존 개념(conservation)을 이해하고, 유목화 · 분류화 · 서열화를 할 수 있게 된다.

4단계인 **형식적 조작기(formal operational stage)**는 12세 이후에 시작되며, 주로 청소년기가 이에 해당한다. 형식적 조작기의 청소년은 추상적이고 논리적인 사고를 할 수 있으며, 가설을 세우고 추론하며 체계적으로 문제를 해결하는 능력이 발달한다.

청소년기 사고의 특성을 살펴보면 다음과 같다.

첫째, 추상적 사고를 할 수 있게 된다. 구체적 조작기의 아동은 구체적 사물이나 눈에 보이는 현상에 대해서만 사고가 가능하지만, 형식적 조작기의 청소년은 '사랑, 정의, 자유' 등과 같이 눈에 보이지 않는, 직접 경험하지 않은 개념에 대해서도 이해하고 논의할 수 있다.

둘째, 가설-연역적 사고를 할 수 있다. 이는 체계적이고 과학적인 문제해결 능력과 연관되며, 문제를 해결하기 위해 가설을 세우고 이를 체계적으로 추론하고 검증하는 방식이다. 〈표 3-5〉는 가설-연역적 사고의 과정을 정리한 것이다.

〈표 3-5〉 가설-연역적 사고 과정

문제 확인	주어진 문제를 이해하고, 해결해야 할 핵심 요소를 파악 (예: "왜 식물은 햇빛이 없으면 자라지 못할까?")
⬇	
가설 설정	문제의 원인이나 해결책에 대해 논리적이고 추상적인 가정을 설정 (예: "햇빛이 식물에 필요한 에너지를 제공하기 때문에 식물의 성장에 영향을 미칠 것이다.")
⬇	
추론과 예측	설정한 가설을 기반으로 실험을 수행하기 전 예상되는 결과를 도출 (예: "만약 햇빛이 없다면, 식물이 자라지 못할 것이다.")
⬇	
검증과 실험	가설을 검증하기 위해 체계적인 실험이나 논리적 검토를 수행 (예: "한 식물은 햇빛을 받게 하고, 다른 식물은 햇빛 없이 키운 뒤 성장 차이를 관찰한다.")
⬇	
결론 도출	실험 결과에 따라 가설을 받아들이거나 수정 (예: "햇빛이 식물 성장에 필수적이라는 가설이 검증되었다.")

셋째, 미래지향적 사고와 이상주의적 사고를 할 수 있다. 청소년은 학업, 직업, 삶의 목표, 인간관계 등 자신의 미래에 대해 장기적인 목표를 계획하고 상상하는 미래지향적 사고를 지닌다. 이 과정에서 청소년은 자신의 가치관과 능력에 대해 고민하면서 자아정체성을 형성해 나간다. 또한 청소년은 이상적인 특성, 즉 자신과 다른 사람들에게 이상적이었으면 하는 특성들에 대해 사고하기 시작하며, 자신이 생각하는 이상적인 기준에 맞추어 자신과 다른 사람을 비교하기도 한다(정옥분, 2021).

그러나 모든 청소년이 형식적 조작 사고를 완전히 습득하는 것은 아니며, 문화적 · 교육적 환경에 따라 차이가 발생할 수 있다. 청소년이 다양하고 폭넓은 경험을 하면 할수록 추상적이고 체계적으로 사고할 가능성이 많아지나 형식적 조작 사고를 할 기회가 상대적으로 적은 농경 문화권 사회의 청소년과 성인은 형식적 조작 과제를 완전히 습득하지 못하는 경우도 있다(신명희 외, 2017). 따라서 청소년기에 다양한 경험을 제공하는 것은 체계적이고 과학적인 문제해결 능력을 향상시키고, 인지발달에 긍정적인 영향을 미칠 수 있다.

2) 청소년기 자기중심성

청소년기에는 사고가 확장되며 주변 환경뿐만 아니라 자기 자신에 대한 인식도 함께 발달한다. 이 과정에서 "나는 누구인가?"라는 자아정체감이 형성되는데, 다른 사람이 나를 어떻게 바라볼지를 과도하게 의식하면, 타인도 자신에게 큰 관심이 있다고 착각하는 자기중심적 사고를 하게 된다. 이러한 자기중심성은 청소년기의 형식적 조작기에서 추상적 사고가 발달함에 따라 나타나는 현상으로, 청소년이 다른 사람과의 관점과 자신의 관점을 구분하는 데 어려움을 겪으면서 자신의 생각과 감정이 과장되게 중요하다고 느끼는 경향을 의미한다.

엘킨드(Elkind, 1967)는 청소년기에 지나치게 자기에게 몰두하여 객관적인 판단이나 논리적인 사고를 하지 못하게 되는 것을 **청소년기 자기중심성(adolescent egocentrism)**으로 정의하였으며, 이는 피아제의 인지발달이론에 기초하여 청소년이 논리적 사고 능력을 갖추면서도 여전히 자기중심적인 사고에서 벗어나지 못하는 특성을 설명한 것이다. 이러한 자기중심성의 문제를 '상상적 청중(imaginary audience)'과 '개인적 우화(personal fable)'로 설명하였다. [그림 3-7]은 청소년기 자기중심성을 설명하는 그림이다.

상상적 청중(imaginary audience)이란, 청소년이 자신은 항상 주목받고 있으며, 다른 사람들이 자신의 행동, 외모, 말에 집중한다고 믿는 것이다. 즉, 자신이 마치 무대 위의 주인공이며, 다른 사람들은 객석의 청중이라는 사고방식이다. 이러한 생각 때문에 청소년은 타인의 시선을 의식하여 과도한 불안감을 느끼거나 외모와 행동에 지나치게 신경 쓰는 경향이 있다. 예를 들어, '내가 입고 간 옷이 친구들에게 이상하게 보이지 않을까?' 하며 아침 등교 준비에 많은 시간을 소비하는 것도 상상적 청중의 영향을 받는 행동으로 볼 수 있다.

상상적 청중(imaginary audience)

개인적 우화(personal fable)

[그림 3-7] 청소년기 자기중심성의 예시 그림

개인적 우화(personal fable)란, 청소년이 자신은 특별하고 독특한 존재이므로 다른 사람들은 자신을 이해할 수 없다고 생각하는 것이다. 다시 말해, 자신을 특별한 존재로 여기며, 그 특별함이 오직 자신에게만 해당한다고 상상하는 경향이 있어 이러한 점에서 개인적이며 현실성이 부족한 우화로 표현된다. 이로 인해, 자신의 행동이 초래할 결과를 과소평가하거나 과감한 행동을 하기 때문에 자칫 위험한 행동을 하다가 죽음에 이르는 등의 청소년기 문제 행동과도 연관된다. 예를 들어, '내가 성관계를 해도 임신이 되지 않는다.'라고 생각하며 피임 없이 성관계를 하는 것, '나는 절대 죽지 않는다.'라는 불멸의 신념을 지니며 높은 곳에서 뛰어내리거나, 헬멧을 쓰지 않고 오토바이를 빠르게 조종하는 것도 개인적 우화에 해당한다고 볼 수 있다.

자기중심성은 청소년기의 자연스러운 심리적 특성이며 보편적으로 나타나는 현상이다. 그러나 이는 청소년의 정신건강에도 영향을 미칠 수 있다. 정옥분(2021)에 따르면, 상상적 청중은 부정적 정서 상태, 정신병리, 사회적 부적응과 연관되어 청소년기의 고독감과 우울, 정서불안 등 부적응 요인으로 작용할 수 있다. 반면, 개인적 우화는 대처능력, 지도력, 사회적 유능성, 일반적 적응력과 관련되어 청소년의 부적응 행동이나 스트레스 상황에서 완충 요인으로 작용하기도 한다.

청소년기 자기중심성은 자신과 타인의 관점을 점점 더 명확히 구분하고 사회적 경험과 현실에 적응하면서 점진적으로 감소된다. 특히 또래와의 관계에서 상호작용을 통해 타인의 관점을 고려하는 능력이 향상되며, 학교 및 가정에서 다양한 역할을 경험하면서 책임감과 사회적 이해가 증대되는 것이 중요한 요인으로 작용한다. 형식적 조작기 이후 추상적 사고와 논리적 사고가 발달하며 자기중심적 사고의 한계를 인식하고, 가족 및 또래와의 다양한 사회적 경험을 통해 자신의 관점이 유일하지 않음을 깨닫게 된다. 또한 현실적인 실패나 성공 경험을 통해 자기중심적인 생각이 도전받으며, 점차 자아정체성이 확립되면서 자기중심성은 자연스럽게 줄어든다.

청소년이 자기중심성을 극복하는 과정은 성숙하고 균형 잡힌 사고를 형성하며 성인기로 나아가는 데 중요한 단계이다. 따라서 청소년들에게 보다 다양한 관점을 경험할 수 있도록 기회를 제공하고, 자신의 사고를 객관적으로 평가하며 스스로 문제를 해결하고 책임질 수 있도록 지도해야 한다. 또한 부모와 교사는 청소년이 자기중심적인 사고에서 벗어나도록 현실적인 조언을 제공하고, 그들의 감정과 사고를 존중하면서도 다양한 관점을 탐색할 수 있는 환경을 마련해 주는 것이 중요하다.

3. 청소년기의 심리사회적 발달

1) 에릭슨의 심리사회적 발달이론

에릭슨(Erikson, 1968)이 제시한 심리사회적 발달이론은 개인이 생애 동안 겪는 심리적 · 사회적 발달 과정을 8단계로 설명한다. 각 단계는 특정한 발달과업을 포함하며, 이를 성공적으로 해결할 경우에는 건강한 성격과 심리적 안정이 형성되지만, 해결하지 못하면 부정적인 심리 · 사회적 영향을 초래할 수 있다. 〈표 3-6〉은 에릭슨의 심리사회적 발달 단계를 요약한 것이다.

먼저, 1단계는 0~1세의 영아기에 해당하며, 이 시기의 발달과업은 양육자로부터 안정적이고 일관된 돌봄을 받는 것이다. 이 발달과업이 성공적으로 충족되면 영아는 신뢰감을 형성하여 세상을 긍정적으로 바라보고 심리적 안정감을 경험한다. 반면, 양육자의 돌봄이 일관되지 않거나 불안정하면 불신감이 형성될 가능성이 높아진다.

2단계는 1~3세의 유아 전기에 해당하는데, 이 시기의 발달과업은 유아가 스스로 탐구하고 독립적으로 행동하려는 욕구를 충족시키는 것이다. 과업이 성공적으로 이루어지면 유아는 자율성을 획득하지만, 과도한 통제나 반복적인 실패 경험이 누적되면 수치

〈표 3-6〉 Erikson의 심리사회적 발달 단계

단계	연령	과업 성공	과업 미해결
1단계	영아기(0~1세)	신뢰감	불신감
2단계	유아 전기(1~3세)	자율성	수치심
3단계	유아 후기(3~6세)	주도성	죄책감
4단계	학령기 아동(6~12세)	근면성	열등감
5단계	청소년기(12~18세)	정체성	역할혼미
6단계	성인 초기(20~30대)	친밀감	고립감
7단계	성인 중기(40~60대)	생산성	침체감
8단계	노년기(60대 이후)	자아 통합감	절망감

심과 불안감을 경험하게 된다.

3단계는 3~6세의 유아 후기에 해당하며, 이 시기의 발달과업은 유아가 자율적으로 새로운 활동을 시도하고 목표를 설정할 기회를 갖는 것이다. 이 시기에 유아가 충분한 기회를 제공받으면 주도성이 발달한다. 그러나 과도한 억압이나 반복적인 실패 경험은 유아에게 죄책감을 유발할 수 있다.

4단계는 6~12세의 학령기 아동에 해당하며, 이 시기의 발달과업은 아동이 학교와 사회생활을 통해 자신의 능력을 개발하는 것이다. 과업이 성공적으로 수행될 경우에 아동은 자신감과 성취감을 경험하지만, 실패나 좌절이 누적되면 열등감을 형성할 가능성이 높다.

5단계는 12~18세의 청소년기에 해당하며, 이 시기의 발달과업은 청소년이 자신의 정체성과 삶의 방향성을 탐색하는 것이다. 이 발달과업을 성공적으로 수행하면 청소년은 안정된 정체성과 자아감을 확립할 수 있다. 반면, 정체성 확립에 실패하면 역할혼미를 겪거나 정체성 위기를 경험할 가능성이 높다.

6단계는 20~30대의 성인 초기에 해당하며, 이 시기의 발달과업은 성인이 다른 사람과 친밀한 관계를 형성하고, 상호의존적인 관계를 유지하는 것이다. 과업이 성공적으로 수행되면 친밀감을 경험하지만, 실패할 경우는 고립감을 경험할 수 있다.

7단계는 40~60대의 성인 중기에 해당하며, 이 시기의 발달과업은 성인이 사회와 다음 세대를 위해 기여하는 생산적인 활동에 몰두하는 것이다. 과업이 성공적으로 수행될 경우에 삶의 가치와 의미를 발견할 수 있으며, 실패할 경우는 침체감을 경험할 가능성이 높다.

마지막 8단계는 60대 이후의 노년기에 해당하며, 이 시기에 노인이 자신의 삶을 되돌아보았을 때 삶에 대한 수용으로 만족감을 느끼는 경우, 자아통합감을 형성할 수 있다. 반면, 삶에 대한 후회를 느끼는 경우는 절망감을 경험하게 된다.

각각의 단계에서 주어진 과업을 해결하지 못하면 다음 단계로의 진행에 어려움을 겪을 수 있다. 에릭슨은 특히 청소년기의 중요성을 강조하였으며, 전 생애 발달 단계 중에서 청소년기를 자아정체감이 형성되는 결정적인 시기로 보았다. **자아정체감(Identity)**은 "나는 누구인가?"라는 질문에 대해 일관되고 통합된 대답을 할 수 있는 능력으로 지속적이고 안정된 자기개념을 의미한다. 확고한 자아정체감을 지닌 사람은 개별성, 총체성, 계속성을 경험한다. 개별성은 자신은 독특하고 특별하다는 인식이며, 총체성은 자신의 욕구, 태도, 동기, 행동 양식 등이 전체적으로 통합되어 있다는 느낌이고, 계속성은 시간이 지나도 자신이 동일한 사람이라는 인식을 의미한다(정옥분, 2021).

자아정체감 확립이 중요한 이유는 안정된 정체성이 개인의 가치관, 목표, 삶의 방향성을 명확하게 하고 자기 이해를 증진시키기 때문이다. 또한 이는 성인기로의 원활한 전환을 돕고, 성인기에 직업적 · 사회적 책임감을 갖고 사회에 적응하는 데 중요한 역할을 한다.

따라서 청소년기의 자아정체감 형성은 이전 발달과업을 성공적으로 수행했는지에 영향을 받으며, 또한 청소년기의 자아정체감 확립 여부는 이후 성인기와 노년기의 적응에도 중요한 영향을 미친다(이미리 외, 2019).

2) 마샤의 자아정체감 수준

마샤(Marcia, 1980)는 에릭슨의 이론을 발전시켜 위기(crisis)와 전념(commitment)라는 두 가지 준거를 기준으로 정체감 상태(identity status)를 크게 네 가지 수준으로 분류하였다. 위기와 전념은 자아정체감 형성 과정에서 개인이 경험하는 심리적 · 행동적 상태를 설명하는 중요한 요소이다. 위기란, 개인이 자신의 정체성과 관련된 다양한 대안과 선택지를 탐색하고 검토하는 과정에서 새로운 관점을 탐구하며 내적 갈등을 경험하는 심리적 상태를 의미한다. 전념은 위기를 통해 탐색한 다양한 선택지 중에서 개인이 구체적인 목표나 가치, 역할을 선택하고 그것에 대해 결정을 내리는 것을 의미한다.

〈표 3-7〉 마샤의 자아정체감 수준

	위기(crisis) 경험여부	있음	없음
전념 (commitment)	있음	정체감 성취 (achievement)	정체감 유실 (foreclosure)
	없음	정체감 유예 (moratorium)	정체감 혼미 (diffusion)

〈표 3-7〉은 위기와 전념의 준거를 기준으로 마샤의 자아정체감 수준을 네 가지로 제시한 것이다. 네 가지 수준의 특징을 살펴보면, 첫째, **정체감 성취**(identity achievement)는 위기를 경험한 후, 자신에게 맞는 가치와 목표를 선택하고 전념한 상태이다. 예를 들어, 철수가 여러 동아리 활동과 봉사 활동을 통해 자신이 타인을 돕는 일에 열정을 느낀다는 것을 발견하고, 사회복지사가 되기로 결정한 경우를 들 수 있다. 즉, 탐색 후 자신만의 가치와 목표를 확립하여 정체성이 형성된 성공적인 상태로 볼 수 있다. 이 수준에 있는 청소년은 자신의 가치관과 신념이 명확하여 장기적인 목표를 설정하며, 높은 자아존중감과 자기효능감, 긍정적이고 안정적인 대인관계를 형성한다.

둘째, **정체감 유예**(identity moratorium)는 위기를 경험하고 탐색 중이나, 아직 명확한 결정을 내리지 못하는 상태이다. 예를 들어, 영희가 여러 직업 체험 프로그램에 참여하며 자신이 무엇에 적합한지 탐색하고 있지만, 아직 결정을 내리지 못한 경우가 이에 해당한다. 즉, 탐색 중이지만 아직 확립되지 않은 상태로 정체감 위기를 경험하는 과도기적 상태로 볼 수 있다. 이 수준의 청소년은 탐색 과정에서 느껴지는 스트레스와 불안감이 증가할 수 있으며, 자기효능감의 저하와 무기력으로도 이어질 수 있다. 정체감 유예 상태는 청소년에게 혼란스러운 시기로 보일 수 있지만, 자신의 정체성을 탐구하고 성장하는 중요한 발달 과정이다. 이 단계의 청소년에게 적절한 환경과 지원이 제공될 경우, 정체감 성취로 이어질 가능성이 높다.

셋째, **정체감 유실**(identity foreclosure)은 자신의 탐색 없이 외부의 기대, 특히 부모나 권위 있는 사람에 의해 결정된 가치와 목표에 전념한 상태이다. 예를 들어, 주영이는 의사인 부모님의 기대에 따라 의사가 되기로 했으나, 본인의 흥미와 무관하게 학업에 집중하고 있는 경우가 이에 해당한다. 즉, 탐색 없이 외부의 영향을 받아 전념하는 자아정체감이 조기완료된 수동적 상태로 볼 수 있다. 이 수준의 청소년은 자신의 정체성이나 선택에 대해 깊이 고민하지 않기 때문에 자율성과 독립성은 낮고, 의존성은 높은 경향이 있다. 또한 자신의 선택에 대한 확신이 부족하기 때문에 문제해결 능력과 의사결정 능력이 낮을 가능성이 크다. 이러한 청소년에게는 주체적이고 자발적인 탐색과 결정을 내릴 수 있도록 부모, 교사, 또래의 적절한 지원과 격려가 필요하다.

넷째, **정체감 혼미**(identity diffusion)는 자아정체감 수준에서 가장 낮은 상태에 해당한다. 위기를 경험하지 않았거나, 경험했더라도 해결하지 못하여 탐색과 전념이 모두 부족한 상태이다. 예를 들어, 대학생인 원희가 학교에 다니고 있지만 학업에 집중하지 않고 친구들과 놀거나 게임에만 몰두하며, 자신의 미래에 대한 고민을 회피하는 상태가 이에 해당한다. 즉, 탐색과 전념이 모두 부족하고 자신의 삶에 관심이 없는 부정적인 상태로 볼 수 있다. 이 수준의 청소년은 자신의 가치나 목표를 탐색하려는 노력조차 하지 않으며 특정한 방향성 없이 방황하며, 갈등을 회피하고 불확실성으로 인해 심리적 안정감을 얻기 어렵다. 또한 부모와의 애착관계가 없거나 부모로부터 거부당했다고 느끼는 경우가 많으며, 자아존중감이 낮고 혼돈과 공허감을 경험할 가능성이 크다(신명희 외, 2017). 정체감 혼미 상태가 장기화되면 개인의 발달에 부정적인 영향을 미칠 수 있기에 부모와 교사 등의 적절한 지원이 필요하다.

청소년의 자아정체감 형성에 영향을 미치는 요인으로는 가족 요인, 또래 요인, 교사 요인, 학업적 요인, 개인적 요인을 들 수 있다. 가족 요인으로는 부모의 애정적이고 수용적인 양육 태도, 부모-자녀 간의 원활하고 개방적인 의사소통, 긍정적 상호작용, 가정 내 안정적인 정서적 분위기, 부모의 지지는 청소년의 자아정체감 형성에 중요한 역할을 한다(구승신 외, 2011;김재열, 2010; 성수나, 2021; 이종석 외, 2017; 홍혜지, 안혜령, 2023).

또래 요인으로는 또래와의 의사소통과 신뢰감을 포함한 또래 애착, 친구 지지, 소속감과 사회적 유대감이 높은 청소년일수록 자아정체감 수준이 높다(구승신 외, 2011; 김재열, 2010; 오은화, 2018).

교사 요인으로는 포용적인 교사, 교사의 지지, 교사와의 친밀도는 청소년의 자아정체감 형성에 긍정적 영향을 미친다(김재열, 2010; 성수나, 2021; 이종석 외, 2017). 학업적 요인으로는 학습적응도와 학업성취도가 높을수록 자아정체감 형성에 긍정적인 영향을 미치며, 학업 스트레스가 높은 경우는 부정적인 영향을 미친다(김재열, 2010; 이종석 외, 2017; 홍혜지, 안혜령, 2023).

개인적 요인으로는 심리적 안정감과 사회적 통합감, 자신에 대한 외모 만족도, 도덕적 안정과 내적 통합감을 강화하는 종교 활동, 사회적 관계와 자기표현을 촉진하는 문화

활동은 청소년의 자아정체감 형성에 긍정적 영향을 미친다(김재열, 2010; 정득 외, 2018).

그 밖에 휴대전화 의존성이 높은 청소년은 자아정체감 수준이 낮게 나타났다(김현순, 2014).

이와 같이 청소년의 자아정체감 형성에는 다양한 요인이 작용하며, 긍정적인 환경과 지지가 제공될 때 자아정체감 발달이 원활하게 이루어질 수 있다.

3) 콜버그의 도덕성 발달 단계

청소년기에는 사회적 관계, 권위와 규범에 대한 이해가 깊어지며, 도덕적 갈등 상황에서 타인의 관점을 고려하려는 경향이 커진다. 이 시기에는 또래 집단의 영향력이 크지만, 후기에는 추상적 사고 능력의 발달로 인해 윤리적 문제와 사회적 책임을 더 깊이 고민하게 된다. 이렇게 청소년기의 인지적 발달 수준이 향상되면서 도덕성도 함께 발달한다.

도덕성 발달은 주로 세 가지 측면에서 언급된다. 첫째, 행동의 옳고 그름을 평가하는 도덕적 판단, 둘째, 사고나 행동에 대한 정서적 반응(죄책감 등)인 도덕적 감정, 셋째, 행동이 옳은지 알고 있다고 해서 반드시 그렇게 행동하는 것은 아니므로 실제로 어떻게 행동하느냐 하는 도덕적 행동이다(정옥분, 2021). 콜버그(Kohlberg, 1963)는 피아제의 인지발달이론에 기초하여 도덕적 사고와 판단의 발달 과정을 설명하며, 인지적 발달과 도덕적 발달이 함께 이루어진다고 보았다.

콜버그의 도덕성 발달 단계는 청소년기의 도덕적 사고발달을 이해하는 데 중요한 이론이다. 콜버그는 도덕적 사고발달을 연구하며, 가상적인 도덕적 갈등 상황을 참여자에게 제시하고 그들의 반응을 분석하여 도덕성 발달을 3수준, 6단계로 구분하였다. 대표적인 도덕적 딜레마 사례는 [그림 3-8]에 표현한 '하인츠와 약사의 딜레마'이다.

하인츠와 약사의 상황에서 '당신이라면 어떻게 할 것인가? 하인츠가 약을 훔치는 것이 나쁜 일인가? 훔쳐야만 했는가?' 등 딜레마 상황에서 다양한 질문에 대한 반응을 통해 콜버그는 개인이 도덕적 판단을 내리는 방식에 따라 도덕성 발달을 전인습 수준(pre-conventional level), 인습 수준(conventional level), 후인습 수준(post-conventional level)으로 나누었다. 여기서 '인습'이란 특정 사회나 집단 내에서 오랜 기간 형성되고 이어져 내려오는 그 사회의 행동 방식, 규칙, 규범을 말한다.

하인츠의 부인은 암으로 죽어 가고 있었다. 부인을 살리기 위해 필요한 약이 있었지만, 하인츠는 약을 살 돈이 없었다. 하인츠는 약사에게 약값을 할인해 주거나 나중에 지불하겠다고 부탁했지만, 약사는 이를 거절했다. 절망한 하인츠는 결국 약국의 문을 부수고 약을 훔쳤다.

[그림 3-8] 하인츠와 약사의 딜레마(Heinz and the Pharmacist's Dilemma)

〈표 3-8〉은 콜버그의 도덕성 발달 단계 3수준, 6단계를 정리한 것이다. 각 단계는 이전 단계에서 학습한 도덕적 사고를 기반으로 이루어진다. 콜버그에 따르면 도덕성 발달은 1단계부터 6단계까지 순차적으로 진행되지만, 모든 사람이 6단계까지 도달하는 것은 아니며, 대부분의 사람은 인습 수준인 3~4단계에 머문다고 하였다.

전인습 수준(pre-conventional level)은 인습이 생기기 전 단계를 말한다. 이 수준에 있는 사람은 자기중심적이어서 자신의 욕구 충족에만 관심이 있기에 도덕성 판단의 기초가 되는 것은 개인적 이익과 처벌 회피에 초점이 맞춰진다. **1단계는 '벌과 복종 지향 단계'**로 처벌을 피하기 위해 규칙을 따른다. 예를 들면, 규칙을 어기면 혼나기 때문에 규칙을 지키는 것이다. **2단계는 '도구적 목적 지향 단계'**로 개인의 이익을 극대화하기 위해 행동한다. 예를 들면, 서로 도울 때 이익이 된다면 규칙을 따르는 것이다.

인습 수준(conventional level)에서는 타인의 인정과 사회적 질서를 유지하는 것이 중요하게 여겨진다. 콜버그의 도덕성 발달 단계에 따르면, 사회성 발달과 자기중심성을 극복한 청소년기가 인습 수준에 속한다. **3단계는 '대인관계 조화 지향 단계'**로 타인의 인정과 사랑을 받기 위해, '착한 아이'로 보이기 위해 도덕적으로 행동한다. 예를 들면, 선생님께 좋은 학생이라는 칭찬을 받기 위해 봉사 활동에 참여하는 것이다. **4단계는 '사회질서**

〈표 3-8〉 콜버그의 도덕성 발달 단계

수준	단계	내용
전인습 수준 (pre-conventional level)	1단계 벌과 복종 지향	처벌을 피하기 위해 행동함
	2단계 도구적 목적 지향	개인의 이익을 고려하여 행동함
인습 수준 (conventional level)	3단계 대인관계 조화 지향	타인의 기대와 인정에 따라 행동함
	4단계 사회질서 유지 지향	법과 규범을 준수함
후인습 수준 (post-conventional level)	5단계 사회계약적 지향	사회적 합의를 기반으로 도덕적 결정을 내림
	6단계 보편원리적 지향	인간 존엄성과 정의를 우선시하여 행동함

유지 지향 단계'로 개인의 필요보다 법과 규범을 지키는 것이 중요해진다. 예를 들면, 법을 어기면 사회가 혼란스러워므로 지키는 것이다. 청소년기는 주로 인습 수준에 해당하지만, 인지적 성숙과 함께 후인습 수준으로 전환이 나타날 수 있다.

후인습 수준(post-conventional level)에서는 법과 규범보다 높은 도덕적 원칙이 중요한 기준이 된다. **5단계는 '사회계약적 지향 단계'**로 법과 규범이 공정하거나 합리적인 경우에 지킬 가치가 있다고 판단한다. 예를 들면, 불공정한 법은 개선해야 한다고 생각하는 것이다. **6단계는 '보편원리적 지향 단계'**로 자신의 신념과 양심에 따라 행동하며 법보다 인간의 존엄성, 평등, 정의 등 보편적 도덕 원칙이 중요하다고 여긴다. 예를 들면, 인권을 보호하기 위해 법을 어길 수도 있다고 생각하는 것이다.

도덕성 발달은 청소년이 독립적인 가치관을 형성하고, 사회의 구성원으로서 책임감 있는 행동을 수행하도록 돕는 핵심 요소이다. 청소년기의 도덕성 발달은 단순한 개인적 성장 과정이 아니라, 가정과 학교, 또래 관계 그리고 사회적 환경이 상호작용하며 이루어진다. 따라서 청소년이 도덕적 성숙을 이루고 건강한 시민으로 성장할 수 있도록 적극적인 지원이 필요하다.

먼저, 가정에서 부모는 도덕적 가치의 본보기가 되어야 하며, 개방적인 의사소통과 정서적 지지를 제공해야 한다. 학교에서는 교사와 학생 간의 건강한 상호작용을 형성하고, 공정한 평가 시스템을 마련하며, 윤리 교육을 활성화하여 청소년이 비판적 사고와 도덕적 문제해결 능력을 기를 수 있도록 해야 한다. 또한 청소년의 또래 관계는 도덕적 행동의 실천적 장으로 작용하므로, 청소년 간의 협력적이고 긍정적인 상호작용의 기회를 증진해야 한다.

또한 개인의 내면적 가치관과 일치되어 내적 도덕 정체성을 지닌 청소년은 도덕적 판단과 행동 간의 일치도가 높은 반면, 외적 도덕 정체성을 지닌 청소년은 사회적 규범이나 타인의 반응에 더욱 영향을 받을 가능성이 크다(하진봉, 2022). 따라서 사회는 윤리적 행동을 장려하는 환경과 프로그램을 마련하여 청소년이 도덕적 가치를 내면화할 수 있도록 지원해야 한다. 마지막으로, 디지털 시대의 청소년이 온라인 환경에서도 도덕적 판단을 할 수 있도록 디지털 윤리 교육을 강화해야 한다.

청소년기는 단순한 신체적 성장의 시기가 아니라, 자아정체성 확립과 함께 인지적·사회적·도덕적 발달이 동시에 이루어지는 중요한 전환기이다. 청소년의 발달 과정은 단순히 개인의 성장에만 국한되지 않는다. 청소년을 둘러싼 가정, 학교, 또래 관계 그리고 사회적 환경이 조화롭게 작용할 때, 청소년은 더욱 건강하고 주체적인 삶을 살아갈 수 있다. 이렇게 청소년기의 발달 과정을 깊이 이해하는 것은, 개인이 건강한 성인으로 성장할 수 있도록 돕는 중요한 첫걸음이 될 것이다.

참고문헌

고지원(2015). 우리나라 소아청소년의 사춘기 발달시기와 비만에 대한 평가 및 이에 영향을 주는 환경인자들에 대한 고찰. 단국대학교 대학원 석사학위논문.

교육부(2024). 2023년 초 · 중 · 고등학교 학생 건강검사 결과분석. 한국교육환경보호원.

구승신, 정옥희, 장성화(2011). 청소년의 자아정체감, 사회적 지지와 정신건강과의 관계. 한국컨텐츠학회논문지, 11(9), 225-237.

국민건강보험공단(2022). 2018~2022년 식이장애 진료현황.

김예성, 안재진(2015). 사춘기 성숙시기에 따른 여자청소년들의 적응에 관한 연구: 공격성과 학교규칙 준수를 중심으로. 청소년문화포럼, 41, 39-64.

김재열(2010). 사회 · 심리적 요인이 청소년의 자아정체감에 미치는 영향. 중앙대학교 사회개발대학원 석사학위논문.

김현순(2014). 청소년의 또래소외와 휴대전화 의존 간의 관계에 미치는 자아정체감의 매개효과. 한국콘텐츠학회논문지, 14(12), 527-537.

매일신문(2023. 03. 05.). '연예인처럼 되고 싶다'… 음지에서 퍼지는 '프로아나' 기사(검색일: 2024. 12. 22.).

박미정, 이인숙, 신은경, 정효지, 조성일(2006). 한국 청소년의 성성숙 시기 및 장기간의 초경연령 추세분석. *Korean Journal of Pediatrics, 49*(6), 610-616.

보건복지부(2024). 2022년 정신건강실태조사 보고서-소아 · 청소년-. 국립정신건강센터.

서문영, 김신혜, 안드레스줄, 박미정(2020). 한국 소녀의 초경 연령 추세. 대한의학회지 12월호, 35(49), 1-9.

성수나(2021). 다문화청소년의 자아정체성에 영향을 미치는 심리적 지원방안에 관한 연구. 지식융합연구, 4(1), 51-78.

신명희, 서은희, 송수지, 김은경, 원영실, 노원경, 김정민, 강소연, 임호용(2017). 발달심리학(2판). 학지사

오은화(2018). 청소년이 지각한 또래애착이 사회적 위축에 미치는 영향: 자아정체감의 매개효과. 청소년상담연구, 26(1), 105-123.

이미리, 김춘경, 여종일(2019). 청소년 심리 및 상담. 학지사

이미리, 조성연, 길은배, 김민(2019). 청소년학개론(2판). 학지사

이종석, 김은수, 정득(2017). 농촌과 도시 청소년의 자아정체성 영향요인에 대한 비교 연구: 학습적응도의 매개효과를 중심으로. 미래청소년학회지, 14(3), 1-25.

이춘재, 오가실, 정옥분(1991). 사춘기 신체성숙시기와 심리사회적 발달, 한국심리학회지: 발달, 4(1), 89-102.

임하진, 임유하, 신주연(2021). 빅데이터에 나타난 '프로아나'에 대한 동향분석:국내 포털 및 소셜미디어를 중심으로. 상담학 연구, 22(4), 51-75.

정득, 강민정, 이종석(2018). 종교활동과 문화활동이 청소년의 자아정체성 형성에 미치는 영향. 종교문화연구, 30, 63-95.

정옥분(2021). 청년심리학(제3판). 학지사

조헌하, 문소현(2016). 초등학교 여학생의 성적 성숙도, 부모자녀 의사소통 및 성숙불안에 관한 연구. *Child Health Nurs Res, 22*(2), 137-144.

질병관리청 국가건강정보포털 홈페이지. https://health.kdca.go.kr

하진봉(2022). 한국 청소년의 도덕 정체성 유형에 따른 도덕적 동기화 특징에 대한 연구. 한국교원대학교 대학원. 박사학위논문. 1-243.

홍예지, 안혜령(2023). 초기 청소년의 학업스트레스와 자아정체감의 관계: 부모 애착의 조절효과. 육아정책연구, 17(3), 103-127.

Blos, P. (1962). *On Adolescence: A Psychoanalytic Interpretation*. Free Press.

Elkind, D. E. (1967). Egocentrism in adolescence. *Child Develpoment, 38*, 1025-1034.

Ellis, A., & Harper, R. (1976). *A Guide to Successful Marriage*. Wilshire Book Company.

Erikson, E. H. (1968). *Identity: Youth and Crisis*. Norton.

Hall, G. S. (1904). *Adolescence: Its Psychology and Its Relations to Physiology, Anthropology, Sociology, Sex, Crime, Religion and Education*. D. Appleton & Company.

Kohlberg, L. A. (1963). The development of children's orientations toward a moral order: Sequence in the development of moral thought. *Human Development, 6*, 11-33.

Kohlberg, L. A. (1976). *Moral stages and moralization: The cognitive development approach*. In T. Likona (Ed.), *Moral development and behavior: Theory, research, and social issues*. Holt, Rinehart, & Winston.

Marcia, J. E. (1966). Development and Validation of Ego-Identity Status. *Journal of Personality and Social Psychology, 3*(5), 551-558.

Marcia, J. E. (1980). *Identity in Adolescence*. In J. Adelson (Ed.), *Handbook of Adolescent Psychology*. Wiley.

Masters, W. H., & Johnson, V. E. (1966). *Human Sexual Response*. Little, Brown and Company.

Petersen, A. C. (1988), Adolescent development. *Annual Review of Psychology, 39*, 583-607.

Piaget, J. (1952). *The origins of intelligence in children*. International Universities Press.

Piaget, J. (1954). *The construction of reality in the child*. Basic Books.

Tanner, J. M. (1962). *Growth at Adolescence*. Blackwell Scientific Publications.

제4장

청소년문화

1. 청소년문화의 시작
2. 세대별 청소년문화
3. 청소년문화의 미래
4. 청소년의 디지털 문화
5. 청소년과 디지털 알고리즘
6. 청소년들의 디지털 문화 방향

청소년학의 이해

1. 청소년문화의 시작

청소년문화는 문화창조 주체자의 연령 · 주거지역 · 계층 · 이념 · 소속 집단에 따라 다르고, 또 학자들의 견해에 따라 매우 다양하게 분류될 수 있으므로 그 영역을 일관성 있게 정리할 수는 없다(권이종, 김천기, 2010). 그럼에도 불구하고 청소년들이 가진 고유한 특징을 중심으로 들여다보면 한 사회 내에서 청소년이라는 연령층을 구성하는 사회 집단이 소유하고 있는 문화로서 그 사회의 주도문화를 공유하면서도 그 나름대로의 독특한 유형을 나타낸다(권두승, 조아미, 1998).

청소년문화에 대한 학자별 정의를 살펴보면, 타일러(Tylor)는 청소년문화를 "오늘의 청소년 집단이 살아가는 총체적 삶의 유형"이라고 하였다. 청소년문화의 중요성을 최초로 강조하고 이를 적극적으로 장려한 독일의 교육개혁자 비네켄(Gustv Wyneken, 1920)은 "청소년문화는 청소년들이 자아정체성을 표현하는 과정이자 예술적인 생산 활동이다."라고 정의하며, 청소년들의 독자적인 언어 · 사상 · 복장 · 생활 형태 등을 정당화하였다. 우리나라 학자 가운데 권일남과 박광민(1998)은 "청소년문화는 청소년 자신들의 문화를 구현하여 에너지를 발산하고 생명력을 정착시키기 위한 터전을 갈망하는 것이며 개인의 완성을 통해 신체적 · 지적 · 심리적 발달은 물론, 능동적 인간의 완성에 기여하며 자신의 정체감 구축을 위한 배경이 된다."라고 하였다. 박진규(2003)는 "청소년문화란 청소년이 10대 중반에서 20대 초반을 지나면서 서로가 비슷한 공감대를 형성하여, 일상의 생활에서 공통으로 나타내 보이는 그들 나름의 특징적 가치관, 말투, 몸짓, 여가 시간 보내기, 음식 취향, 친구 관계 등을 의미한다."라고 정의하였다.

이상을 살펴보면 청소년문화를 특정하게 정의할 수는 없지만, 청소년이라 불리는 세대가 공통적으로 살아가는 삶에 모습을 반영하는 전반적인 사회적 행위와 의식이 공존하는 모든 것으로 볼 수 있다. 이렇듯 청소년문화는 어린이와 어른 사이에서 그냥 지나가는 시기로만 바라보던 청소년에 대한 사회적 인식이 하나의 독립적인 주체로 바라보기 시작하는 인식의 전환과 함께 그 의미가 새롭게 정의되고 있다.

청소년문화는 청소년과 함께 늘 존재해 왔지만, 청소년을 시민으로 인식하는 사회적 성숙도의 발전과 함께 그들의 존재감이 사회적으로 높아지면서 계속해서 새롭게 재발견되고 더욱 확장된 의미 부여가 되는 과정이다. 이렇듯 청소년문화는 계속해서 재발견되고 확장되면서 우리 사회의 문화적 발전과 다양성 증가에 중요한 역할을 하고 있다.

〈표 4-1〉 학자별 청소년문화에 대한 정의

학자	정의
타일러(Tylor)	청소년문화는 '오늘의 청소년 집단이 살아가는 총체적 삶의 유형'
비네켄 (Gustav Wyneken)	청소년문화는 청소년들이 자아정체성을 표현하는 과정이자 예술적인 생산 활동이다.
권일남	청소년문화는 청소년 자신들의 문화를 구현하여 에너지를 발산하고 생명력을 정착시키기 위한 터전을 갈망하는 것이며 개인의 완성을 통해 신체적 · 지적 · 심리적 발달은 물론 능동적 인간의 완성에 기여하며 자신의 정체감 구축을 위한 배경이 된다.
박진규	청소년문화란 청소년이 10대 중간에서 20대 초반을 지나면서 서로가 비슷한 공감대를 형성하여, 일상의 생활에서 공통으로 나타내 보이는 그들 나름의 특징적 가치관, 말투, 몸짓, 여가 시간 보내기, 음식 취향, 친구 관계 등을 의미한다.

1) 문화의 소비자 청소년

문화를 소비하는 것은 단순한 상품 한 가지를 구매하는 것을 넘어 그 상품이 가지고 있는 배경과 생태계 그리고 그로 인해 연결되는 여러 상황까지 함께 소비하고 이용하는 것이다. 특히 청소년들의 경우에 대부분의 소비에서 충동적이고 감성적인 소비를 하는 경우가 많으며, 이런 청소년들의 소비 성향과 문화적인 상품이 만나면서 과시적인 소비로 이어지기도 한다. 그리고 그로 인한 또래에 파급력과 전파력이 상당히 높은 편이다. 그러나 이런 현상들은 청소년들의 소비에 대한 부정적인 고정관념과 달리 최근 현실에서는 사회문화적으로 긍정적인 현상을 많이 만들고 있다.

우리 청소년들이 즐기는 문화 상품이 곧 우리나라를 넘어 전 세계에 유행을 선도하고 있다. 작게는 우리의 작은 놀이 문화부터 음식, 대중가수의 노래와 영화, 드라마, 온라인 게임, 유튜브 크리에이터 등의 콘텐츠 상품까지, 그리고 넓게는 우리 청소년들이 소비하는 모든 것과 그들의 삶의 방식까지 K-culture라는 이름으로 전 세계적으로 다양하게 소비되고 있다. 단순한 문화 소비의 빅 마켓(big market)을 넘어 이제는 명실상부한 새로운 문화적 흐름을 창조하고 주도하는 트렌드 세터(trend setter)로 그 중요성이 진화하고 있다.

입시가 가장 중요시되는 우리나라 청소년들이 처한 사회적 분위기 특성상 청소년들이 즐기는 다양한 문화 상품은 늘 하위 문화이자 몰래 숨어서 즐겨야 하는 것이었지만, 2010년대를 지나면서 외교적으로는 국가 브랜드를 높이고, 경제적으로는 해외 수출에 큰 자리를 차지하는 산업으로 발전되었다.

이런 현상은 아주 오랜 시간 동안 우리 청소년들이 문화 소비자로서 다양한 문화를 이용하고 문화 소비에서만큼은 주변인이 아닌 주체적인 역할로 꾸준히 자리 잡아 온 결과이다.

〈표 4-2〉 문화 관련 용어 정의 1

K-culture	2010년대까지 한류라고 불렸던 대한민국 문화 소비 현상에서 개괄적인 의미를 넘어 신(新)한류 또는 K-culture라는 용어로 포괄적으로 해석되고 있으며, 이는 신한류 3.0 시대의 한류다양화 핵심 용어이다. 정부는 한국 문화 전반을 아우르는 신한류 3.0을 실현하기 위해 드라마 · 영화 · K-pop 등 대중문화 콘텐츠뿐 아니라 한글 · 태권도 · 한식 · 문학 · 패션 등 전통문화 콘텐츠를 K-culture 브랜드의 개념으로 용어를 사용하고 있다(문화체육관광부, 2013).
빅 마켓 (big market)	거대 시장이라는 뜻으로 주로 야구에서 쓰이는 용어로 문자 그대로 대도시의 큰 시장을 뜻한다. 이런 곳을 연고지로 하는 팀은 인구가 많고 소비력이 높은 지역에 들어선 팀인 만큼 이런 팀이 수익성이 높고 쓰는 돈도 많은 경우가 대부분이라 여기에 팀의 명성과 실력이 뒷받침되면 많은 선수가 오고 싶어 하는 것에서 만들어진 용어로 문화적 소비가 크고 다양한 상품이 소비되는 국가들을 지칭한다.
트렌드 세터 (trend setter)	'시대의 풍조나 유행 등을 조사하는 사람, 선동하는 사람'이란 뜻이다. 소비자의 욕구(wants)나 니즈(needs)를 민감하게 캐치하고 다음 시대의 동향 · 경향으로서, 혹은 패션 경향으로 준비한다든지 제시한다든지 하여 많은 사람을 그 방향으로 관심을 갖도록 리드하는 사람을 말한다.

2) 문화의 주체 청소년

우리나라 청소년들은 문화의 단순 소비자를 넘어 모방을 통한 재창조를 놀이처럼 즐겨 왔다. 해외 유명 연예인의 패션부터 만화와 영화 속 캐릭터의 패션을 따라 하는 '코스프레' 문화부터 유명 가수와 댄서의 춤을 모방하는 '커버댄스' 문화가 만들어졌으며 해외 유명 가수들의 내한공연과 같은 문화적 개방을 통해 기존의 성인들 위주의 문화 소비시장이 청소년에게 눈을 돌리기 시작하였다. 특히 1998년 '국민의 정부'에서 이루어진 '일본 대중문화 개방' 조치는 음성적으로 이루어지던 청소년들의 문화 소비를 수면 위로 끌어올리며, 자국 문화산업에 대한 중요성을 각성하고 문화산업의 전면적인 투자와 함께 문화의 주체로서의 청소년을 바라보는 시작점이 되었다고 보고 있다.

이후 인터넷과 미디어의 발달로 인해 한때 유행처럼 번졌던 UCC와 최근 SNS에서

행해지는 각종 '챌린지'와 '밈(meme)'과 같은 미디어를 이용하는 놀이부터 좋아하는 K-pop 스타의 춤과 노래, 의상을 따라 하는 활동까지 그 주제와 영역도 다양했다.

최근에는 단순 모방을 넘어 문화 전반에 주체적으로 참여하고 새로운 문화를 창조하기도 한다. 논란의 여지도 있지만 청소년들에게서 시작되어 이미 사회 전반으로 퍼져 있는 이른바 '줄임말'과 같은 현상은 '급식체'와 같은 표현으로 비하되며 사회적 문제로도 일컬어지고 있지만, 또 다른 한편에서는 부정적인 영향보다는 기성세대가 젊은 세대

〈표 4-3〉 문화 관련 용어 정의 2

용어	정의
밈(meme)	1976년 영국의 진화생물학자 리처드 도킨스(Richard Dawkins)가 자신의 저서『이기적 유전자(The Selfish Gene)』에서 주장한 용어이다. 밈은 그리스어로 모방을 뜻하는 'mimena'에서 온 말로, 도킨스는 진화를 유전자 간의 경쟁으로 보았다. 또한 유전자들은 자신의 복제를 최우선 목표로 하는 이기적 유전자라고 주장했다. 이러한 관점에서 문화를 복제, 전달하는 '이기적 유전자'의 하나로서 밈이라는 개념을 제시했다. 밈은 기술, 행동, 패션 등 다양한 형태를 취하며, 다른 사람이나 집단에게 복제, 전송이 발생한다는 것이다. 최근 국내에서는 대중문화 예술인들의 작품을 패러디하거나 새롭게 재창조하여 공유하고 하는 놀이로서 많은 사람이 참여하는 '챌린지(challenge)' 형태의 놀이로 발전하고 있다.
MZ세대	1980년대 초에서 2000년대 초 출생한 밀레니얼 세대와 1990년대 중반~2000년대 초반 출생한 Z세대를 통칭하는 말이다. 다만 세대를 가르는 기준은 차이가 있는데, 밀레니얼 세대에 대해 1980~1995년 사이 출생한 세대를, Z세대를 1996~2000년 사이 출생한 세대로 보는 시각도 있다. 디지털 환경에 익숙한 MZ세대는 모바일을 우선적으로 사용하고, 최신 트렌드와 남과 다른 이색적인 경험을 추구하는 특징을 보인다. 특히 MZ세대는 SNS를 기반으로 유통시장에서 강력한 영향력을 발휘하는 소비 주체로 부상하고 있다. MZ세대는 집단보다는 개인의 행복을, 소유보다는 공유(렌탈이나 중고시장 이용)를, 상품보다는 경험을 중시하는 소비 특징을 보이며, 단순히 물건을 구매하는 데에서 그치지 않고 사회적 가치나 특별한 메시지를 담은 물건을 구매함으로써 자신의 신념을 표출하는 '미닝아웃' 소비를 하기도 한다. 또한 이들 세대는 미래보다는 현재를, 가격보다는 취향을 중시하는 성향을 가진 이들이 많아 '플렉스' 문화와 명품 소비가 여느 세대보다 익숙하다는 특징도 있다.
코스프레	원래의 명칭인 '코스튬 플레이(costume play)'를 일본식으로 줄여서 '코스프레'라 부른다. 코스튬 플레이는 costume(복장)과 play(놀이)를 합친 조어로 만화 주인공처럼 의상을 입고 분장을 해서 만화 캐릭터를 흉내 내는 것을 말한다.
커버댄스	'커버(cover)'는 팬 코스프레의 일종으로, 특정 가수의 노래를 부르거나 퍼포먼스에 해당하는 댄스를 모방하는 행위를 가리킨다. 최근 인터넷을 통해 전 세계인들이 한국 가요 동영상을 쉽게 접할 수 있게 됨에 따라, 한류가 확산·유행하면서 K-pop 커버댄스가 해외 팬들에게 큰 인기를 끌고 있다.

와의 공감대를 이루고자 하는 수단으로 사용되기도 한다. 일명 '꼰대문화' 탈피용으로 청소년문화가 사용되고 있는 것이다. 이런 청소년문화의 파급력은 시간이 차츰 지나서 우리 사회를 강타한 소위 'MZ세대'의 반란으로 이어졌다.

2. 세대별 청소년문화

인간이 태어나고 성장하고 노화되는 과정에서 반드시 겪게 되는 개인적인 생애주기에서 사회적인 상황과 역사적인 배경이 가지는 의미에 따라 특정 시기에 태어난 사람들을 사회학적으로 '○○세대'라고 지칭한다. 특히 이런 방식은 그 세대의 특징을 문화를 향유하는 방식이나 가치관 행동패턴 등을 위주로 구분하지만, 관점에 따라 같은 세대를 또 다른 방식으로 다시 나누기도 한다. 가령 우리가 'MZ세대'라고 부르는 것은 사회학적인 의미이지만, 이들을 경제학적 관점에서는 '88만원 세대' 'N포세대' 유럽에서는 '700유로 세대'라고도 부른다.

이런 세대 나누기는 각 세대가 처한 어려움과 기회요인들을 분석해서 그 세대에 맞게 사회가 제공해야 할 서비스를 정리할 수 있다는 장점이 존재하는 반면, 세대 간의 갈등 상황에서 눈에 보이지 않는 울타리를 제공하면서 불필요한 갈등을 유발하기도 한다.

우리나라도 '한국전쟁' 이후 본격적인 경제 발전과 함께 인구가 증가되고 교육과 문화가 발전되면서 다양한 세대가 출현하였다.

1) 베이비붐 세대 청소년

베이비붐 세대는 동서양의 문화적 차이가 있긴 하지만, 특정 시대에 급격한 출산율 증가를 경험한 세대를 지칭한다. 미국의 경우에는 제2차 세계대전 후인 1946년부터 1964년까지 태어난 세대를, 우리나라의 경우에는 한국전쟁이 휴전 협정을 맺은 이후인 1955년생부터 1963년생을 지칭한다. 한국전쟁 이후 신생아 출생률이 급격하게 증가한 시기에 태어난 이 세대는 우리나라 총인구의 약 14.7%로 약 730만 명에 이르는 것으로 추산하고 있다.

이들은 갑작스러운 정치사회의 변화 그리고 급속한 경제 발전과 대외적으로 급변하는 사회 변화에 적응하기 위해서 성실하게 일했다. 그리고 농촌에서 도시로 일자리를 찾아 이동하면서 농경 사회에서 산업화 사회로의 변화를 이끈 세대이며 맡은 바 책임을 다하는 것을 중요시하고, 부모의 봉양과 자녀의 교육에 집중하는 특징을 보인다(강인경, 김춘경, 2016). 또한 이러한 베이비붐 세대가 중년 이상이 되는 2000년대에 들어와서는 개인의 여가생활을 중요시하고, 자신의 젊음과 건강에 대해 관심과 투자를 집중하는 경향을 보이고 있다

베이비붐 세대는 공통적으로 청소년기에 정치적으로는 유신시대와 5·18 광주민주화운동을 경험하였으며 급속한 경제 성장을 경험하였다. 이 과정에서 의무교육제도가 시행되고 취학률도 높아지면서 학생들의 문화가 곧 청소년들의 문화로 이어졌다. 이 시기에는 청소년들이 즐길 수 있는 대중문화가 다양하지 않았다. 대중매체라는 것은 TV와 라디오, 영화가 고작이었으며, 팝송과 같은 해외 음악은 당시 한국에 주둔했던 미군들에 의해 들어오는 음악들이 대부분이었다. 당시 문화의 관심이 많았던 청소년들은 이런 경로를 통해 문화를 소비하기도 했다. 그리고 당시 대학생들을 중심으로 청바지와 통기타로 대표되는 포크문화가 시작된 것도 이 시기이다.

2) X세대 청소년

X세대는 80년대 후반 혹은 1990년대 초반에 대학을 다녔거나 졸업한 사람들로 1960년대 후반에서 1970년대 사이에 태어난 사람들을 말한다. X세대라는 말은 1991년 캐나다 작가 더글라스 쿠플랜드(Douglas Coupland)의 소설 『X세대(Generation X)』에서 유래되었다. 삶에 대한 의욕을 상실한 채 방황하는 젊은이들이 등장하는 소설이다. 쿠플랜드에 의하면 'X'는 '정의할 수 없음'을 의미하고, X세대는 이전 세대의 가치관과 문화를 거부하는 이질적 집단이다. X세대의 특징은 흔히 PANTS로 요약되는데, 이는 Personal(개별화, 개인화, 개성화), Amusement(인생의 가치관을 즐거움에 두고 심각함을 기피함), Natural(자연에 대한 강한 욕구), Trans-border(나이와 성별에 대한 구분을 거부함), Service(서비스에 있어서 하이테크와 하이터치를 추구함)를 지향한다는 뜻이다.

한국에서 최초로 '~세대'라는 합성어로 규정될 만큼 특징적이었던 X세대는 경제적 풍요에 따른 물질주의를 바탕으로 자기주장을 강하게 내세웠던 세대이다. 이들은 조국 근대화를 위한 산업역군의 역할을 담당하며 절약과 근검 속에서 생산지향적일 수밖에 없었던 이전 세대와 비교해, 상대적으로 풍요로운 성장기를 보냈기 때문에 소비지향적

이라는 특징을 드러낸다. 제품의 필요성보다 제품의 이미지에 열중했던 X세대는 적극적인 소비 행위를 통해 자신의 존재감을 표현했다. X세대는 2000년이라는 새로운 밀레니얼 세기에 30대의 기성세대가 되었다.

광고회사 제일기획이 작성한 트렌드 리포트는 X세대를 다음과 같이 정의하고 있다. "X세대는 주위의 눈치를 보지 않는 개성파였으며 경제적 풍요 속에 성장했던 세대로 경제적으로 원하는 것은 무엇이든 얻을 수 있었던 세대였다. 1990년대 워크맨의 보급과 삐삐의 유행은 X세대를 개성 있는 감각의 문화 소비자로 부상시켰다. 1990년대의 젊은 세대를 대변했던 X세대는 1994년에 처음 실시된 수능을 경험한 수능세대이자 『슬램덩크』로 대표되는 일본 만화 그리고 주윤발이 등장하는 홍콩 영화를 즐긴 다문화의 수혜자였으며, 신인이었던 심은하를 단번에 스타덤에 올려놓은 트렌디 드라마 〈마지막 승부〉에 열광하는 한편, 김일성 사망을 통해 한국 사회를 짓누르던 반공 이데올로기로부터 정신적으로 해방된 신세대였다."라고 분석하고 있다.

X세대를 집약적으로 보여 주는 존재는 파격적인 음악과 춤으로 대중음악계를 평정한 서태지와 아이들이다. 서태지와 아이들은 1992년에 발표한 1집이 엄청난 대중적 성공을 거두며 신세대를 의미하는 X세대의 아이콘으로 떠올랐다. 국내에서 X세대라는 말은 1990년대 초반에 대학을 다녔거나 졸업한 사람 곧 90년대에 등장한 새로운 문화적 경험과 감수성을 지닌 20대를 가리키는 용어로 사용되었다(김기란, 최기호, 2009).

3) N · Y · Z 세대 청소년

'Net 세대'의 줄임말로, 인터넷으로 대표되는 '네트워크 세대'라는 의미를 지닌다. N세대는 1970년대 중반 이후에 태어나 경제적 혜택과 문화적 혜택을 동시에 누린 X세대 중에서도 특히 컴퓨터에 익숙한 세대를 가리키는 말이다. 대개 1977년 이후 태어난 N세대는 인지능력이 생길 때부터 컴퓨터와 친숙해졌고, 인터넷을 자유자재로 활용하며 인터넷이 구성하는 가상 공간을 삶의 중요한 무대로 인식한 세대이다. N세대가 10대였던 1980년대 후반과 1990년대 초는 한국 사회에 개인용 컴퓨터가 널리 보급되던 시기였다. N세대는 생활 전반에 걸쳐 중요하게 활용되는 컴퓨터를 자연스럽게 학습했다. N세대 이전의 TV세대가 TV를 통해 일방적인 지식이나 정보를 교육받았다면, N세대는 컴퓨터 통신을 바탕으로 한 쌍방향 정보 교환에 익숙하다. 이들은 개인용 컴퓨터와 인터넷 기술을 이용하여 학습은 물론 여가 활동, 쇼핑, 사교에 이르기까지 생활에 필요한 거의 모든 활동을 온라인상에서 영위한다. 전화나 편지보다 이메일이나 채팅을 익숙하게 여기는 N세대는 길거리의 정치판 대신 PC방과 같은 자신만의 공간으로 숨어 들어갔다는 비판을 받기도 한다(김기란, 최기호, 2009).

Y세대는 미국에서 제2차 세계대전 이후 1946~1965년 사이에 출생한 베이비붐 세대의 자녀 세대를 말한다. 이는 프루덴셜 보험회사가 미국 청소년들을 대상으로 실시한 지역사회 봉사 활동 실태조사보고서에서 처음으로 사용한 용어로, 미국에서 2000년, 이른바 Y2000에 주역이 될 세대를 부르면서 생겨난 말이다. Y세대는 베이비붐 세대가 낳았다고 해서 에코 세대(메아리 세대)라고도 불리는데, 다른 나라 문화나 다른 인종에 대한 거부감이 적어 포용력이 높으며, 지적 수준과 도전정신이 높은 편이다. 아날로그 시대의 마지막을 경험하고 디지털 시대의 시작을 함께 한 세대로 다양한 경험을 가진 세대이다. 또 개인 · 개방 · 감성주의가 특징으로, 모방심리와 호기심이 많고, 트렌드에 민감해 쇼핑을 즐기고 소비력도 왕성한 편이다(시사상식사전, pmg 지식엔진연구소).

밀레니얼(Y2000) 세대(1980년대 중반부터 1990년대 중반 사이에 태어난 세대)를 뒤잇는 세대인 Z세대를 가르는 정확한 기준은 없다. 일반적으로 인구 통계학자들은 1990년대 중반에서 2010년대 초반까지 출생한 세대를 Z세대로 분류하지만, 언제까지를 Z세대의 끝으로 간주할지에 대해서는 아직 학자마다 통일된 의견이 없다.

Z세대를 규정하는 가장 큰 특징은 '디지털 원주민(digital native)'이다. 2000년 초반 정보기술(IT) 붐과 함께 유년 시절부터 인터넷 등의 디지털 환경에 노출된 세대답게 신기술에 민감할 뿐만 아니라 이를 소비 활동에도 적극 활용하고 있다. 단적인 예로 옷이나 신발 책 음반은 물론 게임기 등 전자기기의 온라인 구매 비중이 모두 50%를 넘는다. 소셜미디어를 적극 활용, 신중하게 구매하는 경향도 강하다. 온라인 매체 비즈니스인사이더는 X, Y세대가 이상주의적인 반면, Z세대는 개인적이고 독립적이며, 경제적 가치를 우선시하는 등 이전 세대와 다른 소비 패턴을 보인다고 보고했다.

4) MZ세대 청소년

1980년대 초~2000년대 초 출생한 밀레니얼 세대와 1990년대 중반~2000년대 초반 출생한 Z세대를 통칭하는 말이다. 다만 세대를 가르는 기준은 차이가 있는데, 밀레니얼 세대에 대해 1980~1995년 사이 출생한 세대를, Z세대를 1996~2000년 사이 출생한 세대로 보는 시각도 있다.

2020년 세계인구 33%를 차지하는 MZ세대는 이들은 디지털 환경에 능숙하고 모바일을 우선적으로 사용한다. 최신 트렌드와 남과 다른 이색적인 경험을 추구하는 특징을 보이며, 소통하는 데 거리낌 없고 새로운 것을 받아들이는 데 두려움이 없는 세대이

〈표 4-4〉 MZ세대 소비 관련 신조어

구독경제	구독경제는 일시불로 제품을 구매하는 게 아니라 매달 일정한 사용료로 제품이나 서비스를 이용하는 개념이다. MZ세대가 구독경제에 집중하는 이유는 바로 다양성 때문이다. 매달 일정 금액을 내면 커피나 술을 무제한 마실 수 있는 곳도 있고, 신선식품이나 샐러드를 매일 배송해 주고, 개인 맞춤형 속옷이나 침구를 배송하는 서비스도 있다. 구매나 소유에 대한 '결제' 부담을 줄일 수 있으며 원하면 언제든 구독을 중지해 남은 부담마저도 털어 낼 수 있다.
미닝아웃	신념을 뜻하는 미닝(Meaning)과 벽장 속에서 나온다는 뜻의 커밍아웃을 합친 신조어다. 상품을 구매할 때 단순히 가격이나 품질만을 비교하는 것이 아니라, 기업의 윤리적 · 사회적 책임 등의 가치를 확인해 구매하는 것을 말한다. 기업의 도덕적 윤리성이 낮거나 사회적 책임 등의 의무를 다하지 않는다고 판단되면 상품을 구매하지 않는다. 반대로, 자신의 가치관에 부합한다면 구매는 물론 캠페인 참여 등을 통해 적극적으로 지지하고, SNS 해시태그로 이를 공유해 선한 영향력을 행사한다.
플렉스	팔을 구부려 자신의 근육을 과시하는 것을 'Flexing'이라고 한다. 이와 관련해 '과시'라는 뉘앙스를 가지게 된 단어이다. 미국의 힙합 문화에서는 Flex란 단어는 '자신의 부나 귀중품을 과시한다.'라는 뜻을 지닌 속어로 사용되었다. 언론이나 유행어 화자들 사이에서 통용되면서 '본인에게 명품이나 비싼 물건을 투자하여 자신의 가치를 높이다.'라는 뜻으로 확장되었다. MZ세대 사이에서 재화뿐만 아니라 서비스, 복리후생의 가치도 중시하기 시작한 현상을 대변하는 용어이다.
투자	MZ세대는 미래에 대비하면서도 동시에 현재의 자신에게 즐거움과 행복을 줄 수 있는 소비에 열중한다. 재테크와 적금은 물론 주식, 암호화폐 등에 투자하며 소액으로 조각 투자하는 것 또한 큰 인기이다. 자신의 취향이 담긴 미술품을 소유하는 아트테크, 평소에 자주 듣는 음악을 직접 소유하는 음악 저작권 투자 플랫폼 뮤직카우, 한우에 투자하는 플랫폼 뱅카우 등 새로운 투자 플랫폼이 계속 등장하는 추세이다.
영끌	'영혼까지 끌어모으다.'의 준말로, 주로 급여를 계산할 때 각종 수당까지 모두 끌어모아 계산하였다는 말로 쓰인다. 주로 대출을 할 때 무리를 해서 가용한 돈을 모두 모았다는 의미로 사용되는데, 특히 2030, MZ세대에 연관이 많이 되는 이유는 사회초년생으로서 가용 자산이 적은 20~30대의 청년들이 집을 무리해서 장만하기 위하여 '영끌'할 수밖에 없기 때문이다. 또한 영끌의 유의어로서 빚내서 투자한다는 '빚투'라는 말이 사용되기도 한다.
돈쭐	'돈'과 '혼쭐내다'가 결합된 합성어로, 혼을 내어 강하게 꾸짖음을 뜻하는 '혼쭐'의 원래 의미와는 달리 선한 영향력을 행사한 기업들의 제품을 팔아 주자는 역설적 의미로 사용되는 말이다. 즉, '선한 기업들은 돈으로 혼을 내 줘야 한다.'는 뜻으로, 선행을 베푼 기업이나 가게의 물건 구매를 통해 그 선행에 보답한다는 취지로 이뤄지고 있다(시사상식사전, pmg 지식엔진연구소).

다. 특히 MZ세대는 SNS를 기반으로 유통시장에서 강력한 영향력을 발휘하는 소비 주체로 부상하고 있다. 텍스트로 소통하기보다는 이미지와 비주얼로 이야기한다. 예쁘고 좋은 건 SNS 인증샷으로 공유하는 특성이 있다. 그런데 여기에 더 중요한 것은 사진 촬영 시 좋은 이미지를 뽑을 수 있는 공간감과 색채감을 제공해야 MZ세대의 마음을 사로잡을 수 있다는 점이다. 그래야 핫플레이스 등극이 더 쉬워진다. 젊은 층의 비중이 늘면서 시각적 경험을 극대화하는 등 매장 인테리어도 MZ세대의 취향을 적극 반영했다. 그리고 메타버스라는 가상 세계에서 아바타로 생활한다. 베이비붐 세대의 관례와 문화에 X세대가 반기를 들고 개성을 드러냈듯이, Z세대는 밀레니얼 세대보다도 더 개인주의적이며 자기중심적인 특성을 보인다. 그렇다고 해서 자기만 아는 것도 아니다. 덕분에 '챌린지' 같은 공익캠페인에도 열심이며, 착한 소상공인이나 착한기업의 제품을 애용한다. 최근 많이 사용되는 '돈쭐' 챌린지도 MZ세대의 독특한 공동체 의식을 보여 주는 사례이다. 그리고 환경 보호를 위해 리필용품을 소비하는 데에도 관심이 높다. MZ세대는 자신이 좋아하는 분야는 돈이나 시간을 아끼지 않는 특성도 보인다.

3. 청소년문화의 미래

1) 기술의 발전과 청소년문화의 미래

청소년들은 누구보다 기술의 발전과 진화에 관심이 많다. 이는 진보된 기술을 사용하며 살아야 하는 인류의 다음 세대로서의 당연한 과정이자, 스스로의 욕구를 반영하여 기술이 발전될 수 있도록 하는 나침반 같은 역할을 자연스럽게 하고 있는 것이다. 지금도 청소년들의 문화는 기술적 진보를 빼놓고 말할 수가 없을 정도이다. 단순한 기술의 발전이 주는 편의를 사용하는 사용자에 머무르지 않고, 기술을 사용하여 사회 시스템의 구멍을 찾고 메워 나가는 일을 스스로 자연스럽게 하고 있는 것이다. 이것이 청소년들이 가진 문화의 힘이자 청소년들의 특성이 기술의 발전과 자연스럽게 어울리고 있는 결과이다.

앞으로 다가올 미래 사회에 대해서 기술적으로는 누군가는 '4차 산업혁명의 시대' '인공지능 AI의 시대' '메타버스의 시대' 등 다양한 기술적 이미지를 통해 명칭하고 있다.

그러나 결국 이런 진보된 기술을 사용하고 더욱 발전시켜 나갈 주체는 지금의 청소년들이다. 그래서 청소년 분야에서는 기술적인 표현보다는 '청소년이 만드는 미래 시대'라는 표현을 제안한다. 당장의 미래가 구체적으로 어떠한 모습으로 다가올지 예측할 수 있는 사람은 없다. 그러나 청소년들이 가진 기존 질서에 대한 저항의식과 새로움을 추구하는 특성이 우리 사회 모든 분야에서 늘 새로운 진보를 이루는 중요한 출발점이 될 것이다.

청소년들의 문화도 이러한 위치에서 단순히 기술의 발전 위에 끌려가는 수동적 존재가 아니라, 그들의 욕구를 드러내고 그 욕구에 기술 화답하면서 자유로운 사고와 공정과 평등의 가치를 추구하며 우리 사회가 아직 비추지 못한 사회의 어두운 단면을 밝히는 긍정적인 역할을 할 것으로 생각된다.

2) 문화를 즐길 줄 아는 청소년이 만드는 새로운 사회

우리나라는 해방 이후 한국전쟁과 유신시대를 거쳐 군사정권과 같은 암흑기를 지나 민주주의를 수립함과 동시에 급속한 경제 발전과 교육 수준의 향상을 이루었다. 이는 자연스럽게 문화적 소양과 문화의 소비에 대한 사회 시스템의 발전도 함께 이루어졌다. 발전된 사회 시스템은 약자와 소수자에 대한 관심으로 이어지고 자연스럽게 청소년에게 관심을 가지게 되었다. 사회가 청소년들에게 관심을 가지고 그들의 문화를 존중하게 된다는 것은 미래 사회에 대한 정책을 만들고 다양한 투자를 함께 한다는 것을 의미한다.

특히 우리나라 사회를 돌아보면 사회변화의 변곡점에는 늘 청소년들이 존재했으며, 그 변화의 방식에는 늘 청소년들의 문화가 동원되었다. 기성세대가 만들어 놓은 기존 질서에 청소년들이 만든 새로운 문화가 영향을 미치고 새로운 소통 방식을 제안했다. 이런 과정은 기존 사회질서가 가진 문제점에 대해 당연히 받아들여지던 것들을 그들의 방식으로 저항하며 새로운 질서를 만들어 나가는 과정에 있다. 이런 과정들이 하나씩 축적되고 당연하게 생각했던 것들에 대한 새로운 시각과 다양성이 존중되면서 사회는 더욱 투명하고 선진화된 시스템을 요구하게 될 것이다. 이런 현상들은 지금 청소년들이 성인이 되고 사회의 중요한 주체가 되는 시기가 오면, 그들이 청소년 시기에 가졌던 문화적 주체로서의 경험이 바탕이 되어 새로운 사회질서 변화의 변곡점을 맞이하게 될 것으로 보인다.

문화를 즐길 줄 아는 청소년들은 그들이 문화를 소비하고 경험했던 공정한 방식과 질서가 본인들이 살아갈 사회에 적용되길 원한다. MZ세대라고 불리는 세대의 반란은 이

제 시작에 불과하다. 앞으로 출현하게 될 더욱 많은 청소년과 새로운 세대가 만들어 갈 새로운 사회를 기대하게 한다.

4. 청소년의 디지털 문화

디지털 정보통신 기술(IT), 즉 전 세계적인 컴퓨터망은 1980년대 초부터 처음에는 느리게, 그다음부터는 점점 빠르게 직장과 일상의 세계로 진입했다. 새벽부터 심야까지, 요람에서 무덤까지. 선진국뿐만 아니라 제2세계의 많은 나라, 심지어 제3세계인 개발도상국에서도 아이들은 걷고 말하기 전에 벌써 TV와 태블릿 PC를 접한다. 부모는 2~4세 아이들이 스마트폰 화면을 손으로 넘기거나, TV 채널을 돌리거나, 유튜브 동영상과 게임을 척척 불러내면 흐뭇한 미소를 지으며 대견해한다. 어린아이들이 디지털 미디어를 사용하기 시작하는 평균 나이는 지난 몇 년 사이 획기적으로 낮아진 반면, 하루에 디지털 미디어를 사용하는 시간은 급격히 불어났다.[1] 2020년 과학기술정보통신부에서 주관하여 실시한 스마트폰 과의존 실태조사 결과를 보면 우리나라 스마트폰 전체 이용자 중 23.3%는 스마트폰 과의존 위험군으로 나타났다. 스마트폰 과의존 위험군은 2019년 20.0%에서 2020년 23.3%로 전년 대비 3.3% 증가하여 가장 큰 폭의 상승을 보였다. 또한 유·아동은 지속적으로 높은 상승폭을 유지하고 있으며, 특히 청소년 세대는 전 연령대 중 가장 큰 폭으로 상승하였다(2019년 30.2%에서 35.8%로 전년 대비 5.6% 상승함). 아울러 성인 및 60대에서도 매년 상승세가 지속되고 있는 실정이다.[2]

우리나라 디지털 기술과 정보통신은 1990년대 인터넷 보급을 통해 지속적으로 발전하였고 PC 보급과 인터넷 게임 등으로 청소년들의 이용이 급격히 높아졌다. 그리고 2007년 이후 다시 급격하게 진보했다. 세상에 없던 새로운 기기가 발명된 것이다. 애플이 먼저 스타트를 끊은 이 기기는 표면적으로는 통화가 주 기능이지만, 충전용 배터리와 무선인터넷 연결망을 갖춘 일종의 휴대용 컴퓨터였다. 게다가 이 컴퓨터는 손가락 터치만으로 움직이는 화면을 비롯해 카메라, 마이크, 여러 개의 속도 및 기압과 나침반

---

1) Spitzer(2020). 노모포비아 스마트폰이 없는 공포, p. 18.

2) 과학기술정보통신부(2020). 2020년 스마트폰 과의존 실태조사.

센서, 스피커, 진동 장치가 장착되어 있었다. 그런데 시간이 흐르면서 이 물건을 정말 흥미롭게 한 것은 많은 사람이 개발한 수십만 개의 프로그램인 애플리케이션(앱)인데, 이 프로그램을 통해 무선망, 인터넷, 글로벌 위성 내비게이션 시스템, 블루투스 및 다른 스마트폰과 연결해서 사용하는 것이 가능해졌다.

스마트폰을 사용하게 됨으로써 소셜미디어들의 거침없는 글로벌 진군이 시작됐고, 그와 함께 스마트폰 자체도 전 지구를 휩쓸게 되었다. 어떤 기기도 지금껏 스마트폰만큼 빠른 속도로 전 세계에 전방위적으로 확산된 것이 없었다. 이런 배경에 청소년들이 사용량 증가와 참여가 있었으며 그로 인한 다양한 디지털 청소년문화가 생겨나기 시작했다.

1) 아날로그 세대와 디지털 세대

(1) 아날로그 세대

동서양의 문화적 차이가 있긴 하지만, 특성 시대에 급격한 출산율 증가를 경험한 베이비붐 세대를 지칭한다. 미국의 경우 제2차 세계대전 후인 1946년부터 1964년까지 태어난 세대를, 우리나라의 경우 한국전쟁이 휴전 협정을 맺은 이후인 1955년생부터 1963년생을 지칭한다. 이 세대는 아날로그 문화의 마지막 세대이자 현재 디지털 시대를 살고 있는 세대로 '정보화의 낀 세대'라고 일컫는다(김미령, 2012). 즉, 이들 세대는 컴맹의 1세대로 학창 시절 컴퓨터에 대한 교육을 제대로 받은 적이 없고, 디지털 기기와 친숙해질 기회가 많지 않았던 세대라고 할 수 있다. 그러나 현대 사회가 고령화와 정보화 사회로 변화됨에 따라, 이들이 비록 아날로그 세대로 태어나 삶을 영위해 왔다고 하더라도 현재 및 미래 사회를 살아가기 위해서는 디지털 시대, 디지털 문화에 대한 적응이 필수적으로 요구된다.

이 세대들은 전통적인 경험적 지식에 근거한 생활을 하는 세대이다. 그리고 문화보다 밥을 중요하게 생각하는 일명 '밥' 세대이다. 아날로그 세대는 전통을 가장 중요하게 여기면서 급변하는 사회 환경과 경제, 문화 변화 적응에 어려움을 겪는다. 또한 이들은 변화를 위해 새로운 개념을 형성함에 있어 많은 시간을 필요로 한다. 그럼에도 불구하고 아날로그 세대는 중요한 위치에서 우리 사회 전반을 책임지고 있다. 그들은 청소년과 관련된 모든 정책의 형성자며 운영자고 집행자이다. 동시에 청소년들의 부모이며 교사이고 지도자이다. 그렇다 보니 청소년들이 시각적이고 감성적이고 디지털적인 문화를 접했을 때 긍정적인 관점보다 다소 불편해하고 무의미한 것으로 치부하는 경향이 있다(오윤선, 황인숙, 2016).

(2) 디지털 이주민

'디지털 원주민'과 '디지털 이주민' 논의는 2001년 미국의 교육학자 마크 프렌스키(Prensky, 2001a)의 논문에서 출발한다. 프렌스키는 이 논문에서 처음으로 디지털 이주민(digital immigrant)과 디지털 원주민(digital native)이라는 단어를 처음 사용하였는데, 오늘날 학생과 과거 학생이 다르기 때문에 교육법을 바꿔야 한다는 주장의 근거로 두 용어를 제시했다.

디지털 이주민이란 출생 시부터 이미 디지털 매체의 대중화와 인터넷이라는 사이버 공간이 현시대와 공존했던 디지털 원주민과 달리, 아날로그 시대에 태어났지만 디지털 시대로 이민을 온 세대를 의미한다. 이들은 1980년대 이전에 출생한 30대 이상의 기성세대로 후천적으로 디지털 기술에 적응해 나간 세대이다. 따라서 아날로그적 감성과 취향을 지니고 있다. 돈 탭스콧(Don Tapscott, 2008)은 베이비붐 세대와 X세대를 디지털 이주민으로 칭하여 구분하였다.

디지털 이주민들은 디지털은 '원래 있던 것'으로 받아들이기보다는 '새로 생긴 것'이라 여겨 낯설어 하고 신기술에 대해 비평적인 모습을 보이기도 한다. 그러나 한편으로는 이민을 온 땅의 문화가 낯설어도 그곳에 적응하고 살아야 하는 이민자의 생활이 그렇듯이 디지털 이주민들은 원래 자신이 가졌던 아날로그적 습성을 가능한 한 빨리 버리면서 디지털 시대의 문화를 적극 수용하려는 태도를 지니고 있다. 따라서 어떤 경우는 디지털 원주민보다 더 빨리 뉴 디지털 미디어를 수용하고 습득한다. 얼리어답터가 이 세대에 가장 많은 이유도 이 때문이라 할 수 있다. 이들은 빠르고 급격하게 변하는 세상 속에서 디지털 원주민인 청소년들의 문화를 기존의 가치관과 세계관에 접목하고 어떻게 적용해야 할 것인지 연구하고 가르치는 중간 세대이다(오윤선, 황인숙, 2016).

(3) 디지털 원주민

디지털 원주민은 디지털 기술과 함께 자라 온 첫 세대로, 태어나면서부터 모국어를 배우기 시작한 네이티브 스피커(native speaker)처럼 디지털 기술을 거부감 없이 자연스럽게 받아들이고 체화한 세대를 지칭한다. 이들은 디지털 장비와 기술을 기술이 아닌 생활처럼 사용한다. 돈 탭스콧(Don Tapscott)은 그의 저서 『Grown Up Digital』(2008)에서

넷 세대(net generation) 혹은 N세대라는 용어를 사용하여, 본격적으로 디지털 세대를 열어 간 이들이라고 말한다. 즉, 베이비붐 세대의 자녀에 해당하는 세대이며 미국보다 상용 인터넷 보급 및 여타 디지털 매체의 보급이 더 늦게 이루어진 우리나라에서는 PC, 인터넷, 핸드폰의 보편화가 이루어진 시대에 태어나 자연스럽게 디지털 기술을 접한 세대를 말한다. 오늘날 우리나라의 10대 청소년들이 이에 해당한다고 할 수 있다. 이들은 어릴 때부터 젓가락보다 마우스와 휴대전화를 먼저 손에 쥐었으며, 인쇄 매체보다 디지털 매체를 먼저 접한 세대이다. 이들은 가상의 공간에서 국경을 초월하여 정보를 나누고 협업하고 친밀감을 쌓는 데 매우 익숙한 세대이다. 이처럼 디지털 세대 청소년들은 발달한 각종 디지털 매체를 통해 거대한 네트워크를 형성하고 그 속에서 끊임없이 상호작용하면서 빠르게 변화하는 환경에서 기존과는 전혀 다른 새로운 문화를 설계하며 살아가고 있다(오윤선, 황인숙, 2016).

2) 미디어 이용

(1) 소셜미디어

청소년들은 학교와 집을 비롯한 모든 공간에서 많은 시간을 컴퓨터와 인터넷, 스마트폰 등 각종 휴대기기 등 디지털 미디어와 함께하고 있다. 이들은 디지털 세계에서 태어나 디지털 세계에 모든 것을 쏟으며 살아간다. 이들에게 디지털 미디어가 없는 생활을 상상할 수가 없다. 청소년들에게 하루 동안 스마트폰 없이 생활하는 캠프를 진행할 정도로 그 빈도와 의지는 매우 높은 상황이다. 이처럼 디지털 원주민이라 불리는 청소년들의 문화를 이해하기 위해서는 무엇보다도 소셜미디어에 대한 이해가 요구된다.

소셜미디어는 1007년 티나 샤키(Tina Sharkey)에 의해 최초로 사용된 개념으로, 당시 커뮤니티와 같이 사람들의 관계를 연결해 주는 서비스를 가리키는 것이었다. 그 후 2004년 뉴미디어 회사인 가이드와이어(Guidwire) 그룹의 창시자인 크리스 쉬플리(Chris Shipley)가 한 콘퍼런스에서 소셜미디어가 원활한 상호교류를 통해 참여를 촉진시켜 주는 역할을 할 것이라고 언급하면서 대중들에게 알려지게 되었다. 우리는 소셜미디어라는 용어를 많이 사용하고 있지만 이에 대해 한마디로 정의하기는 쉽지 않다.

소셜미디어의 특성을 살펴보면, 첫째, 맥락적 사고와 결합하여 사회적 이슈를 생성 및 전파하는 기능, 둘째, 미디어 간의 상호매개를 통한 사회적 의미를 재창조하는 기능, 셋째, 네트워크 객체 간의 관계를 무한히 확장하여 사회를 움직이는 기능, 넷째, 인적 네트워크 확장을 통해 경험 공유 기반을 확대하는 기능, 다섯째, 집단의 힘으로 성과의 양적 · 질적 성장을 가능케 하는 기능을 한다. 이 같은 소셜미디어의 특성을 활용하여 청소년들은 새로운 공간을 형성하고, 수많은 사람과 의사소통을 하며 정보를 공유하고 자기를 표현하며 상호작용을 하고 있다.

소셜미디어의 유형도 시간과 매체 발전에 따라 형식과 장르가 조금씩 변하고 있다. 시작은 텍스트를 작성하고 공유하는 형식에서 사진과 같은 이미지를 위주로 표현하기 시작하였으며 이후에는 영상을 활용한 표현 그리고 음성을 활용하였고 최근에는 '숏폼'이라는 짧은 영상에 음악과 함께 메시지를 담아 표현하는 영역으로 변화하고 있다. 소셜미디어 유형은 〈표 4-5〉와 같이 구분된다.

〈표 4-5〉 소셜미디어의 종류

구분	내용
SNS	페이스북, 싸이월드처럼 이용자들이 자신의 개인 웹페이지를 만들어 친구들과 네트워크로 연결하여 콘텐츠를 공유하는 서비스
블로그	Web(웹)과 Log(일기)의 합성어로 사용자가 웹에 기록하는 일기나 일지로 온라인 저널을 의미함
마이크로 블로그	트위터와 같은 간단 콘텐츠를 배포하는 SNS
위키스	위키피디아처럼 콘텐츠를 추가 또는 보완하면서 공동으로 백과사전 등의 정보를 완성해 가는 서비스
팟캐스트	iPod(아이팟)과 Broadcasting(방송)의 합성어로 이용자가 오디오 파일 등을 MP3 형식으로 올려 공유하는 서비스
콘텐츠 커뮤니티	유튜브(Youtube)와 인스타그램(instagram)처럼 영상이나 사진 등 특정한 종류의 콘텐츠를 만들고 공유하는 커뮤니티
쇼츠 플랫폼	틱톡(TikTok), 유튜브 쇼츠(Youtube)와 같이 짧은 길이에 영상을 편집하여 메시지를 전달하고 공유하는 플랫폼

출처: 배상률(2015). 청소년문화 활성화를 위한 소셜미디어 활용 연구 인용 후 수정.

(2) 온라인 게임

청소년들이 즐기는 사이버 문화 중에서 가장 많은 시간을 보내고 청소년들의 이용률이 높은 것 중 하나가 온라인 게임이다. 청소년들은 가정과 학교, 사회생활에서 오는 압박감과 스트레스에서 벗어나기 위해 온라인 게임을 하고 있다. 시대와 기술의 발달에 따라 게임을 즐기는 방식에도 많은 변화가 있었다.

비디오 게임의 경우 '콘솔 게임'을 시작으로 직접 운동이 가능한 방식까지 다양한 방식의 기기가 생겨나면서 크기도 소형화되기 시작했다. TV에 연결하는 콘솔 게임부터 들고 다닐 수 있는 포터블 게임기까지 그 형태는 다양하게 발전하였으며, 인터넷의 발달로 인해 콘솔 게임을 온라인상에서 전 세계 유저와 네트워크를 통해 게임을 즐길 수 있게 되었다.

PC 게임은 온라인 게임이 산업으로 전환하는 데 가장 큰 역할을 한 매체이다. 개인용 컴퓨터를 통해서 게임을 즐기던 문화는 초고속 인터넷이 국내에 보급되면서 1990년대 후반 소위 '벤처기업'이라고 불리던 인터넷 기업 신드롬과 새로운 산업의 등장과 결합하여 엄청난 변화를 이루었다. 아이들이나 즐기는 오락이라는 인식에서 거대한 산업으로의 전환이 이루어지며, PC방과 같은 전 세계 어디에서도 볼 수 없는 새로운 상권이 생겨났다. 이런 저변확대를 바탕으로 게임이 거대한 산업을 이루게 되고 우리나라 주요 대기업에 온라인 게임 회사가 들어가는 등 커다란 산업적 체질 개선과 변화를 이루어 냈으며 자연스럽게 온라인 게임은 21세기 새로운 먹거리 산업이 되었다. 이와 동시에 아이들만이 즐기던 하위 문화가 아니라, 온라인 게임은 모든 세대가 여가를 즐기는 문화이자 하나의 스포츠가 되었다. 지금 온라인 게임은 단순한 즐기는 게임을 넘어 전 세계인이 함께하는 스포츠가 되어 아시안게임에서 정식 종목이 되고 게임으로 파생되는 다

Sony 플레이스테이션

닌텐도 스위치

MS X-Box

콘솔 게임의 종류

LoL(League Of Legends)

발로란트(VALORANT)

오버워치

PC 온라인 게임 종류

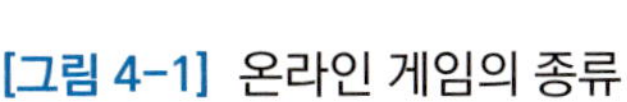

[그림 4-1] 온라인 게임의 종류

양한 문화콘텐츠가 소비되는 커다란 시장이 되었다.

최근에는 스마트폰 보급률이 높아지고 사용 빈도가 높아지면서 온라인 게임을 즐기는 매체가 스마트폰으로 다변화하고 있다. PC에서 즐기던 대부분의 게임이 스마트폰 속으로 들어오면서 PC방에 가서 하던 게임이 시간과 공간에 제약 없이 게임을 즐길 수 있는 환경이 되었다.

(3) 메타버스

2020년부터 발생한 코로나19 팬데믹 현상을 겪으면서 만들어진 사회적 거리두기와 비대면 생활 문화는 기존의 만나는 방식에 대한 많은 변화를 만들어 냈다. 가급적 불필요한 직접 만남을 줄이고 비대면으로 만나면서 직접 만나는 것과 같은 정서적 효과를 내기 위한 다양한 기술이 제안되고 사용되었다. 그중에서 가장 주목받고 있으며, 미래에 새로운 산업으로 부각되고 있는 것이 메타버스(metaverse)이다.

영화 〈아바타(avatar)〉를 통해 보여진 실제 현실과 같은 사회, 경제, 교육, 문화, 과학기술 활동을 할 수 있는 3차원 공간 플랫폼을 예로 들 수 있다. 메타버스는 1992년에 닐 스티븐슨(Neal Stephenson)의 공상과학 소설(Science Fiction: SF)인 『스노우 크래쉬(Snow Crash)』에서 처음 사용하였다. '가공, 추상'을 뜻하는 그리스어인 메타(meta)와 '현실 세계'를 뜻하는 유니버스(universe)의 합성어이다. 메타버스에서는 현실과 가상의 결합이 현실 세계가 되어 그 안에서 상호작용하고 활동할 수 있다. 실례로 2020년 미국 대통령 선거 때 조 바이든 후보자는 닌텐도 '동물의 숲' 가상 현실 게임 안에서 선거 캠페인을 했고 유권자들은 가상 현실(Virtual Reality: VR) 안경을 낀 채 유세 현장에 참여하였다. 국내에서는 아이돌 그룹 방탄소년단(BTS)이 온라인 게임 포트나이트(Fortnite) 안에서 신곡 〈다이너마이트〉를 실제 콘서트 현장처럼 발표하였다. 코로나19 팬데믹으로 인해 비대면 추세가 계속되면서 대학교 입학식을 메타버스 환경에서 진행하기도 하였다. 메타버스는 '가상 현실'보다 진보된 개념으로 볼 수 있다. 주로 게임, 사회관계망서비스(SNS) 등의 서비스 플랫폼에서 특정 설정 환경과 아바타를 보다 정교하게 구현하여 메타버스 내의 아바타가 상호교류를 하고 쇼핑도 하며 현실처럼 활동한다.

메타버스 소셜 네트워크 서비스인 제페토(ZEPETO)의 경우, 카메라 애플리케이션에서 사용자 얼굴을 인식해 캐릭터로 바꿔 주는 기능부터 심층 기계학습(deep learning) 기반의 얼굴 인식 기술(face recognition)을 활용하여 사용자의 표정을 세밀하고 자연스럽게 따라 하는 정교한 아바타 구현 기능도 제공한다.

메타버스는 게임, 사회관계망서비스(SNS)뿐만 아니라 교육, 의료 등 모든 산업에 활용할 수 있다. 이를 위해서는 다양한 메타버스 플랫폼 개발, 메타버스를 지원하는 머리 착용 디스플레이(Head Mounted Display: HMD)와 같은 몰입 기기 활용, 상호작용 처리기술 및 경험을 분석하고 공유하는 기술, 대규모의 데이터를 전달하기 위한 고성능 유무선 네트워크 기술 등이 필요하다.

한편, 사이버 도박, 사기, 가상 화폐 현금화에 따른 불법 거래 등 메타버스 내에서 이루어지는 불법 행위와 법질서 위반에 대해 통제할 필요성이 있다. 또한 가상 세계에 대한 중독성 심화로 일상생활이 황폐화되는 역기능 사례도 발생할 수 있다.

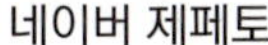
네이버 제페토

로블록스

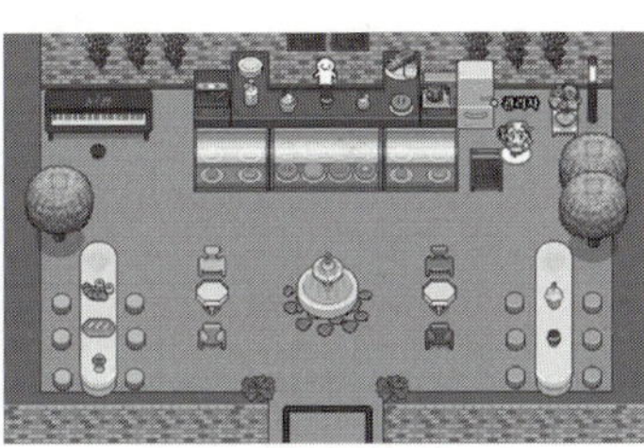
게더타운

[그림 4-2] 메타버스의 종류

5. 청소년과 디지털 알고리즘

1) 유튜브와 알고리즘

청소년들이 스마트폰으로 가장 많이 접하는 플랫폼은 단연 유튜브(Youtube)이다. 영상을 통해 정보를 주고받고 있으며, 긴 글이 아니라 실제 모습을 직관적인 이미지를 통해 전달하는 매체에 청소년뿐만 아니라 다른 세대들도 열광하고 있다. 얼마 전 설문조사에서 초등학생 장래희망 1위를 유튜브 크리에이터가 차지하기도 했다. 사람들 사이에서는 필요한 정보 검색을 포털에서 하느냐, SNS에서 하느냐, 유튜브에서 하느냐에 따라 세대를 나누기도 한다.

유튜브는 미국 IT 기업 구글이 운영하는 동영상 공유 서비스로, 사용자가 동영상을 업로드하고 시청하며 공유할 수 있도록 한다. 당신(you)과 브라운관(tube, 텔레비전)

이라는 단어의 합성어이다. 2005년 2월 페이팔(PayPal)의 직원이었던 채드 헐리(Chad Hurley), 스티브 첸(Steve Chen), 조드 카림(Jawed Karim)이 캘리포니아 산 브루노(San Bruno)에 유튜브를 설립하였다. 세 명의 창립 멤버는 친구들에게 파티 비디오를 배포하기 위해 '모두가 쉽게 비디오 영상을 공유할 수 있는 기술'을 생각해 내었고 이것이 유튜브의 시초가 되었다.

2006년 10월 구글이 유튜브를 인수하였으며, 이후 2007년부터 국가별 현지화 서비스를 시작하여 한국어 서비스도 2008년 1월 시작되었다. 2015년 기준 54개 언어를 지원하는 다국어 서비스이며, 일부 서비스를 제외하고는 기본적으로 무료로 이용할 수 있다. 동영상이나 사용자에게 댓글을 달아 소통할 수 있기 때문에 소셜미디어 서비스의 일종으로도 분류된다. 유튜브에 업로드하는 사용자의 대부분은 개인이지만, 방송국이나 비디오 호스팅 서비스들 또한 유튜브와 제휴하여 동영상을 업로드하고 있다.

이런 유튜브가 지금은 전 세계 수많은 사람이 가장 많은 정보를 주고받는 거대한 플랫폼이 되었으며, 그 산업적 가치 또한 천문학적으로 크다. 그리고 유튜브에서는 사용자들의 편의를 위해 사용자의 기존 동영상 시청기록과 패턴을 분석하는 AI 기술을 활용하여 '알고리즘(algorithm)'이라는 개념을 도입하여 서비스하고 있다.

'알고리즘'이란 컴퓨터 프로그램 용어로 어떠한 주어진 문제를 풀기 위한 절차나 방법을 말하는데 컴퓨터 프로그램을 기술함에 있어 실행 명령어들의 순서를 의미한다. 즉, 알고리즘은 어떠한 행동을 하기 위해서 만들어진 명령어들의 유한 집합(finite set)이다. 이런 기술적인 명령어는 사용자가 이용한 정보를 분석해서 다른 정보들을 제안하고 자연스럽게 비슷한 정보에 노출되게 만드는 효과가 있다. 개인의 취향에 따라 제안하는 정보들이 의미가 있고 편의를 주는 것은 사실이지만, 내가 원하지 않는 정보에 노출되거나 혹은 AI가 추천하는 방향에 따라 불필요한 정보에 노출될 가능성도 존재한다. 이런 부분에 대해서 알고리즘적 과격화(또는 과격화 파이프라인) 가설이 나오기도 했다. 이는 유튜브와 페이스북과 같은 인기 소셜미디어 사이트의 알고리즘이 시간이 지남에 따라 점차 더 극단적인 콘텐츠로 사용자를 몰아가 극단적 정치적 시각으로 과격화시킨다는 개념이다. 미디어 학자들은 2021년부터 이것이 실제적이고 측정 가능한 현상인지를 찾기 위한 연구가 진행 중이다.

이와 같이 부정적인 알고리즘에 의해 청소년들이 폭력적인 콘텐츠나 음란물 등에 노출될 경우가 발생하고 있으며, 이에 대한 대책으로 청소년들에 대한 미디어 교육과 기술적인 규제 등이 요구되고 있다.

2) 디지털 리터러시

리터러시(literacy)란 본래 글을 읽고 쓰는 능력으로 정의한다. 따라서 일차적으로 인쇄된 글을 읽고 쓰는 물리적인 행동으로 즉, 글을 해독하는 능력으로 이해될 수 있지만 이는 단순한 글자의 해독이 아닌 텍스트를 둘러싼 맥락을 이해하는 행위라고 할 수 있다. 즉, 사회문화적인 문맥을 고려하여 텍스트의 의미를 적절하게 이해할 수 있는 능력으로 정의할 수 있다(김우영, 이병승, 2014).

텍스트를 읽고 쓰는 것보다 미디어를 통해 정보를 얻고 생각을 표현하는 것이 더욱 익숙한 지금 청소년들에게는 본인들의 명확한 의견을 전달하고 또 올바른 정보를 수용하기 위해서는 리터러시 능력이 필수적으로 요구되는 이유이다.

이러한 리터러시 개념은 정치, 경제, 사회, 문화 등의 다양한 분야에서 확장 및 활용하고 있는 개념이기도 하다. 따라서 본래의 리터러시 정의를 토대로 각각의 영역 안에서 갖추어야 할 능력이나 활동에 대한 개념으로 발전하여 정치 리터러시, 정책 리터러시, 문화 리터러시, ICT 리터러시, 뉴스 리터러시 등 개념적인 확장이 이루어졌으며(성욱준, 2014), 주로 교육적인 차원에서 논의가 이루어져 왔다. 예컨대, 초・중학생의 ICT 리터러시 수준을 분석한 남창우와 안성훈(2016)의 연구에서는 성별과 지역에 따른 리터러시의 차이를 제시하여 맞춤형 ICT 리터러시 교육 프로그램 개발을 제언했으며, 뉴스 리터러시 교육을 탐색적으로 살펴본 이정훈(2012)의 연구에서는 객관적이고 실증적인 뉴스 교육의 목표를 제시할 수 있는 이론적인 토대를 제시하였다. 이와 유사하게 이정훈과 이두황(2013)의 연구에서도 뉴스 교육 프로그램에 대한 평가와 현실적 대안의 가능성을 탐색적으로 살펴보기도 하였다. 이렇듯 주로 리터러시 연구는 각각의 영역 안에서 갖추어야 할 역량 내지는 소양의 정도를 파악하고, 교육의 한 부분으로써 논의를 이어 나가고 있다. 미디어 영역에서 리터러시를 논의할 경우에도 이와 유사하게 리터러시 교육이나 정보화 교육의 측면으로 논의되거나 디지털 정보화 시대에서 삶의 질을 향상시키기 위한 방안을 탐색하는 경우가 다수 존재한다(권성호, 현승혜, 2014; 김기태, 2008; 김선태, 남영호, 2008; 남수정, 2013; 양정호, 2012; 장석준, 박창희, 2016).

한편, 미디어 영역 안에서 리터러시가 논의될 때에는 '미디어를 사용할 수 있으며, 이를 통해 정보를 찾고 다양한 방법으로 활용할 수 있는 능력'으로 정의될 수 있다(권성호, 현승혜, 2014). 유럽연합 집행위원회인 EC(European Commission, 2007)에서도 일반적으로 미디어에 대한 접근 능력과 미디어 그리고 미디어 콘텐츠에 대한 다양한 견해를 비판적으로 평가하고 이해할 수 있는 능력 및 커뮤니케이션을 생산할 수 있는 능력으로 정의하였다(Koltay, 2014). 하지만 미디어 영역에서 리터러시는 개념적으로 미디어 리터러시뿐만 아니라 '디지털 리터러시' '디지털 미디어 리터러시' '디지털 정보 리터러시' 등 다양하게 사용되고 있다. 예컨대, 홉스(Hobbs, 2010)는 컴퓨터와 소셜미디어 그리고 인터넷을 사용할 수 있는 능력으로 '디지털 리터러시'를 정의했으며, 반면에 라도바노비치(Radovanovic et al., 2015)의 연구에서는 디지털 정보를 적절하게 사용하고 평가하며 분석할 수 있는 개개인의 능력이나 지각을 '디지털 리터러시'로 이해하며 더 포괄적인 개념으로 제시하였다. 디지털 미디어 리터러시에 대한 개념적 정의로는 디지털 미디어에 접근할 수 있으며 콘텐츠를 만들고, 이해할 수 있는 능력으로(Park et al., 2015), 안정임(2013)의 연구에서는 디지털 미디어를 이용할 수 있는 기회와 기술을 바탕으로 디지털 미디어 환경에서 커뮤니케이션을 위한 지식, 기술, 태도와 건전한 시민성을 보유하는 것으로 설명하였다. 안정임과 서윤경(2014)의 연구 또한 디지털 미디어 리터러시의 개념을 사용하였는데, 이러한 정의는 거의 모든 미디어가 디지털화되었고, 디지털 미디어의 속성 자체가 다양한 미디어의 특성을 통합하고 있기 때문이다.

이는 디지털 미디어 리터러시라는 개념이 한정적인 것이 아니라, 더 포괄적이고 복합적인 개념으로 이해되어야 한다는 뜻으로 논의된다. 디지털 문화의 발전과 매체의 증가로 인한 디지털 콘텐츠의 홍수가 나고 있는 지금 청소년들을 대상으로 하는 올바른 리터러시 개념과 교육이 정착되어야 하는 상황이라 할 수 있다.

6. 청소년들의 디지털 문화 방향

아날로그 세대부터 디지털 원주민 세대까지 기술의 발전은 사회의 질서를 바꾸기도 하고 정치와 권력 그리고 산업의 방향과 시스템에 영향을 주었다. 또한 그 기술을 사용하는 주체들의 생각과 문화를 변화시킨다. 특히 기술의 변화에 민감하고 본능적으로 새로운 것을 추구하기 좋아하는 청소년들의 경우, 새로운 디지털 기술을 받아들이는 데 거부감이 없으며 디지털 기술 사용량에 절대다수를 차지하는 이들의 생활 패턴에 따라 디지털 기술은 더욱 편리하고 간소화되는 방향으로 진화하고 있다.

청소년들이 디지털 사용이 높아지면서 메시지 전달 부분에서는 자연스럽게 기존 텍스트 중심의 메시지 전달 문화는 서서히 비중을 줄여 나갈 것으로 보인다. 긴 글을 읽으면서 사유하기보다 명확한 메시지 중심의 이미지에 더 많은 의미를 부여하고, 그것을 재창조하면서 메시지를 공유하는 문화로 변화할 것이다. 그러나 이런 변화는 이미지와 영상이 중심이 되는 시대라고 하여 텍스트의 완전한 종말을 이야기하는 것은 아니다. 아이러니하게도 디지털 기술을 활용한 이미지와 영상 메시지를 잘 만들기 위해서는, 결국 텍스트에 대한 중요성이 높아진다. 잘 만든 디지털 콘텐츠는 결국 인문학적인 요소와 탄탄한 텍스트 위에서 제작되기 때문이다. 잘 만든 영화는 좋은 시나리오가 있어야 하고 좋은 드라마는 좋은 대본이 있어야 하는 것과 마찬가지이다. 즉, 앞으로 디지털 문화에 있어서는 디지털 기술을 잘 활용하는 다수의 청소년이 있고, 그 디지털 기술 위에 청소년들이 호감을 가지고 소비할 만한 메시지를 가진 콘텐츠를 잘 만들 수 있는 인문학적인 소양을 바탕으로 하는 창작자가 요구될 것이다.

청소년들의 디지털 문화는 다수의 사용자와 우수한 창작자 그리고 적극적인 참여자로 나뉘면서 그 경계가 서서히 사라지게 될 것이다. 그리고 생활 전반에서 디지털 기술을 활용한 편의가 이루어지고 지난 행동과 생활 습관 등도 하나하나 기록되면서 사회적 투명성을 만들어 갈 것이다. 그 속에서 청소년들은 본인들이 사회에서 맞이하는 어려움들을 디지털 기술을 활용하여 많은 사람과 공유하고 전문가들과 문제를 해결하는 방법을 찾아 나가며 자신에게 필요한 정답을 찾아 나가는 문화가 생겨날 것으로 예상해 본다.

참고문헌

강인경, 김춘경(2016). 청소년의 또래애착이 삶의 만족도를 매개로 자기조절학습능력에 미치는 영향에 대한 종단연구. 교육심리연구, 30(2), 411-428.

권두승, 조아미(1998). 청소년 세계의 이해. 문음사.

권성호, 현승혜(2014). 중·장년층 직장인의 디지털 리터러시에 대한 연구: 디지털 리터러시 향상을 중심으로: 디지털 리터러시 향상을 중심으로. 학습과학연구, 8(1), 120-140.

권이종, 김천기(2010). 청소년문화론. 공동체.

권일남(2017). 청소년문화. 창지사.

권일남, 박광민(1998). 청소년의 문화의식과 여가활동실태에 관한 연구. 인문과학연구 논총, 118, 361-376.

김기란, 최기호(2009). 대중문화 사전: 300개의 키워드로 읽는 한국 대중문화 20년. 현실문화연구.

김미령(2012). 베이비붐세대의 적응역량이 디지털기기 활용에 미치는 영향. 노인복지연구, 58, 303-324.

김선태, 남영호(2008). 초등학생의 디지털 리터러시 역량에 관한 연구. 정보교육학회논문지, 12(2), 151-161.

김우영, 이병승(2013). 인문학적 리터러시의 의미와 교육적 함의. 중등교육연구, 61(4), 901-930.

김창남(1995). 청소년집단의 하위문화적 특성에 대한 연구. 한국언론정보학보, 5, 210-249.

남창우, 안성훈(2016). 초·중학생의 ICT 리터러시 수준 분석. 한국콘텐츠학회논문지, 16(3), 525-535.

문화체육관광부(2013). 2013년 주요업무계획.

박진규(2003). 청소년문화. 학지사.

박진규(2010). 청소년 집단 따돌림(왕따)현상에 대한 사회, 문화적 일 고찰. 청소년학 연구, 7(2), 39-71

박진규, 윤여숭, 최용환, 최희선, 하중래(2019). 청소년문화. 학지사.

성욱준(2014). 스마트시대의 정보리터러시와 정보격차에 관한 연구. 한국사회와 행정연구, 25(2), 53-75.

시사상식사전, pmg 지식엔진연구소. Y세대의 정의.

안정임, 서윤경, 김성미(2012). 소셜미디어 환경에서의 미디어 리터러시 구성요인 검증: 세대 간의 미디어 리터러시 인식차이를 중심으로: 세대 간의 미디어 리터러시 인식차이를 중심으로. 한국방송학보, 26(6), 129-176.

양정호(2012). 우리나라 고등학생의 디지털 리터러시 결정요인 분석. 교육공학연구, 28(2), 347-369.

여성가족부(2021). 인터넷과 스마트폰 과의존 청소년 실태조사.

오윤선, 황인숙(2016). 청소년문화론. 양서원.

이정훈, 이두황(2013). 뉴스 리터러시 자기 효능감의 뉴스콘텐츠 이용 영향에 대한 탐색적 연구: 20대 뉴스 소비자를 중심으로. 한국콘텐츠학회논문지, 13(8), 180-190.

이정훈(2012). 뉴스 리터러시: 새로운 뉴스 교육의 이론적 탐색. 스피치와 커뮤니케이션, 19, 66-95.

장석준, 박창희(2016). 유년층의 스마트 미디어 리터러시 유형과 부모와 교사의 중재 영향. 한국콘텐츠학회논문지, 16(7), 122-134.

정태일, 최예나, 김연회(2022). K-culture의 감성코드에 대한 탐색: 벤담의 쾌락, 고통, 감성을 중심으로. 한국과 세계, 4(1), 63-92.

천정웅, 장근영, 이채식, 김윤나(2014). 청소년문화론. 양서원.

Hobbs, R. (2010). *Digital and Media Literacy: A Plan of Action*. Aspen Insti.

Koltay, T. (2011). The media and the literacies: media literacy, information literacy, digital literacy. *Media, Culture & Society, 33*(2), 211-221.

Manfred, S. (2020). 노모포비아 스마트폰이 없는 공포 (*Die Smartphone-Epidemie*). (박종대 역). 더난콘텐츠. (원저 2019년 출판).

Tylor, E. (1920). *Primitive culture*. J.P.Putnam's Sons.1.

Wyneken, W. (1920). *Der kampf fir die jugend: gesammelte aufsatze* (German Edition). University of Michigan Library.

제5장

청소년활동

1. 청소년활동의 개념
2. 청소년활동 진흥법
3. 청소년활동정책
4. 청소년활동제도
5. 청소년활동의 유형
6. 청소년활동의 기본 전제와 요소
7. 청소년활동의 이론적 기초

청소년학의 이해

1. 청소년활동의 개념

1) 청소년활동의 개념 정의

「청소년 기본법」 제3조에서는 '청소년활동'이란 '청소년의 균형 있는 성장을 위하여 필요한 활동과 이러한 활동을 소재로 하는 수련 활동 · 교류 활동 · 문화 활동 등 다양한 형태의 활동을 말한다.'라고 규정하고 있다.

'청소년수련활동'이란 청소년이 청소년활동에 자발적으로 참여하여 청소년 시기에 필요한 기량과 품성을 함양하는 교육적 활동으로서, 청소년지도자와 함께 청소년수련거리에 참여하여 배움을 실천하는 체험 활동을 말한다.

청소년 스스로가 실제로 보거나, 듣거나, 느끼거나, 만지거나, 활동하여 지금까지 경험해 보지 않은 일을 새롭게 실행하는 활동으로 탐구적 활동, 모험적 활동, 지속적 활동, 반복적 활동, 장기 활동이라는 특징이 있으며, 개인적 활동이 아니라 두 사람 이상이 상호작용하면서 정서적 유대, 지위와 역할, 가치와 규범 등의 인간관계의 여러 형태가 나타나는 집단 활동이자 청소년이 생활권 또는 자연권에서 심신 단련, 자질 배양, 취미 개발, 정서 함양과 사회 봉사로써 배움을 실천하는 체험 활동이다.

'청소년교류활동'이란 청소년이 지역 간, 남북 간, 국가 간의 다양한 교류를 통하여 공동체의식 등을 함양하는 체험 활동을 말한다. 청소년교류활동에 참여하는 청소년들은 소통과 관계 형성을 이해하고 사회적 상호작용 역량을 향상시킬 수 있고, 청소년교류활동으로는 도농청소년교류, 북한이탈청소년과의 교류, 청소년국제교류활동 등이 있다.

'청소년문화활동'이란 청소년이 예술 활동, 스포츠 활동, 동아리 활동, 봉사 활동 등을 통하여 문화적 감성과 더불어 살아가는 능력을 함양하는 체험 활동을 말한다. 청소년문화활동은 청소년의 여가 시간의 활용과 입시 위주의 공교육 및 사교육에서 충분히 지원하지 못하는 체험 활동을 보완할 수 있는 활동으로 대표적으로는 청소년동아리 활동과 청소년어울림마당, 청소년축제 등의 활동이 있다.

청소년활동은 청소년의 균형 있는 성장을 위한 것으로서 청소년활동을 위한 활동 소재를 과정화한 활동 형태라는 점에서 수련 활동, 교류 활동, 문화 활동은 공통점이 있다고 할 수 있다.

참고로 '청소년의 균형 있고, 조화로운 성장'이 청소년정책의 목표라고 할 때 대표적인 청소년정책인 청소년활동, 청소년복지, 청소년보호 중 청소년활동은 '청소년의 균형 있는 성장'과 밀접한 관련이 있는 법적 개념이고, 청소년복지 · 청소년보호는 '청소년의 조화로운 성장'과 밀접한 관련이 있는 법적 개념이라고 할 수 있다.

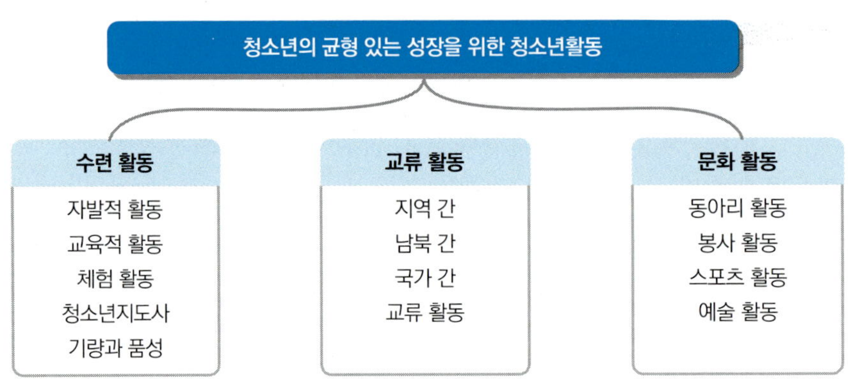

[그림 5-1] 청소년활동의 개념

따라서 청소년활동은 청소년들이 자신의 개인적 또는 사회적 가치나 목적을 실현하기 위해 참여하는 다양한 정신적 · 심리적 · 신체적 행위를 포함하는 개념이며, 청소년 수련 활동, 교류 활동, 문화 활동 등으로 구분되어, 청소년의 균형 있는 성장을 지향하는 목적지향적 활동으로 정의할 수 있다.

결과적으로, 청소년활동의 범주에 대해 우리나라가 처해 있는 특수한 상황이 청소년들의 체험(경험)적 기회 부여가 중요하다는 인식이 자리 잡고 있으며, 이러한 청소년활동의 유형화된 범주 역시 청소년 중심으로 분류되기보다는 정책지향적 관점 또는 사업과 프로그램의 실행을 도모하는 청소년시설의 요건을 충족시키는 차원에서 범주화가 이루어졌다고도 할 수 있다.

일반적인 청소년활동(youth activities)은 청소년이 능동적으로 참여하여 자신의 잠재력을 개발하고 사회적 역량을 키울 수 있도록 기획된 다양한 체험 및 참여 중심의 활동을 의미한다. 이는 단순한 학습 활동이 아닌, 청소년이 직접 경험하고 실천하는 과정에서 창의성, 사회성, 책임감, 리더십 등을 함양할 수 있도록 돕는 역할을 한다는 개념을 가지고 있다.

청소년활동은 청소년이 주어진 환경 속에서 개인적 또는 사회적 가치나 목표를 실현하기 위해 행하는 모든 정신적 · 육체적 행위를 포함하는 개념이다. 또한 실제적인 경험을 통해 지각의 변화를 일으키고 지각의 변화가 행동의 변화를 초래할 수 있는 학습 과정이다. 그리고 청소년들의 능력 및 역량을 개발할 수 있는 교육 과정이며 절차적으로 정의된 활동을 통해 신체 및 정신을 강화할 수 있는 훈련의 과정이다(조미영, 2010).

청소년활동은 청소년(9~24세)의 개인적 성장과 사회적 발달을 촉진하기 위해 이루어지는 자발적이고 창의적인 활동이며, 이는 학교교육과 가정교육을 보완하는 비형식적 교육의 한 형태로도 볼 수 있다.

2) 청소년활동의 특징

청소년활동은 청소년들의 신체적 · 정신적 · 사회적 발달에 매우 중요한 역할을 하며, 청소년기 발달과업을 성공적으로 수행하기 위한 중요한 수단으로 작용한다. 청소년활동은 청소년들이 성인이 되어서 안정적으로 사회에 적응할 수 있는 능력을 강화시키며, 잠재 능력을 충분히 발휘할 수 있도록 하는 데 큰 의의가 있다고 할 수 있다.

또한 청소년활동을 통해 청소년들은 신체적 · 정신적 · 사회적 조화를 이루는 전인적 성장과 더불어 사회참여 기회를 통한 공동체 의식 및 책임감을 함양할 수 있으며, 창의성 및 자율성 개발을 통한 주도적인 문제해결 능력 향상과 건전한 여가 활용을 통해 유익하고 의미 있는 활동을 제공받을 수 있다.

청소년활동은 폭넓은 체험을 통해 청소년의 잠재되어 있는 자기 능력을 발견, 계발하고, 창조하는 능력을 함양하는 수단으로 '기량과 품성'이라는 교육적인 활동, 의무가 아닌 자유로운 선택에 의한 자발적인 활동, 내용의 일관성과 체계성이 있고, 청소년의 집단성이 있는 조직적인 활동, 청소년 스스로 경험하는 체험적인 활동, 청소년에게 창의성을 심어 주는 창의적인 활동이라는 특징이 있다.

이러한 청소년활동의 특징을 정리하면 다음과 같다.

- **자발성**: 청소년활동은 청소년이 스스로 의지를 가지고 능동적이며 주도적으로 참여하는 활동이다.
- **체험성**: 청소년활동은 이론과 지식 교육보다 실천과 경험을 중심으로 운영되는 활동이다.
- **사회성**: 청소년활동은 또래 및 지역사회와의 상호작용을 통한 협력 증진, 사회적 관계를 형성하는 활동이다.
- **다양성**: 청소년활동은 문화 · 예술 · 체육 · 봉사 · 과학 · 진로 탐색 등 다양한 영역

을 포함하며, 다양한 장소에서 이루어지는 활동이다.

- **창의성**: 청소년이 새로운 것을 탐구하고, 창의적 사고를 키울 수 있는 활동이다.
- **교육성**: 청소년활동은 기량과 품성을 함양하는 활동을 통해 인성 · 협력 · 리더십 등을 배울 수 있는 교육적 활동이다.

3) 청소년활동의 목적

청소년활동은 청소년의 균형 있는 성장을 위한 활동으로 신체적 · 정신적 · 사회적 조화를 이루는 전인적 성장, 공동체 의식 및 책임감 함양을 위한 사회참여 기회 제공, 주도적인 문제해결 능력을 향상하는 창의성 및 자율성 개발, 유익하고 의미 있는 활동을 제공하는 건전한 여가 활동 등이 있다.

이러한 청소년활동은 청소년의 긍정적인 성장과 발전을 위한 다양한 개입이며, 주로 학교 밖에서 이루어지고 있는 활동을 총칭하고, 학교교육과 파트너십을 발휘하여야 할 국가의 공적인 시스템이라고 할 수 있다. 탈선과 비행에 빠진 문제 청소년만을 대상으로 하는 활동이 아닌 청소년기에 있는 모든 청소년을 대상으로 하고, 단순히 정규 학교교육을 보조하는 지원적 차원이 아닌 청소년이 건전하고 유능한 한 인간으로 성장하고 발전할 수 있도록 돕는 활동이며, 청소년이 바람직하고 건전하게, 온전한 상태로 성장 발전할 수 있도록 하는 목표지향적인 활동이다.

이 외에 청소년활동은 목적지향적 · 자율적 · 조직적 · 체험적 · 모험적 활동이라고 할 수 있으며, 이는 청소년들이 잠재된 리더십을 개발하고, 새로운 지식과 기술, 태도를 획득하며, 잠재 능력을 성장시키는 과정이라고 할 수 있다.

4) 청소년활동의 중요성

청소년활동은 청소년의 건강한 성장 지원을 통해 신체적 · 정신적 건강을 증진하고, 올바른 가치관을 형성하며, 협력과 책임감을 배우고, 공동체 의식을 기르는 사회성 향상, 창의력, 문제해결 능력, 리더십 등 미래역량을 배양하여 사회에서 필요한 역량을 개발함으로써 자신을 이해하고, 자신감을 키우며, 긍정적 자아정체성을 확립할 수 있다. 또한 청소년활동은 청소년이 자발적으로 참여하여 신체적 · 정신적 · 사회적 발달을 촉진하는 다양한 활동을 의미하며 청소년의 성장과 발전을 돕고, 건전한 인격 형성과 사회적 역량을 기르는 데 중요한 역할을 한다고 할 수 있다. 따라서 청소년활동은 단순한 놀이나 취미를 넘어 청소년의 성장과 발전을 돕는 중요한 과정이기 때문에 청소년들이 자발적으로 참여하여 다양한 경험을 쌓고, 미래 사회의 주역으로 성장할 수 있도록 적극적인 지원이 필요하다.

일반적으로 청소년활동은 청소년들이 자신의 개인적 또는 사회적 가치나 목적을 실현하기 위해 참여하는 다양한 정신적 · 심리적 · 신체적 행위를 포함하며, 청소년의 균형 있는 성장을 지향하는 목적지향적 활동이라고 정의할 수 있다. 또한 청소년활동은 크게 세 가지 유형으로 구분되는데, 첫째, 수련 활동은 청소년이 필요한 기량과 품성을 함양하는 교육적인 체험 활동, 둘째, 교류 활동은 다양한 지역 간 · 남북 간 · 국가 간의 교류를 통해 공동체 의식을 함양하는 체험 활동, 셋째, 문화 활동은 예술 활동 · 스포츠 활동 · 동아리 활동 · 봉사 활동 등을 통해 문화적 감성을 함양하는 체험 활동으로 구분된다.

이러한 청소년활동은 청소년 중심의 원리, 동기 유발 및 유지의 원리, 다양성과 융통성의 원리, 상호학습의 원리, 경험 중심과 활동 중심의 원리, 전인성의 원리에 입각한 활동으로 청소년들의 신체적 · 정신적 · 사회적 발달에 매우 중요한 역할을 하며, 청소년기 발달과업을 성공적으로 수행하기 위한 중요한 수단으로 작용한다. 청소년활동은 청소년들이 성인이 되어서 안정적으로 사회에 적응할 수 있는 능력을 강화시키며, 잠재능력을 충분히 발휘할 수 있도록 하는 데 큰 의의가 있다.

2. 청소년활동 진흥법

1)「청소년활동 진흥법」의 제정 의의

1991년「청소년 기본법」이 제정, 공포되면서 우리나라 청소년활동은 큰 변화를 이루는 계기와 함께 정책적으로 뒷받침되었다. 이전까지는 청소년활동에 대한 관심 자체가 부재하거나 미흡하였고, 주로 청소년문제나 소외청소년을 위한 최소한의 지원에 불과하였다.

2004년「청소년 기본법」의 개정과 새로운 법인「청소년활동 진흥법」「청소년복지 지원법」의 제정은 모든 청소년을 대상으로 국가가 사회적 지원체계와 구체적인 대안을 만들었다는 점에서 청소년정책의 관점에서 엄청난 변화의 시작이었다고 할 수 있다.

「청소년활동 진흥법」(2004년)이 제정되면서 청소년활동은 기존의 청소년수련활동 중심에서 교류 활동, 문화 활동 등을 포함하는 보다 넓은 의미로 확대되었다. 이 시기에 교육과학기술부는 미래형 교육 과정에 창의적 체험 활동을 통해 입학사정관제나 미래의 전인적 역량을 함양한 인재 발굴에 체험을 접목하려는 노력을 강화하였다.

오래전부터 선진 외국에서는 대학 입시나 인재 발굴에 반드시 체험 활동이나 야외 활동을 강조했다는 점을 본다면, 청소년 시기에 왜 체험 활동으로서의 청소년활동이 중요한지 잘 알 수 있다. 청소년활동은 타인을 이해하고 자신의 존재감과 정체감을 회복하며 타인과 더불어 대화하고 의사소통을 통해 유능한 리더십을 발휘하는 인재상을 마련하는 데 필수적 요소이며, 더 나아가 지덕체와 균형적 가치를 회복하는 시민 사회적 역량을 갖춘 인재로 성장시키는 데 필수적인 요소이기 때문이다.

이러한 청소년활동을 국가가 적극 진흥하기 위해서 제정한「청소년활동 진흥법」을 통해 비로소 '청소년의 균형 있는 성장'이라는 국가의 청소년활동정책의 목표가 수립되었고, 청소년수련활동, 청소년교류활동, 청소년문화활동이라는 청소년활동의 법적 범주화와 법적 정의가 가능하게 되었으며, 청소년의 정책참여 보장과 관련하여 법적 근거가 생겼다. 또한 양질의 프로그램을 청소년에게 제공할 수 있는 계기인 청소년수련활동인증제가 도입되었으며, 전체적인 청소년활동 진흥을 위한 정책사업을 수행할 법적 공공기관으로 중앙에 한국청소년활동진흥원과 지방에 시 · 도 청소년활동진흥센터의 설치가 가능하게 되었다.

2)「청소년활동 진흥법」의 목적

「청소년활동 진흥법」은「청소년 기본법」 제47조 제2항에 따라 다양한 청소년활동을 적극적으로 진흥하기 위하여 필요한 사항을 정함을 목적으로 제정된 법이다. 따라서「청소년활동 진흥법」은 청소년이 다양한 활동을 통해 건강하게 성장할 수 있도록 국가와 지방자치단체가 지원하는 법적 기반을 마련한 법률이다.

이 법은 청소년활동의 진흥과 안전한 활동 환경 조성을 목적으로 제정되어 청소년의 균형 있는 성장과 창의적 역량 개발을 돕기 위해 청소년활동을 체계적으로 지원하고 활성화하는 것을 목적으로 하며, 이를 통해 청소년의 자율성과 사회성을 함양하고, 올바른 가치관을 형성할 수 있도록 지원하는 법이다.

3)「청소년활동 진흥법」의 주요 내용

(1) 용어의 정의(제2조)

「청소년활동 진흥법」에서 사용하는 용어의 뜻은 다음과 같다.

첫째, '청소년활동'이란「청소년 기본법」제3조 제3호에 따른 청소년의 균형 있는 성장을 위하여 필요한 활동과 이러한 활동을 소재로 하는 수련 활동 · 교류 활동 · 문화 활동 등 다양한 형태의 활동이다.

둘째, '청소년활동시설'이란 청소년수련활동 · 청소년교류활동 · 청소년문화활동 등 청소년활동에 제공되는 시설이다.

셋째, '청소년수련활동'이란 청소년이 청소년활동에 자발적으로 참여하여 청소년 시기에 필요한 기량과 품성을 함양하는 교육적 활동으로서「청소년 기본법」제3조 제7호에 따른 청소년지도자와 함께 청소년수련거리에 참여하여 배움을 실천하는 체험 활동이다.

넷째, '청소년교류활동'이란 청소년이 지역 간 · 남북 간 · 국가 간의 다양한 교류를 통하여 공동체 의식 등을 함양하는 체험 활동이다.

다섯째, '청소년문화활동'이란 청소년이 예술 활동 · 스포츠 활동 · 동아리 활동 · 봉사 활동 등을 통하여 문화적 감성과 더불어 살아가는 능력을 함양하는 체험 활동이다.

여섯째, '청소년수련거리'란 청소년수련활동에 필요한 프로그램과 이와 관련되는 사업을 의미한다.

일곱째, '숙박형 청소년수련활동'이란 19세 미만의 청소년(19세가 되는 해의 1월 1일을 맞이한 사람은 제외한다)을 대상으로 청소년이 자신의 주거지에서 떠나 제10조 제1호의 청소년수련시설 또는 그 외의 다른 장소에서 숙박 · 야영하거나 청소년수련시설 또는 그 외의 다른 장소로 이동하면서 숙박 · 야영하는 청소년수련활동이다.

여덟째, '비숙박형 청소년수련활동'이란 19세 미만의 청소년을 대상으로 제10조 제1호의 청소년수련시설 또는 그 외의 다른 장소에서 실시하는 청소년수련활동으로서 실시하는 날에 끝나거나 숙박 없이 2회 이상 정기적으로 실시하는 청소년수련활동이다.

(2) 청소년운영위원회(제4조)

「청소년활동 진흥법」제10조 제1호의 청소년수련시설(이하 '수련시설'이라 한다)을 설치 · 운영하는 개인 · 법인 · 단체 및 제16조 제3항에 따른 위탁운영단체(이하 '수련시설 운영단체'라 한다)는 청소년활동을 활성화하고 청소년의 참여를 보장하기 위하여 청소년

으로 구성되는 청소년운영위원회를 운영하여야 한다. [개정 2017. 12. 12.]

(3) 청소년활동의 보장(제2장)

① 청소년활동의 지원(제5조)

- 청소년은 다양한 청소년활동에 주체적이고 자발적으로 참여하여 자신의 꿈과 희망을 실현할 충분한 기회와 지원을 받아야 한다.
- 국가 및 지방자치단체는 청소년활동을 활성화하는 데 필요한 청소년활동시설, 청소년활동 프로그램, 청소년지도자 등을 위한 시책을 수립 · 시행하여야 한다.
- 국가 및 지방자치단체는 개인 · 법인 또는 단체가 청소년활동을 지원하려는 경우에는 그에 필요한 행정적 · 재정적 지원을 할 수 있다.

② 한국청소년활동진흥원의 설치(제6조)

「청소년 기본법」 제3조 제2호에 따른 청소년육성을 위한 다음 각 호의 사업을 하기 위하여 한국청소년활동진흥원(이하 '활동진흥원'이라 한다)을 설치한다. [개정 2016. 3. 2., 2017. 3. 21.]

③ 지방청소년활동진흥센터의 설치 등(제7조)

특별시 · 광역시 · 특별자치시 · 도 · 특별자치도(이하 '시 · 도'라 한다) 및 시 · 군 · 구(자치구를 말한다)는 해당 지역의 청소년활동을 진흥하기 위하여 지방청소년활동진흥센터를 설치 · 운영할 수 있다.

4) 청소년활동시설

「청소년 기본법」에서는 청소년시설을 청소년활동시설, 청소년복지시설, 청소년보호시설로 구분한다.

이 중 청소년활동에 제공되는 청소년활동시설은 「청소년활동 진흥법」에서는 다음과 같이 규정 · 구분하고 있다.

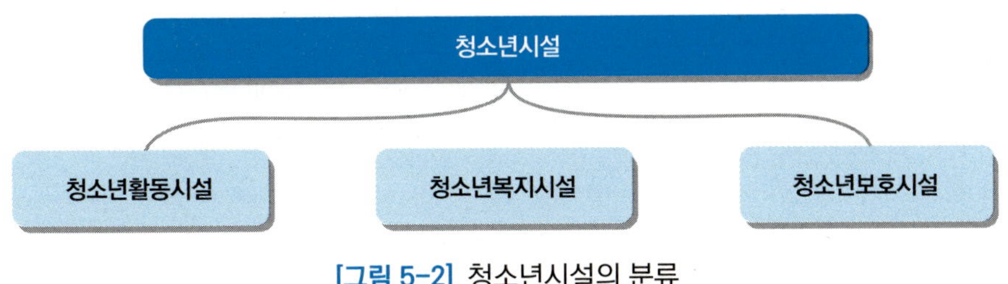

[그림 5-2] 청소년시설의 분류

(1) 청소년활동시설의 종류(제10조)

청소년활동시설의 종류는 다음 각 호와 같다.

① 청소년수련시설

- **청소년수련관**: 다양한 청소년수련거리를 실시할 수 있는 각종 시설 및 설비를 갖춘 종합수련시설
- **청소년수련원**: 숙박기능을 갖춘 생활관과 다양한 청소년수련거리를 실시할 수 있는 각종 시설과 설비를 갖춘 종합수련시설
- **청소년문화의집**: 간단한 청소년수련활동을 실시할 수 있는 시설 및 설비를 갖춘 정보 · 문화 · 예술 중심의 수련시설
- **청소년특화시설**: 청소년의 직업체험, 문화예술, 과학정보, 환경 등 특정 목적의 청소년활동을 전문적으로 실시할 수 있는 시설과 설비를 갖춘 수련시설
- **청소년야영장**: 야영에 적합한 시설 및 설비를 갖추고, 청소년수련거리 또는 야영 편의를 제공하는 수련시설
- **유스호스텔**: 청소년의 숙박 및 체류에 적합한 시설 · 설비와 부대 · 편익 시설을 갖추고, 숙식편의 제공, 여행청소년의 활동 지원(청소년수련활동 지원은 제11조에 따라 허가된 시설 · 설비의 범위에 한정한다)을 기능으로 하는 시설

② 청소년이용시설

수련시설이 아닌 시설로서 그 설치 목적의 범위에서 청소년활동의 실시와 청소년의 건전한 이용 등에 제공할 수 있는 시설을 말한다. [전문개정 2014. 1. 21.]

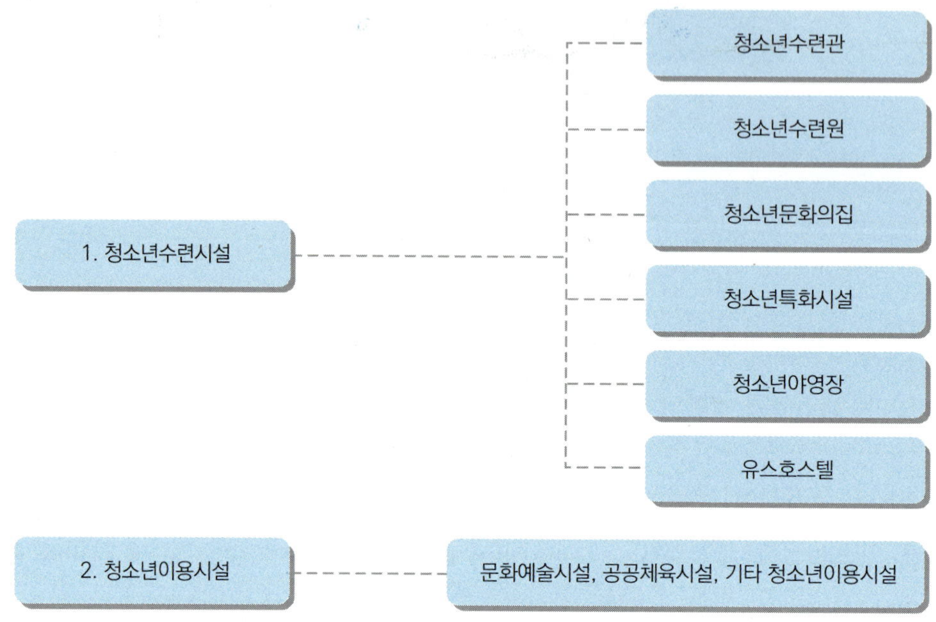

[그림 5-3] 청소년활동시설의 분류

이상으로 「청소년활동 진흥법」의 주요 내용을 살펴보았는데, 「청소년활동 진흥법」은 청소년이 다양한 경험을 통해 성장할 수 있도록 국가와 지방자치단체가 적극적으로 지원하는 법적 기반 역할을 하는 법이다. 청소년에게 보다 안전하고 체계적인 청소년활동 환경을 조성·제공하여, 미래 사회를 이끌어 갈 건강한 청소년육성을 목적으로 한다.

또한 청소년의 성장 지원을 위해 다양한 활동 기회를 제공하여 자기계발과 사회성을 길러 주고, 인증제를 통한 체계적인 활동 관리를 통해 청소년프로그램의 질을 보장하며 활성화할 뿐만 아니라, 안전기준 등을 마련하여 청소년이 안심하고 청소년활동에 참여할 수 있도록 청소년을 보호하는 역할을 하며 국가, 지방자치단체, 청소년단체 등이 협력하여 청소년활동을 지원하는 근간이 되는 법이다. 즉, 청소년이 주체적으로 다양한 활동을 경험하고, 안전하게 성장할 수 있도록 돕는 중요한 법이며, 국가와 지방자치단체, 청소년 관련 기관들이 협력하여 더 많은 청소년이 유익한 활동을 경험하고, 미래 사회의 주역으로 성장할 수 있도록 지속적인 지원과 개선을 위한 법이라 할 수 있다.

〈표 5-1〉 청소년정책관련 용어의 정의

청소년	9세 이상 24세 이하의 자
청소년육성	청소년활동을 지원하고 청소년의 복지를 증진하며 근로 청소년을 보호하는 한편, 사회여건과 환경을 청소년에게 유익하도록 개선하고 청소년을 보호하여 청소년에 대한 교육을 보완함으로써 청소년의 균형 있는 성장을 돕는 것
청소년활동	청소년의 균형 있는 성장을 위하여 필요한 활동과 이러한 활동을 소재로 하는 수련활동 · 교류 활동 · 문화 활동 등 다양한 형태의 활동
청소년복지	청소년이 정상적인 삶을 영위할 수 있는 기본적인 여건을 조성하고 조화롭게 성장 · 발달할 수 있도록 제공되는 사회적 · 경제적 지원
청소년보호	청소년의 건전한 성장에 유해한 물질 · 물건 · 장소 · 행위 등 각종 청소년 유해 환경을 규제하거나 청소년의 접촉 또는 접근을 제한
청소년시설	청소년활동 · 청소년복지 · 청소년보호에 제공되는 시설
청소년지도자	청소년지도사, 청소년상담사와 청소년시설 · 청소년단체 · 청소년관련기관 등에서 청소년육성 및 지도업무에 종사하는 자
청소년단체	청소년육성을 주된 목적으로 설립된 법인 또는 대통령령이 정하는 단체(청소년활동, 청소년복지 또는 청소년보호를 주요 사업으로 하는 단체로서 여성가족부장관이 인정하는 단체)
청소년운영위원회	수련시설운영단체의 대표자는 청소년운영위원회의 의견을 수련시설 운영에 반영하여야 함(「청소년활동 진흥법」 제4조)
청소년참여위원회	청소년들이 시 · 도 및 시 · 군 · 구의 청소년정책 및 사업 과정에 주체적으로 참여토록 함으로써 청소년시책의 실효성 제고 및 권익증진 도모를 목적으로 함
청소년특별회의	전국 17개 시 · 도별 청소년대표 및 청소년 전문가들의 토론과 활동을 통하여, 청소년의 시각에서 청소년이 바라는 정책과제를 정부에 제안

3. 청소년활동정책

청소년활동정책은 청소년이 건강하게 성장하고 자율적으로 역량을 개발할 수 있도록 다양한 체험과 참여 기회를 제공하는 정책이며, 국가와 지방자치단체는 청소년활동을 지원하고 촉진하는 제도적 장치를 마련하여 청소년의 창의력, 사회성, 리더십, 도전정신 등을 함양할 수 있도록 돕는다. 또한 청소년활동정책은 청소년이 건강하게 성장하고, 사회적 역량을 키울 수 있도록 정부와 지방자치단체가 체계적으로 지원하는 정책을 의미한다. 이는 학교교육을 보완하는 체험 활동과 참여 활동을 활성화하고, 청소년이 안전하고 자유롭게 활동할 수 있는 환경을 조성하는 것을 목표로 한다.

1) 청소년활동의 변화

청소년활동정책은 해방 이후부터 현재까지 시대의 변화와 사회적 요구에 따라 발전해 왔다. 이러한 정책은 주로 청소년의 건전하고 균형 있는 성장과 발달을 지원하고, 다양한 활동을 통해 청소년이 사회적 · 문화적 역량을 갖추도록 돕는 데 중점을 두고 있다.

해방 이후 한국의 청소년활동정책의 역사를 간략히 살펴보면 다음과 같은 시기별 특징을 제시할 수 있다.

① 초기 단계(1960~1970년대)

이 시기의 청소년정책은 주로 청소년을 국가 발전의 주체로 인식하고, 청소년의 체력 강화와 이념 교육에 중점을 두었다. 청소년단체 활동과 체육 활동이 활발히 이루어졌으며, 이는 청소년을 건강하고 유익한 방향으로 육성하려는 데 목적이 있었다.

② 확장 단계(1980~1990년대)

1980년대 들어서며 사회적 · 경제적 변화와 함께 청소년정책도 다양화되기 시작했다. 청소년의 자율성과 창의성을 강조하는 다양한 프로그램이 등장했고, 청소년의 권리와 복지에 대한 인식이 높아졌다. 청소년 관련 법률과 기구의 설립이 이루어졌으며, 청소년의 사회참여 기회 확대에 대한 논의가 활발해졌다.

③ 체계화 단계(2000~2010년대)

21세기에 들어서며 청소년정책은 더욱 체계화되고 전문화되기 시작했다. 「청소년활동 진흥법」의 제정과 같은 법적 기반이 마련되었고, 한국청소년활동진흥원과 같은 청소년활동 전문기관이 설립되었다. 다양한 청소년 대상 프로그램이 개발되었으며, 국제교류, 문화 · 예술, 과학 · 기술, 사회참여 등 다양한 분야에서 청소년의 활동을 지원하는 정책이 확대되었다.

④ 미래화 단계(2020년대 이후)

코로나19 팬데믹 시기가 지나고 디지털 시대에 맞춰 온라인 환경에서의 청소년활동도 강조되기 시작했다. 미래 세대를 위한 청소년시설과 프로그램을 디지털 시대에 맞춰 개선하였고, AI를 접목한 청소년활동 사업과 프로그램이 개발되기 시작하였다.

이러한 변화 과정을 통해 한국의 청소년활동정책은 점차 다양한 필요와 요구를 반영하는 방향으로 발전해 왔고, 청소년의 전인적 발달을 지원하는 것은 물론 청소년이 사회의 건강한 구성원으로 성장할 수 있도록 다양한 기회를 제공하는 것이 주요 목적 중 하나로 자리 잡았다.

〈표 5-2〉 청소년활동정책의 경과

구분	내용
1977년	• 청소년대책위원회 • 청소년수련활동을 통한 청소년문제 해결에 국가의 관심 시작
1979년	• 세계 아동의 해 • 청소년수련활동에 대한 관심 증폭(심신 단련, 정서 순환, 여가시설 확충)
제5공화국 시절	• 한국청소년연맹 국가적인 차원에서 지원 • 국가 및 지방단체의 적극적인 재정 지원으로 성장하게 됨
1991년	• 청소년기본계획을 통해 수련 활동 발전의 획기적인 계기 • 「청소년 기본법」 제정 이후 국가의 정책 사업으로 자리 잡음
2004년 이후	• 「청소년활동 진흥법」 제정으로 청소년활동으로 통합(한국청소년활동진흥원 설치) • 청소년수련활동 인증제 시행 • 국제청소년성취포상제 시행 • 청소년활동 신고제 시행 • 청소년안전센터 설치

출처: 하중래(2024). 청소년육성제도론 교안.

2) 주요 청소년활동정책

(1) 청소년 체험 활동 지원 정책

국가는 청소년이 다양한 경험을 할 수 있도록 체험 활동을 지원하는 정책을 수립·집행하고 있으며, 대표적인 체험 활동 지원 정책으로는 청소년이 안전하고 유익한 활동에 참여할 수 있도록 국가에서 인증하는 제도인 청소년수련활동 인증제를 운영하고 있다. 주도적인 역할을 하는 기관으로는 한국청소년활동진흥원과 지방청소년활동진흥센터가 있다.

이 외에도 청소년문화예술활동 지원의 일환으로 음악, 미술, 연극 등 창의적 활동을 촉진하는 프로그램과 캠핑, 스포츠, 봉사 활동 등을 통해 청소년의 성장 기회를 제공하는 모험 · 도전 활동 프로그램을 운영하고 있다.

(2) 청소년 자치 · 참여 정책

청소년이 국가 및 지방자치단체의 청소년정책 결정 과정에 직접 참여할 수 있도록 지원하는 정책으로 국가가 청소년정책을 결정하고 집행할 때 청소년의 의견을 반영하는 청소년특별회의, 지방자치단체가 청소년정책을 만들 때 청소년의 의견을 반영하는 제도인 청소년참여위원회, 전국의 청소년수련시설에서 운영되는 프로그램과 시설 운영에 대해 청소년이 직접 참여하여 의견을 제시하는 기구인 청소년위원회가 대표적이다.

또한 일부 지방단치단체에서는 청소년 의회 및 자치 활동 지원의 일환으로, 청소년이 모의 의회 활동, 정책 제안 활동을 지원함으로써 청소년의 참여 민주적 소양을 키울 수 있는 정책을 시행하고 있다.

(3) 청소년 국제교류 및 글로벌 역량 강화 정책

청소년이 국제적 감각을 익히고, 글로벌 역량을 키울 수 있도록 지원하는 정책으로 해외 청소년들과의 교류 기회를 제공하는 '청소년 국제교류 프로그램,' 다양한 국가의 청소년이 참여하는 글로벌 리더십 프로그램인 '국제 청소년 리더십 캠프,' 다문화 및 북한이탈청소년을 위한 교육과 활동을 지원하는 정책이 있다.

대표적인 수행기관으로는 한국청소년활동진흥원, 이주배경청소년지원센터 등이 있으며, 일부 지역의 청소년센터에서도 다양한 청소년 국제교류 프로그램을 운영하고 있다.

(4) 청소년 봉사 및 사회공헌 정책

청소년이 지역사회에 기여할 수 있도록 지원하는 정책이며, 청소년이 사회봉사 활동에 참여할 수 있도록 하는 청소년자원봉사 활동 프로그램, 청소년들이 환경문제해결에 참여하도록 돕는 환경 보호 및 지속 가능성 활동 프로그램, 노인 · 장애인 · 사회적 약자 등 다양한 세대와 교류하며 사회성을 기를 수 있도록 지원하는 세대 간 교류 프로그램 등이 있다.

(5) 청소년활동 안전 관리 정책

청소년이 활동하는 과정에서 안전을 보장하고, 사고를 예방하는 정책으로 체험 활동, 해외 활동 등에 대한 안전 매뉴얼 제공 등 청소년활동의 안전기준을 마련하고, 청소년 활동 프로그램에 참가할 경우에 보험 가입을 필수로 하는 청소년활동보험 가입 의무화, 청소년수련시설 및 활동 공간의 정기적인 점검 실시를 통한 청소년수련시설 안전점검 강화 정책 등이 있다.

3) 「청소년활동 진흥법」의 청소년교류활동의 지원 정책

(1) 청소년교류활동의 진흥(제53조)

① 국가 및 지방자치단체는 청소년교류활동 진흥시책을 개발 · 시행하여야 한다.

② 국가 및 지방자치단체는 청소년활동시설과 청소년단체 등에 대하여 청소년교류활동을 장려하기 위한 다양한 형태의 청소년교류활동 프로그램을 개발하여 운영하게 할 수 있다.

③ 국가 및 지방자치단체는 예산의 범위에서 제2항에 따른 청소년교류활동 프로그램의 개발 · 운영에 필요한 경비의 전부 또는 일부를 지원할 수 있다.

(2) 국제청소년교류활동의 지원(제54조)

① 국가 및 지방자치단체는 정부 · 지방자치단체 · 국제기구 또는 민간 등이 주관하는 국제청소년교류활동을 지원하기 위한 시행계획을 수립하고 이를 추진하여야 한다.

② 국가는 다른 국가와 청소년교류협정을 체결하여 국제청소년교류활동이 지속적으로 발전할 수 있는 기반을 조성하여야 한다.

③ 국가 및 지방자치단체는 민간기구가 국제청소년교류활동을 시행할 때에는 이를 지원할 수 있다.

(3) 청소년교류센터의 설치 · 운영(제58조)

① 국가는 제53조부터 제57조까지의 업무를 효율적으로 지원하기 위하여 청소년교류센터를 설치 · 운영할 수 있다.

② 청소년교류센터의 운영은 대통령령으로 정하는 바에 따라 청소년단체 등에 위탁할 수 있으며, 이 경우 운영에 필요한 경비를 지원할 수 있다. [전문개정 2014. 1. 21.]

4) 「청소년활동 진흥법」의 청소년문화활동의 지원 정책

(1) 청소년문화활동의 진흥(제60조)

① 국가 및 지방자치단체는 청소년문화활동 프로그램 개발, 문화시설 확충 등 청소년문화활동에 대한 청소년의 참여 기반을 조성하는 시책을 개발 · 시행하여야 한다.

② 국가 및 지방자치단체는 제1항에 따른 시책을 수립 · 시행할 때에는 문화예술 관련 단체, 청소년동아리단체, 봉사 활동단체 등이 청소년문화활동 진흥에 적극적이고 자발적으로 참여할 수 있도록 하여야 한다.

③ 국가 및 지방자치단체는 제2항에 따른 자발적 참여에 대해서는 예산의 범위에서 그 경비의 전부 또는 일부를 지원할 수 있다.

(2) 청소년문화활동의 기반 구축(제61조)

① 국가 및 지방자치단체는 다양한 영역에서 청소년문화활동이 활성화될 수 있도록 기반을 구축하여야 한다.

② 문화예술 관련 단체 등 각종 지역사회의 문화기관은 청소년문화활동의 기반 구축을 위하여 적극 협력하여야 한다.

5) 「청소년활동 진흥법」의 청소년동아리 활동의 지원 정책

(1) 청소년동아리 활동 활성화(제64조)

① 국가 및 지방자치단체는 청소년이 자율적으로 참여하여 조직하고 운영하는 다양한 형태의 동아리 활동을 적극 지원하여야 한다.

② 청소년활동시설은 제1항에 따른 동아리 활동에 필요한 장소 및 장비 등을 제공하고 지원할 수 있다.

6) 청소년활동정책의 기대 효과

청소년활동은 청소년에게 즐거움, 체험 속의 배움, 지덕체육(知德體育)의 전인적 성장, 건전한 여가 활동 제공 등을 가능하게 하며, 청소년들이 민주시민으로 성장할 수 있도록 긍정적인 영향을 줄 수 있다.

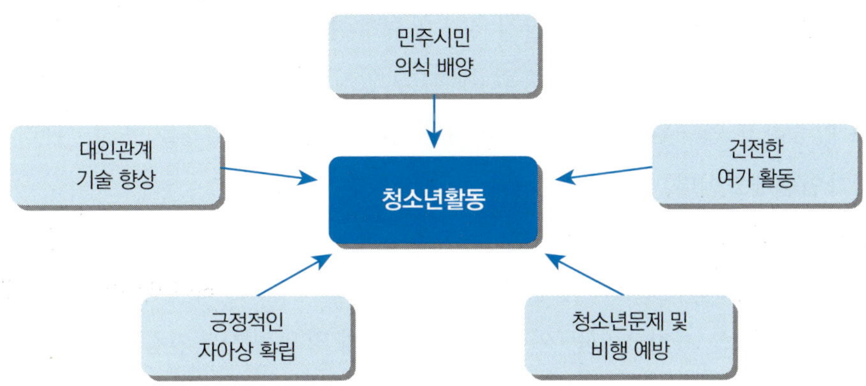

[그림 5-4] 청소년활동정책의 기대 효과

청소년활동정책을 통해 청소년들은 그들만의 자율성과 창의력 증진을 위한 자기계발의 기회를 확대할 수 있으며, 청소년정책 결정 과정에 참여할 기회를 확대함으로써 적극적인 사회참여가 가능하다. 또한 국제교류를 통해 국제적 소통 능력 향상 및 글로벌 네트워크를 형성하여 글로벌 역량을 강화할 수 있고, 안전하고 질 높은 청소년활동을 보장받음으로써 신체적 · 정신적 건강 증진 및 정서 안정을 도모할 수 있다.

청소년활동정책은 청소년이 미래 사회의 주역으로 성장할 수 있도록 지원하는 중요한 정책이다. 학교교육과 가정교육을 보완하며, 다양한 경험과 기회를 제공하여 창의력, 리더십, 사회성, 미래 역량을 기를 수 있도록 하는 것이 핵심 과업이라고 할 수 있다.

앞으로도 지속적인 정책 개선과 활동 지원을 통해 청소년들이 자유롭고 안전하며 다양한 활동에 참여할 수 있는 환경을 조성하는 것이 중요하다.

4. 청소년활동제도

한국의 대표적인 청소년활동제도에는 청소년수련활동 인증제와 청소년수련활동 신고제가 있다.

1) 청소년수련활동 인증제

청소년수련활동 인증제는 "국가는 청소년수련활동이 청소년의 균형 있는 성장에 기여할 수 있도록 그 내용과 수준을 향상시키기 위하여 청소년수련활동 인증제도를 운영하여야 한다."라는 「청소년활동 진흥법」에 따라 일정기준을 갖춘 청소년활동 프로그램에 대해 인증하고 인증된 수련활동에 참여한 청소년의 활동 기록을 유지·관리·제공하는 국가인증제도이다.

참가 청소년의 인원이 일정 규모(150명) 이상, 위험도가 높은 고위험 청소년수련활동을 주최할 경우 반드시 프로그램 인증을 받고 실시해야 한다. 하지만 청소년단체 지원에 관한 법적 근거를 가지고 있는 일부 청소년단체의 경우는 사전인증이 면제된다.

이 제도는 「청소년활동 진흥법」에 의해 한국청소년활동진흥원의 전신인 한국청소년진흥센터의 설치와 함께 2005년 시범운영을 거쳐 2006년부터 본격적으로 시행되고 있는 제도이다.

(1) 청소년수련활동 인증제의 특징

청소년수련활동 인증제의 특징을 정리하면 다음과 같다.

첫째, 청소년수련활동 인증제는 시설에 대한 인증이 아니고 청소년이 직접 참여하는 프로그램에 대한 인증, 프로그램을 실시하기 전에 하는 사전 인증, 청소년수련활동 인증정보시스템에 의한 서면 인증을 대표적인 특징으로 한다.

둘째, 인증수련활동을 실시한 활동시설 및 개인·법인·단체는 청소년이 참여한 수련활동에 관하여 개별 청소년의 인적사항, 활동 참여 일자·시간·장소·주관기관·내용·참여특성 및 종합의견 등을 기록하여야 한다.

셋째, 인증수련활동을 실시한 활동시설 및 개인·법인·단체는 개별 청소년의 활동 기록 및 인증수련활동 결과를 해당 인증수련활동이 끝난 후 20일 이내에 인증위원회에 통보하여야 한다.

(2) 청소년수련활동 인증제의 활동 유형

활동 유형으로는 1일 3시간 혹은 1일 2시간씩 2회기 이상 이루어지는 비숙박 활동인 기본형, 숙박에 적합한 장소에서 일정 기간 숙박하며 이루어지는 활동인 숙박형, 활동 내용에 따라 선정된 활동장을 이동하며 숙박하며 이루어지는 활동인 이동형, 특별히 학교를 중심으로 이루어지는 학교단체숙박형이 있다.

(3) 청소년수련활동 인증제 관련 주의사항

불특정 다수를 대상으로 하는 행사나 축제, 단순 기능 습득을 위한 훈련 내지 강좌형 프로그램은 인증신청에서 제외되고, 청소년의 참여 활동 기록은 인증프로그램 운영기관에서 정보시스템을 통해 기록 등재하여야 하며 활동 종료 20일 후부터 참여 청소년이 온라인으로 참여활동기록을 발급받을 수 있도록 해야 한다.

(4) 청소년수련활동 인증제 관련 행정 처분

인증을 받은 후 정당한 사유 없이 1년 이상 계속하여 인증수련활동을 실시하지 않은 등 위반 사항이 발생할 경우의 행정처분으로는 1차 위반 시 경고, 2차 위반 시 3개월 정지, 3차 위반 시에는 인증이 취소된다.

(5) 청소년수련활동 인증제 추진체계

[그림 5-5] 청소년수련활동 인증제 추진체계

출처: 여성가족부(2023). 2022 청소년백서.

2) 청소년수련활동 신고제

(1) 신고 주체

① 신고제 규정에 따라 신고 주체는 청소년프로그램을 기획하고, 참가자를 모집하여 청소년수련활동을 주최·운영하려는 자 및 「청소년활동 진흥법」의 지도·감독을 받는 시설·기관인 청소년수련시설, 청소년활동진흥원, 청소년활동진흥센터 그리고 관련 법률에 따른 비영리 법인 또는 단체(제외 대상)가 아닌 주식회사 등 영리법인이나 단체의 경우, 반드시 신고제에 따라 신고를 하고 청소년대상프로그램을 실시하여야 한다.

② 신고의 수리 주체는 청소년수련활동 주최자가 있는 소재지의 특별자치시장·특별자치도지사·시장·군수·구청장이다.

③ 신고 기한은 청소년 참가자 모집 14일 전이고, 신고 대상 참가자의 연령은 19세 미만의 청소년이다.

(2) 신고 대상 범위

숙박형 수련 활동, 즉 이동숙박형, 고정숙박형 등 숙박을 하는 수련 활동이 해당된다. 비숙박 수련 활동의 경우에는 청소년 참가 인원이 150명 이상이거나 위험도가 높은 청소년수련활동이 그 대상이 된다.

3) 청소년활동정책의 추진기관

한국의 청소년정책을 총괄하는 주무 부처는 성평등가족부로 청소년정책과 행정을 담당하고 있다. 청소년정책의 전달체계를 보면 성평등가족부 다음에 성평등가족부 산하의 청소년 특수법인으로 한국청소년활동진흥원이 있고, 그다음으로는 지방청소년활동진흥센터가 설치되어 있다. 지방단체단체에도 청소년수련시설이 설치·운영되고 있다.

또한 성평등가족부 장관을 위원장으로 하고, 청소년업무를 가지고 있는 관계부처의 차관, 청소년 전문가 등이 위원으로 청소년활동과 관련된 주요 정책을 심의하고 조정하는 기구인 한국청소년정책위원회가 있다.

5. 청소년활동의 유형

1) 청소년활동의 유형

"'청소년활동'이란, 청소년의 균형 있는 성장을 위하여 필요한 활동과 이러한 활동을 소재로 하는 수련 활동 · 교류 활동 · 문화 활동 등 다양한 형태의 활동을 말한다."라고 「청소년 기본법」에서 규정하고 있다.

따라서 청소년활동은 청소년수련활동, 청소년교류활동, 청소년문화활동으로 유형을 분류할 수 있으며, 이 중 대표적인 청소년수련활동은 「청소년활동 진흥법」에서 '19세 미만의 청소년이 자신의 주거지에서 떠나 청소년수련시설 또는 그 외의 다른 장소에서 숙박 · 야영하거나 다른 장소로 이동하면서 숙박 · 야영하는 청소년수련활동'인 숙박형 청소년수련활동, '19세 미만의 청소년이 청소년수련시설 또는 그 외의 다른 장소에서 실시하는 청소년수련활동으로서 실시하는 날에 끝나거나 숙박 없이 2회 이상 정기적으로 실시하는 청소년수련활동'이라는 비숙박형 청소년수련활동으로 구분할 수 있다.

또한 일반적인 청소년활동은 문화적 감성 함양, 과학 및 정보화 능력 함양, 봉사와 협력 정신 배양, 모험심과 개척 정신 함양, 전문적 직업 능력 준비, 국제감각 고양, 환경의식 함양 등 다양한 유형으로 다시 범주화할 수 있으며, 구체적으로 다음과 같이 구분하기도 한다.

① 자기계발 활동

독서, 토론, 학습, 예술, 스포츠 활동, 리더십 계발, 창의력 계발 등 개인 역량을 강화하는 활동

② 문화 · 예술 활동

미술, 연극, 문학, 전통문화 체험, 영상 제작 등 창의적 표현을 체험하는 활동

③ 과학 · 기술 활동

로봇 공학, 코딩 교육, 메이커 스페이스 활동

④ 체육 · 스포츠 활동

축구, 농구, 마라톤, 등산, 레저 스포츠 활동

⑤ 봉사 · 사회참여 활동

환경 보호, 자원봉사, 인권 캠페인, 도농 교류 활동

⑥ 진로 · 직업 체험 활동

직업 체험, 기업 탐방, 창업 교육, 멘토링 프로그램 활동

⑦ 여가 · 체육 활동

캠핑, 등산, 체육대회, 게임 등 건강한 여가를 즐기는 활동

⑧ 국제교류 활동

해외 교류 프로그램, 외국어 학습, 다문화 체험 등 글로벌 역량을 키우는 활동

⑨ 참여 · 자치 활동

청소년 의회, 자치회, 동아리 운영 등 민주시민으로서의 역량을 기르는 활동

한편, 「청소년 기본법」에서는 청소년활동의 유형을 〈표 5-3〉과 같이 범주화하기도 한다.

〈표 5-3〉 「청소년 기본법」 제3조 3항 및 동법 시행령 제3조의 청소년활동

구분	내용
문화감성활동	풍물, 설장, 민속놀이, 도예, 에어로빅, 댄스 스포츠, 풍선아트 등
과학정보활동	천체관측, 영상 활동, 정보 교육, 태양 관측, 과학 공작, 교통수단 모형 만들기, 드론 체험, AI, VR 체험 등
봉사협력활동	자아발견, 장애체험, 심성놀이, 명상, 심리극, MBTI, 수화공동체훈련, 예절교육 등
모험개척활동	레펠, 오리엔티어링, 챌린지 어드벤처, 야간협동훈련, 택견, 산악자전거(MTB), 인라인스케이트, 수영, 독립군캠프, 국궁, 응급처치/안전교육 등
직업준비활동	진로 및 직업 체험, 창업 체험, 창의력 증진 활동 등
국제교류활동	외국 탐방 활동, 청소년문화대사, 사이버 배낭여행, 통일역할극, 통일사이버기행, 이웃나라 이해하기 등
환경의식활동	생태계백화점, 영농 체험, 자연공작, 삼림욕, 압화, 자연놀이, 야간생태탐사 등

이 외에 청소년활동은 청소년의 건전한 육성에 필요한 활동으로 목적지향적 · 자율적 · 조직적 · 체험적 · 모험적 활동이라고 할 수 있고, 이는 청소년들이 잠재된 리더십을 개발하고, 새로운 지식과 기술, 태도를 획득하며, 잠재 능력을 성장시키는 과정이라고 할 수 있다.

6. 청소년활동의 기본 전제와 요소

청소년활동은 청소년이 다양한 체험을 통해 성장할 수 있도록 구성된다. 효과적인 청소년활동을 위해서는 몇 가지 기본 요소가 필수적으로 고려되어야 하며, 이러한 요건을 충족할 때 청소년이 자율적으로 참여하고, 성장할 수 있는 환경이 조성된다고 할 수 있다.

또한 청소년활동은 청소년의 전인적 성장과 사회적 발달을 촉진하기 위해 계획되고 운영되는 다양한 활동을 포함하기 때문에, 이러한 활동이 효과적이고 의미 있게 이루어지려면 반드시 기본 요건을 충족하여야 한다.

기본적으로 청소년활동은 명확한 목적과 방향을 가지고, 청소년의 인격 성장, 사회성 발달, 창의력 향상 등을 목표로 설정해야 하며, 사회적 요구와 청소년의 요구 등 시대적 변화를 반영한 목표 설정이 필요하다.

1) 청소년활동의 기본 전제

① 청소년활동은 청소년의 자발적인 참여를 보장해야 한다

강요가 아닌 청소년이 스스로 선택하고 참여할 수 있어야 하며, 흥미와 관심을 바탕으로 한 동기 부여가 필요하고, 참여 과정에서 주체적인 역할을 할 수 있도록 기획하는 것이 필요하다.

② 청소년활동은 체험 중심의 활동이다

단순한 이론 학습이 아닌 실제 경험을 통한 배움을 제공하는 활동으로 청소년이 몸으로 직접 부딪치며 배울 기회를 마련하고, 다양한 환경에서 문제를 해결하고 협력하는 과정이 포함된다.

③ 청소년활동은 참여 청소년의 연령 및 발달 수준을 고려해야 한다

청소년의 발달 단계에 따라 맞춤형 프로그램을 제공해야 하며, 각 연령대의 관심사와 신체적 · 정신적 성장 정도를 반영하여 구성하여야 한다.

④ 청소년활동은 다양성과 포괄성이 상존하는 활동이다

특정 분야에 국한되지 않고, 다양한 활동 기회를 제공해야 하며 성별, 경제적 상황, 장애 여부 등을 고려하여 모든 청소년이 참여할 수 있도록 기획해야 한다.

⑤ 청소년활동은 참여 청소년의 안전을 최우선으로 보장해야 한다

청소년활동은 반드시 신체적 · 정신적 안전이 확보된 환경에서 이루어져야 하며, 사전 안전 교육, 응급 대처 시스템, 지도자의 안전 관리 역량이 중요하다고 할 수 있으며, 필요시 프로그램 인증제도를 통한 검증된 활동을 운영해야 한다.

⑥ 청소년활동은 지속 가능해야 한다

일회성 행사가 아닌 장기적이고 연속적인 참여 기회를 제공해야 하며, 청소년의 성장 단계에 따라 지속적으로 활동할 수 있도록 지원하는 것이 필요하며, 활동 후에는 객관적인 평가 및 피드백을 통해 계속해서 개선해 나가야 한다.

청소년활동이 효과적으로 운영되려면, 청소년활동의 기본 전제를 바탕으로 활동의 목적성과 방향성, 청소년의 자발적 참여, 경험 중심, 청소년의 발달 수준 고려, 다양성과 포괄성, 안전성, 지속 가능성 등의 기본 요건을 충족해야 한다. 이러한 요건을 바탕으로 청소년이 주도적으로 청소년활동에 참여하고, 성장할 수 있도록 지원하는 것이 중요하다.

2) 청소년활동의 기본 요소

① 자발성(voluntariness)

청소년이 스스로 선택하고 참여하는 활동이어야 하며 강요가 아닌 흥미와 관심을 바탕으로 자율적 참여를 유도하고, 이러한 자발적 참여가 이루어질 때 온전한 자기 주도적 체험과 긍정적인 성장이 가능하다.

② 체험성(experiential learning)

직접 경험을 통해 배우고 성장할 수 있는 활동으로 단순한 이론 교육이 아닌 실천과 체험을 중시하는 활동이다. 또한 다양한 환경에서 실제 상황을 경험하며 문제해결 능력을 배양할 수 있는 활동이다.

③ 창의성(creativity)

청소년의 창의적인 사고와 문제해결 능력을 키울 수 있는 활동이며, 정형화된 틀을 벗어나 새로운 아이디어를 탐색하고 시도할 기회를 제공한다. 또한 다양한 방식으로 자기표현을 할 수 있도록 지원하는 활동이다.

④ 사회성(sociality)

또래 및 지역사회와의 협력을 통해 사회적 역량을 키우는 활동으로 소통과 협력을 통해 대인관계 능력 및 공동체을 의식 배양함으로써 팀워크, 리더십, 책임감 등을 기를 수 있는 활동이다.

⑤ 안전성(safety)

청소년이 신체적 · 정신적으로 안전하게 참여할 수 있도록 보장하는 활동으로 청소년 시설, 활동 프로그램, 청소년지도사의 안전 관리 시스템이 필요하고, 필요하다면 청소년수련활동 인증제 등을 통해 안전한 체험 환경을 조성할 필요가 있다.

⑥ 다양성(diversity)

청소년의 다양한 관심과 특성에 맞춘 폭넓은 활동 기회를 제공하는 활동으로 문화, 예술, 체육, 과학, 봉사 등 다양한 활동 유형을 포함하며, 청소년의 연령, 성별, 환경 등에 따라 맞춤형 활동을 설계 · 제공하는 활동이다.

이 외에 청소년활동은 단순한 오락이나 여가 활동이 아니라, 기량과 품성을 함양하는 교육적 활동이며 책임감, 리더십, 문제해결 능력 등을 배울 수 있는 활동이 되어야 한다. 단순한 이벤트가 아닌 연속성과 체계성이 필요하며 모든 청소년이 경제적 · 지역적 · 신체적 조건과 상관없이 자유롭게 참여할 수 있도록 보장해야 하는 접근성과 소외계층(장애 청소년, 다문화 청소년, 저소득층 청소년 등)도 참여할 수 있도록 하는 포용성 등이 필요하다.

청소년활동은 자발성 · 체험성 · 창의성 · 사회성 · 안전성 · 다양성 · 교육성 · 연속성 · 체계성 · 접근성 · 포용성 등의 기본 요소를 바탕으로 설계될 때 효과적으로 운영될 수 있다. 이러한 요소를 고려하여 활동 프로그램을 기획 · 제공하면 청소년이 주체적으로 참여하고 성장할 수 있는 의미 있는 활동이 될 수 있다.

앞에 제시한 청소년활동을 위한 기본 전제와 요소를 충족하기 위해서는 청소년의 욕구를 반영하여 청소년 중심의 활동 프로그램을 구성하고, 청소년의 자율적인 참여를 유도하는 것이 필요하다.

또한 시대적 요구를 반영하여 청소년의 요구를 효과적으로 충족시킬 수 있는 미래 역량을 갖춘 전문 지도자인 청소년지도사를 배치하는 것이 꼭 필요하고, AI 및 디지털 기술을 활용한 청소년활동의 제공이 필요한데, 이를 위해선 정부 및 지방자치단체의 인적자원에 대한 지속적인 교육과 물적 자원 지원이 필요하며, 온라인 플랫폼을 통한 청소년활동 확대 및 접근성 개선 등이 필요하다고 할 수 있다. 즉, 국가, 지방자치단체, 지역사회, 청소년 시설과 단체, 학교, 가정 등 청소년을 둘러싸고 있는 모든 환경이 협력하여 청소년이 더욱 안전하고 자유롭게 활동할 수 있는 환경을 조성하는 것이 중요하다.

7. 청소년활동의 이론적 기초

청소년활동의 이론은 청소년의 균형 있고 조화로운 성장과 발달을 돕기 위해 청소년활동이 어떤 원리에 따라 효과적으로 이루어질 수 있는지 설명하는 개념적 틀이다.

활동이론을 기반으로 청소년활동을 운영하면 보다 체계적이고 효과적인 청소년활동이 가능하며, 청소년의 발달 단계와 요구를 반영한 청소년활동을 제공할 수 있고, 이를 통해 청소년의 긍정적인 변화를 이끌어 낼 수 있다.

1) 청소년활동의 접근 방법

(1) 문제 중심 접근, 강점 중심 접근

청소년활동의 접근 방법에는 **문제 중심 접근 방법**과 **강점 중심 접근 방법**이 있다.

- **문제 중심 접근 방법**은 청소년활동 과정에서 청소년을 위험요인으로부터 보호하고, 격리함으로써 청소년문제와 비행 발생을 억제하는 데 주안점을 두는 방식이다.
- **강점 중심 접근 방법**은 문제 중심 접근 방법이 청소년을 부정적이고, 수동적으로만 보며, 소극적인 입장에서 지도하는 것을 비판함과 동시에 청소년문제와 비행에 초점을 맞춘 청소년활동에 의해 청소년문제와 비행의 발생률이 감소하지 않은 것에 대한 반성에서 최근에 등장한 새로운 청소년활동의 이론체계이다.

이는 청소년을 긍정적이고 능동적인 점에서 사회적 자원 또는 변화의 주체로 보고 적극적인 견해를 밝히는 접근 방식이다.

이러한 접근 방법을 구체적으로 살펴보면 다음의 표와 같다.

〈표 5-4〉 청소년활동의 접근 방법

문제 중심 접근 방법	강점 중심 접근 방법
청소년의 문제, 일탈 등 부정적인 것에 초점을 둠	청소년의 잠재력, 아이디어, 장점 등 긍정적인 것에 초점을 둠
청소년을 객체, 대상으로 봄	청소년을 주체, 행위자로 봄
보호와 격리, 지적과 처방, 문제에 대한 수동적인 반응, 단기적인 개입을 중시	지역사회 현안에 대한 참여와 역할 부여, 격려와 칭찬, 미래지향적인 전향성, 장기적인 지원을 중시
청소년을 사회적 맥락과 분리하여 고려	성인, 가족, 이웃, 학교, 지역사회 등과 청소년의 유기적 연관성을 고려
청소년시설, 단체 등의 활동이 고립 또는 경쟁적인 것이 됨	청소년시설, 단체 등의 활동이 협동적인 것이 됨
청소년지도의 성공을 청소년문제의 감소로 측정	청소년지도의 성공을 긍정적인 행동, 태도 기능의 증가로 측정
전문가의 전문성과 지도에 주로 의존	전문가, 지역사회인사 등 다양한 사회 구성원에게 적절한 지도 역할을 부여

(2) 학문적 접근

청소년활동의 학문적 접근 방법에는 **교육학적 접근**, **심리학적 접근**, **사회학적 접근**이 있다.

- **교육학적 접근 방법**에서는 청소년활동은 활동을 통해 기본적인 생활 습관을 몸에 익히도록 하여 공동생활의 태도를 배우고, 교우관계를 확대하며 청소년의 자주성을 향상시키는 목적을 갖는 활동이다.
- **심리학적 접근 방법**에서는 청소년활동은 청소년의 행동 학습의 측면에서 기본적으로 바람직한 행동 특성을 육성하는 동시에 바람직하지 않는 행동을 감소시키는 활동이다.
- **사회학적 접근 방법**에서는 청소년활동은 청소년의 성장이나 발달에 중요한 사회화의 과정을 제공하고, 자아정체성의 확보에 기여하는 활동이다.

2) 청소년활동과 관련된 주요 이론

청소년활동이론은 청소년의 성장과 발달을 돕기 위해 체계적으로 연구된 이론적 배경이라고 할 수 있다. 다양한 심리학, 교육학, 사회학적 이론이 청소년활동의 기초가 되고, 이를 바탕으로 청소년활동이 이루어지고 있으며 대표적인 이론은 다음과 같다.

(1) 청소년 발달이론(adolescent development theories)

청소년활동은 청소년기의 심리적 · 사회적 · 인지적 발달 단계를 고려해야 하기 때문에 다음의 이론들은 청소년활동이 어떻게 청소년의 성장에 기여할 수 있는지를 설명하는 이론이라고 할 수 있다.

① 에릭슨(Erikson)의 심리사회적 발달이론

청소년기는 8단계 단계 중 5단계, 즉 자아정체감 대 역할혼미 단계에 해당하기 때문에 청소년들에게 청소년 자치 활동, 청소년 참여 활동, 리더십 활동 등 다양한 활동을 통해 자아정체감을 확립할 수 있는 기회를 제공하는 것이 중요하며, 역할극, 모의국회 등의 활동을 통해 다양한 사회적 역할을 경험할 수 있는 기회를 제공하는 것이 바람직하다.

② 피아제(Piaget)의 인지발달이론

청소년기는 형식적 조작기에 해당하고 논리적 사고, 문제해결 능력, 추상적 사고가 발달하는 시기이므로, 도전적이고 창의적인 활동이 필요하다. 따라서 토론 활동, 모의재판, 환경 보호 캠페인, 과학 · 기술 체험 활동 등을 통해 논리적 사고, 가설 설정, 미래 계획 능력 등 문제해결력과 과학 창의력 캠프, 문제해결 활동, 창의적 프로젝트 활동 등을 통해 창의력을 증진시킬 수 있는 활동이 필요하다.

③ 하비거스트(Havighurst)의 발달과업이론

청소년기는 중요한 발달과업을 수행해야 하는 시기이고, 자아정체감 확립, 직업탐색, 사회적 관계 형성 등이 주요 과업이기 때문에 진로 탐색 프로그램, 또래 관계 증진 활동, 멘토링 활동 등을 통해 자아정체감과 사회적 상호작용 역량을 증진하는 것이 필요하다.

(2) 청소년 참여이론(youth participation theories)

청소년은 단순히 수동적 존재가 아니라, 자신의 삶과 사회에 적극적으로 참여하면서 민주시민으로 성장할 수 있다는 이론으로 이와 관련된 주요 이론은 다음과 같다.

① 하트(Hart)의 청소년 참여 사다리 모델(ladder of youth participation)

청소년의 사회참여 수준을 8단계로 구분하고 성인의 통제와 명목적 참여, 강요된 참여는 낮은 수준의 참여 단계이고, 높은 수준의 참여 단계는 청소년의 주도적 · 주체적 참여를 기본으로 하여 청소년이 의제 선정, 정책 결정 과정까지 참여하는 것이다.

대표적인 활동으로는 청소년특별회의 청소년참여위원회, 청소년운영위원회, 청소년의회 활동 등인데, 이러한 참여기구 활동을 통해 청소년은 자연스럽게 참여의 수준을 높여 갈 수 있다.

② 아른슈타인(Arnstein)의 시민 참여 모델

시민 참여 모델은 청소년이 사회적 의사결정 과정에서 어떤 역할을 하는지를 설명하는 이론으로 정보 제공 수준 정도의 소극적 참여에서 의사결정권까지 행사하는 적극적 참여로 발전할 필요가 있다. 청소년정책 제안 활동, 자치 활동 운영 등을 통해 적극적 참여를 경험할 기회를 제공하는 것이 필요하다.

(3) 청소년 사회적 학습이론(social learning theories for youth)

청소년은 주변 환경과 사회적 관계 속에서 규칙, 규범, 사회적 행동을 자연스럽게 배우고 성장한다는 이론이다. 대표적인 이론에는 밴듀라의 사회학습이론과 비고츠키의 사회문화적 발달이론이 있다.

① 밴듀라(Bandura)의 사회학습이론

청소년은 관찰과 모방을 통해 행동을 학습한다는 이론으로 역할 모델(멘토, 지도자, 또래 그룹)이 중요하며, 청소년의 긍정적인 행동을 강화할 수 있는 환경 조성이 필요하다. 멘토링 프로그램, 청소년 리더십 캠프, 롤모델 초청 강연 등의 활동으로 청소년이 역할 모델을 통해 성장할 수 있도록 하는 것이 중요하다.

② 비고츠키(Vygotsky)의 사회문화적 발달이론

청소년의 학습과 발달은 사회적 상호작용을 통해 이루어진다는 이론으로 지도자(성인)와 또래가 청소년에게 적절한 지도를 제공하면 더 높은 수준의 사고와 문제해결 능력을 발달시킬 수 있다. 협동 학습 프로젝트, 동아리 활동, 그룹 토론 활동 등이 대표적인 활동이다.

(4) 경험학습이론(experiential learning theories)

경험학습이론은 청소년활동의 대표적인 이론으로 이론적인 학습뿐만 아니라 직접 체험을 통해 배우는 경험학습이 중요하다는 이론으로 콜브의 경험학습이론과 듀이의 실천적 학습이론 등이 있다.

① 콜브(Kolb)의 경험학습이론

청소년은 단순히 정보를 듣는 것이 아니라 직접 경험하고, 반성하고, 적용하는 과정을 통해 배운다는 이론으로 '경험 → 성찰 → 개념화 → 적용'의 4단계를 거쳐야 보다 효과적인 학습이 이루어질 수 있다. 프로젝트 기반 학습(PBL), 현장체험학습, 인턴십 등이 대표적인 활동이다.

〈표 5-5〉 경험학습의 과정

구체적 경험 (concrete experience)	➡	실제 체험
반성적 관찰 (reflective observation)	➡	경험에 대한 성찰
추상적 개념화 (abstract conceptualization)	➡	배운 점 정리
능동적 실험 (active experimentation)	➡	새로운 시도

*** 청소년활동 적용 사례**
해외 봉사 활동 → 경험(현장 활동) → 반성(소감 나누기) → 개념화(보고서 작성) → 실험(새로운 활동 기획)

② 듀이(Dewey)의 실천적 학습이론

학습은 실제 문제를 해결하는 과정에서 이루어져야 하며, 이론 중심 교육보다 현장 경험과 실천적 활동을 강조하는 이론이다. 지역사회 봉사 활동, 창업 체험, 사회문제해결 프로젝트 등이 실천적 학습이론에 입각한 대표적인 활동이다.

이 외에 활동이론을 청소년활동에 적용한 활동으로는 콜버그(Kohlberg)의 도덕성 발달이론을 통한 생명윤리, 환경문제를 주제로 한 윤리 토론 활동, 기부 프로젝트, 봉사 활동을 중심으로 하는 사회참여 활동 등이 있고, 데시와 라이언(Deci & Ryan)의 자기결정이론(Self-Determination Theory: SDT)에 입각한 청소년 동아리 활동, 목표 달성 챌린지 활동 등이 있다.

또한 재클린 에클스(Jacqueline Eccles)의 기대-가치 이론(Expectancy-Value Theory)에 해당하는 청소년활동으로는 청소년 진로 탐색 프로그램에서 멘토링을 제공하여 성공에 대한 기대감을 증가시키는 것과 사회적 가치가 높은 프로젝트를 통해 참여 청소년의 동기를 부여하는 활동 등이 있다.

청소년활동이론은 심리 · 교육 · 사회학적 배경 등을 바탕으로 청소년의 참여, 성장과 발전을 이끌어 내고자 하는 청소년활동의 이론적 근거가 되는 것으로 에릭슨, 피아제, 콜버그 등의 발달이론을 통해 청소년의 성장 단계를 이해하고, 밴듀라, 비고츠키의 사회적 학습이론을 통해 또래 및 멘토의 중요성을 알고, 동기이론을 통해 청소년에게 자율성, 유능감, 가치를 부여할 수 있으며, 경험학습이론을 바탕으로 체험을 통한 배움을 실현할 수 있다.

따라서 이러한 이론을 바탕으로, 청소년이 주도적으로 참여하고, 성장할 수 있는 청소년활동을 청소년에게 적극적으로 제공하는 것이 중요하다. 즉, 청소년활동이론은 단순한 활동이 아니라, 청소년의 성장과 발달을 촉진하는 체계적인 과정을 설명하는 것으로 발달이론, 참여이론, 사회학습이론, 경험학습이론 등을 적용하여 청소년이 의미 있는 청소년활동을 통해 자아를 형성하고, 사회적 역량을 기를 수 있도록 하는 것이 중요하다. 이를 통해 청소년이 현재의 주인공이자 미래 사회의 주역으로 성장할 수 있도록 지원하는 것이 청소년활동의 핵심 가치라 할 수 있다.

청소년의 긍정적인 변화를 끌어내기 위한 아주 중요한 매개인 청소년활동을 보다 활성화하고 촉진하기 위해서는, 우선 청소년들이 자신의 활동에 대한 자발성과 책임감을 느끼도록 해야 하는 것이 중요하다. 청소년지도사는 일관성 있고 체계적으로 청소년을 지도해야 하며, 청소년의 활동 참여를 적극적으로 이끌어 내야 한다. 또한 청소년들에게 활동 참여를 통해 얻을 수 있는 결과를 이해시켜야 하며, 활동 과제를 더욱 흥미롭고 이해하기 쉽게 제시하는 것도 필요하다.

또한 청소년활동의 촉진을 위해선 무엇보다도 청소년지도사와 청소년 간에 상호 존중하고 친밀한 관계 형성이 필요하고, 성공적인 활동 수행을 위해서는 청소년의 자기능력, 노력, 지식도 일부 필요하지만, 활동 과정에서 건설적인 비판과 자유로운 소통 능력도 필요하다. 더불어 청소년들을 대상으로 하는 활동이기에 청소년활동은 청소년의 흥미 유발, 동기 부여와 함께 재미있는 활동이 되어야 한다. 참여 과정에서 청소년들이 서로 의지하고 협력할 수 있도록 분위기를 유도하는 것도 중요하다.

이상에서 살펴본 바와 같이 청소년활동은 「청소년 기본법」과 「청소년활동 진흥법」에서 법적으로 자세하고 명백하게 수련활동, 교류활동, 문화활동이라고 규정하고 있는 청소년의 권리이다. 따라서 청소년활동을 하는 것은 청소년의 기본권이며, 그에 필요한 사항(청소년정책, 청소년활동시설과 설비, 청소년수련거리, 청소년지도자 등)을 구비해 주는 것은 국가의 재량 행위가 아니라 국가의 의무이다.

참고문헌

강병연, 황수주(2014). 청소년육성제도론. 양서원.

강영배, 하중래, 조미영, 정희진, 윤여숭(2024). 청소년육성제도론. 학지사.

국가법령정보센터. https://law.go.kr

여성가족부(2023). 2022 청소년백서. 여성가족부.

조미영(2010). 청소년활동론 청소년활동의 개념정의. 양서원.

하중래(2017). 청소년(활동)정책의 이해를 통한 사업기획 강의원고. 국립중앙청소년수련원.

하중래(2025). 청소년지도사 역량강화교육 원고(청소년기관운영론). 한국청소년수련시설협회.

한국청소년개발원(2004). 청소년학 용어집. 교육과학사.

한국청소년정책연구원(2007). 청소년학개론. 교육과학사.

제6장

청소년과 진로

1. 진로의 개념과 구성 요소
2. 청소년의 진로발달적 특성
3. 청소년의 진로 의식 영향 요인
4. 청소년기의 진로와 관련된 주요 과제
5. 청소년과 진로 관련 이론

청소년학의 이해

1. 진로의 개념과 구성 요소

'진로(進路)'라는 용어는 일상생활에서도 자주 사용되며, 다양한 맥락에서 활용되는 의미심장한 개념이다. 국어사전에서는 '앞으로 나아갈 길' 또는 '앞으로 나아갈 방향이나 방도'로 정의되는데, 이는 진로가 단순히 직업 선택에 그치지 않고 개인의 삶의 방향과 목표 전반을 포괄하는 개념임을 보여 준다.

한자 '진로(進路)'는 '나아갈 진(進)'과 '길 로(路)'로 이루어져 있으며, 문자 그대로 '앞으로 나아가는 길'을 뜻한다. 이는 개인이 삶의 여정 속에서 선택하고 나아가는 방향성을 은유적으로 표현한 것으로, 진로라는 개념이 지닌 본질적 의미를 잘 드러낸다.

영어로는 'career'라는 단어가 진로를 의미하는 주요 개념으로 사용된다. 'career'는 단순히 직업(job)만을 뜻하는 것이 아니라, 개인이 생애를 통해 수행하는 직업적 역할과 그와 관련된 활동의 연속성을 포함하는 넓은 개념이다. 또한 'career path' 'career development' 'career choice' 등 다양한 표현으로 확장되어 사용되며, 이는 진로가 개인의 정체성 형성과 삶의 방향 설정에 있어 핵심적인 개념임을 보여 준다.

이처럼 진로는 사전적 의미와 한자로서 의미 그리고 영어 표현 모두에서 공통적으로 '삶의 방향' '앞으로 나아가는 과정' '선택의 길'을 함축하고 있으며, 이는 진로가 단순한 직업 선택을 넘어 개인의 전 생애적 발달 과정과 밀접하게 연관된 개념임을 시사한다.

한편, 학문적 관점에서 진로의 개념에 대해 살펴보면, 먼저 철학적으로 진로는 인간의 삶의 목적과 의미를 설정하는 실존적 행위로 이해된다. 하이데거(Heidegger)는 인간 존재를 '자신을 미래에 투사하는 존재'로 규정하며, 인간은 항상 자기 자신이 될 가능성을 선택하고 실현해야 하는 존재라고 보았다(Heidegger, 1927/1962). 이러한 관점에서 진로는 단순한 선택이 아니라 존재 방식의 결정이며, 삶의 본질에 대한 질문과 연결된다.

다음으로, 심리학에서는 진로가 자아정체감(self-identity)의 형성과 밀접하게 연관되어 있다고 본다. 에릭슨(Erikson, 1968)은 청소년기의 주요 발달과업 중 하나로 자아정체감의 확립을 제시하였고, 이는 진로 선택을 통해 실현되는 측면이 크다. 사비카스(Savickas, 2005)의 진로구성(career construction)이론은 개인이 자신의 삶에 의미를 부여하고, 내러티브(narrative, 서사)를 구성해 나가는 과정으로 진로를 설명한다. 즉, 진로는 자아를 외부 세계와 통합해 나가는 심리적 성장의 중심이다.

교육학적 관점에서 진로는 학습자 중심 교육의 핵심 영역으로 간주된다. 진로 교육은 학생이 자신의 흥미, 능력, 가치관을 이해하고, 이를 기반으로 미래를 계획할 수 있도록 돕는 교육 과정이다. 듀이(Dewey, 1916)는 교육이란 단순한 지식 전달이 아니라 개인이 사회 속에서 의미 있는 삶을 살아가기 위한 준비라고 보았으며, 이는 진로 교육의 철학적 기초가 된다. 진로는 따라서 지식과 경험을 연결하고, 학생이 자율적으로 삶을 설계할 수 있도록 지원하는 교육적 실천이다(Krumboltz, 2009). 특히 21세기 교육에서는 진로 역량(career competency) 함양이 핵심 목표로 제시되며, 이는 자기이해, 진로 탐색, 진로설계, 진로 결정 및 실행 등으로 구체화된다.

마지막으로, 사회학적으로는 진로가 사회 구조와 제도, 계층적 배경과 긴밀히 연동되어 있다는 점이 강조된다. 진로는 개인적 선택이기도 하지만, 사회적 · 경제적 자본의 분포, 성별, 계층, 지역 등의 구조적 요인에 의해 제한되거나 유도되기도 한다(Bourdieu, 1986; Willis, 1977). 예를 들어, 윌리스(Willis)는 노동계급 청소년들이 사회적 구조 속에서 '직업적 재생산'의 경로로 진입한다고 분석하며, 진로 선택이 단순한 개인의 자유로운 결정이 아님을 보여 준다. 진로는 사회적 불평등, 교육 기회의 차이, 문화적 자본의 축적과 같은 요소들과 결합되어 나타나는 사회화 과정의 일부로 이해된다.

앞에서 언급한 바와 같이, 진로는 철학, 심리학, 사회학 등 학문적 분야의 특성에 따라 다양하게 정의되고 있는데, 이는 진로의 개념이 변화했다기보다는 끊임없이 변화하는 사회 환경 속에서 '진로'라고 하는 단어가 설명할 수 있는 인간행동이 다양하게 변화했기 때문이라고 보는 것이 타당할 것이다. 지금까지 진로의 개념을 정의한 학자들의 진로 개념에 대한 정의를 분석해 보면 개념에 포함된 공통된 요소를 사람과 환경의 상호작용의 결과, 시간적 흐름, 공간적 확장성 그리고 개별성의 네 가지로 정리할 수 있다(Watanabe, 2018).

첫째, 진로는 사람과 환경의 상호작용의 결과이다. 진로는 직업(occupation) 또는 직무(job)의 개념을 배제하는 것은 아니지만, 직업 또는 직무에 대하여 개인이 어떠한 노력과 관심을 보이느냐에 초점을 맞추고 있다. 직업, 직무도 가사 또는 학업, 사회 활동도 개인의 행동이며, 개인이 삶의 구성하는 요소라고 할 수 있다. 진로의 정의에서 역할(role) 또는 구체적인 일(work) 등이 언급되는 이유는 개인과 환경과의 상호작용에 의해 진로가 결정되기 때문이다. 만약 시대에 따라 진로라고 하는 단어가 나타내는 구체적인 의미가 달라질 수 있다고 한다면, 이는 개인과 환경(시대)의 상호작용의 결과이기 때문이다.

둘째, 시간적 흐름에 따라 구성된다. 진로의 개념에는 특정 시점에 일어난 일 또는 행위, 현상만이 아니라, 반드시 시간적 흐름과 과정이 포함되어야 한다. 다시 말해, 개인이 지금이라고 하는 시점에 경험한 것을 과거와 미래라고 하는 시간축을 연결하여 경험을 이해해야 한다.

셋째, 공간적 확장성을 띠고 있다. 진로는 개인이 관여하는 개별 행위 하나하나에 초점을 맞추는 것이 아니라, 개인이 관여한 행위, 일, 역할의 상호관련성과 그러한 행위들이 일어난 공간적 관계성, 공간과 시간과의 관련성에 초점을 맞추어야 한다.

넷째, 개별성(individuality)의 특징을 가지고 있다. 개별성이야말로 진로 개념을 구성함에 있어 반드시 포함되어야 할 요소이다. 자기결정, 자기선택, 자립심, 주체성이라고 하는 개념은 개인의 개별성을 인정하는 태도에서 비롯된다. 이 개념은 서구 문화권에서는 인간관의 가장 기저에 위치한 사상으로 보지만, 한국과 같은 아시아 문화권에서는 상대적으로 그 중요성이 경시되어 온 측면이 있다.

2. 청소년의 진로발달적 특성

청소년기는 아동기에서 성인기로 이행하는 과도기로, 흔히 '혼란과 혼돈의 시기'로 불린다. 청소년기를 '혼란의 시기'로 규정한 피아제의 인지발달단계에 따르면 청소년기는 형식적 조작기에 속하는 시기로, 유기체와 환경과의 상호작용 속에서 논리적 · 추상적 · 가설적 · 조합적 사고가 가능해짐으로써 청소년들은 여러 상황에서 자신을 분석할 수 있게 되며, 직업 세계에 자신을 투사할 수 있게 된다.

또한 에릭슨의 심리사회적 발달 단계에 의하면 청소년기는 '자아정체감 대 역할혼미'의 시기로 이 시기에 청소년들은 아동기 때보다 복잡한 조건과 상황 속에서 자신을 탐색하는 과정을 통해 정체감을 형성하게 되며, 이 시기에 형성된 새로운 자아인식은 청소년들로 하여금 이후 자신의 일생에 영향을 미치는 진로 선택과 결정을 하도록 이끈다고 설명함으로써 청소년기의 진로 선택이 정체감 형성에 중요한 영향을 미친다고 보았다.

청소년들의 진로 의식은 신체적 변화를 비롯한 심리사회적 변화의 영향을 받아 연령 단계별로 상이한 특성을 보이는데, 진로발달론자인 긴즈버그(Ginzberg)에 따르면, 청소년의 진로 및 직업 선택은 발달 과정상에서 수행되는 발달 과제이며, 단기간에 이루어지는 의사결정이 아니라 개인의 가치관, 정서적 요인, 교육 기회와 성과, 성취도 등으로부터 영향을 받으며 이루어진다. 또한 개인의 흥미, 능력, 욕구, 현실 사회와의 타협을 통해 이루어지는 불가역적인 현상이다. 긴즈버그는 청소년의 진로 의식을 환상기, 잠정기 그리고 현실기로 나누어 설명하고 있다(Zunker, 1998). 먼저, 제1단계인 환상기(fantasy period)는 12세까지의 시기로 개인의 욕구와 충동이 진로 선택과 동일시되며, 본인이 원하기만 하면 무엇이라도 될 수 있다고 여기는 단계이다. 제2단계인 잠정기(tentative period)는 12~18세에 해당하는 시기로 개인의 욕구, 능력, 가치관 등이 진로 선택 과정에 감안되며, 현실적인 요인들이 적절하게 고려되지 않기 때문에 잠정적인 특징을 보인다. 이 시기는 네 가지 하위 단계, 즉 흥미가 직업 선택의 기초가 되는 흥미 단계(12~13세), 능력이 진로 계획에 고려되는 능력 단계(14~15세), 흥미와 능력을 컨트롤하면서 가치가 직업 선택 과정에 고려되는 가치 단계(16~18세), 앞의 세 가지 하위 단계에서 고려되는 모든 요인을 종합적으로 검토하여 진로 선택을 하게 되는 전환 단계(18세경)로 구분된다.

〈표 6-1〉 긴즈버그(Ginzberg)의 청소년 진로 의식 발달 단계

발달 단계	하위 단계	연령	특징
환상기	-	12세 이전	욕구와 충동이 진로 선택에 반영되는 시기이며, 자신이 희망하면 어떠한 직업도 가질 수 있다고 믿음
잠정기	흥미 단계 (interest stage)	12~13세	흥미가 진로 선택의 기초가 됨
	능력 단계 (capacity stage)	14~15세	능력을 고려해 진로를 계획하지만, 불안정성이 크기 때문에 진로 및 직업 선택에 감정적 요인이 크게 작용함
	가치 단계 (value stage)	15~17세	진로 및 직업 선택 과정에 가치적인 요소가 고려됨
	전환 단계 (transition stage)	18세경	진로 및 직업 선택에 있어서 흥미, 자신의 능력, 가치 등을 고려하지만, 현실적인 요인에 대한 고려가 충분하지 못하기 때문에 잠정적임
현실기	모색 단계 (exploration stage)	19~20대 초반	진로 및 직업 선택을 모색하는 시기로 직업에 관한 정보를 수집, 조사하여 진로 선택에 고려함
	구체화 단계 (crystallization stage)		진로 및 직업 선택이 구체화되며, 타협도 중요한 요인으로 작용함
	특정화 단계 (specification stage)		진로 및 직업 선택을 위한 의사결정이 이루어지며, 직업 세계로 이행함

출처: Zunker (1998).

그리고 마지막 단계인 현실기(realistic period)는 18~20세 전반기에 해당하는 시기로, 이 시기의 청소년은 자격 요건, 교육 경력 등과 같은 현실적 요인과 개인적 요인 간의 타협을 하며 현실적인 진로 선택을 하게 된다.

〈표 6-2〉 슈퍼(Super)의 청소년 진로 의식 발달 단계

발달 단계	하위 단계	연령	특징
성장기 (growth stage)	환상기	4~7세	• 욕구가 지배적이며 환상적인 역할 연출이 중시됨
	흥미기	7~11세	• 흥미가 진로 목표 및 내용 결정에 주요 결정 요인이 됨
	능력기	11~14세	• 진로 선택에서 능력을 중시하며 직업 훈련 자격 요건을 고려함
탐색기 (exploration stage)	잠정기	14~18세	• 욕구, 흥미, 능력, 취업 기회 등을 고려하기 시작하며 토론, 경험 등을 통해 잠정적인 진로 선택을 함
	전환기	18~21세	• 취업 혹은 취업에 필요한 교육이나 훈련을 받으며 자아개념 실천과 현실적 요인을 중시하게 됨
	시행기	22~24세	• 적합하다고 생각하는 직업을 선택하고 선택한 직업에 종사함

출처: Zunker (1998).

그러나 긴즈버그는 청소년들이 20대 초반 또는 중반까지 최종적인 진로 선택을 해야 한다는 기존의 주장을 수정하였다. 그는 진로 선택 과정이 고정된 것이 아니라 개인의 직업생활과 상호작용하며 지속적으로 이루어지는 것으로 보았고, 따라서 진로는 언제든지 선택하거나 변경할 수 있다고 주장하였다.

슈퍼(Super)는 청소년기의 진로발달이 개인의 준비성, 즉 진로 성숙도에 달려 있다고 보았다. 그는 진로 성숙도를 성장에서 쇠퇴에 이르는 생애 단계 전반에 걸쳐 연속적으로 발달하는 심리적 구성 개념으로 제안하였다. 슈퍼는 진로발달이 능력, 흥미, 진로 성숙이 함께 발달하고, 이 과정에서 자아개념이 점차 성숙함에 따라 이루어진다고 보았다. 그는 청소년기의 진로발달 단계를 성장기와 탐색기로 나누었는데, 성장기는 환상기(4~7세), 흥미기(7~11세), 능력기(11~14세)로, 탐색기는 잠정기(14~18세), 전환기(18~21세), 시행기(22~24세)로 구분하였다.

이처럼 청소년기는 진로 의사결정 과정에서 결정적인 시기이며, 진로 선택에 대한 교육적 지원과 개입이 필수적으로 요구되는 시기이다. 이러한 이유로 대부분의 진로발달 이론가는 청소년기의 진로발달에 특별한 관심을 기울여 왔다.

3. 청소년의 진로 의식 영향 요인

청소년의 진로발달에 영향을 미치는 요인은 크게 두 가지 측면에서 살펴볼 수 있다. 하나는 사회심리학적 관점에서 개인의 열망, 태도, 지향에 영향을 주는 차별적 사회화의 과정이며, 다른 하나는 사회적으로 유형화된 기준에 따라 개인이 특정 직업으로 배정되는 구조적 메커니즘의 영향이다.

우선, 사회심리학적 측면에서 사회화(socialization) 과정은 개인마다 다르게 나타나며, 이는 각자의 가치관, 인식, 진로에 대한 열망 형성에 차이를 불러온다. 특히 개인이 속한 사회구조적 위치나 사회 집단은 사회화의 내용과 방향에 체계적인 영향을 미치며, 이러한 차별적 사회화는 성장 과정뿐만 아니라 학교 교육, 나아가 직업 선택의 순간까지 지속적으로 작용한다. 예를 들어, 성별에 따른 사회화는 남성과 여성의 직업 선택에서 전통적인 분리 패턴을 유지시키는 주요 요인으로 작용한다.

교육은 명시적으로는 사회화와 전문지식의 전달이라는 기능을 수행하지만, 동시에 다양한 잠재적 기능(latent functions)을 포함한다. 그중 하나인 '숨겨진 교육 과정(hidden curriculum)'은 교육 과정 속에서 학생들이 계층 배경이나 성별에 따라 암묵적으로 경험하는 차별적 요소를 의미한다. 이처럼 교육은 개인의 진로지향성과 직업 선택에 영향을 미치는 중요한 사회화 환경이 된다.

한편, 구조적 측면에서 직업을 얻는다는 것은 단순히 개인의 선택이나 노력만으로 설명할 수 없다. 진로와 관련된 많은 결정은 개인의 통제를 벗어나 있으며, 종종 외부 환경이나 사회적 조건에 의해 좌우된다. 예컨대, 경기 변동으로 인한 청년실업 확대는 개인이 스스로 통제할 수 없는 구조적 문제로, 진로 설계에 제약을 주는 환경 요인으로 작용한다.

따라서 이 장에서는, 첫째, 사회심리학적 요인과 관련하여 가족, 학교 및 교사, 또래 집단이 청소년의 진로발달에 미치는 영향을 살펴보고, 둘째, 구조적 요인과 관련하여 대중매체, 지역사회 등이 청소년의 진로 의식 형성에 어떠한 영향을 미치는지에 대해 살펴보고자 한다.

1) 가족

청소년기와 초기 성인기의 진로발달에서 가족은 핵심적인 영향을 미치는 요인으로, 진로발달이론에서도 그 중요성이 강조되어 왔다. 로(Roe, 1957)는 부모의 양육 태도가 자녀의 욕구 형성과 진로 선택에 중요한 영향을 준다고 보았으며, 슈퍼(Super, 1957) 또한 진로발달 과정에서 가족의 역할을 중시하였다. 특히 로는 부모-자녀 간 상호작용을 통해 아동기에 형성된 욕구가 이후 진로 선택의 기초가 된다는 이론을 통해 가족의 영향을 체계화하였다.

심리학적 접근 외에도 사회학적 관점에서는 지위획득이론이 제시되며, 부모의 사회경제적 지위가 자녀의 진로 선택에 영향을 미친다고 본다. 이와 관련하여 올슨 등(Olson et al., 1983)은 가족 구성원 간의 정서적 유대를 의미하는 가족응집성 개념을 중심으로 가족체계를 과잉분리, 분리, 연결, 밀착의 네 유형으로 나누고, 응집성이 너무 낮거나 높은 경우 모두 가족 기능이 약화된다고 하였다. 가족응집성이 적절한 수준일 때 구성원의 자율성과 유대감이 균형을 이루며 진로 결정에 긍정적인 영향을 미친다.

또한 올슨 등(Olson et al., 1979/1983)은 가족의 적응성을 강조하면서, 변화와 안정 사이의 균형을 잘 이룰 수 있는 가족이 스트레스 상황에 효과적으로 대응할 수 있다고 하였다. 이들은 가족적응성 수준에 따라 가족을 경직된, 구조적인, 융통적인, 혼란된 네 가지로 유형화하고, 중간 수준의 구조적이고 융통적인 가족이 가장 건강한 기능을 수행한다고 보았다. 이러한 가족 환경은 청소년의 진로 결정 능력을 높이고, 진로 선택에 따르는 불안과 미결정 상태를 줄이는 데 중요한 역할을 한다.

가정은 최초의 사회화 기관이며, 부모는 자녀의 진로발달에 지속적인 영향을 미치는 중요한 존재이다. 부모의 양육 태도, 가족 내 의사소통 방식, 그리고 자녀에 대한 기대와 지지는 진로 선택의 질에 직접적인 영향을 미친다. 전통적으로 우리나라에서는 부모가 자녀의 교육과 진로에 대해 큰 영향을 미치고 있으며, 특히 대학이나 직업 선택과 같은 중요한 진로 결정에 있어 부모의 기대와 의견이 결정적인 요인으로 작용하고 있다.

그러나 실제 가정에서 이루어지는 진로 지도는 구체적 정보나 전문성 면에서 미흡한 경우가 많다. 학부모와 청소년을 대상으로 한 연구조사 결과에 따르면, 부모들은 일반적인 진로 정보에는 익숙하나, 구체적인 직업 세계나 진로 준비에 대해서는 자신감이 부족한 것으로 나타났다. 이는 체계적이고 합리적인 진로 지도가 가정 내에서 잘 이루어지지 않고 있음을 시사한다.

또한 성역할 고정관념 역시 가족을 통해 전승되며, 이는 자녀의 진로 선택에 제약을 가할 수 있다. 밀러(Miller, 1977)는 부모의 성차별적 사회화가 자녀의 전통적 성역할 직업 선택에 영향을 미친다고 보았으며, 해럴드와 에클스(Harold & Eccles, 1990)는 어머니의 기대와 조언, 기회 제공이 성별에 따라 다르게 이루어질 경우, 청소년의 진로 포부에 불균형한 영향을 미친다고 지적하였다.

이러한 점에서 볼 때, 가족은 청소년의 진로발달에 있어 환경적 · 심리적 · 구조적 요인을 모두 아우르는 중요한 배경이며, 성공적인 진로 선택을 위해서는 가정 내에서의 지지적인 분위기 조성과 체계적인 진로 교육의 참여가 필수적이다.

2) 학교와 교사

청소년의 진로 의식 형성에 있어 학교와 교사의 역할은 매우 중요하다. 최근의 연구와 조사 자료를 통해 학교 환경과 교사의 진로 지도 활동이 청소년의 진로 의식에 미치는 영향을 정리해 보면 다음과 같다.

첫째, 학교에서 실시하는 진로 교육과 상담은 청소년의 진로 의식과 진로 결정 자기효능감에 긍정적인 영향을 미친다. 백주경, 조성현, 천준협(2019)의 연구에 따르면, 고등학생을 대상으로 한 학교 진로 교육 상담은 진로 결정 자기효능감과 교육 만족도를 높이는 데 기여하였다. 특히 '진로와 직업' 교과목이나 창의적 체험 활동에 적극적으로 참여한 학생일수록 진로에 대한 자신감이 높은 것으로 나타났다. 이는 학교 내 진로 교육이 단순한 정보 제공을 넘어, 학생 개개인의 진로 역량을 실질적으로 향상시킬 수 있는 효과적인 방안임을 시사한다.

둘째, 교사의 사회적 지지와 학교의 체계적인 진로 지도는 청소년의 진로 결정 과정에 긍정적인 영향을 미친다. 권하은과 이기선(2019)은 교사의 사회적 지지가 진로 결정 자기효능감을 높이며, 이 과정에서 취업 스트레스가 매개 요인으로 작용한다는 연구 결과를 제시하였다. 이는 교사의 정서적 · 상담적 지지가 학생의 진로 불안 완화 및 결정 능력 향상에 기여함을 보여 준다. 또한 이화여자대학교(2020)의 연구에 따르면, 학교의 진로 지도는 학생들의 진로계획 수립과 결정에 유의미한 영향을 미치며, 특히 실업계 고등학생에게 더 큰 영향을 미치는 것으로 나타났다. 이는 학교 차원에서의 체계적인 진로 지도 시스템 구축이 청소년 진로 의식 형성에 필수적임을 강조한다.

셋째, 교사의 진로 교육에 대한 인식과 전문성은 학생들의 진로 의식 형성에 중요한 역할을 한다. 맹영임과 임경희(2008)의 연구에서는 교사들이 진로 교육의 중요성을 인식하고 있으며, 이를 통해 학생들의 진로 개발 역량을 향상하는 데 기여하고 있음을 강조하였다. 또한 교사들의 진로 교육에 대한 긍정적인 인식은 진로 교육의 효과성을 높이는 데 중요한 요소로 작용한다.

넷째, 교사와 학생 간의 관계 및 교육방식은 학생의 진로 의식에 영향을 미친다. 카데날 등(Cardenal et al., 2024)의 연구에 따르면, 참여적 교수 스타일을 가진 교사는 학생과의 긍정적인 관계를 형성하며, 이는 학생의 학업 참여도와 진로 의식에 긍정적인 영향을 미친다. 따라서 교사의 교수 방식과 학생과의 관계 형성은 진로 의식 형성에 중요한 요소로 작용한다.

다섯째, 중학생 대상 자유학기제 실시 전후의 교과 연계 진로 연구를 분석한 연구에서는 진로 성숙도, 진로 프로그램 개발, 진로 인식 등이 주요 연구 주제로 나타났다. 이는 자유학기제 도입 이후 진로 교육에 대한 인식이 높아지면서 진로 성숙도를 높이기 위한 프로그램 개발 및 적용이 필요함을 시사한다(김태령, 2016).

3) 또래 친구

청소년은 성장 과정에서 부모나 교사와 같은 성인들과의 수직적인 관계를 경험하면서, 동시에 또래 친구들과의 수평적인 관계를 통해 사회성을 발달시키고 정체감을 형성하게 된다(Coleman & Hendry, 2006). 또래 집단은 청소년에게 사회적 지지와 비교 대상의 역할을 하며, 진로에 대한 태도와 기대 형성에 영향을 미친다. 또래 친구는 종종 성별 중심의 집단을 형성하며, 이는 이후 성별 직종분리로 이어질 가능성이 있다(Golombok & Fivush, 1994). 예를 들어, 여자 청소년은 언어적 소통과 정서적 교감을 통해 관계 중심적 사고를 강화하는 반면, 남자 청소년은 경쟁과 활동 중심의 관계 속에서 수단적 사고를 강화하게 된다. 이러한 차이는 장기적으로 직업 선택 경향에도 영향을 미치는 것으로 알려져 있다.

또한 또래 집단은 독자적인 하위 문화를 형성하여 간접적으로 진로 선택에 영향을 준다(Clark, 1962). 심프슨(Simpson, 1962)의 연구에 따르면, 낮은 사회경제적 지위를 가진 청소년이라도 높은 지위의 친구가 있을 경우 더 높은 지위의 직업을 희망하는 경향이 나타난다. 그러나 실제로는 또래 친구가 유사한 배경과 수준에서 형성되는 경우가 많으며, 이로 인해 청소년들의 가치관과 진로 태도는 동질화되는 경향이 있다.

이러한 또래 집단의 영향은 다양성과 개방성을 키워 주는 긍정적인 측면과 반대로 진로 선택의 폐쇄성, 고정된 가치관 강화와 같은 부정적 측면도 동시에 가지고 있다는 점에서 이중적인 영향을 미친다고 할 수 있다.

4) 대중매체

인터넷, 유튜브, SNS 등 대중매체는 청소년의 진로 의식 형성에 다양한 방식으로 영향을 미치고 있다. 이러한 매체들은 정보 탐색의 주요 수단이자 진로 탐색의 동기 부여, 자기효능감 강화, 사회적 비교의 장으로 작용하며, 동시에 과의존과 정보 왜곡의 위험도 내포하고 있다.

첫째, 인터넷과 유튜브는 청소년들의 진로 탐색 과정에서 핵심적인 정보 매체로 기능하고 있다. 최근 연구에 따르면, 청소년들은 유튜브와 같은 플랫폼을 통해 직업 관련 콘텐츠를 접하고, 직업인의 일상이나 직무 내용을 간접 경험함으로써 진로에 대한 호기심과 자기효능감을 증진시키고 있다(이정미 외, 2021). 특히 저연령 청소년일수록 유튜브를 통해 실생활과 관련된 정보나 진로 선택에 필요한 실용적인 정보를 탐색하는 경향이 뚜렷하게 나타난다(이정미 외, 2021).

둘째, SNS는 청소년들 간의 진로 관련 정보 공유와 사회적 비교의 장으로 작용하고 있다. SNS에서는 또래 친구들의 진로 계획, 대학 입시 준비 과정, 진로 성취 경험 등이 공유되며, 이는 진로 의식 형성에 간접적인 영향을 미친다. 이러한 정보 공유는 진로 동기 유발에 긍정적으로 작용할 수 있지만, 반면 과도한 비교와 불안도 유발할 수 있다는 점에서 양면적이다(김성일, 김영미, 김은정, 2014).

셋째, 대중매체에 대한 과의존은 청소년의 진로 결정과 의사결정 능력에 부정적인 영향을 미칠 수 있다. 김병년과 김상용(2020)의 연구에 따르면, 학교 밖 청소년 중 스마트폰 과의존이 높은 경우에 진로에 대한 혼란, 우울감, 동기 결여 등이 두드러지며, 이는 진로 의식 저하로 이어질 수 있다. 특히 즉각적인 자극에 노출되기 쉬운 환경은 심층적인 자기 성찰과 가치 탐색을 어렵게 만든다(김병년, 김상용, 2020).

넷째, 청소년들이 대중매체를 올바르게 활용하도록 돕기 위해서는 미디어 리터러시 교육이 필요하다. 디지털 환경 속에서 정보의 진위를 판단하고, 비판적으로 수용하며, 자신에게 적합한 진로 정보를 선택하는 능력은 청소년의 진로발달에 핵심적인 역량이다. 따라서 학교 차원에서 미디어 활용 교육과 진로 정보 탐색 방법을 통합적으로 교육하는 프로그램이 필요하다는 주장이 제기되고 있다(김성일 외, 2014).

5) 지역사회

지역사회는 청소년의 진로 의식 형성과 발달에 중요한 영향을 미치는 환경적 요인으로 작용한다. 최근 연구들은 청소년의 지역사회에 대한 인식과 참여가 진로 개발 역량과 진로정체감에 긍정적인 영향을 미친다는 것을 보여 주고 있다. 연구 결과를 바탕으로 지역사회가 청소년의 진로 의식에 미치는 영향을 정리하면 다음과 같다.

첫째, 지역사회에 대한 청소년의 긍정적인 인식은 진로 개발 역량을 향상시키는 데 기여한다. 서영옥과 신원식(2021)의 연구에 따르면, 창원시 중학생 660명을 대상으로 한 조사에서 지역사회에 대한 인식이 높을수록 진로 개발 역량 수준도 높게 나타났으며, 이 관계는 공동체 의식이 매개 역할을 하는 것으로 분석되었다. 이는 청소년이 지역사회의 일원으로서 소속감을 느끼고 공동체적 가치를 인식할 때, 진로 역량을 더욱 효과적으로 개발할 수 있음을 시사한다(서영옥, 신원식, 2021).

둘째, 지역사회와 연계한 체험 활동은 청소년의 진로정체감 형성에 긍정적인 영향을 미친다. 김영애(2020)는 「한국아동 · 청소년패널조사」 자료를 활용하여 지역사회에 대한 인식과 다양한 체험 활동이 청소년의 진로정체감에 정적인 영향을 미친다는 결과를 제시했다. 특히 체험 활동을 통해 다양한 직업군을 접하고, 지역 내 자원을 활용함으로써 청소년들은 자신의 진로에 대한 목표와 가치관을 구체화할 수 있었던 것으로 나타났다(김영애, 2020).

셋째, 지역사회의 자원을 활용한 진로 탐색 프로그램은 청소년의 진로 의식을 직접적으로 향상시킬 수 있는 수단이다. 아름다운재단(2021)이 시행한 '내일상상프로젝트'의 성과보고서에 따르면, 지역주민인터뷰, 지역 공간 활용, 공동 문제해결 활동 등을 경험한 청소년들은 자아이해력, 협업 능력, 진로주도성, 직업 의식, 지역 인식 등의 측면에서 진로 의식이 실질적으로 향상되었다고 보고하였다. 이는 청소년들이 지역사회와 상호작용하면서 스스로 진로를 탐색하고 설계할 수 있는 능력을 기르게 된다는 점에서 지역기반 진로 교육의 효과를 입증한다(아름다운재단, 2021).

4. 청소년기의 진로와 관련된 주요 과제

청소년기는 인간발달단계 중 자아정체성과 미래 삶의 방향을 구체화하는 중요한 시기로, 이 시기 진로와 관련된 문제는 청소년 개인의 삶 전반에 장기적인 영향을 미친다. 진로는 단순히 직업을 선택하는 것을 넘어, 자신이 어떤 사람으로 살아갈 것인가에 대한 정체성과 가치의 문제이기도 하다. 최근 연구들은 진로 선택과 준비 과정에서 청소년들이 겪는 다양한 과제를 보여 주고 있으며, 이에 대한 교육적 · 사회적 대응이 요구되고 있다.

첫째, 청소년기 진로 형성 과정에서는 '진로 준비도'와 '진로 성숙도' 간의 불균형이 중요한 과제로 지적된다. 한국청소년정책연구원(2023)의 아동 · 청소년패널조사에 따르면, 청소년들은 자신의 흥미나 적성에 대한 탐색 경험은 제한적이면서도, 진로에 대한 기대 수준은 높은 경향을 보였다. 특히 진로 준비도가 낮은 청소년일수록 진로에 대한 불확실성과 불안이 높고, 이는 학업 동기와 삶의 만족도에도 부정적인 영향을 미치는 것으로 나타났다. 따라서 청소년기의 진로 준비도 향상은 진로 결정의 현실성과 실행 가능성을 높이는 데 핵심 요소로 간주된다(김윤희, 2023).

둘째, 현재의 진로 교육은 형식적인 수준에 머무르고 있으며, 청소년의 개인차와 상황을 고려하지 못하는 점이 문제로 지적된다. 서울특별시교육청교육연구원(2024)의 종단연구에 따르면, 진로 교육은 진로 성숙도 향상에 일정한 기여를 하고 있으나 학생 주도의 탐색이 아닌 교사 중심의 정보 제공에 머무르는 경우가 많았다. 진로에 대한 학생들의 자기결정권을 강화하고, 진로 설계 역량을 키울 수 있는 교육 환경 조성이 필요한 시점이다.

셋째, 학교 밖 청소년을 위한 진로 지원의 체계화도 중요한 과제 중 하나이다. 경기도의 실태조사(경기도, 2023)에 따르면, 학교 밖 청소년은 학업형, 취업형, 무업형 등 다양한 유형으로 구분되며 이들의 진로욕구 또한 각기 다르다. 그러나 현재 제공되는 진로지원 서비스는 일반청소년 중심으로 설계되어 있어, 학교 밖 청소년들이 체계적이고 지속적인 진로 설계를 경험하기 어렵다는 점에서 개선이 요구된다. 진로 지도 과정에서 이들을 위한 상담, 직장 체험, 진로 체험 프로그램이 더욱 강화되어야 한다.

넷째, 진로 의사결정 과정에서의 심리사회적 지원의 중요성도 대두되고 있다. 최근 연구에 따르면, 청소년의 사회적 지지 수준이 높을수록 진로 결정 자기효능감과 적응유연성이 향상되며, 이는 결과적으로 현실적이고 합리적인 진로 선택에 긍정적인 영향을 미친다(박선하, 강영배, 2022). 부모, 교사, 또래 등 주변 사람들의 지지는 청소년에게 정보 제공뿐 아니라 심리적 안정감을 제공하는 요인이 된다. 따라서 진로 상담 과정에서 사회적 지지 자원을 활성화하고, 청소년의 감정과 경험을 존중하는 접근이 필요하다.

다섯째, 다문화 청소년을 위한 맞춤형 진로 지원 방안의 확립도 시급한 과제로 떠오르고 있다. 다문화 청소년은 언어, 문화, 경제적 환경 등 복합적인 어려움 속에서 진로 결정과 준비를 진행하고 있으며, 이들에 대한 체계적 지원이 부족한 실정이다. 한국청소년정책연구원(2024) 주관의 다문화 청소년 포럼에서는 이들의 진로정체감 형성을 위한 심리정서적 지원, 정보 제공체계, 진학 및 취업 연계 방안이 필요하다는 의견이 다수 제시되었다. 또한 다문화적 배경을 고려한 상담체계와 커리어 프로그램 개발도 요구된다.

이처럼 청소년기의 진로와 관련된 과제는 개인 심리와 교육제도, 사회적 여건 등 다양한 층위에서 발생하고 있으며, 이에 대한 다차원적 대응이 필요하다. 진로는 청소년기의 발달 과제이자 권리이므로, 공교육과 지역사회, 정책의 연계 속에서 종합적이고 지속적인 진로 지원체계를 구축해야 할 것이다.

5. 청소년과 진로 관련 이론

1) 특성요인이론

이 이론의 도입 배경에 대해 살펴보면, 20세기 초 미국은 산업화와 도시화의 급속한 진행으로 노동시장의 구조가 복잡해지고, 다양한 직업 선택의 필요성이 대두되었다. 이에 따라 직업 선택이 개인의 삶에 중대한 영향을 미친다는 인식이 확산되었고, 체계적이고 과학적인 진로 지도 방법의 필요성이 커졌다(Sharf, 2016). 이러한 사회적 요구 속에서 프랭크 파슨스(Frank Parsons)는 1909년 『직업의 선택(Choosing a Vocation)』을 출간하면서 특성요인이론(trait and factor theory)을 제시하였다. 그는 개인의 특성(trait)과 직업 세계의 요인(factor) 간의 합리적 일치를 통해 성공적인 진로 선택이 가능하다고 보았다.

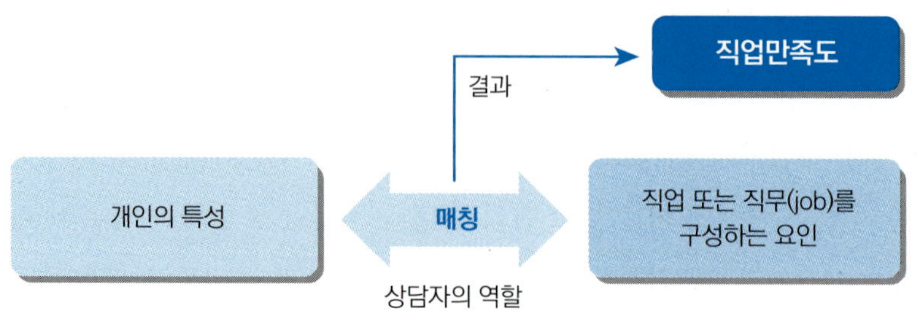

[그림 6-1] 특성요인이론 진로 상담 모델

파슨스의 특성요인이론은 진로 선택 과정을 과학적이고 논리적인 절차로 보고, '개인의 특성과 직업의 요인을 정확히 이해하고 양자를 잘 매치시키는 것'을 성공적인 진로 결정의 핵심으로 정의하였다(Parsons, 1909). 이 이론은 인간의 능력, 흥미, 성격 등 개인적 특성과 직업 세계의 요구 조건 간의 일치를 강조하며, 올바른 진로 선택은 이성적 판단과 충분한 정보 수집을 통해 가능하다고 전제한다.

파슨스는 효과적인 진로 선택을 위해 다음의 세 가지 요소가 충족되어야 한다고 보았다.

첫째, 개인에 대한 이해가 필요하다. 개인의 능력, 흥미, 가치관, 성격 등의 특성을 객관적으로 이해해야 한다. 파슨스는 심리검사와 체계적 면담을 통해 개인의 특성을 파악할 것을 제안하였다(Sharf, 2016).

둘째, 직업에 대한 이해가 필요하다. 다양한 직업이 요구하는 기술, 조건, 보상, 전망 등을 정확히 파악해야 한다. 그는 직업 세계에 대한 체계적 정보 제공을 진로 지도의 핵심 요소로 보았다.

셋째, 이성적 추론을 통한 매칭이 필요하다. 개인의 특성과 직업 요인 간의 최적의 조화를 이루기 위해 합리적 판단 과정을 거쳐야 한다. 파슨스는 '과학적 직업 선택(scientific vocational choice)'을 위해 이성적 사고를 강조하였다(Parsons, 1909).

이러한 세 요소는 단순한 개인의 직업 적응을 넘어, 사회 전체의 효율성과 개인의 만족을 동시에 증진시킬 수 있는 방법으로 제시되었다.

특성요인이론은 이후 진로 상담의 기초적 모델로 자리 잡았으며, 평가와 매칭 중심 접근을 가능하게 했다. 진로 상담에서는 개인의 흥미검사, 적성검사, 성격검사 등의 심리검사를 활용하여 내담자의 특성을 파악하고, 그에 맞는 직업을 추천하는 방식이 주로 사용된다(Osborn & Zunker, 2016). 또한 상담자는 직업 세계에 대한 풍부한 정보를 제공하여 내담자가 합리적인 결정을 할 수 있도록 지원한다. 파슨스의 접근은 상담자의 지시적(directive) 역할을 강조하는데, 이는 상담자가 내담자에게 필요한 정보를 체계적으로 제공하고 진로 선택을 안내하는 형태로 나타난다.

오늘날 특성요인이론은 '인간-환경 일치 모델(person-environment fit model)'로 발전하며, 홀랜드(Holland, 1997)의 성격유형이론 등 다양한 진로이론의 토대가 되었다. 비록 현대에는 진로를 보다 역동적이고 상호작용적인 과정으로 보는 관점이 강화되었지만, 특성요인이론은 여전히 진로 상담 장면에서 중요한 평가 및 진단의 기초로 활용되고 있다.

2) 진로발달이론

슈퍼(Super)는 기존의 심리학적 · 사회학적 연구를 종합하여 진로발달에 대한 이론을 정립한 대표적인 학자로, 직업적 발달의 핵심 개념으로서 '자기개념(self-concept)'을 중심에 두고 있다. 그는 진로발달을 개인이 자신의 자기개념을 실현하는 통합과 타협의 과정으로 보았으며, 이를 이론적으로 설명하기 위해 여러 명제를 체계화하였다. 슈퍼는 처음에 10개의 명제를 제시하였고, 이후 이를 발전시켜 1957년에는 12개의 명제로, 1990년대에는 최종적으로 14개의 명제로 확장하였다(강영배, 2019). 진로발달이론의 핵심은 다음과 같다.

첫째, 자기개념의 형성과 실현이다. 슈퍼는 진로발달을 곧 자기개념의 발달 과정으로 보았으며, 이 자기개념이 현실 속 직업과의 통합을 통해 실현되는 과정에서 진로가 결정된다고 보았다. 다시 말해, 개인은 자신만의 능력, 인격, 욕구, 가치관, 흥미, 자기개념 등을 지니고 있으며, 이에 부합하는 다양한 직업이 존재한다고 전제하였다.

둘째, 그는 인간의 삶을 일련의 발달 단계로 구분하고 진로발달 또한 이러한 생애발달과 밀접히 연관된다고 주장하였다. 슈퍼는 이를 '대주기(maxi-cycle)'라 칭하며 다섯 가지 단계로 나누었다. 이 단계는 성장 단계(출생~14세), 탐색 단계(15~24세), 확립 단계(25~44세), 유지 단계(45~64세), 쇠퇴(하강) 단계(65세 이후)로 구성되어 있다. 각 단계는 개인의 심리사회적 성장과 함께 진로 의식이 심화되고 변화되는 시기로, 특정 과업을 수행하며 진로 성숙이 이루어지는 과정을 보여 준다.

셋째, 각 단계 간의 이행은 고정된 것이 아니라 개인의 경험이나 외부 환경에 따라 다시 돌아가거나 재순환할 수 있음을 강조하였다. 이를 소주기(mini-cycle)라 하며, 예컨대 갑작스러운 실직이나 진로 변경 등의 상황에서는 이전 단계로 되돌아가 탐색하고 재

확립하는 과정이 필요할 수 있다고 보았다.

넷째, 슈퍼는 진로 성숙(career maturity)이라는 개념을 제시하여, 개인이 진로 결정을 내리고 실행하는 데 필요한 심리적 준비도와 발달 수준을 설명하였다. 그는 진로 성숙을 심리학적 관점에서는 개인이 발달 과제를 성취하기 위한 인지적·정서적 자원의 획득 정도로, 사회학적 관점에서는 시대적 기대와 발달 과제의 비교를 통해 정의하였다.

결론적으로, 슈퍼의 진로발달이론은 인간의 삶 전반에 걸쳐 이루어지는 진로발달을 자기개념과 그 실현의 과정으로 이해하며, 발달단계이론을 통해 개인의 진로 경로를 설명하려는 대표적 이론으로 자리 잡았다. 특히 자기개념을 진로 결정의 중심축으로 놓음으로써, 진로 상담에서 개인의 자아 이해와 반영을 중시하게 하는 중요한 이론적 토대를 제공하였다.

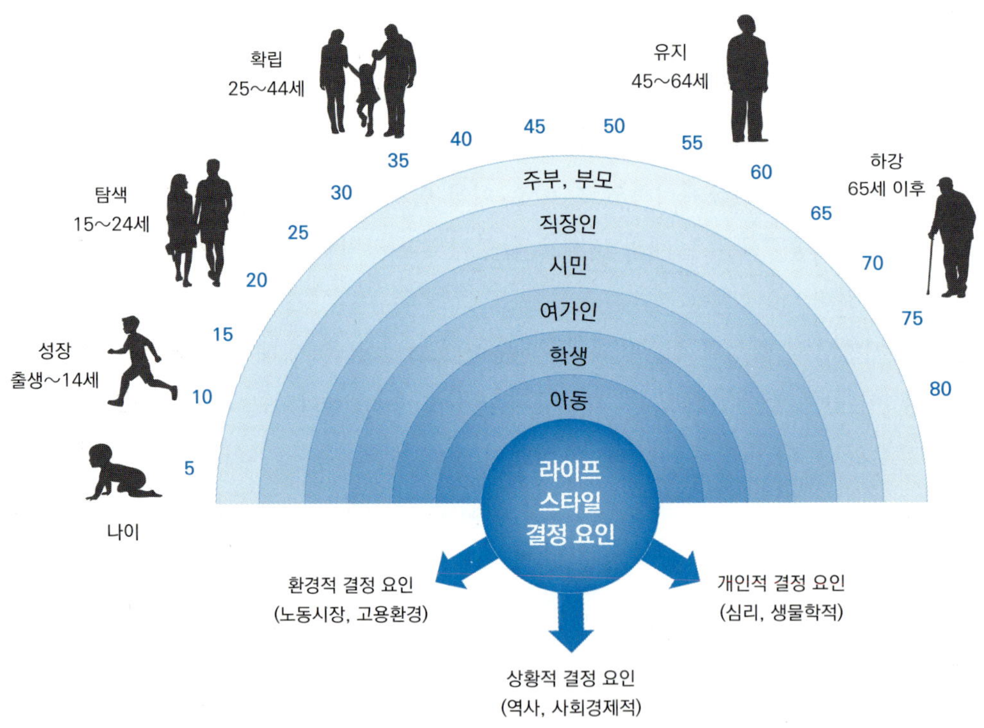

[그림 6-2] 진로무지개(career rainbow)

(1) 성장 단계(출생~14세)

성장 단계는 아동기와 초기 청소년기에 해당하며, 진로발달의 기초가 형성되는 시기이다. 이 시기에는 자신의 능력, 흥미, 욕구 등에 대한 초기 개념이 발달하며, 부모나 교사, 또래의 영향을 크게 받는다. 환상기(fantasy stage), 흥미기(interest stage), 능력기(capacity stage)로 세분화되며, 각각의 하위 단계에서 아이들은 직업에 대한 공상에서 시작해 점차 현실적인 직업 세계에 대한 이해를 갖게 된다. 이 시기에는 직업에 대한 감정적 반응, 사회적 역할에 대한 이해, 성역할 정체감 등이 형성된다.

(2) 탐색 단계(15~24세)

탐색 단계는 청소년기부터 초기 성인기까지로, 자신의 적성과 흥미를 바탕으로 실제 진로를 탐색하는 시기이다. 이 시기는 잠정기(tentative stage)와 전환기(transition stage), 시행착오기(trial stage)로 나뉘며, 개인은 진로와 관련된 정보 수집, 교육의 선택, 직업 체험 등을 통해 직업에 대한 보다 현실적인 판단을 내리게 된다. 자신의 선택에 대한 자율성과 책임감이 증가하며, 미래에 대한 진지한 고민과 계획이 수립된다.

(3) 확립 단계(25~44세)

확립 단계는 본격적으로 직업 세계에 진입하여 자신의 역할과 지위를 확립해 나가는 시기이다. 이 단계는 시행착오기(trial stage)와 안정기(stabilization stage)로 나눌 수 있으며, 초기에는 다양한 시도를 통해 직무를 확정하고, 이후에는 그 직무에서의 성취와 능력 발휘를 통해 안정된 직업정체성을 확립한다. 승진, 경력 개발, 직무 숙련 등이 이 시기의 주요 과업이며, 일과 생활의 균형을 조율하는 과정도 포함된다.

(4) 유지 단계(45~64세)

유지 단계는 이미 확립된 직업적 위치를 지속적으로 유지하고 향상시키는 시기이다. 이 시기의 주요 목표는 직무의 안정성 유지, 지위 보존, 후배 지도와 같은 사회적 역할 수행 등이며, 점차 경력의 정점에서 후퇴에 대비하는 심리적 준비도 이루어진다. 변화보다는 지속성과 효율성을 중시하게 되며, 직업적 권위와 명망을 통한 자기만족을 추구한다(강영배, 2019).

(5) 쇠퇴 단계(65세 이후)

쇠퇴 단계는 은퇴를 앞두거나 이미 은퇴한 시기로, 직업적 활동의 축소 또는 중단이 이루어지는 시기이다. 은퇴준비기(deceleration)와 은퇴 후 재적응기(retirement adjustment)로 나눌 수 있으며, 자신의 삶의 의미를 직업이 아닌 가족, 여가, 사회참여 등에서 찾으려는 노력이 나타난다. 은퇴에 따른 역할 상실, 정체감 재구성, 경제적 준비 등이 중요한 문제가 된다.

3) 진로흥미이론

홀랜드의 진로흥미이론은 20세기 중반 미국의 산업화 및 직업 다양화가 심화되던 시기에 등장했다. 기존의 진로 상담 도구들이 사용하기 어렵고 실용성이 떨어진다는 문제 의식에서 출발하여, 보다 쉽게 개인의 흥미를 파악할 수 있는 검사 도구의 필요성이 대두되었다. 홀랜드는 상담사로서의 경험을 바탕으로 '직업선호도검사(Vocational Preference Inventory: VPI)'와 '자기탐색검사(Self Directed Search: SDS)'를 개발하였으며, 개인의 인격 특성에 기초한 직업 흥미를 육각형 모형을 통해 체계화하였다.

홀랜드는 사람과 환경을 모두 6개의 유형으로 분류하여, 이들 간의 상호작용을 통해 진로 선택과 직업적 만족을 설명하고자 했다. 그는 개인이 특정 성격 유형을 가지며, 이 성격은 특정 직업 환경과 일치할 때 직업적 만족과 성공이 극대화된다고 보았다. 홀랜드가 제시한 여섯 가지 성격 유형은 다음과 같다.

- **현실적**(Realistic): 기계, 도구, 신체적 활동 선호
- **연구적**(Investigative): 분석, 과학적 탐구 선호
- **예술적**(Artistic): 창의성, 자유로운 표현 선호
- **사회적**(Social): 타인과의 상호작용, 도움 활동 선호
- **기업적**(Enterprising): 설득, 리더십, 경제적 활동 선호
- **관습적**(Conventional): 조직적 자료 관리, 체계적 업무 선호

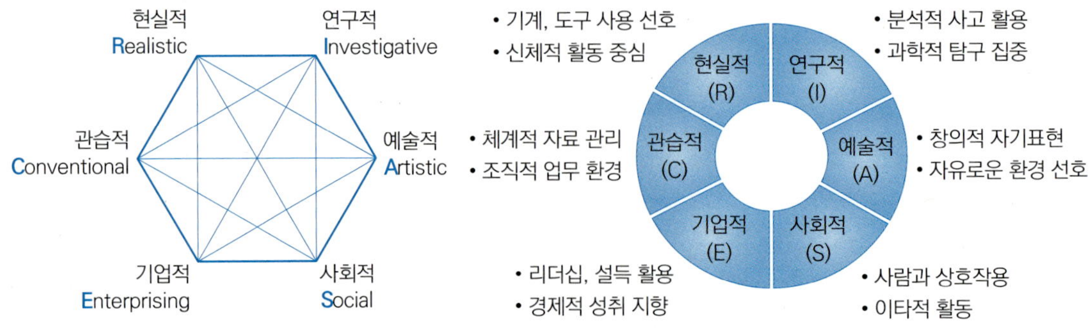

[그림 6-3] 홀랜드의 육각형 모형

각 유형은 육각형 모형에 따라 서로 심리적 유사성의 정도를 가지며, 이 유사성은 인접한 유형일수록 높고, 대각선상의 유형일수록 낮다.

홀랜드의 이론은 진로 상담 장면에서 매우 유용하게 활용된다. 상담자는 내담자의 홍미 유형을 평가하여 개인의 성격 코드(RIASEC)와 직업 환경 코드를 비교하고, 두 코드 간 일치도가 높을수록 직업 만족, 직업 안정성, 직무 성과가 높아진다는 점을 설명할 수 있다. 또한 홀랜드는 개인이 자신의 세 가지 주요 성격 유형을 조합하여 진로를 탐색할 수 있도록 3-코드 시스템을 제안했으며, 이는 진로 상담 실천에서 구체적인 직업 추천 및 경력 설계에 중요한 기준이 된다. 홀랜드는 특히 직업분류사전(Dictionary of Occupational Titles: DOT)[1)]을 개발하여 각 직업에 적합한 성격 코드를 제시했는데, 예를 들어 은행원은 관습적(C)-사회적(S)-기업적(E) 유형과 관련된다고 설명하였다.

홀랜드는 성격 유형이 아동기의 경험과 부모, 환경, 사회적 경험을 통해 발달한다고 보았다. 초기 활동과 경험이 특정 홍미와 능력 발달에 영향을 주며, 다양한 경험을 통한 홍미 확장과 자기개념 형성이 중요하다고 강조했다. 따라서 진로 상담에서는 청소년들이 홍미의 폭을 넓히고 다양한 경험을 통해 자기개념을 풍부히 형성할 수 있도록 지원해야 한다. 이는 청소년들의 미래 진로 선택의 폭을 넓히는 데 필수적인 과제이다.

홀랜드 이론은 전 세계적으로 널리 활용되고 있으나, 모든 집단에 일괄적으로 적용하기에는 한계가 있다는 평가도 있다. 특히 미국 이외 국가나 소수인종 집단에는 적용도가 낮을 수 있으며, 개인의 안정성과 진로 변화에 대한 실증적 연구가 부족하다는 지적도 존재한다. 그럼에도 불구하고 진로 상담과 직업 홍미 연구에 미친 영향은 지대하다.

4) 구성주의 진로이론

20세기 후반 이후 사회는 산업화 시대를 넘어 정보화, 글로벌화 사회로 급속히 변화하였다. 이에 따라 진로의 안정성은 약화되고, 개인은 생애 전반에 걸쳐 여러 차례 직업을 변경하거나 다양한 경로를 통해 경력을 구성해야 하는 상황에 직면하게 되었다. 기존의 '진로는 개인 특성과 직업 세계의 일치'라는 고전적 관점(예: 파슨스, 홀랜드 등)만으

1) 직업분류사전(Dictionary of Occupational Titles: DOT)은 미국 노동부에서 발행한 직업 명칭 및 정보를 담은 사전이다. 1938년부터 1990년대 후반까지 사용되었으며, 13,000개 이상의 직업을 정의하는 데 사용되었다. DOT은 직업의 특성, 수행하는 직무, 필요한 기술 등을 상세하게 설명하고 있다.

로는 현대인의 복잡한 경력 발달을 설명하기에 한계가 있었다(Savickas, 2005). 이처럼 변화된 사회문화적 맥락 속에서 사빅카스(Savickas)는 진로를 고정된 것이 아닌 개인이 삶의 의미를 부여하고 이야기를 통해 경력을 '구성'해 나가는 과정으로 새롭게 조명하고자 구성주의 진로이론(Career Construction Theory: CCT)을 제안하였다.

사빅카스의 구성주의 진로이론은 진로발달을 개인이 삶의 경험과 세계에 의미를 부여하고 자신의 정체성을 이야기 형태로 구성해 나가는 과정으로 정의한다(Savickas, 2013). 즉, 진로란 외부 환경이나 직업 자체에 의해 결정되는 것이 아니라, 개인이 내적으로 자신의 삶을 해석하고 그 해석을 바탕으로 경력 경로를 '구축'해 나가는 서사적(narrative) 행위로 이해된다.

사빅카스의 이론은 크게 세 가지 핵심 개념에 기초하고 있다.

(1) 진로적응성

진로적응성(career adaptability)은 변화하는 직업 세계에 유연하게 대처할 수 있는 개인의 심리적 자원을 의미한다. 사빅카스는 진로적응성을 관심(concern), 통제(control), 호기심(curiosity), 자신감(confidence)의 네 가지 차원으로 설명한다(Savickas, 1997). 이 네 가지 요소는 개인이 자신의 미래를 준비하고 주도적으로 경력을 설계하며, 다양한 가능성에 대해 탐색적 태도를 유지하고, 도전 과제를 극복하는 데 필요한 심리적 기반이다.

(2) 진로정체성

진로정체성(career identity)은 개인이 자신이 어떤 사람이며, 어떤 가치를 지향하는지를 진로를 통해 구체화하는 과정을 의미한다. 개인은 자신의 삶을 하나의 이야기로 엮어 가면서 '나는 누구인가'에 대한 내적 일관성을 형성하고, 이를 통해 경력을 설명하고 지속시킨다(Savickas, 2005).

(3) 진로이야기

구성주의 진로이론에서 상담은 개인의 '진로이야기(career narrative)'를 중심으로 이루어진다. 사빅카스는 개인의 경험, 관심, 가치, 목표를 반영하는 이야기 수집을 통해 내담자가 자신의 삶의 맥락을 이해하고, 미래 경로를 의미 있게 설계할 수 있도록 돕는다(Savickas, 2011).

사빅카스의 구성주의 접근에서는 상담자가 단순히 내담자에게 '적합한' 직업을 제시하는 것이 아니라, 내담자가 자신의 삶과 진로에 대해 스스로 의미를 발견하고 이야기를 구성하도록 돕는다(Savickas, 2011). 이를 위해 사빅카스는 진로구성인터뷰(Career Construction Interview: CCI) 기법을 고안했으며, 다음과 같은 질문을 통해 내담자의 핵심 경험을 탐색한다. 어린 시절 좋아했던 이야기, 존경하는 인물, 좋아했던 활동, 주변 사람들이 묘사하는 자신에 대한 표현 등이 그것이다. CCI를 통해 수집된 진로 이야기를 분석함으로써, 상담자는 내담자가 중요하게 생각하는 가치, 주제, 목표를 파악하고, 내담자가 자신의 경력 경로를 주체적으로 설계하도록 지원한다(Savickas, 2011). 이 과정은 내담자의 자기 이해를 심화시키고, 불확실하고 변화가 많은 현대 직업 세계에 효과적으로 적응할 수 있는 심리적 자원을 강화하는 데 중점을 둔다.

사빅카스의 구성주의 진로이론은 현대 진로 상담에서 개인의 자율성과 주체성을 강조하며, 내담자가 자신의 삶과 경력을 능동적으로 설계하고 재구성하는 것을 목표로 한다. 이는 개인의 독특한 삶의 맥락을 존중하고, 진로를 일생에 걸친 발달적 · 이야기적 과정으로 이해하게 하는 데 기여하고 있다(Savickas, 2013).

5) 계획된 우연성 이론

20세기 말에 이르러, 산업 사회의 경직된 고용 구조가 붕괴되고 유연한 고용 환경이 조성되면서, 사람들의 진로는 더 이상 예측 가능한 선형적 경로를 따르지 않게 되었다. 사람들은 전통적인 진로모델에서 강조하던 '계획된 목표'보다 예기치 않은 기회와 사건들에 의해 경력 경로가 형성되는 경우를 더 자주 경험하게 되었다(Krumboltz, 2009).

크롬볼츠(Krumboltz)는 이 같은 현장을 수없이 목격하면서, 기존 진로이론이 현대 사회의 현실을 설명하지 못한다는 한계를 느끼게 되었다. 그가 계획된 우연성 이론을 고안하게 된 대표적인 계기 중 하나는 우연한 계기로 진로가 바뀐 사람들의 사례를 상담 현장에서 반복적으로 접하게 된 경험이었다. 예컨대, 한 내담자는 외국 여행 중 만난 현지인의 권유로 그 지역에서 직장을 얻게 되었고, 이후 그 나라에서 경력을 이어 나가게 되었다. 또 다른 내담자는 친구의 권유로 자원봉사를 시작했다가 그 경험이 계기가 되어 전혀 다른 분야의 전문가로 전향하게 되었다(Krumboltz, Foley, & Cotter, 2013). 이러한 사례들에서 크롬볼츠는 '진로는 사전에 계획한 대로만 형성되는 것이 아니라, 우연을 받아들이고 그것을 의미 있는 기회로 전환하는 능력이 매우 중요하다.'라는 통찰을 얻게 되었고, 기존의 행동주의 이론 기반에서 발전된 계획된 우연성 이론(planned happenstance theory)을 정립하게 되었다.

'계획된 우연성'이라는 개념은 언뜻 모순적으로 보일 수 있지만, 크롬볼츠는 이 용어를 통해 예기치 않은 사건을 수동적으로 기다리는 것이 아니라, 그런 우연을 미리 '기대하고 준비하는 자세'를 강조하고자 했다(Krumboltz, 2009). 계획된 우연성 이론의 핵심 전제는 다음과 같다.

"우연한 사건은 피할 수 없는 것이며, 오히려 진로 경로에 긍정적인 영향을 미칠 수 있다. 따라서 개인은 그런 사건이 발생했을 때 그것을 인식하고, 기회로 전환할 수 있는 심리적 · 행동적 역량을 갖추는 것이 중요하다(Krumboltz, 2009)." 즉, 진로 설계에서 우연은 예외적 사건이 아니라 핵심적 변수로 간주된다. 중요한 것은 '무슨 일이 일어났는가'보다 '그 사건을 어떻게 해석하고 대응하는가'에 달려 있다는 것이 크롬볼츠의 핵심 주장이다.

크롬볼츠는 개인이 계획된 우연성을 효과적으로 활용하기 위해 다음 다섯 가지 태도와 역량을 개발해야 한다고 강조하였다(Krumboltz, 2009).

- **호기심**(curiosity): 새로운 정보, 경험, 사람을 탐색하려는 태도
- **지속성**(persistence): 실패나 실망에도 불구하고 행동을 계속하는 능력
- **융통성**(flexibility): 예상 밖의 상황에서 계획을 수정하거나 방향을 전환할 수 있는 유연성
- **낙관성**(optimism): 예기치 않은 상황에서도 긍정적인 결과를 기대할 수 있는 태도
- **모험심**(risk-taking): 확실하지 않더라도 새로운 기회를 시도해 보려는 용기

이 다섯 요소는 개인이 우연한 상황을 '기회'로 전환할 수 있도록 도와주는 심리적 자원으로 기능한다.

계획된 우연성 이론의 주요 원리는 다음과 같다.

첫째, 예측 불가능성과 불확실성을 수용한다. 현대 사회에서 완벽한 진로 계획은 환상이다. 대신 변화 가능성에 열려 있어야 한다.

둘째, 우연을 준비된 마음으로 맞이한다. 진로 기회는 때때로 예상하지 못한 방식으로 찾아오며, 이를 활용할 수 있는 '준비된 우연'이 중요하다.

셋째, 기회를 만든다. 호기심과 행동을 통해 새로운 기회를 만들어 낼 수 있다.

넷째, 진로는 끊임없이 만들어지는 이야기이다. 진로는 한 번에 결정되는 것이 아니라, 삶 전체에서 지속적으로 형성되는 과정이다(Krumboltz et al., 2013).

계획된 우연성 이론은 진로 상담과 진로 교육 현장에서 다음과 같은 방식으로 적용된다.

첫째, 내담자의 사고를 전환시킨다. 불확실성에 대한 두려움 대신, 예기치 않은 변화에 열린 태도를 갖도록 돕는다.

둘째, 우연한 기회를 찾아 나서도록 독려한다. 다양한 활동, 경험, 사람들과의 관계 속에서 진로 기회를 능동적으로 만들어 내도록 지도한다.

셋째, 실패를 재정의한다. 실패는 '기회에 이르는 과정'으로 재구성되며, 좌절을 성장의 기회로 연결하는 심리적 회복력을 강화한다.

넷째, 구체적인 행동 계획을 세운다. 우연한 기회를 놓치지 않도록 일상 속에서 '작은 행동'을 실천할 수 있도록 지도한다. 예를 들어, 매주 새로운 사람과 대화하기, 관심 분야와 관련된 봉사 활동에 참여하기 등을 들 수 있다.

참고문헌

강영배(2019). 청소년을 위한 진로상담 이론과 실제. 공동체.

강현식, 김봉환, 김희삼, 문용린, 성태제, 송병락, 신종호, 안계춘, 유병열, 이수광, 조용환, 조홍식, 최정훈, 홍후조(2010). 진로교육론. 교육과학사.

경기도(2023). 2023 경기도 학교 밖 청소년 진로 및 직업 실태조사 결과 발표. 아주경제.

권하은, 이기선(2019). 특성화고 교사의 사회적 지지가 학생의 진로결정자기효능감에 미치는 영향: 학생의 취업스트레스의 매개효과를 중심으로. 학습자중심교과교육학회지, 19(23), 965-987.

김계현, 정기선, 김은주, 김현진, 김희진, 박미경, 손은령, 유성경, 윤현숙, 이민규, 이은정, 조민희, 한유경, 홍민정(2020). 진로상담의 이론과 실제(3판). 학지사.

김병년, 김상용(2020). 학교 밖 청소년의 스마트폰 과의존에 대한 질적 사례연구. 보건사회연구, 43(2), 48-77. https://doi.org/10.15709/hswr.2020.43.2.48

김성일, 김영미, 김은정(2014). 중학생의 미디어 및 대인커뮤니케이션이 진로결정 자기효능감, 진로결과기대, 진로탐색행동에 미치는 영향. 청소년학연구, 21(5), 1-26.

김영애(2020). 체험활동과 지역사회인식이 청소년의 진로정체감에 미치는 영향. 한국청소년연구, 31(3), 25-50.

김윤희(2023). 2023 한국아동 · 청소년패널조사: 진로준비도의 교급별 · 시대별 경향 및 유형 분석. 한국청소년정책연구원.

김지현, 구정화(2021). 초기 청소년들(Tweens)의 정보요구와 유튜브(YouTube)에서의 정보추구행태. 한국도서관·정보학회지, 52(2), 275-301.

김태령(2016). 중학교 자유학기제 실시 전후 교과연계 진로연구 분석. 예술인문사회융합멀티미디어논문지, 6(7), 159-168.

맹영임, 임경희(2008). 진로교육에 대한 교사 인식 조사 연구. 한국청소년정책연구원.

박선하, 강영배(2022). 학교 밖 청소년의 자기주도성이 진로준비행동에 미치는 영향에서 진로탄력성, 가족건강성의 매개효과 분석. 청소년문화포럼, 70, 35-67.

백주경, 조성현, 천준협(2019). 고등학생의 학교 진로교육 상담이 교육 만족도와 진로결정 자기효능감에 미친 효과. 한국자연치유학회지, 8(1), 11-20.

서영옥, 신원식(2021). 청소년의 지역사회인식이 진로개발역량에 미치는 영향: 공동체의식의 매개효과 중심으로. 한국청소년활동학회지, 7(4), 1-20.

서울특별시교육청교육연구정보원(2024). 서울학생종단연구 2020 진로진학조사 결과분석 및 진로정책 효과 검정: 고교패널(HS&B)을 중심으로.

아름다운재단(2021). 지역자원과 연계한 청소년 진로탐색 활성화 방안 연구: 내일상상프로젝트를 중심으로.

이혜정(2024). 청소년의 진로의사결정에 영향을 미치는 사회적 지지와 적응유연성의 관계. 한국청소년상담학회지, 32(1), 85 - 102.

이화여자대학교(2020). 학교의 진로지도가 고등학생의 진로의식 및 진로결정에 미치는 영향 분석. 이화여자대학교 리포지터리.

표준국어대사전(n.d.). 진로(進路). 국립국어원. https://stdict.korean.go.kr

한국청소년정책연구원(2012). 지역사회 청소년 진로체험 활성화 및 연계협력 방안 연구.

한국청소년정책연구원(2024). 다문화청소년 심리·정서 및 진로·진학 지원 정책의 현안과 발전방안. 2024년 다문화청소년 포럼 자료집.

柳井修 (2001). *キャリア発達論 - 青年期のキャリア形成と進路指導の展開*. ナカニシヤ出版.

Bourdieu, P. (1986). The forms of capital. In J. G. Richardson (Ed.), *Handbook of theory and research for the sociology of education* (pp. 241 - 258). Greenwood Press.

Brown, D. (Ed.). (2002). *Career choice and development*. John Wiley & Sons.

Cardenal, M. E., Diaz-Santana, O. D., & Gonzalez-Betancor, S. M. (2024). Teacher-student relationship and teaching styles in primary education: A model of analysis. arXiv preprint, arXiv:2409.06562

Clark, B. R. (1962). *The Open Door College: A case study*. McGraw-Hill.

Coleman, J. C, & Hendry, L. B. (2006). *The nature of adolescence* (3rd ed.). Routledge.

Dewey, J. (1916). *Democracy and education: An introduction to the philosophy of education*. Macmillan.

Erikson, E. H. (1968). *Identity: Youth and crisis*. Norton.

Golombok, S., & Fivush, R. (1994). *Gender development*. Cambridge University Press.

Harold, R. D., & Eccles, J. S. (1990). Expectations, values, and academic behaviors. In J. T. Spence (Ed.), *Achievement and achievement motives* (pp. 75 - 146). Freeman.

Heidegger, M. (1962). *Being and time* (J. Macquarrie & E. Robinson, Trans.). Harper & Row. (원저 1927년 출간).

Krumboltz, J. D. (2009). The happenstance learning theory. *Journal of Career Assessment, 17*(2), 135 - 154. https://doi.org/10.1177/1069072708328861

Krumboltz, J. D., Foley, P. F., & Cotter, E. W. (2013). Applying the happenstance learning theory to involuntary career transitions. *The Career Development Quarterly, 61*(1), 15 - 26. https://doi.org/10.1002/j.2161-0045.2013.00032.x

Lee, H. J. (2024). 청소년의 진로의사결정에 영향을 미치는 사회적 지지와 적응유연성의 관계. 한국청소년상담학회지, 32(1), 85 - 102.

Miller, J. B. (1977). *Toward a new psychology of women*. Beacon Press.

Olson, D. H., Russell, C. S., & Sprenkle, D. H. (1983). Circumplex model of marital and family systems: VI. Theoretical update. *Family Process, 22*(1), 69 - 83.

Olson, D. H., Sprenkle, D. H., & Russell, C. S. (1979). Circumplex model of marital and family systems: I. Cohesion and adaptability dimensions, family types, and clinical applications. *Family Process, 18*(1), 3-28.

Osborn, D. S, & Zunker, V. G. (2016). *Using assessment results for career development* (9th ed.). Cengage Learning.

Parsons, F. (1909). *Choosing a vocation*. Houghton Mifflin.

Roe, A. (1957). Early determinants of vocational choice. *Journal of Counseling Psychology, 4*(3), 212-217.

Savickas, M. L. (1997). Career adaptability: An integrative construct for life-span, life-space theory. *The Career Development Quarterly, 45*(3), 247-259. https://doi.org/10.1002/j.2161-0045.1997.tb00469.x

Savickas, M. L. (2005). The theory and practice of career construction. In S. D. Brown & R. W. Lent (Eds.), *Career development and counseling: Putting theory and research to work* (pp. 42-70). John Wiley & Sons.

Savickas, M. L (2011). *Career counseling*. American Psychological Association.

Savickas, M. L. (2013). Career construction theory and practice. In R. W. Lent & S. D. Brown (Eds.), *Career development and counseling: Putting theory and research to work* (2nd ed., pp. 147-183). John Wiley & Sons.

Sharf, R. S. (2016). *Applying career development theory to counseling* (6th ed.). Cengage Learning.

Simpson, I. H. (1962). Social structure and relationships. In E. H. Erikson (Ed.), *Childhood and society*. Norton.

Super, D. E. (1957). *The psychology of careers*. Harper & Row.

Willis, P. (1977). *Learning to labor: How working class kids get working class jobs*. Saxon House.

Zunker, V. G. (1998). Career counseling: Applied concepts of life planning. Brooks.

제 7 장

청소년문제와 보호

1. 청소년문제와 보호의 이해
2. 청소년문제의 영역
3. 청소년문제의 이론적 관점

청소년학의 이해

1. 청소년문제와 보호의 이해

1) 청소년문제의 개념 정의

청소년문제는 청소년기 동안 신체적·심리적·사회적 발달 과정에서 나타나는 다양한 부적응 행동과 이를 둘러싼 환경적 요인을 포함한다. 이러한 정의는 단순한 범죄 행위를 넘어, 청소년의 전반적인 발달 과정에서 발생하는 다양한 일탈 현상을 포괄적으로 이해하기 위한 것이다. 청소년문제의 용어를 정의할 때는 유사한 개념들과의 차이를 명확히 하는 것이 필요하다. 예를 들어, 여러 선행 연구에서는 '청소년문제'를 '청소년문제 행동'이나 '청소년 비행'과 같이 혼용하여 사용해 왔다.

청소년문제 행동은 사회적으로 문제가 되는 청소년들의 행동, 즉 바람직하지 않다고 여겨지는 행동을 의미한다(이해주 외, 2006). 이 용어는 특히 행위의 주체가 청소년임을 강조하며, 범죄를 포함한 반사회적 행동, 자신에게 심각한 영향을 미치는 비사회적 행동 및 기타 부적응 행동을 모두 포괄한다(배규한 외, 2014).

청소년비행은 청소년에게 기대되는 규범에서 벗어난 일탈 행동으로, 형법에 저촉되는 심각한 범죄뿐만 아니라, 범죄의 구성 요건에 해당하지 않더라도 사회가 청소년에게 기대하는 규범을 위반하는 행동을 포함한다(배규한 외, 2014). 이 두 개념은 때로 중첩되지만, 문제의 정도와 사회적 반응 측면에서 구분될 수 있음을 유의해야 한다.

또한 법이나 규범을 위반하는 '범죄나 일탈 행위,' 일정한 가치에서 벗어난 '이상 행동,' 환경에 적응하지 못하는 '부적응 행동' 등 다양한 용어가 혼용되어 사용되고 있다(김진호, 2010). 이와 같이 여러 유사 개념을 종합해 보면, 청소년문제는 청소년의 부적응 행위가 자신뿐만 아니라 타인, 가정, 사회에 미치는 부정적인 영향을 포함하는 모든 유형의 행동으로 이해될 수 있다(최인재 외, 2010). 즉, 청소년문제는 청소년기에 놓인 청소년이 개별 혹은 집단적으로 사회적 규범과 가치에 위배되는 반사회적 일탈 행위나 범죄뿐 아니라 지위 비행, 비사회적 행동, 부적응, 정신건강 문제, 사회적 문제 등을 포함하는 폭넓은 개념으로 구체화할 수 있다.

2) 청소년문제의 유형

청소년문제는 학자들마다 유형을 구분하는 방식에 차이가 있다. 행위 유형에 따른 분류가 있고, 내재적 · 외현적 문제로 유형을 구분할 수 있다. 먼저, 행위 유형에 따른 분류를 살펴보면, 배규한 등(2014)은 청소년문제를 네 가지 범주로 제시하였다.

첫째, 개인적인 일탈 행위에 국한된 유형으로, 이는 비행이나 범죄에는 포함되지 않지만 개인적 차원에서 문제가 되는 경우를 말한다. 예를 들어, 가출, 자살, 학업 중단, 섭식장애, 대인기피 등이 이에 해당한다.

둘째, 청소년이라는 지위로 인해 사회적으로 문제시되는 지위 비행의 영역이 있다. 이는 성인에게는 문제가 되지 않지만, 청소년에게는 부적절한 것으로 여겨지는 행위로 청소년유해업소 출입, 음주, 흡연, 유해매체 접촉, 성관계 등이 그 예이다.

셋째, 사안이 심각하여 범죄로 간주되는 행위로, 학교폭력, 성비행, 사이버 일탈 등이 여기에 속한다.

넷째, 모든 연령에서 법적으로 처벌받는 범죄 행위가 있으며, 이는 형법에 따라 형사처벌을 규정하고 있는 법률 위반 행위가 포함된다.

내재적 문제와 외현적 문제로 구분한 이미리 등(2019)의 관점도 있다. 내재적 문제는 청소년의 부정적인 심리 상태와 관련되며, 스트레스, 우울, 불안 등을 주된 예로 들 수 있다. 이러한 부정적인 심리 상태는 자살, 비행, 반사회적 행동으로 이어질 가능성이 있다. 내재적 문제는 청소년 자신의 성격이나 기질 같은 개인적 요인에서 비롯되거나, 학업 성적, 또래 관계, 부모의 양육 태도와 같은 외적인 요인에 의해 발생하기도 한다. 반면, 외현적 문제는 내재적 문제가 외부로 드러나 행동으로 표현되는 경우로 범죄 행위, 비행, 가출, 학업 중단, 중독, 약물 남용 등으로 나타난다(이미리 외, 2019).

이처럼 청소년문제는 개인의 심리적 상태와 행동 양식에 따라 매우 다양한 형태로 나타난다. 이는 청소년기를 둘러싼 환경적 · 심리적 요인들이 복합적으로 작용한 결과로 볼 수 있다. 따라서 청소년문제를 이해하기 위해서는 행위 유형뿐만 아니라 내재적 · 외현적 문제의 특성을 종합적으로 파악하는 것이 중요하다.

2. 청소년문제의 영역

1) 가출

(1) 가출 개념 및 실태

가출은 청소년이 자신의 의지로 가정을 떠나 일정 기간 또는 영구적으로 집에 돌아가지 않는 행동을 의미한다. 일반적으로 청소년 가출은 일시적이고 충동적인 경우가 많지만, 장기적으로 이어질 경우에 심각한 사회적 문제로 발전할 수 있다. 그동안 가출은 청소년이 자발적으로 집을 떠나는 행동으로 여겨지며 부정적으로 평가되는 경우가 많았

〈표 7-1〉 가출 경험 (단위: 명, %)

구분		연도	사례 수	가출 경험					
				있음					없음
				전체	1회	2회	3~4회	5회 이상	
전체		2018	15,452	2.6	1.6	0.5	0.3	0.2	97.4
		2020	14,431	2.5	1.6	0.4	0.3	0.2	97.5
		2022	17,057	2.5	-	-	-	-	97.5
성별	남자	2018	8,010	2.7	1.5	0.6	0.4	0.2	97.3
		2020	7,504	2.6	1.6	0.5	0.2	0.2	97.4
		2022	8,807	2.9	-	-	-	-	97.1
	여자	2018	7,442	2.5	1.7	0.4	0.3	0.2	97.5
		2020	6,927	2.3	1.6	0.3	0.3	0.2	97.7
		2022	8,250	2	-	-	-	-	98
학교급	초등학교	2018	4,695	1.3	0.9	0.1	0.1	0	98.7
		2020	4,829	2.1	1.4	0.4	0.2	0.1	97.9
		2022	5,745	2	-	-	-	-	98
	중학교	2018	4,841	3.4	2	0.6	0.5	0.3	96.4
		2020	4,602	2.7	1.7	0.5	0.2	0.2	97.3
		2022	5,779	3	-	-	-	-	97
	고등학교	2018	5,916	3.1	1.8	0.7	0.4	0.2	96.9
		2020	5,000	2.6	1.7	0.4	0.3	0.1	97.4
		2022	5,534	2.4	-	-	-	-	97.6

출처: 김지경 외(2022). 2022년 청소년 매체이용 및 유해환경 실태조사.

다(허민숙, 2021). 그러나 청소년 가출은 개인적인 문제뿐만 아니라 가정, 학교, 사회 구조의 결함을 반영하는 복합적 현상으로 접근해야 한다. 이에 가출행위를 개인적인 일탈 및 비행으로만 보는 것이 아니라 가정 내 환경으로 인해 가정 밖으로 일탈된 것으로 보아야 한다는 관점의 변화가 나타나기 시작했다. 2021년 「청소년복지 지원법」에서는 '가출 청소년'이라는 용어를 '가정 밖 청소년'으로 변경하였다. '가정 밖 청소년'은 가정 내 갈등, 학교폭력, 방임, 가정 해체, 가출 등의 이유로 인해 보호자로부터 이탈된 청소년으로, 사회적 보호와 지원이 필요한 대상으로 정의된다.

2022년 여성가족부의 청소년 매체이용 및 유해 환경 실태조사 자료에 따르면 최근 1년 동안 가출을 해 본 적이 있다고 응답한 청소년은 조사자 전체의 2.5%이며, 약 17,057명인 것으로 조사되었다. 이 중 성별은 남학생(2.9%), 학교급별로는 중학생(3.0%)의 가출 경험률이 높은 것으로 나타났다.

청소년의 가출은 다양한 원인에 의해 발생하며, 주로 개인적 요인, 가족 요인, 학교 요인, 또래 관계 요인, 사회적 요인이 복합적으로 작용한 결과로 볼 수 있다. 개인적 요인으로는 자아존중감 결여, 낮은 인내심, 불안, 우울, 대인관계의 어려움 등이 포함된다(이미리 외, 2019). 가족 요인은 부모의 무관심, 부모의 갈등, 폭력, 낮은 경제적 지위 등이 있으며, 학교 요인은 또래 집단으로부터의 불인정, 학교 부적응, 스트레스, 학업 실패, 학업 성취 및 경쟁 중심의 학교 환경 등이 해당된다(이미리 외, 2019). 청소년 가출에 가장 큰 영향을 미치는 요인은 환경적 요인 중에서도 가정 요인으로 나타난다(백혜정, 박은령, 2020). 특히 가정 내 부모 등 가족 간의 갈등, 가정불화나 가정폭력과 같은 문제가 청소년의 가출을 유발하는 주요 이유로 밝혀졌다. 이처럼 청소년 가출은 단일 요인에 의해 발생하기보다는 개인적 요인과 환경적 요인이 복합적으로 작용한 결과라고 해석할 수 있다.

(2) 대책

여성가족부는 가출 등 위기에 처한 청소년들을 조기에 발견하여 범죄와 비행을 예방하고, 의식주를 포함한 생활 보장, 정서적 지지와 심리 상담, 의료 지원, 학업 복귀, 취업 지원 등 맞춤형 자립 지원 서비스를 제공하고 있다. 이를 통해 신속한 가정 복귀와 사회 진출을 돕고, 청소년들의 건전한 성장을 지원하기 위해 청소년쉼터를 설치·운영하고 있다(여성가족부, 2023). 1991년에 「청소년 기본법」이 제정되면서 1992년 최초의 청소년 쉼터가 설치됐다. 이후 2004년에 「청소년복지 지원법」이 제정되고 2005년 2월에 시행되면서 청소년쉼터의 법적 설치 근거가 마련됐다. 초기에는 단일 유형의 쉼터로 운영됐으나, 가정 밖 청소년들의 다양한 상황과 요구를 반영해 지원 서비스를 차별화할 필요성이 제기됐다. 이에 따라 2004년에는 단기 보호를 위한 '일시쉼터(드롭인센터)'가 설치되었고, 2005년부터는 장기간 보호가 필요한 청소년들을 위한 중장기쉼터가 운영되기 시작했다. 청소년쉼터는 이렇게 청소년들의 다양한 상황에 맞춘 맞춤형 지원 공간으로 발전해 왔다(여성가족부, 2023). 2023년 기준 여성가족부에서는 2023년 일시쉼터 33개소, 단기쉼터 66개소, 중장기쉼터 39개소의 운영을 지원하였다.

〈표 7-2〉 청소년쉼터 유형 및 내용

구분	일시쉼터(33개소)	단기쉼터(66개소)	중장기쉼터(39개소)
기간	24시간~7일 이내 일시 보호	3개월 이내 단기 보호 [3개월씩 2회에 한하여 연장 후, 특별한 사정이 인정되는 경우, 15개월 한도 내에서 추가 연장 가능(최장 24개월)]	3년 이내 중장기 보호 (필요시 1년 연장 가능)
이용 대상	가정 밖 · 거리 배회 · 노숙 청소년	가정 밖 청소년	가정 밖 청소년
주요 기능	• 가정 밖 청소년 조기 구조 · 발견, 단기 · 중장기 청소년 쉼터와 연결 • 위기 개입 상담, 진로 지도, 적성검사 등 상담 서비스 제공 • 먹거리, 음료수 등 기본적인 서비스 제공 등	• 가정 밖 청소년문제 해결을 위한 상담 · 치료 서비스 및 예방 활동 • 의식주 및 의료 등 보호 서비스 제공 • 가정 및 사회 복귀 대상 청소년 분류, 전문기관 연계 · 의뢰 서비스 제공 등	• 가정 복귀가 어렵거나 특별히 보호가 필요한 위기 청소년을 대상으로 장기간 안정적인 보호, 서비스 제공
위치	이동형(차량), 고정형(청소년 유동지역)	주요 도심별	주택가
지향점	가출 예방, 조기 발견, 초기 개입	보호, 가정 및 사회 복귀	자립 지원

출처: 여성가족부(2023). 2023 청소년백서.

2) 학교폭력

(1) 학교폭력 개념 및 실태

학교폭력은 학교 안팎에서 학생 간에 발생하는 폭력, 괴롭힘, 따돌림, 신체적 · 언어적 · 정서적 폭력을 모두 포함하는 개념이다. 「학교폭력예방 및 대책에 관한 법률」에 따르면, 학교폭력은 학교 내부 또는 외부에서 학생과 학생 간 발생한 상해, 폭행, 감금, 협박, 약취, 유인, 명예훼손, 모욕, 공갈, 강요, 심부름, 성폭력, 따돌림, 사이버 따돌림, 정보통신망을 이용한 음란물 또는 폭력 정보 등으로 인해 신체적 · 정신적 · 재산적 피해를 수반하는 행위를 의미한다. 이는 학생 개인의 신체나 정신에 심각한 피해를 주며, 더 나아가 학교 공동체 전체에 부정적인 영향을 미치는 행동으로 정의된다.

교육부가 발표한 2024년 학교폭력 실태조사 1차 전수조사 결과에 따르면, 초 · 중 · 고등학교 학생을 대상으로 진행한 설문조사에서 학교폭력 피해를 경험했다고 응답한 비율은 약 2.1%로 나타난다. 피해 유형으로는 언어폭력이 39.4%로 가장 높은 비율을 차지하며, 이어 집단 따돌림과 신체폭력이 각각 15.5%를 차지한다. 그다음으로는 사이버 폭력이 7.4%로 나타난다(교육부, 2024). 특히 사이버폭력은 스마트폰과 인터넷 사용의 증가로 인해 꾸준히 문제가 되는 유형으로 주목받고 있다.

〈표 7-3〉 학교폭력 피해 유형별 비율 (%)

구분	언어폭력	신체폭력	집단 따돌림	강요	사이버 폭력	스토킹	성폭력	금품갈취
전체	39.4	15.5	15.5	5.7	7.4	5.3	5.9	5.4
초	39.0	16.7	14.3	6.3	6.3	6.2	5.4	5.7
중	40.0	13.5	17.7	4.6	9.2	3.4	6.7	4.9
고	41.3	11.6	17.6	4.2	10.4	3.7	7.2	4.0

출처: 교육부(2024). 2024년 1차 학교폭력 실태조사(전수조사) 주요 결과.

학교폭력이 주로 발생하는 장소로는 교실(29.3%)이 가장 많으며, 복도 및 계단(17.1%), 운동장 및 강당 등(9.6%)이 그 뒤를 잇는다(교육부, 2024). 이러한 결과는 학교 내외에서 다양한 형태로 폭력이 발생하고 있음을 보여 준다.

학교폭력은 학생의 신체와 정신에 심각한 피해를 끼칠 뿐 아니라 학교 공동체 전반에 부정적인 영향을 미치고 있다. 이를 해결하기 위해서는 제도적 차원에서의 예방과 더불어 학생, 학부모, 교사, 지역사회 등 협력적인 노력이 요구된다.

(2) 대책

1995년 5 · 31 교육개혁을 계기로 학교폭력 문제가 본격적으로 논의되었고, 1997년에는 관계부처 합동으로 '학교폭력 예방 · 근절 종합대책'이 발표되었다. 2004년 「학교폭력예방법」과 시행령이 제정되면서 국가의 개입 근거가 마련되었으며, 이를 토대로 2005년부터 5년 주기로 「학교폭력의 예방 및 대책에 관한 기본계획(이하 '기본계획')」이 수립되었다.

제1차 기본계획(2005~2009년)은 「학교폭력예방법」 제6조를 기반으로 범정부적 시스템을 구축하고, 여러 기관과의 연계를 통해 제도적 기반을 조성하였다. 제2차 기본계획(2010~2014년)은 무관용 원칙을 도입하고, 맞춤형 예방 대책, 단위학교 책무성 강화, 피해학생 지원 및 가해학생 선도를 주요 과제로 설정하였다. 제3차 기본계획(2015~2019년)에서는 인성교육 중심의 예방 강화, CCTV 설치, Wee프로젝트 실효성 제고 등 학교 인프라 확충에 중점을 두었다. 현재 시행 중인 제4차 기본계획(2020~2024년)은 학교폭력 예방, 피해학생 보호 및 치유, 가해학생 교육 및 선도, 공정하고 교육적인 대응 강화 등을 주요 정책 영역으로 제시하고 있다. 특히 학교장 자체해결제의 안착, 피해학생 보호 조치, 사이버폭력 대응 방안 등이 강조되었다. 또한 중대한 학교폭력 사안에는 소년법과 연계한 엄정한 대처를 추진하고 있다.

2023년 4월 교육부는 학교폭력 근절 종합대책을 발표하며, 피해학생 분리 요청권, 전담지원관 도입, 생활기록부 보존기간 연장 등의 조치를 포함하였다. 2024년부터는 학교폭력 제로센터 설치, 학교문화 책임 규약 보급 등이 시행되며, 현장 부담을 경감하고 엄정한 대응을 강화하는 제도가 운영되고 있다. 2025년 제5차 기본계획이 수립되어 신종 학교폭력 예방, 시도별 맞춤형 대책 마련, 범부처 협업 방안 등을 포함하여 학교폭력 문제해결의 효과성을 높이고자 노력하고 있으며, 기존 정책과 달리 교육적 해결을 강조하면서도 엄정한 대응 기조를 유지하고 있다.

또한 정부는 학교폭력 문제를 해결하기 위해 예방 교육을 강화하고, 피해 학생 보호와 가해 학생에 대한 교정 및 처벌 프로그램을 운영하고 있다. 그러나 학교폭력은 단순한 제도적 노력만으로는 해결하기 어려운 문제로, 학생, 학부모, 교사, 지역사회가 함께 협력해야 하는 사회적 과제로 남아 있다.

3) 범죄 행위

(1) 범죄 행위 개념 및 실태

청소년 범죄는 미성년자인 청소년이 법을 위반하는 행위를 하는 것을 의미한다. 대한민국「소년법」에 따르면, 만 10세 이상 19세 미만의 청소년이 범죄를 저지를 경우, 청소년 범죄로 규정한다. 다만, 만 14세 미만의 경우 형사 책임을 지지 않으며, 대신 보호처분 대상이 된다. 만 14세 이상 19세 미만의 청소년은 형사 처벌이 가능하지만, 특별 보호가 고려된다. 청소년 범죄는 법적 기준에 따라 처벌 대상이 되는 범죄와 보호 대상이 되는 비행으로 나뉜다. 범죄 행위는 형사법적으로 명확한 처벌 대상이 되는 행동을 의미하며, 비행은 사회적 규범을 위반하거나 반사회적 성격을 띠는 행동으로 교정과 보호의 영역에 가깝다.

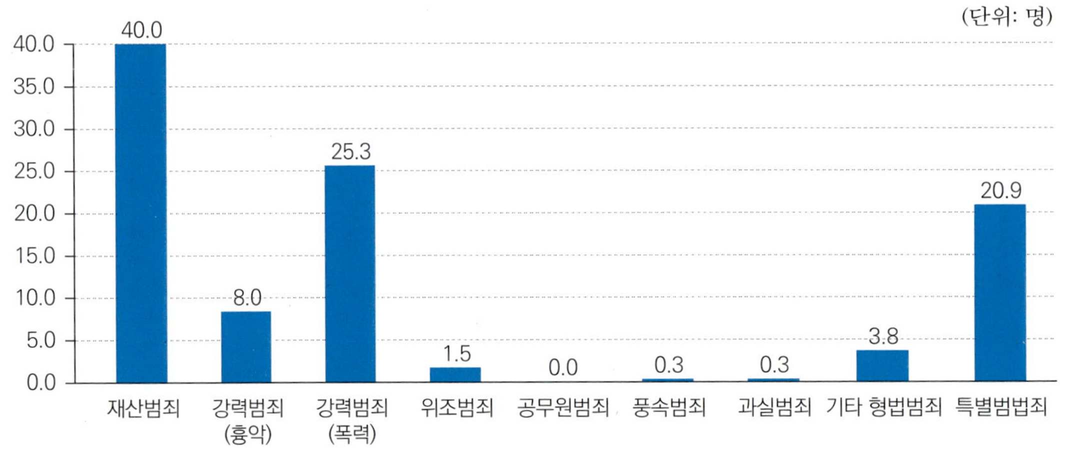

*주: 2022년도 기준.
*자료: 검찰청(2023). 범죄분석통계.

[그림 7-1] 청소년 범죄 유형

출처: 여성가족부(2023). 2023 청소년백서.

청소년 범죄의 유형은 재산범죄, 강력범죄(흉악), 위조, 풍속, 과실, 기타형법범죄, 특별법범죄 등으로 구분할 수 있고, 청소년 범죄는 그 유형에 따라 다양한 세부 범죄로 나뉜다.

재산범죄는 절도, 사기, 강도, 공갈, 손괴 등 금전이나 물건을 빼앗거나 손해를 끼치는 행위가 포함된다. 강력범죄는 흉악범과 폭력범으로 나눌 수 있는데, 흉악범은 살인, 강간, 강도와 같이 생명이나 신체에 심각한 해를 가하는 범죄이며, 폭력범은 폭행, 상해,

협박, 감금 등 직접적인 신체적 위협이나 위해를 수반하는 행위다. 위조범죄는 문서, 신분증, 유가증권 등을 위조하거나 변조하는 행위가 해당된다. 풍속범죄는 음란물 소지 및 유포, 성매매, 공연음란 등 사회의 성적 도덕질서를 해치는 행위이고, 과실범죄는 교통사고와 같은 과실로 인한 범죄를 말한다. 기타 형법범죄에는 주거침입, 명예훼손, 모욕, 무고 등이 있으며, 특별법범죄는 「마약류관리법」「청소년 보호법」「학교폭력예방법」 등을 위반한 경우를 포함한다(검찰청, 2023). 실제로 청소년 범죄는 단일 범주에만 속하지 않고 여러 범주에 걸쳐 발생하여 문제가 심각하다고 볼 수 있다.

최근에는 사이버 범죄, 디지털 성범죄, 딥페이크 성범죄와 같은 신종 범죄가 증가하고 있으며, 스마트폰과 인터넷 사용이 주요 원인으로 분석되고 있다. 특히 청소년이 인공지능 기술을 활용한 성범죄를 저지르는 사례가 증가하고 있다. 과거에는 영상 편집, 합성물 제작 등의 기술이 전문가의 영역이었지만 이제는 딥페이크[1)]생성 프로그램을 활용하여 누구나 손쉽게 성착취 합성물을 제작할 수 있게 되었다. 실제 2024년 딥페이크 성범죄로 붙잡힌 피의자 682명 중 10대가 548명(80.3%)이었으며, 그중 104명(15.9%)이 촉법소년이었다(연합뉴스, 2025. 02. 14.). 딥페이크 성범죄는 매년 증가하고 있는 추세이며, 청소년 피해뿐만 아니라 가해도 확산되고 있어 심각한 사회문제로 대두되고 있다. AI 기술의 발전과 더불어 사회적 인식 부족, 처벌의 미비 등이 이유가 복합적으로 작용한 결과로 나타난 것이다.

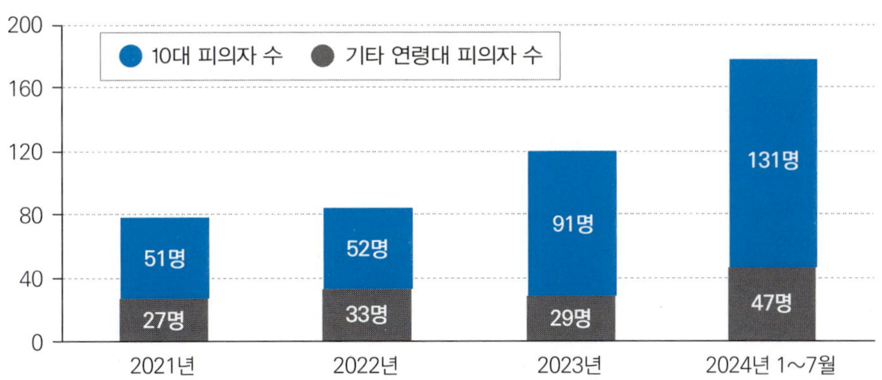

[그림 7-2] 딥페이크 성범죄 10대 피의자 비중 추이(경찰청)

출처: 데이터솜(2024. 08. 28.). 딥페이크 성범죄 피의자 70% 이상이 10대. https://www.datasom.co.kr/news/articleView.html?idxno=201979

1) 딥페이크는 딥러닝(deep learning)과 가짜를 의미하는 페이크(fake)의 합성어로 기존 영상을 다른 사진·영상에 겹쳐서 만들어 내는 인공지능(AI)를 기반으로 한 이미지 합성기술을 의미한다.

디지털 환경의 급속한 발전과 함께 인터넷, 사회관계망서비스(SNS), 가상 자산을 활용한 마약 범죄도 증가하고 있다. 특히 SNS와 가상 자산이 결합된 새로운 형태의 마약 거래 방식이 등장하면서, 비대면·익명성이 보장된 상태에서 불법 거래가 용이하게 이루어지고 있다. 이로 인해 마약류 관련 정보의 유통 속도가 빨라지고, 청소년을 포함한 일반 대중의 접근성이 낮아지고 있어 사회적 우려가 커지고 있다.

〈표 7-4〉 청소년 마약범죄의 마약류별 현황(2013~2022년) [단위: 명(%)]

구분/연도	전체	청소년 마약류 사범		청소년 마약류 종류별			
		인원	비율	합계	향정신성 의약품	대마	마약
2013	9,764	58	0.6	58(100.0)	39(67.2)	17(29.3)	2(3.4)
2014	9,742	102	1.0	102(100.0)	48(47.1)	54(52.9)	-
2015	11,916	128	1.1	128(100.0)	78(60.9)	50(39.1)	-
2016	14,214	121	0.9	121(100.0)	91(75.2)	28(23.1)	2(1.7)
2017	14,123	119	0.8	119(100.0)	70(58.8)	49(41.2)	-
2018	12,613	143	1.1	143(100.0)	105(73.4)	36(25.2)	2(1.4)
2019	16,044	239	1.5	239(100.0)	167(69.9)	69(28.9)	3(1.2)
2020	18,050	313	1.7	313(100.0)	196(62.6)	78(24.9)	39(12.5)
2021	16,513	450	2.7	450(100.0)	192(42.7)	62(13.8)	196(43.6)
2022	18,395	481	2.6	481(100.0)	332(69.0)	41(8.5)	108(22.5)

*주: 마약류 통계에서 청소년 연령 기준은 '19세 이하'를 기준으로 하고 있음.
*자료: 대검찰청(2014~2023). 마약류 범죄백서.
출처: 여성가족부(2023). 2023 청소년백서.

마약류는 중추신경계에 영향을 주어 신체적·정신적 의존을 유발하는 물질이며, 마약, 향정신성 의약품, 대마의 세 가지로 분류된다. 대검찰청(2023)에 따르면, 2022년 기준으로 청소년 마약류 범죄의 유형을 살펴보았을 때, 향정신성 의약품이 전체의 69.0%로 가장 큰 비중을 차지하고 있다. 그다음으로는 마약이 22.5%, 대마가 8.5% 순으로 나타났다. 2021년에는 마약의 비율이 상대적으로 높았으나, 2022년에는 다시 향정신성 의약품의 비율이 높아진 양상을 보이고 있다. 전체적으로 10대 마약 사범의 비율도 2013년 0.6%에서 2022년 2.6%로 4배 이상 증가한 것으로 나타났다.

더욱이 심각한 문제는 청소년들이 단순히 마약을 투약하는 것을 넘어, 직접 거래 및 유통 과정에 무분별하게 노출되면서 범죄에 연루되는 사례가 늘어나고 있다는 점이다.

전반적으로, 청소년 전체 범죄 건수는 감소하는 추세를 보이고 있으나, 범죄의 폭력성과 조직성이 강화되고 있어 그 심각성이 커지고 있다. 2022년 청소년 범죄자는 7만 8,102명으로, 2021년에 비해 17.1%p 증가했다. 2014년 8만 4,661명과 비교하면 7.7%p 감소한 수치이다. 하지만 청소년 인구를 고려한 범죄율을 보면, 2014년에는 10만 명당 1,603명이었으나 2022년에는 1,868명으로 증가하여 비율은 점점 더 높아지고 있다(대검찰청, 2023).

청소년 범죄 발생에는 가정, 학교, 지역사회의 환경적 요인 등이 영향을 미친다. 청소년 범죄의 주요 요소는 가정 불화, 학업 스트레스, 또래 집단의 영향 등이 꼽히며, 경제적 불균형 등이 복합적으로 작용한다(여성가족부, 2023).

(2) 대책

경찰, 검찰, 법무부는 각각 학교폭력 예방, 우범소년 선도, 법 교육 강화를 통해 청소년 범죄를 예방하고 있다. 단순 처벌이 아닌 선도 및 재활 프로그램을 강화하는 방향으로 정책이 추진되고 있다. 경찰은 2012년부터 학교 전담 경찰관(SPO) 제도를 도입하여 학교폭력 예방 교육, 상담, 사안대응, 사후관리, 위기 청소년보호 등을 포함한 학교폭력 예방 및 근절 활동에 집중하고 있다. 또한 유해 환경 정화를 위해 「청소년 보호법」 위반 사범을 단속하고, 술 · 담배 판매, 유해업소 출입 등의 위법 행위를 적발하고 있다. 학교 · 가정 밖 청소년 보호를 위해 위기청소년을 발굴하고 지원하며 청소년지원센터, 안전망, 선도 프로그램에 연계하거나 학교 복귀를 지원한다(여성가족부, 2023).

검찰은 우범소년 결연사업을 운영하여 법사랑위원이 우범소년과 결연을 맺어 학업 및 생업 복귀를 지원하고 있다. 우범소년 결연사업은 학교폭력과 청소년 범죄에 대응하기 위해 처음 시작되었으며, 1995년 서울, 부산, 광주, 제주 등 일부 지역에서 시범적으로 실시되었다가 이후 '학교폭력근절 대책 추진 회의'에서 검찰 주요 추진 과제로 선정하여 전국으로 확대되었다. 또한 검찰은 학교 담당 검사제라는 제도를 운영하고 있다. 주로 지역 내 중 · 고등학교에 한 명의 전담 검사를 지정하여 교사선도위원, 선도보호위원, 학부모위원 등과 함께 정기적으로 간담회를 개최하여 학교폭력 정보를 수집하고 예방 활동 방안을 논의한다. 이 밖에도 학생과 학부모 면담, 우범지역 정기순찰, 학생 대상 범죄 예방 강연 등을 통해 범죄 및 비행의 사전 방지를 위해 노력하고 있다. 마지막으로, 조건부 기소유예제도를 활용하여 초범 청소년을 대상으로 보호관찰소 선도위탁,

비행예방센터 교육 등을 조건으로 기소유예를 부여하고 있다(여성가족부, 2023).

법무부는 청소년비행예방센터(청소년꿈키움센터) 운영, 법 교육 강화 등을 통해 청소년 범죄 예방 및 교정을 지원하고 있다. 청소년비행예방센터는 법무부에서 위기청소년에 대한 대안 교육을 진행하거나, 비행청소년상담, 심리검사, 보호자 교육, 법 교육, 그 외 관련 교육 등을 진행하는 기관으로 2025년 기준 전국 21개 기관이 운영되고 있다.

〈표 7-5〉 전국 청소년비행예방센터(청소년꿈키움센터) 현황

<table>
<tr><th>기관명</th><th>대내명칭</th><th>주요 임무</th></tr>
<tr><td>부산솔로몬로파크</td><td rowspan="2">부산청소년비행예방센터</td><td>법 교육(법 체험, 법 연수, 법 진로 체험)</td></tr>
<tr><td>부산청소년꿈키움센터</td><td rowspan="5">청소년 대안 교육, 상담 조사, 청소년 심리상담, 보호자 교육, 학교폭력 예방 교육, 진로 체험</td></tr>
<tr><td>부산동부청소년꿈키움센터</td><td>부산동부청소년비행예방센터</td></tr>
<tr><td>울산청소년꿈키움센터</td><td>울산청소년비행예방센터</td></tr>
<tr><td>창원청소년꿈키움센터</td><td>창원청소년비행예방센터</td></tr>
<tr><td>대구청소년꿈키움센터</td><td>대구청소년비행예방센터</td></tr>
<tr><td>광주솔로몬로파크</td><td rowspan="2">광주청소년비행예방센터</td><td>법 교육(법 체험, 법 연수, 법 진로 체험)</td></tr>
<tr><td>광주청소년꿈키움센터</td><td rowspan="3">청소년 대안 교육, 상담 조사, 청소년 심리상담, 보호자 교육, 학교폭력 예방 교육, 진로 체험</td></tr>
<tr><td>순천청소년꿈키움센터</td><td>순천청소년비행예방센터</td></tr>
<tr><td>전주청소년꿈키움센터</td><td>전주청소년비행예방센터</td></tr>
<tr><td>대전솔로몬로파크</td><td rowspan="2">대전청소년비행예방센터</td><td>법 교육(법 체험, 법 연수, 법 진로 체험)</td></tr>
<tr><td>대전청소년꿈키움센터</td><td rowspan="10">청소년 대안 교육, 상담 조사, 청소년 심리상담, 보호자 교육, 학교폭력 예방 교육, 진로 체험</td></tr>
<tr><td>천안청소년꿈키움센터</td><td>천안청소년비행예방센터</td></tr>
<tr><td>청주청소년꿈키움센터</td><td>청주청소년비행예방센터</td></tr>
<tr><td>춘천청소년꿈키움센터</td><td>춘천청소년비행예방센터</td></tr>
<tr><td>안산청소년꿈키움센터</td><td>안산청소년비행예방센터</td></tr>
<tr><td>서울남부청소년꿈키움센터</td><td>서울남부청소년비행예방센터</td></tr>
<tr><td>서울북부청소년꿈키움센터</td><td>서울북부청소년비행예방센터</td></tr>
<tr><td>인천청소년꿈키움센터</td><td>인천청소년비행예방센터</td></tr>
<tr><td>수원청소년꿈키움센터</td><td>수원청소년비행예방센터</td></tr>
<tr><td>의정부청소년꿈키움센터</td><td>의정부청소년비행예방센터</td></tr>
</table>

출처: 법무부 범죄예방정책국 홈페이지. https://www.cppb.go.kr/

청소년 범죄의 재범률은 약 20%에 달하며, 재범 방지를 위해 처벌보다는 교화와 교육 중심의 대책이 필요하다는 목소리가 높다(법무부, 2022). 이에 재범 방지를 위한 예방 정책과 함께 소년 보호관찰제도가 적극 활용되고 있다. 소년 보호관찰제도는 비행 또는 범죄를 저지른 소년이 교정시설에 수용되지 않고 사회 내에서 생활하도록 하면서 보호관찰관의 지도·감독을 받도록 하는 처분 정책이다. 보호관찰 대상자는 바람직한 생활 태도를 형성하고 보호관찰관의 지도를 성실히 따를 의무가 있으며, 주거지 변경 또는 해외 출국 시 사전 신고해야 한다. 또한 대상자의 특성에 따라 의료 치료, 정신건강 상담, 학업 지원 등의 개별 보호 조치가 이루어질 수 있다. 보호처분의 유형으로는 수강명령, 사회봉사명령, 단기·장기 보호관찰 등이 있으며, 사법부의 판단에 따라 처분 기간이 결정된다.

4) 중독

중독이란 특정한 행위나 물질에 대한 강한 의존으로 인해 개인이 통제력을 상실하고, 신체적·심리적·사회적 문제를 초래하는 상태를 의미한다. 중독은 단순한 습관이나 일시적인 몰입과는 다르며, 반복적인 사용과 집착이 강해지면서 개인의 일상생활과 건강에 심각한 영향을 미친다. 특히 청소년기에는 신경 발달이 미완성된 상태이기 때문에 중독에 쉽게 빠질 수 있으며, 중독으로 인한 부정적인 영향이 성인보다 더욱 크다.

중독의 종류는 크게 물질중독과 행동(행위) 중독으로 구분된다. 물질중독에는 알코올, 니코틴, 마약류와 같은 화학적 물질에 대한 의존이 포함된다. 이는 신체적 의존과 금단 증상을 동반하며, 장기적인 사용 시 뇌 신경 회로에 영향을 미쳐 심각한 건강 문제를 초래한다. 행동(행위) 중독은 특정한 행동에 과도하게 집착하여 일상생활에 지장을 주는 상태를 말하며, 대표적으로 게임 중독, 스마트폰 중독, 도박 중독, 쇼핑 중독 등이 있다. 행동(행위) 중독은 직접적인 신체적 의존 증상은 없지만, 심리적 의존이 강하며 충동 조절 능력의 저하를 초래한다(WHO, 2019).

청소년이 중독에 빠지는 원인은 생물학적·심리적·환경적 요인이 복합적으로 작용한 결과이다. 생물학적 요인으로는 중독에 취약한 유전적 요인과 뇌 발달 과정에서의 신경학적 특성이 있다(Nestler, 2005; Volkow et al., 2008). 특히 청소년의 전두엽이 완전히 발달하지 않은 상태이므로 충동 조절이 어렵고 중독에 쉽게 노출된다. 심리적 요인으로는 스트레스, 불안, 우울과 같은 정신건강 문제, 자기 통제력 부족, 낮은 자존감 등이 있다. 청소년들은 현실에서의 어려움을 회피하거나 감정을 해소하기 위해 중독에 빠질 가능성이 높다. 환경적 요인으로는 가정 내 갈등, 부모의 방임, 또래 집단의 영향, 미디어 및 인터넷을 통한 중독적 콘텐츠 노출 등이 있다. 청소년기는 주변 환경에 대한 영향을 크게 받는 시기이므로, 중독에 대한 노출이 높을수록 중독 가능성이 증가하기도 한다.

(1) 약물 중독

청소년 약물 중독은 청소년이 알코올, 니코틴, 마약류, 의약품 등 화학물질을 지속적·반복적으로 사용하여 신체적·정신적·사회적 문제를 초래하는 상태를 의미한다. 이는 단순한 호기심이나 일시적인 사용을 넘어, 개인이 약물에 대한 통제력을 상실하고 내성 및 금단 증상이 나타나는 특징을 가진다. 특히 청소년기는 뇌의 발달이 완성되지 않은 시기로, 약물 사용이 충동 조절 기능과 학습 능력에 부정적인 영향을 미칠 수 있다(Steinberg, 2010).

국내 청소년 약물 중독 실태를 조사한 보건복지부(2021)의 자료에 따르면 청소년 마약류 사범이 2020년 이후 지속적으로 증가하고 있으며, 특히 대마초 및 합성 마약류 사용이 급격히 늘어나고 있다. 또한 10대 청소년 마약류 사범의 비율은 전체 마약 사범 중 2.6%를 차지하며, 이는 5년 전보다 두 배 이상 증가한 수치이다(한국마약퇴치운동본부, 2022). 최근에는 SNS와 다크웹을 통한 마약류 유통이 활발해지면서, 청소년들이 쉽게 약물에 접근할 수 있는 환경이 조성되고 있다(세계일보, 2024. 02. 24.).

문제는 마약은 중독성이 매우 강하기 때문에 투약할 경우, 도파민이 폭발적으로 분비되어 뇌 속 보상 회로가 고장 난다. 따라서 마약 그 이상의 자극이 주어지지 않으면 뇌가 작동하지 않고 급격한 우울감에 빠져 일상의 즐거움을 상실하게 되기 때문에 문제가 심각하다고 할 수 있다.

이 외에도 청소년 알코올 중독이나 니코틴 중독 문제도 심각하다. 2012년부터 2016년까지 10대 청소년 중 알코올 중독으로 치료를 받은 인원은 총 7,800명으로, 연도별로는 2012년 1,415명에서 2016년 1,767명으로 약 25% 증가했다(연합뉴스, 2017. 10. 16.).

청소년이 약물 중독에 빠지는 원인은 생물학적·심리적·환경적 요인이 복합적으로 작용한 결과이다. 생물학적 요인으로는 청소년기 뇌 발달과 유전적 취약성이 있다. 심리적 요인으로는 스트레스, 불안, 우울과 같은 정신건강 문제가 있다. 또한 낮은 자존감과 자기통제력 부족도 중요한 요인으로 작용한다. 환경적 요인으로는 가정 내 갈등, 부모의 방임, 또래 집단의 영향, 미디어 및 인터넷을 통한 약물 정보 노출, 호기심(세계일보, 2024. 02. 24.) 등이 있다. 또한 또래 친구들이 약물을 사용할 경우, 동조 압력으로 인해 함께 사용하는 경우가 많다.

〈표 7-6〉 최근 6년간 연령별 마약 범죄자 수(대검찰청 마약류 범죄백서) (단위: 명)

연도＼연령	19세 이하	20대	30대	40대	50대	60대 이상	미상	합계
2017	119	2,112	3,676	3,919	2,589	1,491	217	14,123
2018	143	2,118	2,996	3,305	2,352	1,457	242	12,613
2019	239	3,521	4,126	3,487	2,554	1,598	519	16,044
2020	313	4,493	4,516	3,599	2,423	2,232	474	18,050
2021	450	5,077	4,096	2,670	1,992	1,559	318	16,153
2022	481	5,804	4,703	2,815	1,976	2,166	450	18,395

출처: 경향신문(2023. 04. 30.). 청소년 마약사범 5년 새 304%↑… 검 "청소년에 공급 땐 최고 사형 구형." https://www.khan.co.kr/article/202304301049001

(2) 스마트폰 중독, 인터넷 중독, 게임 중독

청소년의 스마트폰, 인터넷, 게임 중독은 특정 디지털 기기나 온라인 콘텐츠에 과도하게 몰입하여 신체적 · 심리적 · 사회적 기능에 부정적인 영향을 미치는 상태를 의미한다. 이는 단순한 여가 활동을 넘어 개인이 사용을 조절하지 못하고, 일상생활에 심각한 문제를 초래하는 것이 특징이다. 세계보건기구(WHO, 2019)는 게임 중독을 공식적으로 분류하였으며, 한국에서도 스마트폰과 인터넷 과의존 문제에 대한 관심이 증가하고 있다.

〈표 7-7〉 인터넷 · 스마트폰 과의존 위험군 청소년 (단위: 명)

구분	2022년	2023년	2024년
과의존 위험군(A+B−C)	235,687	230,634	221,029
인터넷 과의존 위험군(A)	188,978	181,065	174,374
스마트폰 과의존 위험군(B)	134,832	131,560	127,845
중복위험군(C)*	88,123	81,991	81,190

* 중복위험군: 인터넷 과의존 위험군이면서 스마트폰도 과의존 위험군인 청소년.

출처: 여성가족부(2024). 2024년 청소년 미디어 이용습관 진단조사 결과. https://www.mogef.go.kr/nw/enw/nw_enw_s001d.do?mid=mda700&bbtSn=712082

국내 청소년의 디지털 기기 중독 실태를 보면, 청소년의 40.1%가 스마트폰 과의존 위험군에 속하며(한국정보화진흥원, 2023), 인터넷 과의존 위험군이면서 스마트폰 과의존이 중복으로 나타나는 위험군 청소년은 2024년 기준 81,190명에 달하는 것으로 나타났다(여성가족부, 2024). 코로나19 이후 비대면 활동이 증가하면서 청소년들의 온라인 활동 시간이 급격히 늘어났으며, 이로 인해 디지털 중독 위험이 더욱 높아지고 있다.

청소년이 스마트폰 중독, 인터넷 중독, 게임 중독에 빠지는 원인은 생물학적 · 심리적 · 환경적 요인이 복합적으로 작용한 결과이다. 생물학적 요인으로는 미성숙한 충동 조절 능력, 보상 체계의 과민 반응이 있으며, 심리적 요인으로는 스트레스, 우울감, 불안감 해소를 위한 디지털 기기 사용이 있다. 청소년들은 현실에서의 스트레스를 피하거나 감정을 조절하기 위해 스마트폰과 인터넷을 이용하며, 장기적으로 의존성이 강화되기도 한다. 환경적 요인으로는 가정 및 또래 관계의 영향, 사회적 환경 변화 등이 있다. 가정에서 부모의 통제가 약하거나, 부모가 스마트폰을 과도하게 사용하는 경우, 또래 친구들이 게임이나 SNS를 주된 소통 수단으로 활용할 경우, 청소년들은 이에 동조하여 디지털 기기에 더욱 의존하게 된다.

(3) 대책

중독은 단순한 개인의 문제로 치부해서는 안 되며, 예방과 조기 개입이 중요하다. 중독의 원인을 다각도로 분석하고, 가정과 학교, 사회가 협력하여 청소년이 건강한 환경에서 성장할 수 있도록 돕는 것이 필요하다.

대한민국 정부는 청소년의 약물 중독, 스마트폰 중독, 인터넷 중독, 게임 중독 등의 문제를 해결하기 위해 여러 부처가 협력하여 예방, 치료, 교육, 규제 등의 대책을 시행하고 있다.

여성가족부는 청소년 인터넷 · 스마트폰 과의존 예방 및 상담을 지원하기 위해 인터넷중독예방상담센터(아이윌센터)를 운영하여 청소년 보호 및 중독 예방 교육을 추진하고 있다. 이 외에도 전국 청소년상담복지센터, 정신건강증진센터 등 여러 기관과의 협력을 통해 중독 치료 서비스를 제공하고 있다. 또한 저연령 청소년 미디어 중독 예방을 위해 청소년상담복지센터, 국립청소년인터넷드림마을, 국립대구청소년디딤센터 등의 기관에서 중독 치유캠프를 운영하고 있다(여성가족부, 2023).

질병관리청은 약물 중독 예방을 위해 꾸준히 중독 실태조사 및 연구 사업을 하고 있으며, 이를 기반으로 정보 시스템을 구축하여 국민에게 제공하고 있다. 또한 맞춤형 교육프로그램을 개발하여 중·고등학생을 대상으로 치료약물 사용법 및 응급처치 방법에 대한 교육을 진행하고 있다. 이 외에도 중독관리통합지원센터 운영을 지원하여 지역사회 내 알코올, 마약, 인터넷 게임, 도박 등 문제 대상자와 가족을 대상으로 조기발견하여 상담, 치료 연계, 재활 및 사회 복귀를 돕고 있다. 현재 보건복지부 산하 중독관리통합지원센터는 전국에 63개소(2025년 기준)가 운영 중이다.

교육부는 학교 내에서 실시할 수 있는 약물 오남용 예방 교육을 실시하고 있으며, 교사용 지도서를 제작하여 학생건강정보센터에 공개하여 교육할 수 있도록 독려하고 있다. 또한 학교 밖 청소년 지원센터와 대안 교육기관에서도 마약 예방 교육을 할 수 있도록 220개의 청소년상담복지센터와 협력하고 있다(국민권익위원회, 2023).

문화체육관광부는 게임 중독 예방을 위해 16세 미만은 보호자 동의하에 게임 사이트에 가입할 수 있도록 하고, 청소년 연령에 맞는 게임을 이용하도록 게임등급제를 활용한다. 또한 게임시간선택제를 통해 18세 미만의 청소년이나 부모님이 게임 사이트의 일정 시간이나 기간 동안 이용을 제한할 수 있는 법률도 제정하였다. 이러한 정부의 종합적인 중독 예방 대책 및 대응을 통해 청소년들이 건강한 환경에서 성장할 수 있도록 지원하고 있다.

5) 정신건강 문제

(1) 우울증 및 불안장애

청소년 우울과 불안은 현대 사회에서 점점 더 중요한 정신건강 문제로 대두되고 있다. 우울(depression)은 지속적인 슬픔과 흥미 상실, 무기력함 등의 증상을 특징으로 하는 정신적 상태로 정의된다. 벡(Beck, 1967)은 우울을 자신, 세계, 미래에 대한 부정적인 견해로 구성된 인지적 삼재(cognitive triad)라고 설명하였다. 이는 우울한 사람은 자기 자신이나 경험, 미래에 대해 부정적인 관점을 가지고 있으며, 임의적 추론이나 이분법적 사고, 선택적 추상화 등 인지적 왜곡을 많이 보인다고 밝히고 있다(하은혜, 2006, p. 430). 우울증은 적절한 치료를 통해 회복될 수 있는 질환으로 보고 있으며, 주요 증상으로는 우울한 기분, 흥미나 즐거움의 상실, 피로감 증가 등이 있다(이민수, 2001). 이와 같은 증상이 최소 2주 이상 지속될 때 진단 기준에 부합한다.

한편, 불안(anxiety)은 다가올 위협이나 위험에 대한 과도한 걱정과 두려움으로 나타난다. 스필버거(Spielberger, 1972)는 불안을 객관적인 위협이 없거나 위협이 있더라도

〈표 7-8〉 최근 5년(2017~2021년) 10세 단위별 우울증 환자 수

(단위: 명, %)

구분	2017년	2018년	2019년	2020년	2021년	증감률	
						연평균	'17년 대비 '21년
전체	691,164	764,861	811,862	848,430	933,481	7.8	35.1
10대 미만	1,140	1,243	1,493	1,350	1,940	14.2	70.2
10대	30,273	43,029	48,099	47,774	57,587	17.4	90.2
20대	78,016	100,598	122,039	148,136	177,166	22.8	127.1
30대	83,819	94,371	106,756	118,277	140,270	13.7	67.3
40대	99,336	106,764	113,422	116,660	130,718	7.1	31.6
50대	126,567	130,723	131,282	127,385	130,059	0.7	2.8
60대	129,330	136,019	137,497	139,883	148,039	3.4	14.5
70대	118,022	123,639	122,168	119,221	118,611	0.1	0.5
80대 이상	52,480	58,324	61,098	63,670	66,570	6.1	26.8

※ 환자 수는 동일인의 중복을 제거한 값으로, 단순합산할 경우 중복이 발생할 수 있음.
출처: 건강보험심사평가원(2022). 우울증과 불안장애 진료현황 분석.

〈표 7-9〉 최근 5년(2017~2021년) 10세 단위별 불안장애 환자 수

(단위: 명, %)

구분	2017년	2018년	2019년	2020년	2021년	증감률	
						연평균	'17년 대비 '21년
전체	653,694	710,510	743,083	780,384	865,108	7.3	32.3
10대 미만	2,154	2,173	2,394	2,778	3,398	12.1	57.8
10대	17,763	21,489	23,853	25,190	31,701	15.6	78.5
20대	59,080	70,229	80,969	92,713	110,351	16.9	86.8
30대	80,302	88,942	96,944	100,893	116,023	9.6	44.5
40대	112,805	121,239	126,009	128,644	144,477	6.4	28.1
50대	135,525	143,325	144,706	145,069	154,362	3.3	13.9
60대	121,334	130,238	134,117	144,045	159,845	7.1	31.7
70대	100,253	106,003	106,220	110,148	113,935	3.2	13.6
80대 이상	44,018	48,382	51,535	56,145	59,441	7.8	35.0

※ 환자 수는 동일인의 중복을 제거한 값으로, 단순합산할 경우 중복이 발생할 수 있음.
출처: 건강보험심사평가원(2022). 우울증과 불안장애 진료현황 분석.

그 정도에 비해 과도한 공포 반응으로 정의하며, 이는 특정 상황에서 신체적 · 심리적 반응을 유발할 수 있다고 보았다. 청소년기의 불안은 학업 부담, 또래 관계 갈등, 미래에 대한 불확실성 등의 요인과 맞물려 심화될 가능성이 높다.

청소년 우울과 불안의 원인은 유전적 · 환경적 · 심리적 요인 등으로 나눌 수 있다.

첫째, 유전적 요인은 가족력이 있는 경우에 청소년이 우울증이나 불안장애를 경험할 확률을 증가시키는 요인으로 작용한다(이상영 외, 2016). 둘째, 환경적 요인으로는 가정 내 갈등, 학업 스트레스, 사회적 지지 부족 등이 있으며, 이러한 요인은 청소년이 정서적으로 불안정한 상태에 놓이게 한다(보건복지부, 2024). 셋째, 심리적 요인으로는 낮은 자존감, 부정적인 사고 패턴, 완벽주의 성향 등이 있으며, 이는 청소년이 우울하거나 불안을 쉽게 경험하도록 만든다(이상영 외, 2016).

건강보험심사평가원의 통계에 따르면, 2017년부터 2021년까지 우울증으로 진료를 받은 10대 환자 수는 90.2% 증가하였으며, 같은 기간 불안장애로 진료를 받은 10대 환자 수도 78.5% 증가하였다(건강보험심사평가원, 2021). 이러한 증가 추세는 청소년 정신건강 문제에 대한 사회적 관심과 개입이 더욱 필요함을 보여 준다.

청소년 우울과 불안은 단순한 감정적 기복이 아니라, 장기적으로 정신건강에 심각한 영향을 미칠 수 있는 문제이다. 국내 통계를 보면 최근 청소년들의 정신건강 문제가 점점 심각해지고 있으며, 이에 대한 적극적인 예방과 치료가 요구된다. 환경적 · 심리적 요인 등 다양한 원인이 작용하는 만큼, 개별 청소년의 상황에 맞는 맞춤형 개입과 정책적 지원이 필요하다.

(2) 자살과 자해 행동

자살과 자해는 개인의 정신건강과 직결되는 중요한 문제로, 이에 대한 명확한 정의와 이해가 필요하다. 세계보건기구(WHO, 2019)에 따르면, 자살(suicide)은 치명적인 결과를 초래하는 자해 행위로 정의되며, 자해(self-harm)는 자신의 신체에 의식적이고 의도적으로 해를 가하는 행동을 의미한다. 특히 자해는 자살 의도의 유무에 따라 자살 행동과 비자살성 자해로 구분되지만, 자살 의도를 명확하게 판단하는 것이 어렵고, 자해에 대한 표준화된 정보 수집 방법이 부재하기 때문에 신뢰할 수 있는 자해 현황을 정확히 파악하는 것은 여전히 어려운 실정이다.

현재 대한민국의 자살률은 OECD 국가 중 가장 높은 수준으로, OECD 평균의 두 배에 달한다. 자살 사망률은 인구 10만 명당 25.2명으로, 10~30대의 사망 원인 1순위,

40~50대에서는 사망 원인 2순위를 차지한다(통계청, 2022). 이는 자살이 우리 사회에서 시급히 해결해야 할 중요한 공중보건 문제임을 시사한다.

청소년기의 자살과 자해는 다양한 원인에 의해 발생하며, 심리적 요인으로는 우울증과 불안장애가 대표적으로 지목된다. 청소년기의 우울과 불안은 자살과 자해 행동을 유발하는 핵심적인 위험 요인으로 작용하며, 자기비하적인 사고와 낮은 자존감이 이를 더욱 심화시킨다. 또한 자기 자신이 겪는 문제, 고통, 걱정 등을 반복적으로 생각하는 것을 반추라 하는데, 그동안 반추 행동은 우울 발생을 지속적으로 관여하여 자살의 예측 요인으로도 작용한다는 의견이 제시되어 왔다(노상선 외, 2014, p. 738; Just & Alloy, 1997; Nolen-Hoeksema, 2000; Spasojevic & Alloy, 2001에서 재인용). 또한 감정 조절 능력이 미숙한 청소년들은 순간적인 충동을 조절하는 데 어려움을 겪으며, 이로 인해 자해 행동을 보일 가능성이 높아진다(보건복지부, 2022). 환경적 요인으로는 가정 내 갈등, 학업 스트레스, 또래 관계 문제 등이 있다. 가족 내 폭력이나 방임, 부모와의 갈등이 심한 경우, 청소년들은 심리적 지지를 받지 못하며 극단적인 선택을 고려할 가능성이 커진다. 또한 한국 사회에서의 높은 학업 부담과 성적 경쟁은 청소년에게 심리적 압박을 가중시키며, 이는 자살 및 자해 행동으로 이어질 위험이 있다. 사회적 요인으로는 미디어의 영향과 정신건강 서비스의 접근성 부족이 지적된다. 최근 온라인 공간에서 자해나 자살을 미화하는 콘텐츠가 증가하고 있으며, 이는 청소년들의 모방 행동을 유발할 수 있다. SNS의 발달로 인해 자살 유발 정보[2]나 자해에 관한 정보를 무분별하게 노출시키는 것,[3] 자해 SNS 계정을 운영하거나 자해 관련 콘텐츠를 쉽게 접할 수 있는 것도 영향이 있다. 또한 정신건강 서비스에 대한 인식 부족과 상담 서비스 이용의 어려움도 청소년들이 적절한 도움을 받지 못하는 요인 중 하나이다.

청소년 자살률은 대한민국에서 심각한 사회문제로 대두되고 있다. 통계청(2023)에 따르면, 청소년(10~19세) 자살률은 최근 5년간 지속적으로 증가하고 있으며 2023년 기준 10만 명당 7.9명으로 집계되었다. 이는 청소년 사망 원인 중 가장 높은 비율을 차지하는 것으로, 자살이 대한민국 청소년들에게 있어 중대한 문제임을 보여 준다. 또한 자해와 관련한 공식적인 통계는 집계된 바가 많지 않지만, 보건복지부(2022)의 국민 정신건강

2) 세계일보(2024. 09. 10.). [단독] 자살 유발 정보 30만 건 넘게 유통되는데…모니터링 센터 신설 2년째 무산. https://www.segye.com/newsView/20240910508592

3) 한겨레(2024. 09. 10.). 자해 사진 올리며... 살고 싶어 상처 낸다는 10대들. https://www.hani.co.kr/arti/society/society_general/1157772.html)

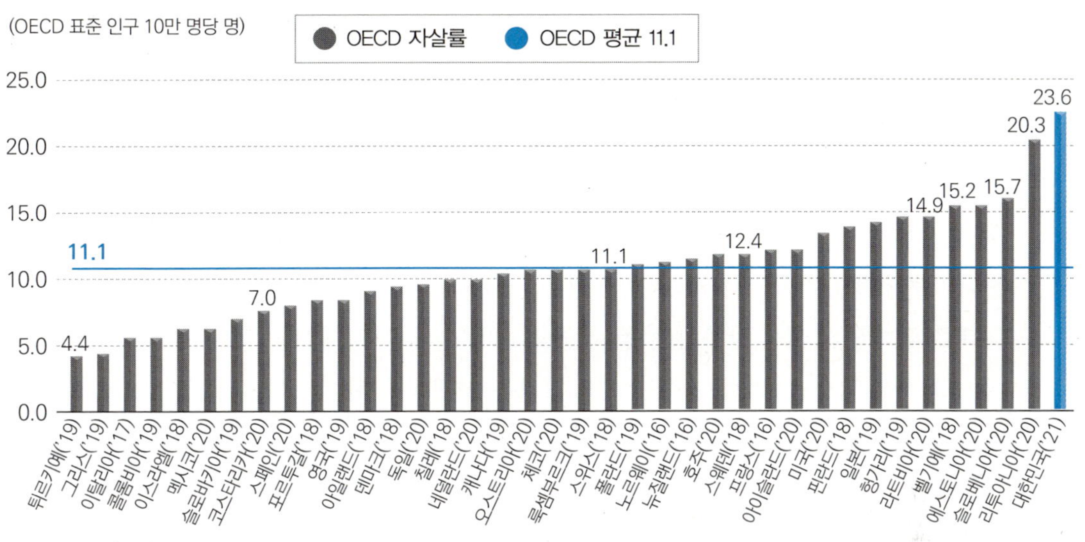

[그림 7-3] OECD 국가의 최근 자살 사망률(10만 명당) 현황

출처: 질병관리청 국가손상정보포털 홈페이지. https://www.kdca.go.kr/injury/biz/injury/damgInfo/siSucdeMain.do

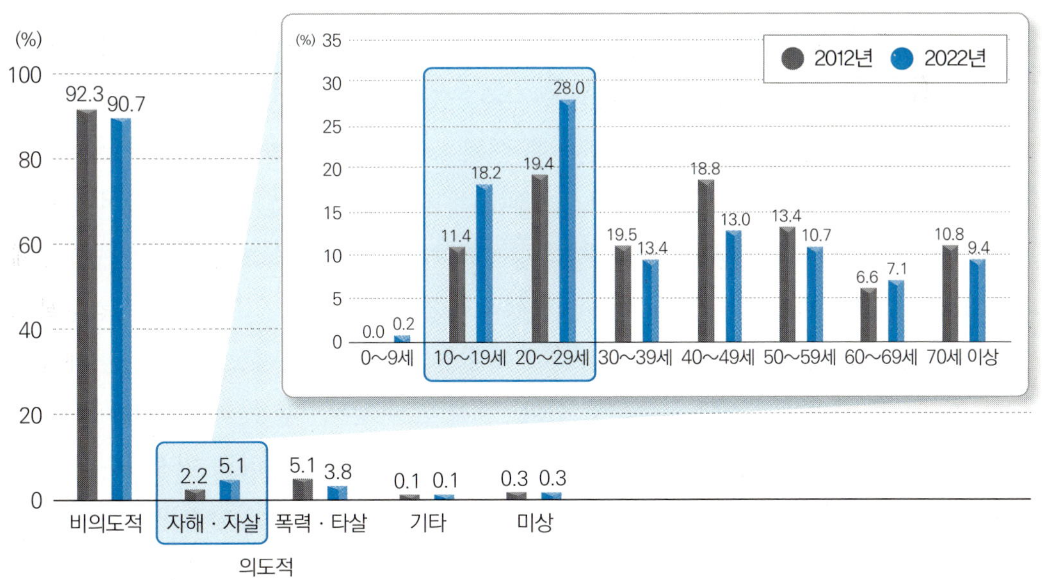

[그림 7-4] 자해·자살 시도자의 연령변화(2012년, 2022년)

자료원: 질병관리청(2022). 손상유형 및 원인 통계.

출처: 질병관리청 국가손상정보포털 홈페이지. https://www.kdca.go.kr/injury/biz/injury/damgInfo/siSucdeMain.do

조사의 청소년 약 2.2%가 한 번 이상 자해(비자살적 자해)를 경험한 적이 있으며, 이 중 상당수가 스트레스 해소나 감정 조절을 위해 자해를 시도한 것으로 나타났다.

청소년 자살과 자해는 단순한 충동적 행동이 아니라, 심리적 · 환경적 요인이 복합적으로 작용하는 문제이다. 우울과 불안 등 정신건강 문제뿐만 아니라, 가정 및 사회적 환경 역시 중요한 역할을 하며, 자살과 자해 행동을 예방하기 위해서는 여러 접근이 필요하다. 특히 정신건강 서비스의 접근성을 높이고, 미디어에서 자살과 자해를 미화하는 콘텐츠에 대한 규제를 강화하는 것이 중요하다. 한국 사회에서는 청소년들이 적절한 정신건강 지원을 받을 수 있도록 정책적 지원을 확대해야 하며, 교육 및 상담 시스템을 강화하여 실질적인 도움을 제공해야 한다.

(3) 대책

청소년의 정신건강을 위한 사업은 교육부, 보건복지부, 여성가족부 등에서 추진하고 있다. 교육부는 학교 내 학생을 대상으로, 여성가족부는 학교 밖 청소년의 정신건강을 위해, 보건복지부는 의료적 치료의 개입이 필요한 청소년을 대상으로 정신과적 전문성을 기반하여 정책을 추진하고 있다.

교육부의 정서 · 행동 발달상의 문제를 발견하고 사전에 예방하기 위해 매년 학생을 대상으로 학생 정서 · 행동 특성검사를 실시하고 있다. 검사를 통해 위험수준별 관리체계를 구축하고 학교 내 지속관리, 전문기관 연계 등 2차 조치를 받을 수 있도록 한다.

보건복지부는 아동과 청소년의 정신건강 문제를 예방하고 조기에 발견하여 상담과 치료를 지원하기 위해 「정신건강증진 및 정신질환자 복지서비스 지원에 관한 법률」 제11조 제2항을 기반으로 다양한 정책을 시행하고 있다. 2024년 기준 광역정신건강복지센터 17개소, 기초정신건강복지센터 246개소에서 만 18세 이하 아동 · 청소년을 대상으로 정신건강 지원 서비스를 제공하고 있다. 특히 학생 정서 · 행동 특성검사를 통해 정신건강 위험군으로 분류된 아동 · 청소년을 기초정신건강복지센터로 연계하여 사례관리, 정신건강 증진 및 정신질환 예방 교육을 실시하고 있다. 또한 임상적 치료가 필요한 경우에는 지역 내 정신의료기관에서 진단검사와 치료를 받을 수 있도록 치료비용을 지원하는 정책도 운영하고 있다.

여성가족부는 「청소년복지 지원법」(이하 「청소년복지법」) 제12조에 근거하여 만 9세부터 24세까지의 청소년을 대상으로 청소년사이버상담센터를 운영하고 있다. 이를 통해 청소년상담 1338 채널(전화 · 온라인 · 모바일 등)을 제공하며, 가출, 학업 중단, 인터넷 중독, 가정 · 학교 폭력, 성폭력 · 성매매 등의 문제에 대한 상담을 지원하고 있다.

또한 「청소년복지법」 제29조에 따라 청소년과 부모를 위한 상담을 진행하고, 청소년 폭력 · 학대 등으로 피해를 입은 청소년을 긴급 구조하며, 법률 및 의료 지원을 제공하고 있다. 이와 함께 청소년의 자립 능력을 높이기 위한 자활 및 재활 지원 등의 업무를 수행하는 청소년상담복지센터도 운영하고 있다. 2025년 3월 기준, 전국에는 240개의 청소년상담복지센터가 운영 중이며, 이를 통해 청소년들이 필요할 때 언제든지 전문적인 상담과 지원을 받을 수 있도록 돕고 있다.

대한민국 정부는 자살 · 자해 예방과 문제해결을 위해 제5차 자살예방기본계획(2023~2027년)[4]을 수립하여 '자살로부터 안전한 사회 구현'을 비전으로 삼아, 2027년까지 자살률을 30% 감소시키는 것을 목표로 대책을 마련했다. 주로 정신건강검진 주기 단축하여 2년마다 우울증 등 정신건강 위험 신호를 조기에 발견하고 치료할 수 있도록 하였고, 생명존중안심마을을 17개 시 · 도에서 운영, 자살 고위험군을 조기에 발견하고 전문기관으로 연계하는 등 지역사회안전망을 강화하는 방안을 마련했다. 또한 자살유발정보 모니터링을 강화해 24시간 자살 유발 정보에 대한 신고 · 긴급구조 · 수사의뢰까지 즉각 대응하여 유해 환경으로부터 국민을 보호할 수 있도록 했다. 이 외에도 자살시도자 사후관리, 자살예방센터(정신건강복지센터) 연계, 자살 유족 사후관리, 자살사고 사후대응 체계구축 등 정신건강 위기군에 대한 지원을 확대하는 방안을 마련했다.

이러한 정책을 통해 정부는 아동 · 청소년이 정신건강 문제를 조기에 발견하고 적절한 치료를 받을 수 있도록 돕고 있으며, 궁극적으로 정신질환 예방과 건강한 성장 환경 조성을 목표로 한다.

3. 청소년문제의 이론적 관점

1) 아노미이론

아노미 이론은 사회구조의 불평등으로 인해 개인이 목표를 달성할 기회를 갖지 못

---

4) 관계부처 합동(2023. 04.). 제5차 자살예방기본계획[2023~2027].

할 때 규범이 약화되어 일탈 행동이 발생한다고 설명하는 이론이다. 뒤르켐(Émile Durkheim)은 급격한 사회 변화로 인해 기존 규범이 붕괴되는 무규범 상태를 아노미라고 정의했으며, 이는 자살률 증가와 같은 사회문제로 이어진다고 하였다. 이어 머튼(Robert Merton)은 뒤르켐의 아노미 이론을 '구조적 긴장'의 개념으로 확장했다. 이는 모든 개인이 동일한 사회적 목표(예: 물질적 성공, 좋은 직업 등)를 추구하고 있으나, 합법적인 수단(교육 기회, 안정적인 일자리 등)에 대한 접근이 사회적 계층에 따라 불평등할 때 발생하는 긴장 상태를 '아노미'라고 한다. 즉, 사회적 목표와 수단 간의 불일치가 범죄와 비행의 원인이 된다고 주장했다. 결국 아노미 상태에서는 개인이 합법적인 방법 대신 비행이나 일탈을 선택할 가능성이 높아진다는 것이 이론의 핵심이다. 청소년문제와 연결하면 이는 사회경제적 불평등이 특정 청소년 집단에 합법적인 성공 기회를 박탈하고, 이 때문에 비행을 선택할 가능성이 높아진다는 점을 설명할 수 있다.

2) 차별접촉이론

차별접촉이론(differential association theory)은 에드윈 서덜랜드(Edwin Sutherland, 1947)가 제안한 이론으로, 범죄와 일탈 행동이 사회적 상호작용을 통해 학습된다고 설명한다. 즉, 개인이 범죄를 정당화하는 가치관과 행동을 가진 사람들과 더 많이 접촉할수록 비행을 학습하고 수용할 가능성이 높아진다. 이때 범죄를 정당화하는 가치관뿐만 아니라 범죄를 저지르는 기술도 학습될 수 있다. 가족, 친구, 또래 집단 등과의 접촉이 중요한 역할을 하며, 범죄 행위는 타인과의 교류 속에서 습득된다고 본다. 특히 청소년의 경우, 또래 집단과의 접촉에서 비행을 학습할 확률이 크기 때문에 범죄 예방을 위해서는 건전한 사회적 관계 형성이 중요하다고 강조한다.

3) 사회통제이론

사회통제이론은 허시(Hirschi, 1969)가 제안한 이론으로, 개인이 사회적 유대가 약해질 때 비행이나 범죄를 저지를 가능성이 높아진다고 설명한다. 허시는 사회적 유대의 요소로 애착(attachment), 전념(commitment), 참여(involvement), 신념(belief) 네 가지를 제시했다. 애착은 가족, 친구, 교사 등 타인과의 정서적 유대를 의미한다. 전념은 사회적으로 인정받는 목표를 향한 노력이다. 참여는 긍정적인 활동에 참여하는 정도이며, 신념은 사회적 규범과 가치를 믿고 따르는 정도를 의미한다.

가족, 학교, 지역사회와의 유대가 강할수록 개인은 규범을 따르지만, 이러한 유대가 약해지면 통제력이 감소하여 문제 행동이 발생할 가능성이 커진다. 특히 청소년의 경우, 가정과 학교에서의 유대가 약해질수록 비행 가능성이 높아진다. 따라서 비행 예방을 위해서는 사회적 유대를 강화하는 것이 중요하다. 사회통제이론은 개인이 사회와 강한 유대를 맺을 때 올바른 행동을 유지할 수 있다고 보는 관점이다.

4) 낙인이론

낙인이론은 레머트(Edwin Lemert)와 베커(Haward Becker)에 의해 제기된 이론으로, 낙인이론에서는 어떤 행동이 일탈로 간주되는 것은 사회가 그 행동을 어떻게 받아들이느냐에 따라 결정된다고 본다. 즉, 특정 행동을 한 개인이 사회로부터 낙인을 받으면, 그 낙인을 받아들이고 실제 더 일탈적인 행동을 하게 될 가능성이 높아진다. 처음에는 단순히 규칙 위반이었을 수 있지만, 주변 사람들이 그를 문제가 있는 개인으로 보면 점점 더 심한 일탈 행동으로 발전할 수 있다. 사회적으로 부정적인 평가를 받을수록 비행이 반복된다.

5) 사회학습이론

사회학습이론은 심리학자 밴듀라(Albert Bandura)가 제안한 이론으로, 인간의 행동이 관찰과 모방을 통해 학습된다고 설명한다. 밴듀라는 1961년 실험을 통해 아이들이 성인의 공격적인 행동을 관찰하고 이를 모방하는 과정을 입증하였다. 이 실험은 관찰 학습의 강력한 영향을 보여 주며, 청소년들이 주변의 성인이나 또래, 미디어 등을 통해 다양한 행동을 학습할 수 있음을 시사한다. 특히 이러한 행동이 보상을 받는 것을 목격할 경우, 청소년은 그 행동을 더욱 강화하고 반복할 가능성이 높다. 밴듀라는 이러한 학습 과정을 주의 집중, 파지(기억), 재생(모방), 동기화의 네 가지 단계로 설명하였다. 이러한 이론은 교육, 심리치료, 미디어 연구 등 다양한 분야에서 활용되고 있다.

참고문헌

건강보험심사평가원(2022). 우울증과 불안장애 진료현황 분석.

건강보험심사평가원(2022. 06. 24.). 최근 5년(2017~2021년) 우울증과 불안장애 진료현황 분석 보도자료.

경찰청(2022). 범죄분석 통계. https://www.police.go.kr.

경향신문(2023. 04. 30.). 청소년 마약사범 5년 새 304%↑... 검 "청소년에 공급 땐 최고 사형 구형." https://www.khan.co.kr/article/202304301049001 (인출일 2025. 02. 17.)

관계부처 합동(2023. 04.). 제5차 자살예방기본계획[2023~2027].

교육부(2020). 제4차 학교폭력 예방 및 대책 기본계획(안).

교육부(2024). 2024년 1차 학교폭력 실태조사(전수조사) 주요 결과.

교육부(2024. 09. 25.). 2024년 1차(전수조사) 및 2023년 2차(표본조사) 학교폭력 실태조사 결과 발표. 보도자료.

국가법령정보센터 .https://www.law.go.kr/ 청소년복지 지원법 (법률 제19761호, 2023. 10. 24. 일부개정). (2024. 04. 25. 시행).

국민권익위원회(2023). 청소년 마약 예방 교육 강화 방안(의결서). [의결 2023. 12. 26.]

김지경, 송현주, 김균희, 정윤미, 변주영(2022). 2022년 청소년 매체이용 및 유해환경 실태조사. 여성가족부.

김진호(2010). 청소년문제행동과 보호환경의 관계에 대한 문제행동통제의 매개효과. 미래청소년학회지, 7(4), 151-173.

노상선, 조용래, 최미경(2014). 대학생의 자기 자비와 생활 스트레스가 자살생각에 미치는 영향. 한국심리학회지: 임상, 33(4), 735-757.

대검찰청(2015~2023). 범죄분석 법원행정처(2012~2023). 사법연감.

데이터솜(2024. 08. 28.). 딥페이크 성범죄 피의자 70% 이상이 10대. https://www.datasom.co.kr/news/articleView.html?idxno=201979 (인출일 2025. 02. 25.)

배규한, 김기헌, 김민, 김영인, 김진호, 김호영, 문성호, 박진규, 송병국, 이유진, 이창호, 조아미, 조혜영, 최창욱, 한상철, 황진구(2014). 청소년학개론. 교육과학사, 한국청소년정책연구원.

백혜정, 방은령(2020). 청소년 가출 현황과 문제점 및 대책연구. 한국청소년정책연구원 연구보고서 09-R08.

법무부 범죄예방정책국 홈페이지. https://www.cppb.go.kr/

법무부(2022. 10. 26.). 소년범죄 종합대책 마련. https://www.moj.go.kr/bbs/moj/189/564185/artclView.do

보건복지부 국립정신건강센터 국가정신건강정보포털. https://www.mentalhealth.go.kr/portal/disease/diseaseDetail.do?dissId=19

보건복지부(2021). 2021년 마약류 사용자 실태조사.

보건복지부(2023). 2023년 자살사망통계 발표 보도자료.

보건복지부 국립정신건강센터(2022). 2022년 정신건강실태조사 보고서(소아 · 청소년).

세계일보(2024. 09. 10.). [단독] 자살 유발 정보 30만 건 넘게 유통되는데…모니터링 센터 신설 2년째 무산. https://www.segye.com/newsView/20240910508592 (인출일 2025. 02. 14.)

세계일보(2024. 02. 24.). "디지털 능숙한 10대가 마약하기 쉬운 환경… 치킨처럼 마약 주문" [일문일답①]. https://www.segye.com/newsView/20240219500447?OutUrl=naver (인출일 2025. 02. 13.)

여성가족부(2023). 2023 청소년백서.

여성가족부(2024). 2024년 청소년 미디어 이용습관 진단조사 결과. https://www.mogef.go.kr/nw/enw/nw_enw_s001d.do?mid=mda700&bbtSn=712082

연합뉴스(2025. 02. 14.).'딥페이크 성범죄' 682명 검거…80%가 10대. https://www.yna.co.kr/view/MYH20250214002900038 (인출일 2025. 02. 25.)

이미리, 조성연, 길은배, 김민(2019). 청소년학개론. 학지사.

이민수(2001). 우울증의 진단과 치료. 대한신경과학회 춘계학술대회, 66-77.

이상영, 채수미, 황도경, 윤장호, 손창균, 안동현, 정진욱, 송기민, 윤시몬, 차미란, 이정아(2016). 한국 국민의 건강행태와 정신적 습관(Mental Habits)의 현황과 정책대응. 한국보건사회연구원 연구보고서, 71.

이해국, 임현우, 정현숙, 천영훈, 조선진, 장옥진, 이승엽, 김미현, 전예림, 오산여울(2021). 2021년 마약류 사용자 실태조사 보고서. 보건복지부 보고서.

이해주, 이미리, 모경환(2006). 청소년문제론. 한국방송통신대학교 출판부.

질병관리청(2022). 손상유형 및 원인 통계. 질병관리청 국가손상정보포털 홈페이지. https://www.kdca.go.kr/injury/biz/injury/damgInfo/siSucdeMain.do

최인재, 이기봉, 김청송, 김진호(2010). 청소년문제행동을 완화하는 보호요인에 관한 연구. 한국청소년정책연구원.

통계청(2023). 사망원인통계.

하은혜(2006). 청소년기 부정적 자동적 사고의 내용특수성 검증 - 내재화 장애와 외현화 장애를 변별하는가?, 한국심리학회지: 임상, 25(2), 429-447.

한겨레(2024. 09. 10.). 자해 사진 올리며... 살고 싶어 상처 낸다는 10대들. https://www.hani.co.kr/arti/society/society_general/1157772.html (인출일, 2025. 02. 14.)

한국마약퇴치운동본부(2022). 국내 마약류 범죄 현황.

한국정보화진흥원(2023). 2023년 스마트폰 과의존실태조사 최종보고서.

허민숙(2021). 홈리스 청소년 지원 입법 - 정책과제, 가정복귀 프레임을 넘어. 국회입법조사.

American Psychiatric Association. (2022). *Diagnostic and statistical manual of mental disorders* (5th ed., text rev.). American Psychiatric Association.

Beck, A. T. (1967). *Depression: Clinical, experimental, and theoretical aspects*. Harper & Row.

Nestler, E. J. (2005). Is there a common molecular pathway for addiction? *Nature Neuroscience, 8*(11),

1445–1449.

O'Carroll, P. W., Berman, A. L., Maris, R. W., Moscicki, E. K., Tanney, B. L., & Silverman, M. M. (1996). Beyond the Tower of Babel: A Nomenclature for Suicidology. *Suicide and Life-Threatening Behavior, 26*(3), 237–252. https://iris.who.int/bitstream/handle/10665/112852/9789241506717-kor.pdf

Spielberger, C. D. (1972). *Anxiety: Current trends in theory and research*. Academic Press.

Steinberg, L. (2010). A dual systems model of adolescent risk-taking. *Developmental Psychobiology, 52*(3), 216–224.

Sutherland, E. H. (1947). *Principles of criminology* (4th ed.). J. B. Lippincott.

Hirschi, T. (1969). *Causes of delinquency*. University of California press.

Volkow, N. D., Wang, G. J., Fowler, J. S., & Telang, F. (2008). Overlapping neuronal circuits in addiction and obesity: Evidence of systems pathology. *Philosophical Transactions of the Royal Society B: Biological Sciences, 363*(1507), 3191–3200.

World Health Organization. (2019). *International classification of diseases for mortality and morbidity statistics* (11th revision). https://icd.who.int/

제8장

청소년복지

1. 청소년복지의 개념
2. 청소년복지의 대상별 현황
3. 청소년복지의 목적과 필요성
4. 청소년복지의 원칙
5. 청소년복지 지원의 실제
6. 청소년복지 전문가의 역할

청소년학의 이해

1. 청소년복지의 개념

1) 청소년복지의 정의

과거에는 청소년복지를 아동복지와 구분하지 않고 아동청소년복지라고 혼합적으로 사용하거나(장인협 외, 2006; 천정웅, 김윤나, 이채식, 전경숙, 2012, p. 43), 사회복지의 한 영역으로 보기도 하고(이세형, 2020, p. 54), 사회복지에서 파생된 학문으로 여기기도 하였다(천정웅 외, 2012, p. 63). 이처럼 청소년복지에 대한 정체성 혼란은 「청소년 기본법」이 제정되기 전까지 지속되었다(이태희, 정재필, 2024, p. 33). 「청소년 기본법」 제3조 제4호에 따르면 청소년복지란 청소년이 정상적인 삶을 누릴 수 있는 기본적인 여건을 조성하고 조화롭게 성장·발달할 수 있도록 제공되는 사회적·경제적 지원을 말한다. 그러나 급속한 사회적 변화와 대중문화의 중심축에 청소년이 자리 잡으면서, 관련 정책과 제도가 조급하게 시행되었고, 이로 인해 청소년복지는 아동청소년복지, 청소년정책, 청소년복지정책, 청소년육성정책, 청소년복지활동 등으로 혼용되고 있다(박정란 외, 2016, p. 33).

청소년복지의 개념은 법적 정의가 있음에도 많은 학자가 아직까지 조작적으로 정의하고 있다.

천정웅 등(2012, p. 44)은 모든 청소년의 복지를 추구하는 것이며, 기본 욕구 충족을 넘어서 주체적인 삶을 위해 청소년의 발달과 기능을 최적으로 촉진하고 발휘할 수 있도록 보장하는 것이라고 정의하였다.

홍봉선, 김영미, 김지연(2015, pp. 46-47)은 대상 집단이 요보호청소년 등 특정 집단에 국한되는 것이 아니라 일반청소년 및 청소년의 생활에 가장 직접적인 영향을 미치는 가족까지도 포함하고 있으며, 청소년에 대한 직접적 서비스뿐 아니라 간접적으로 제공되는 모든 정책과 제도를 포함하는 광범위한 개념으로 정의하였다.

정규석, 김영미, 김지연(2017, p. 45)은 요보호청소년과 일반청소년을 포함한 모든 청소년을 대상으로 하여 기본적 욕구를 충족시키고, 청소년문제를 해결하고 예방하며, 신체적·인지적·정서적·사회적으로 건강한 성장과 발달을 촉진하고, 능력을 개발하며, 유해 환경으로부터 보호하고 건강한 발달을 지원하기 위한 환경을 조성하는 정책적·실천적 활동이라고 정의하였다.

노병일과 노대겸(2019, p. 58)은 청소년의 건강과 복리 수준을 높여서 청소년의 삶의 질을 높이기 위한 모든 활동과 조치라고 정의하였다.

이세형(2020, p. 56)은 아동복지와 구별되는 독립된 사회복지 분야 가운데 하나로, 청소년의 기본적 욕구 충족과 건강한 성장발달을 도모하고 청소년들로 하여금 사회 구성원의 한 사람으로서 주체적인 삶을 영위하도록 하며, 나아가 청소년을 둘러싼 제반 환경이 청소년의 성장을 돕기 위해 최적의 기능을 발휘할 수 있도록 청소년과 청소년을 둘러싼 가정, 사회를 통해 직·간접적으로 제공하는 사회정책과 제도, 전문적 활동이라고 하였다.

최미경과 최세영(2021, p. 40)은 일반청소년뿐만 아니라 다양한 문제를 가진 청소년을 포함한 모든 청소년이 가족과 사회의 일원으로서 행복하게 살면서 건전하게 성장·발달하도록 지원하는 공적·사적 차원에서의 조직적 활동이라고 하였다.

이태희와 정재필(2024, p. 34)은 청소년의 특성과 욕구 등에 있어서 아동복지와는 구별되며, 주체성과 정체성을 갖는 청소년으로서 그들의 발달과업으로서의 문제, 사회적 기본권의 보장, 이를 통한 인권보장, 문화적 권리의 실현 등을 도모하는 일련의 활동이라고 정의하고 있다.

이처럼 많은 학자가 각자의 의미를 담고 청소년복지를 정의하고 있다. 공통적으로 '모든 청소년'을 대상으로 한다는 것과 '성장 및 발달' 이를 위한 '지원 및 보장'에 초점이 맞춰져 있다.

필자가 처음 청소년학에 입문하고 많이 들었던 질문이 있다. "청소년복지? 사회복지 같은 거야?" 법적 정의나 특정 학자의 정의를 외워서 대답할 수 있으면 좋겠지만, 어려울 경우, 앞의 세 가지 키워드만 기억해서 대답해 보자. "청소년복지란 '모든 청소년'이 '성장 및 발달'할 수 있도록 '지원 및 보장'하는 것입니다."

2) 청소년복지의 주요 내용

앞서 정리한 청소년복지의 정의를 통해 알 수 있는 부분은 상당히 포괄적이라는 것이다. 이런 점에서 청소년복지가 어떠한 범주와 영역, 누구에게 무엇을 제공하는지 법과 정책에서 제시하고 있는 내용과 학자들의 논의를 통해 알아보자.

첫째, 「청소년 기본법」에서 규정된 청소년복지를 지원하기 위한 법률인 「청소년복지 지원법」에서는 청소년복지의 분야를 청소년의 우대, 청소년의 건강보장, 지역사회 청소년통합지원체계, 위기청소년 지원, 청소년부모 지원, 예방적 · 회복적 보호지원, 청소년복지지원기관 및 청소년복지시설 등으로 규정하고 있다.

둘째, 청소년복지의 대상을 중심으로 영역을 구분하는 견해가 있는데, 일반청소년, 빈곤가정 및 결손가정청소년 등 양육과 보호가 필요한 청소년, 장애청소년, 가출 및 비행청소년 등 사회적 · 법적 보호가 필요한 청소년, 학교 부적응 및 학교 밖 청소년, 근로 및 농어촌청소년, 미혼모청소년, 외국인노동자 자녀, 에이즈감염청소년, 탈북청소년 등 특별보호청소년으로 나누어 이해하는 것이다. 과거에는 청소년복지의 주요 대상이 요보호청소년과 문제청소년이었으나, 최근에는 전체 청소년으로 확대되고 있다(천정웅 외, 2012, pp. 64-65).

셋째, 청소년복지의 서비스 영역을 가족, 교육, 보건, 사회참여, 유해 환경, 청소년 근로, 청소년상담의 영역으로 구분하는 견해가 있다(김정열, 조승희, 2023, pp. 50-57). 그리고 이러한 서비스를 지원 서비스, 보완 서비스, 대리 서비스로 분류해서 제시하기도 한다(이태희, 정재필, 2024, p. 48).

넷째, 청소년문제를 중심으로 청소년복지를 논의하는 견해가 있는데, 가출, 다문화, 미혼출산, 성범죄, 성소수자, 약물 남용, 우울, 인터넷 중독, 자살, 장애, 집단 따돌림, 학교폭력, 학업 중단, ADHD 등을 주요 각론으로 논의하고 있다. 그렇지만 이러한 상황에 놓여 있는 청소년을 문제청소년이라 잘못 해석하면 안 된다.

다섯째, 청소년과 관련한 사회 환경, 생활 양식 또는 활동 분야와의 관련을 중심으로 이해하는 견해가 있는데, 청소년 가정 환경, 청소년의 학교 환경, 청소년의 여가, 청소년의 일과 복지, 청소년의 문화와 복지 등을 주제로 논의하고 있다(천정웅 외, 2012, p. 66).

여섯째, 청소년과 관련한 서비스 및 활동 분야를 중심으로 영역을 제시하는 견해로는 청소년상담서비스, 수련 활동, 자원봉사 활동, 방과후 활동, 역량 개발과 청소년활동, 진로 및 직업 능력 개발, 학업 및 생애 지도, 청소년시설보호서비스 등이다(천정웅 외, 2012, p. 66).

일곱째, 청소년복지와 관련된 주요 주제 정책이나 이슈를 중심으로 이해하는 견해로, 청소년복지정책의 비전, 청소년성매매정책 분석, 학교연계 아동청소년 통합적 접근, 청소년들의 공동체 의식 함양, 청소년의 디지털 소비격차, 청소년 우대정책, 이주 아동청소년의 사회적 보호, 청소년쉼터 직원의 전문성 등이 있다(천정웅 외, 2012, p. 66).

2. 청소년복지의 대상별 현황

이 장의 1절 2항에서 언급된 바와 같이 청소년복지의 대상은 일반청소년, 양육과 보호가 필요한 청소년, 사회적 · 법적 보호가 필요한 청소년, 특별보호청소년 등으로 유형화될 수 있다. 이에 대해 각각의 현황을 살펴보고자 한다.

1) 일반청소년

2024년 12월 기준, 청소년(9~24세)은 7,712,387명으로 전체 인구의 15.06%를 차지한다. 모든 연령의 공통점으로는 남자 청소년이 더 많다는 것이다.

〈표 8-1〉 연령별 청소년 인구수(2024년 12월 기준) (단위: 명)

연령	총인구수	남자	여자
전 연령	51,217,221	25,498,324	25,718,897
9세	445,308	228,146	217,162
10세	441,402	226,021	215,381
11세	442,088	226,397	215,691
12세	490,336	251,513	238,823
13세	476,596	244,417	232,179
14세	473,881	244,168	229,713
15세	448,184	230,581	217,603
16세	468,559	240,812	227,747
17세	495,166	254,193	240,973
18세	448,543	231,371	217,172
19세	434,510	224,285	210,225
20세	471,844	243,821	228,023
21세	491,115	254,246	236,869
22세	492,239	256,317	235,922
23세	556,481	288,861	267,620
24세	636,135	331,382	304,753
청소년 합계	7,712,387	3,976,531	3,735,856

출처: 국가통계포털. https://kosis.kr

지역별로 살펴보면 경기가 2,167,580명으로 가장 많고, 서울(1,318,004명), 경남(489,112명), 부산(452,715명), 인천(452,356명), 대구(358,268명), 경북(348,690명), 충남(324,557명), 전북(263,967명), 전남(251,181명), 광주(243,951명), 대전(236,253명), 충북(235,059명), 강원(212,747명), 울산(171,672명), 제주(110,230명), 세종(76,045명) 순으로 나타났다.

재미있는 점은 서울만 남자 청소년보다 여자 청소년이 많은 것으로 나타났다.

〈표 8-2〉 지역별 청소년 인구수(2024년 12월 기준) (단위: 명)

연령	총인구수	남자	여자
전국	7,602,157	3,918,735	3,683,422
서울	1,318,004	650,721	667,283
부산	452,715	231,732	220,983
대구	358,268	185,675	172,593
인천	452,356	232,204	220,152
광주	243,951	126,366	117,585
대전	236,253	121,580	114,673
울산	171,672	91,749	79,923
세종	76,045	38,825	37,220
경기	2,167,580	1,114,140	1,053,440
강원	212,747	112,851	99,896
충북	235,059	123,414	111,645
충남	324,557	170,194	154,363
전북	263,967	138,726	125,241
전남	251,181	132,711	118,470
경북	348,690	187,400	161,290
경남	489,112	260,447	228,665
제주	110,230	57,796	52,434

출처: 국가통계포털. https://kosis.kr

2) 양육과 보호가 필요한 청소년

(1) 빈곤가정청소년

빈곤가정을 정의하는 기준은 2015년부터 중위소득[1] 50%[2]로 하였다. 이렇게 정의하는 것을 상대빈곤율이라고 하는데, OECD 국가들과 비교했을 때 상대빈곤율이 가장 낮은 국가는 핀란드로 3.8%였으며, 대한민국은 9.5%로 나타났다. 2023년 기준, 18세 미만의 아동 7,077,206명 중 601,562명(8.5%)이 빈곤 아동으로 추정되고 있다(여성가족부, 2025, p. 86).

(2) 결손가정청소년

결손가정이란 부부의 이혼, 별거, 사망, 재혼 등으로 인하여 생물학적 아버지나 어머니 가운데 한편이 부재한 가정을 의미한다. 그러나 결손가정이라는 용어의 부정적인 이미지 때문에 폐기될 것이 요구되고 있으며, '한부모가정'이나 '대안가족'이라는 용어가 사용되고 있다(기광도, 2009, p. 43). 통계청에 의해 집계된 2023년 기준 한부모가구는 1,493가구로 전체 가구 대비 6.6%에 해당한다(여성가족부, 2025, p. 87).

3) 사회적 · 법적 보호가 필요한 청소년

사회적 · 법적 보호가 필요한 청소년을 정책적으로 보호대상아동이라고 지칭한다. 이는 보호자가 없거나 보호자로부터 이탈된 아동 또는 보호자가 아동을 학대하는 경우 등 그 보호자가 아동을 양육하기에 적당하지 아니하거나 양육할 능력이 없는 경우의 아동을 말한다(「아동복지법」 제3조).

보호대상아동 현황은 매해 발생 수로 통계를 집계하고 있다. 통계청에서 2025년 갱신한 보호대상아동 현황 보고에 의하면 2023년 발생한 보호대상아동은 2,796명으로 나타났다. 이 중에서 742명은 귀가 및 연고자 인도조치를 하였다. 2,054명의 아동의 보호상

---

1) 기준중위소득이란 보건복지부장관이 급여의 기준 등에 활용하기 위하여 「국민기초생활 보장법」 제20조 제2항에 따른 중앙생활보장위원회의 심의 · 의결을 거쳐 고시하는 국민 가구소득의 중윗값을 의미한다. 즉, 국민의 가구소득을 순서대로 정렬했을 때 가장 중앙에 위치하는 값이며, 국민이 100명 있다고 가정했을 때 50명째 사람의 월평균 소득을 의미한다.

2) 보건복지부 고시 2025년 기준 중위소득 50%는, 1인 가구 1,196,007원, 2인 가구 1,966,329원, 3인 가구 2,512,677원, 4인 가구 3,048,887원, 5인 가구 3,554,096원, 6인 가구 4,032,403원이다.

황이 발생 원인은 유기(88명), 미혼부모 · 혼외자(259명), 미아(1명), 비행 · 가출 · 부랑(14명), 학대(785명), 부모 빈곤 · 실직(169명), 부모 사망(270명), 부모 질병(89명), 부모 교정시설 입소(147명), 부모 이혼(232명) 등이다. 보호대상아동 중 장애를 갖고 있는 경우는 103명이었다.

4) 특별보호청소년

(1) 학업 중단 및 학교 밖 청소년

2023년 교육부에서 발표한 교육기본통계 조사 결과에 의하면, 2022년 학업 중단자는 52,981명으로 나타났으며 전체 학생 수 대비 학업 중단율은 1.0%로 나타났다. 학교급별로는 초등학교 19,415명(0.7%), 중학교 9,585명(0.7%), 고등학교 23,981명(1.9%)으로 나타났다.

2024년 한국청소년정책연구원에서 발표한 ISSUE 통계에 의하면 학교 밖 청소년의 규모는 약 166,507명으로 추정된다고 하였다. 학업 중단은 당해 연도에 발생한 수치로 볼 수 있고, 이들이 누적된 것이 학교 밖 청소년이라고 볼 수 있다.

(2) 근로청소년

2025년 여성가족부에서 발표한 『청소년백서』에 의하면 청소년 생산가능인구는 15~24세 인구 중 군인, 전투경찰, 공익근무요원, 형이 확정된 교도소 수감자 등을 제외한 인구이다. 이들의 규모는 2023년 기준 4,887천 명으로 나타났다. 이 중에서 경제활동인구(취업자+실업자)는 1,448천 명으로 나타났다. 취업자는 1,365천 명이었고, 실업자는 83천 명으로 집계되었다.

통계청 경제활동인구조사의 근로형태별부가조사에 따르면, 2023년 청소년 임금근로자 중 시간제 취업자(아르바이트)가 621천 명으로 전체 청소년 임금근로자의 46.0%를 차지했다. 2022년 기준 청소년이 올해 일한 아르바이트 업종은 음식점, 식당, 레스토랑이 48.2%, 뷔페, 웨딩홀, 연회장이 14.0%, 패스트푸드 7.2%, 카페 · 베이커리 · 아이스크림 가게 5.8%, 편의점 · 소형마트 6.2% 등으로 나타났다.

근로계약서를 작성하였는지 조사한 결과, '작성하지 않았다.'라고 응답한 비율은 49.4%였고, 아르바이트 중에 부당한 대우를 받은 경험이 있는 청소년 비율은 45.1% 이상인 것으로 나타났다. 10명 중 7명의 청소년이 부당한 처우에 대해 '참고 계속 일했다.'

라고 응답하였고, '고용주 혹은 관리자에게 항의하였다.'가 13.1%, '지원기관에 도움을 요청하였다.'가 1.7%에 불과한 것으로 나타났다(여성가족부, 2024, pp. 412-430).

(3) 청소년부모

청소년부모는 「청소년복지 지원법」에 따라 자녀를 양육하는 부모가 모두 청소년인 경우를 의미한다. 통계청의 인구동향조사를 통해 출생신고된 아이들과 그 부모의 나이를 알아내어 청소년부모의 규모를 추정해 본 결과, 2022년 기준 청소년부모는 15세 미만 10명, 15~19세 412명, 20~24세 5,979명으로 전체 6,401명이다(유진이 외, 2024, p. 14).

(4) 이주배경청소년

이주배경청소년이란 「청소년복지 지원법」 제18조에 따라 다문화가족의 청소년과 그 밖에 국내로 이주하여 사회 적응 및 학업 수행에 어려움을 겪는 청소년을 의미한다. 이주배경은 북한이탈청소년(411명; 통일부, 2024), 중도입국청소년(4,567명; 법무부, 2024), 외국인주민 자녀(308,402명; 행정안전부, 2023) 등으로 구분할 수 있는데, 북한이탈청소년은 거주자 연령 기준으로 18세 이하인 자를 의미한다. 중도입국청소년은 결혼이민자의 전혼 관계에서 출생한 자녀 중 외국인 등록 · 귀화한 미성년자이다. 외국인주민 자녀는 한국 국적을 취득한 자의 자녀 및 한국인과 결혼한 한국 국적을 가지지 않은 자의 자녀를 의미한다(여성가족부, 2025, p. 206).

3. 청소년복지의 목적과 필요성

1) 청소년복지의 목적

청소년복지는 기본적 권리를 보장해 주고 보호해야 한다. 그리고 개인적으로 취약하거나 사회적으로 취약한 청소년을 보살펴 주고 보호해야 한다. 이러한 기본적 목적을 토대로 구체적 목적을 살펴보면 다음과 같다(노병일, 노대겸, 2019, pp. 62-63).

- 청소년이 자신을 가치 있는 존재로 인식하게 하고, 자신감을 가지게 한다.

- 청소년이 개인적 관계와 사회적 관계를 잘 맺을 수 있는 능력을 갖추게 한다.
- 청소년에게 가치가 있고 도전적인 새로운 경험을 제공한다.
- 청소년이 지식을 얻고 새로운 기술을 개발할 수 있는 기회를 갖게 한다.
- 청소년이 위험 상황과 이에 따른 결과를 잘 인식하고, 관련 정보에 근거해 적절한 결정을 내릴 수 있도록 한다. 그리고 내린 결정에 대해 책임질 수 있는 능력을 갖추게 한다.
- 청소년이 사회에 대해 잘 알 수 있도록 도움을 주고, 또한 청소년이 사회에서 공동체 의식을 갖게 한다.
- 청소년이 자신의 삶에 영향을 미치는 결정을 내리는 데 자신의 의견을 제시하게 한다.
- 청소년이 적극적인 시민으로서의 역할을 더 잘하게 한다.
- 청소년이 바라는 것을 사회가 반영하게 한다.

2) 청소년복지의 필요성

청소년은 사회를 구성하는 중요한 집단이다. 따라서 사회의 모든 구성원의 복리 수준을 높이는 것이 필요한 것처럼, 청소년의 복리 수준을 높이는 것도 당연히 필요하다(노병일, 노대겸, 2019, p. 59). 청소년복지의 필요성을 이해하기 위해서는 우리나라에서 발생하고 있는 전반적인 변화를 파악할 필요가 있다.

(1) 청소년에 대한 인식 변화의 측면

청소년은 그동안 아동에 포함되어 설명되거나 아동의 연장선상에서 이해되었다. 또는 아동이나 성인에 포함되지 못하는 주변인으로 바라보는 시각도 있었다. 이러한 인식은 청소년기라는 특정 시기를 인정하고 학문으로써 정립된 것이 비교적 최근이기 때문이다. 그러나 현대에 이르러 청소년이 아동과는 구별되는 특성을 갖고 있으며, 그 자체로 의미가 있는 대상으로 인식이 전환되었다(김정열, 조승희, 2023, p. 63).

청소년의 건전한 성장과 발달은 청소년 개인과 그 가족을 넘어서 국가의 성장과 미래에도 연결되어 있다는 사실 역시 새롭게 인식되었다. 청소년의 보호와 육성은 더 이상 가족 안에서 양육자만이 책임져야 할 사안이 아니며, 청소년 육성과 성장에 대한 국가의 책임과 의무가 강조되었다. 즉, 청소년복지의 개입 필요성을 가지게 되었다(김정열, 조승희, 2023, pp. 63-64).

(2) 가정적 측면

우리나라는 산업화 이후 사회적 · 문화적 환경의 변화에 따라 가족의 구조와 기능에서 변화가 나타났다(김정열, 조승희, 2023, p. 64). 그리고 출산율의 감소, 이혼율의 증가로 인해 가족 해체, 고령 인구의 증가와 취업 여성의 증가, 핵가족화 경향 등으로 인해 가족 구조의 변화가 일어났다(이태희, 정재필, 2024, pp. 35-40). 이 외에도 조손가정, 한부모 가정, 재혼가정, 새터민가정을 포함한 다문화가족 등 다양한 형태의 가정이 등장했다(김정열, 조승희, 2023, p. 64).

해체가정 청소년의 경우, 정서 및 행동상의 문제나 부적응 문제를 경험할 수 있다(김정열, 조승희, 2023, p. 64). 특히 청소년의 빈곤화와 비행, 범죄의 증가 등으로 연결될 수 있다. 노인에 대한 보호 및 부양의 문제는 가족 전체의 안정성에 영향을 주게 되므로 청소년의 정신건강 및 행동에도 직접적인 영향을 미치게 된다. 여성의 취업은 자녀와 함께하는 시간의 부족, 아동이 정서적으로 건전한 성장을 도모하는 데 일정 부분 모성 결여로 인한 한계 등이 있을 수 있다. 자녀 양육에 대한 사회적 가치관 또한 점차 변화하고 있다. 오늘날은 부모가 이전 세대에 비하여 덜 희생적이며 부부 또한 자기지향적 가치가 지배적이다. 따라서 청소년에 대한 국가의 책임이 증대되어 청소년의 권익을 대변할 수 있고, 이들에게 필요한 심리 · 사회적 욕구를 충족시켜 줄 청소년복지의 필요성이 증대되고 있다(이태희, 정재필, 2024, pp. 38-43).

(3) 청소년문제 측면

현대 사회 청소년들은 급격한 신체의 변화, 자아정체감의 혼란, 성적 중심의 획일화된 가치관을 주입시키는 학교, 경쟁 위주의 교육 환경, 공동체가 붕괴된 지역사회, 무분별한 정보가 범람하는 미디어 환경 등 다양한 어려움에 직면해 있다. 이에 따라 겪을 수 있는 청소년문제로는 가족문제, 학업 및 성적 고민, 진로 고민, 동성 및 이성 친구 문제, 따돌림, 학교폭력, 성격문제, 성문제 등에 이르기까지 다양하다(김정열, 조승희, 2023, p. 65). 이전의 청소년문제는 청소년 비행, 공격적 행동, 우울증과 자살, 입시 스트레스 등의 문제가 주류를 이루었다. 그런데 최근에는 이에 더해 산업화와 경제 성장을 통하여 의식주 생활이 향상을 보이면서 비만과 섭식장애 문제가 증가하고 있다. 그리고 음주 및 흡연이 증가하는 추세에 있으며 점차 저연령화 현상이 심해지고 있다. 또한 인터넷의 보급률이 세계적으로 손꼽히는 우리나라는 청소년을 사이버상의 유해매체로부터 보호할 장치가 미약한 편이다. 이로 인해 인터넷 중독과 사이버상의 언어적 · 성적 폭력이 신체적 폭력으로까지 이어지고 있다(이태희, 정재필, 2024, p. 41). 최근에는 코로나19 팬데믹으로 인한 우울의 증가, 대인관계의 어려움 등이 추가되었고, SNS 등을 악용한 청소년 범죄도 증가하고 있다.

이러한 상황에서 청소년문제는 더 이상 개별적으로 해결해야 할 가정만의 책임이 아니며, 국가적 차원에서 청소년 대상의 문제 유형에 따라 적극적이며 전문적인 정책 및 복지실천개입이 필요하다. 특히 접근 방식은 문제 발생 후 개입을 통한 해결도 중요하지만, 문제 발생 이전에 예방적 차원에서의 접근 역시 중요하다(김정열, 조승희, 2023, pp. 65-66). 최근에는 문제 행동에 대한 이해의 폭이 넓어지면서 어려운 상황에서도 문제를 극복해 나가는 청소년의 보호 요인과 어려운 상황에 빠져들도록 하는 위험 요인을 파악함으로써 이들에 대한 예방적 접근 방법이 활성화되고 있다(이태희, 정재필, 2024, p. 42).

(4) 사회적 측면

우리 사회가 달려온 근대화는 정신적인 가치나 기준보다 경제 성장을 위해 몰두해 왔다. 그 결과, 경제 수준은 세계적 수준으로 발돋움하였으나, 사회 전반에 물질만능주의와 인간 경시 풍조가 팽배하게 되었고, 청소년에게 올바른 인성과 윤리의식보다 경쟁에서 살아남기 위한 방법을 전수하기에 급급하였으며, 이는 청소년의 일탈, 비행, 폭력, 범죄 등 규범의 부재나 타락과 같은 부작용의 결과를 낳았다(최미경, 최세영, 2021, p. 46). 이처럼 도덕적 가치관이 변화되는 상황에서 폭력적이고 상업주의적인 대중매체의 영향은 청소년들의 건전한 성장을 방해하였다. 각종 유해 환경에서 청소년을 보호하고 건전한 성장을 도모하기 위해 유해 환경에 대한 모니터링과 함께 철저한 규제가 필요하다(김정열, 조승희, 2023, pp. 66-67). 따라서 청소년기 갖추어야 할 인성과 윤리의식을 함양할 수 있는 사회적 변화와 함께 적극적인 정책적 개입이 요구된다(최미경, 최세영, 2021, p. 46).

4. 청소년복지의 원칙

청소년의 건강한 성장과 발달을 촉진하고, 능력을 계발하며, 유해 환경으로부터 보호하고 건강한 발달을 지원하기 위한 환경을 조성하는 정책적 · 실천적 활동을 펼칠 때 고려해야 할 원칙으로는 포괄성의 원칙, 보편성과 선별성의 원칙, 개발적 기능의 원칙, 전

문성의 원칙, 참여의 원칙이 있다(노혁, 2010; 이광호, 2008; 이상희, 2008; 장인협 외, 1993; 정규석 외, 2017, p. 51).

1) 포괄성의 원칙

청소년복지가 효과적 · 효율적으로 수행되기 위해서는 청소년복지 고유 영역의 정책과 실천만으로는 부족하다. 청소년의 활동 · 보호 · 복지를 중심으로 하되 가족, 보건, 복지, 장애인 정책 및 실천 등과 연계되어야 하며, 교육, 노동, 교정 정책과 실천을 포괄할 수 있어야 한다.

2) 보편성과 선별성의 원칙

청소년복지의 수행에 있어 보편주의 원칙과 선별주의 원칙이 모두 적용될 수 있다. 보편주의는 모든 청소년에게 급여나 서비스를 제공하는 것을 말하는 반면, 선별주의는 빈곤가정의 청소년이나 장애청소년과 같이 일정한 범주에 해당되는 요보호청소년에게 급여나 서비스를 제공하는 것을 말한다. 청소년복지는 요보호청소년과 일반청소년 모두를 대상으로 하므로 요보호청소년을 위한 특별 지원뿐만 아니라 모든 청소년을 대상으로 하는 예방적 · 개발적 서비스가 제공되어야 할 것이다.

3) 개발적 기능의 원칙

요보호청소년 혹은 일반청소년에 대한 복지는 사회의 인적 자원을 보호하고 개발하는 기능을 하게 된다. 청소년의 능력을 계발함으로써 청소년의 개인적 자립뿐만 아니라 사회의 발전에 기여할 수 있을 것이다. 개발적 기능을 강화하기 위해서는 직업적 능력 향상을 위한 직업교육, 문화역량을 향상시키기 위한 문화적 지원, 시민의식 정립을 위한 교육 등이 이루어져야 할 것이다.

4) 전문성의 원칙

청소년복지는 청소년기에 대한 과학적 이해를 근거로 한 전문적 정책과 활동으로 이루어져야 한다. 청소년기는 아동기나 성인기와는 구별되는 독특한 특성을 가진 시기이다. 이 시기는 부모로부터 독립하여 동성 및 이성과 친밀한 관계를 형성하며 진로를 준비하는 독특한 발달 단계이므로 이러한 청소년기의 발달과업에 대한 과학적 이해에 근거하여 발달과업을 성공적으로 수행할 수 있도록 지원하는 전문적 개입이 이루어져야 한다.

5) 참여의 원칙

청소년복지는 아동복지와는 달리 청소년이 수동적 존재가 아닌 적극적인 사회 구성원의 역할을 할 수 있도록 도와야 하며, 이 과정에서 청소년 참여는 핵심적인 요소이다. 청소년 참여는 청소년이 자기 삶에 영향을 주는 의사결정에 참여하게 하고, 관심 있는 사안에 대해 행동할 수 있도록 권한을 부여하는 모든 활동을 의미한다. 청소년은 참여를 통해 역량, 자아존중감, 사회적 기술, 시민성 등을 향상시킬 수 있다.

5. 청소년복지 지원의 실제

1) 청소년복지 지원 대상자 선정 기준

「청소년 기본법」의 하위법인 「청소년복지 지원법」의 정책 대상은 크게 '일반청소년'과 '위기청소년'으로 구분된다. 여기서 일반청소년은 9세 이상 24세 이상의 모든 청소년이며, 위기청소년은 가정 문제가 있거나 학업 수행 또는 사회 적응에 어려움을 겪는 등 조화롭고 건강한 성장과 생활에 필요한 여건을 갖추지 못한 청소년을 말한다. 따라서 청소년복지 지원 대상자의 일차적인 선정 기준은 '연령'이며, 해당 연령의 모든 청소년을 대상으로 한다. 위기청소년은 세 가지 범주로 나눌 수 있다. 첫째, 가출청소년, 소년소녀가장, 빈곤계층의 청소년, 요보호청소년과 같이 보호자가 없거나 보호자의 실질적인 보호를 받지 못하는 청소년, 둘째, 학업을 중단한 청소년, 셋째, 교육적 보호 지원 대상 중 비행 예방의 필요성이 있는 청소년들로서 학교폭력 피해 및 가해 청소년, 집단 따돌림 피해 및 가해 청소년, 비행 청소년, 범죄 가해 및 피해 청소년, 우울 및 자살 위험이 있는 청소년으로 구분된다(이배근, 1998, 권현용, 2013, p. 153).

2) 가정 및 시설 보호

가출 등 위기 청소년의 조기 발견을 통한 범죄 및 비행 예방, 생활 보장(의식주), 정서적 지지 및 심리 상담, 의료 지원, 학업 복귀, 취업 지원 등 맞춤형 지원 서비스 제공을 통해 신속한 가정 복귀와 사회 진출을 지원하고, 청소년의 건전한 성장을 도모하기 위하여 청소년쉼터가 설치 · 운영되고 있다. 가정 밖 청소년 지원을 위해서 청소년쉼터 137개소(2024년 기준), 청소년자립지원관 13개소(2024년 기준) 등이 운영되고 있고, 양육

〈표 8-3〉 가정 및 시설 보호 현황

<table>
<tr><th>구분</th><th>운영 형태</th><th>개소(가정) 수</th><th>이용(입소) 청소년(명)</th></tr>
<tr><td rowspan="4">청소년쉼터
(2024년 기준)</td><td>일시</td><td>33</td><td rowspan="4">24,233</td></tr>
<tr><td>단기</td><td>66</td></tr>
<tr><td>중장기</td><td>38</td></tr>
<tr><td>합계</td><td>137</td></tr>
<tr><td rowspan="3">청소년자립지원관
(2024년 기준)</td><td>이용형</td><td>7</td><td rowspan="3">629</td></tr>
<tr><td>혼합형</td><td>6</td></tr>
<tr><td>합계</td><td>13</td></tr>
<tr><td rowspan="5">아동복지시설
(2023년 기준)</td><td>양육시설</td><td>243</td><td>8,991</td></tr>
<tr><td>보호치료시설</td><td>12</td><td>442</td></tr>
<tr><td>자립지원시설</td><td>16</td><td>230</td></tr>
<tr><td>일시보호시설</td><td>17</td><td>230</td></tr>
<tr><td>합계</td><td>288</td><td>9,893</td></tr>
<tr><td rowspan="5">가정위탁
(2023년 기준)</td><td>일반가정위탁(친인척)</td><td>6,671</td><td>8,338</td></tr>
<tr><td>일반가정위탁(친인척 외)</td><td>762</td><td>863</td></tr>
<tr><td>전문가정위탁</td><td>270</td><td>312</td></tr>
<tr><td>일시가정위탁</td><td>11</td><td>13</td></tr>
<tr><td>합계</td><td>7,714</td><td>9,526</td></tr>
<tr><td rowspan="3">공동생활 가정
(그룹홈)
(2023년 기준)</td><td>아동그룹홈</td><td>520</td><td rowspan="3">3,925</td></tr>
<tr><td>학대 피해아동 쉼터</td><td>144</td></tr>
<tr><td>합계</td><td>664</td></tr>
</table>

출처: 여성가족부(2025). 2024 청소년백서.

시설, 보호치료시설, 자립지원시설, 일시보호시설 등 288개소(2023년 기준)의 아동복지 시설을 운영되고 있다. 그리고 시설이 아닌 가정에서 일반가정위탁, 전문가정위탁, 일시가정위탁 등 7,714세대(2023년 기준)가 운영되고 있다. 이 외에도 공동생활 가정(그룹홈)이 664개소(2023년 기준)가 운영되고 있다(여성가족부, 2025, pp. 187-195).

3) 학교 밖 청소년 지원

학교밖청소년지원센터(이하 꿈드림센터)에서는 연계된 청소년의 특성과 요구에 따라 맞춤형 서비스를 지원한다. 서비스의 종류는 상담 지원, 교육 지원, 직업 체험 및 취업 지원, 자립 지원 등이 있다.

서비스 내용을 구체적으로 살펴보면 다음과 같다. 학업형 청소년을 대상으로 '학습동아리' '멘토링' '검정고시' '대학입시설명회' 등 학력 취득 및 상급학교 진학 지원 등의 서비스를 제공한다. 직업형 청소년에게는 '직업 역량 강화 프로그램'이나 '진로 교육 활동' 또는 '직업 체험' 등을 통해 진로를 설정할 수 있도록 지원하고, 이후 학교 밖 청소년 직업 훈련과 인턴십, 직장 체험 등을 제공하는 '자립 · 취업 지원 서비스'는 정부 인증 직업 훈련 등 연계 훈련 지원과 함께 지역 기업과의 연계를 통한 인턴십 및 직장 체험 운영을 통하여 학교 밖 청소년의 사회적 자립을 지원하고 있다. 또한 '문화 활동 지원' '봉사 기회 제공' 등 자립 준비에 필요한 '자립 역량 향상 프로그램'을 지원하며, 꿈드림센터 프로그램에 참여하는 청소년에게는 개별적으로 자신의 목표를 성취할 때까지 사례관리 서비스를 제공한다. 또한 2016년부터 학교 밖 청소년 건강검진 제도를 도입하여 학교 밖 청소년이 건강하게 성장할 수 있도록 지원하고 있다(여성가족부, 2024, p. 190).

4) 고립 · 은둔 청소년 지원

여성가족부는 2024년 3월부터 고립 · 은둔 청소년 원스톱 패키지 지원 시범사업을 신규로 추진하여 고립 · 은둔 청소년 전담 지원 체계를 구축 · 운영하고 있다. 해당 시범사업은 전국 12개 학교밖청소년지원센터에 고립 · 은둔 청소년 지원 전담 인력을 배치하고 발굴부터 상담 · 활동 · 학습 지원, 사후관리까지 지원하는 형태로 추진되고 있다. 지원 대상은 고립 · 은둔 청소년 및 보호자 등 가족으로, 학령기(9~18세) 청소년을 중심으로 지원한다.

대상자의 상황 · 욕구에 따라 찾아가는 1:1 전문상담, 학습 지원, 회복 · 치유 프로그램 등 일상 회복과 탈고립 · 탈은둔을 위한 맞춤형 종합 서비스를 지원하며, 지속적인 사례관리, 학교밖청소년지원센터와 같은 유관 자원 연계 등을 통하여 재고립 · 재은둔을 예방한다(여성가족부, 2025, p. 203).

5) 청소년방과후아카데미 운영

청소년방과후아카데미는 방과후 홀로 방치되기 쉬운 저소득 · 맞벌이 · 한부모 등 돌봄취약계층 청소년(초등학교 4학년~중학교 3학년)에게 체험 활동 · 학습 지원 · 급식 · 상

〈표 8-4〉 지역별 방과후 아카데미 운영 현황

시도	이용 청소년 수			운영 개소 수			
	계	초등학생	중학생	계	초	중	초+중
서울	905	630	275	22	12	4	6
부산	992	583	409	23	11	8	4
대구	847	678	169	20	14	3	3
인천	523	244	279	12	5	6	1
광주	501	402	99	13	9	3	1
대전	304	202	102	8	5	3	-
울산	241	-	241	6	-	6	-
세종	114	47	67	3	1	2	-
경기	2,682	1,752	930	65	32	14	19
강원	951	500	451	24	8	9	7
충북	524	485	39	13	11	-	2
충남	1,166	401	765	26	7	14	5
전북	1,050	493	557	23	8	10	5
전남	1,526	726	800	39	12	14	13
경북	858	538	320	21	9	5	7
경남	1,009	761	248	27	14	1	12
제주	519	316	203	10	5	2	3
계	14,712	8,758	5,954	355	163	104	88

출처: 여성가족부(2025). 2024 청소년백서.

담 등 종합적인 교육·복지·보호 서비스를 제공하여 청소년이 건강하게 성장할 수 있도록 지원하는 사업이다. 이를 통해 취약계층 청소년의 학습 및 체험 활동 기회의 불균형을 완화하고 더불어 가정의 사교육비 및 양육 부담 경감에 기여하고 있다. 여성가족부와 지방자치단체가 공동으로 예산을 지원하며 '청소년수련관' '청소년문화의집' 등 청소년수련시설 등에 체험 공간을 마련하여 방학 기간 포함 연중 1일 4시간 이상 운영하고 있다(여성가족부, 2024, pp. 191-192).

6) 이주배경청소년 지원

이주배경청소년이란 「청소년복지 지원법」 제18조에 따라 다문화가족의 청소년과 그 밖에 국내로 이주하여 사회 적응 및 학업 수행에 어려움을 겪는 청소년을 의미한다. 저출산 시대가 가속화되는 상황에서 인구 감소와 이주민의 증가 등 전반적인 상황으로 인해 이주배경청소년에 대한 관심은 꾸준히 증가하고 있다. 또한 2012년 「청소년복지 지원법」 제30조에 '이주배경청소년지원센터' 설치 근거가 마련되었고, 동법 시행령 제15조에 이주배경청소년 지원 업무를 규정하여 이주배경청소년에 대한 보다 적극적인 지원이 이루어질 수 있게 되었다.

여성가족부는 언어 장벽과 이질적인 문화로 일상생활 적응과 학업에 어려움을 겪는 이주배경청소년이 사회 적응력을 키우고 지역사회에 정착할 수 있도록 다양한 지원을 해 왔다. 이주배경청소년에게 한국어 교육(수준별 의사소통 한국어, 학습 목적 한국어, 진로 목적 한국어 등)과 자립의식을 고취시킬 수 있는 진로 교육(진로 탐색, 진로 설계 및 자격증 준비 등)을 제공하는 등 이주배경청소년의 유형 및 특성에 맞춘 교육을 제공하였다. 또한 이주배경청소년의 심리적·정서적 안정을 위해 대면, 비대면, 온라인 등 구조화된 상담 서비스를 지원하였고, 생활 정보, 체류, 정착 등 대상자가 필요로 하는 정보를 제공하여 사회 진입 조력자로서 역할을 해 왔다. 무엇보다 이주배경청소년의 모국어로 소통이 가능한 상담통역지원사를 양성하고 병의원 진료 시 동행을 비롯해 필요한 정보를 통번역하는 등의 지원으로 안정적인 상담환경을 조성하였다. 아울러 전국의 초·중등 학급 및 교육 기관에 강사를 파견하여 '다문화 감수성 증진 프로그램'을 진행하는 등 이주배경청소년에 대한 인식 개선 사업도 진행하고 있다. 이 외에도 지역사회 내 이주배경청소년을 지원하는 기관의 사업 중복 및 사각지대를 해소하고 지역의 자원을 효율적으로 활용하여 지역사회에서 이주배경청소년의 입국 초기부터 공교육 진입 지원, 한국 사회 적응까지 지원할 수 있도록 '이주배경청소년 지원 지역자원 연계사업'도 추진하고 있다(여성가족부, 2024, pp. 194-195).

7) 현물 및 현금 지원

(1) 여자 청소년 생리용품 지원

여자 청소년의 건강한 성장을 지원하기 위하여 경제적으로 어려운 여자 청소년에게 생리용품을 지원하는 사업이다. 지원자격은 「국민기초생활 보장법」에 따른 생계, 의료, 주거, 교육급여 수급자 및 법정 차상위계층 또는 「한부모가족지원법」 제5조 및 제5조의 2에 따른 지원 대상자인 9~24세 여자 청소년이다. 2018년에는 현물로 지급하였고, 2019년부터는 생리용품 전자바우처(2024년 기준 연 최대 15만 6천 원)를 지원하고 있다. 보호자 또는 청소년 본인 명의의 국민행복카드로 입금되는 금액으로 가맹점에서 원하는 생리용품을 구매하는 방식이다. 지원 대상의 87.4%인 204,002명의 여자 청소년에게 바우처를 지원하고 있다(여성가족부, 2025, pp. 207-209).

(2) 위기청소년 특별 지원

「청소년복지 지원법」 제14조에 의한 위기청소년 특별 지원은 비행 · 일탈 예방을 위하여 지원이 필요한 청소년, 학교 밖 청소년, 보호자가 없거나 실질적으로 보호자의 보호를 받지 못하는 청소년, 일정 기간 이상을 한정된 공간에서 외부와 단절된 상태로 생활하여 정상적 생활이 현저히 곤란한 청소년 등을 대상으로 하고 있다. 이들에게 생활, 건강, 학업, 자립, 법률, 상담, 활동 등의 지원을 하고 있는데, 기존 중위소득 100% 이하[3]에게 지원 종류별로 현금을 지원하는 방식에서 2025년부터는 대상자 선정을 차세대 사회보장정보시스템을 활용한 소득재산조사 방식으로 변경해 선정 과정의 투명성과 효율성을 확보하였으며, 타 복지제도 간 연계도 보다 원활하게 이뤄질 수 있게 되었다(여성가족부, 2025, pp. 209-211).

3) 보건복지부 고시 2025년 기준 중위소득 100%는 1인 가구 2,392,013원, 2인 가구 3,932,658원, 3인 가구 5,025,353원, 4인 가구 6,097,773원, 5인 가구 7,108,192원, 6인 가구 8,064,805원이다.

〈표 8-5〉 특별 지원 종류 및 지원 내용

구분	지원 내용	지원 금액
생활 지원	① 의복 · 음식물 및 연료비, 기타 일상생활에 필요한 기초 생계비 ② 숙식 제공	월 65만 원 이하
건강 지원	① 진찰 · 검사 ② 약제 · 치료 재료의 지급 ③ 처치 · 수술, 기타 치료 ④ 예방 · 재활 ⑤ 입원, 간호 ⑥ 이송 등 기차 조치사항	연 200만 원 이하
학업 지원	①「초 · 중등교육법」 제2조에 의한 학교 입학금 및 수업료 ② 교과서 대금 ③「초 · 중등교육법 시행령」 제97조 제1항에 의거한 고등학교 입학자격 검정고시 및 동법 제98조 제1항에 의한 고등학교 졸업학력 검정고시의 준비에 필요한 학원비 ④ 학원비(교과목 관련)	월 15만 원(수업료) 월 30만 원 이하(검정고시) 월 30만 원 이하(학원비)
자립 지원	① 기술 및 기능 습득을 위한 비용 ② 진로 상담 비용 및 직업 체험 비용 ③ 취업알선 및 사후지도 비용	월 36만 원 이하
법률 지원	① 정신적 · 심리적 치료를 위한 청소년 본인 및 가족의 상담비, 심리검사비 ② 프로그램 참가비	월 30만 원 이하 심리검사비(연 40만 원) 별도
상담 지원	① 소속비용 ② 법률상담비용	연 350만 원 이하
활동 지원	① 수련 활동비 ② 문화 활동비(문화체험비) ③ 교류 활동비 등	월 30만 원 이하
그 밖의 지원	① 청소년이 수치심을 느낄 수 있는 외모 및 흉터의 교정 ② 교복 지원, 체육복 등 ③ 학용품비, 수업 준비물 등	

출처: 여성가족부(2024). 2023 청소년백서.

(3) 디딤씨앗통장

최근 양극화 심화에 따른 빈곤층 증가, 가족 해체 등으로 인한 취약계층 아동들의 증가가 심각한 사회적 문제로 대두되고 있다. 이러한 사회적 문제로 미래 성장 동력인 아동들에게까지 '빈곤의 대물림'이 이어지는 것을 방지하고 저소득층 아동의 자립 의지 함양을 위하여 '아동 발달 지원 계좌' 사업(브랜드 명칭은 디딤씨앗통장)을 시행하고 있다. 디딤씨앗통장(CDA)은 도움이 필요한 보호대상아동 및 기초생활수급 가구 아동들을 대상으로 지원하는데, 단순히 개인 용돈이나 물품을 주는 것이 아니라 만 18세 이후 경제적으로 자립할 수 있도록 최소한의 초기 비용 마련에 도움을 주고자 하는 자산 형성 지원 제도이다. 아동이 후원 등을 통하여 일정 금액 적립 시 정부가 적립 금액의 1:2의 매칭 금액을 적립하여 저축액이 세 배가 되도록 하는 것이다. 2024년 기준으로 아동이 매월 15만 원(아동 5만 원, 국가 10만 원)을 0~17세 기간에 적립 시 3,240만 원 이상 수령할 수 있을 것으로 예상된다(여성가족부, 2024, pp. 198-199).

디딤씨앗통장 적립액은 만 18세 이후 학자금, 취업 훈련, 주거 마련 등 자립을 목적으로 사용할 수 있으며 2024년 기준 159,653명의 아동이 지원받고 있다(여성가족부, 2025, pp. 211-212).

(4) 아동 급식 지원

정부는 부모의 실직 등으로 인한 경제적 빈곤 또는 부모의 질병, 사망, 가출 등 가족 기능의 결손으로 발생하는 결식 우려 아동에 대해 아동 급식을 시행하여 아동 건전 육성을 도모하고 있다. 아동 급식은 사회복지관, 민간 및 종교단체 급식소와 연계하여 교육 및 복지 프로그램과 함께 제공되고 있다. 급식 지원 대상자는 연중 조사하되, 전화, 서면 및 방문 조사, 교사 · 통장 · 이장 · 반장 · 이웃주민 · 자원봉사자 등을 통해 개인별로 조사하며, 필요한 경우에는 단계별로 시행하고 급식 지원 대상자 조사 · 선정 시 아동의 심리적 상처 등 낙인 방지에 유의하고 있다. 지리적 여건 및 방문 신청이 어려운 가구를 위해 온라인(복지로)으로도 아동 급식을 신청할 수 있다(여성가족부, 2024, pp. 200-201).

아동 급식 단가는 9천 원으로 2023년 기준 277,394명의 아동이 지원받고 있다(여성가족부, 2025, p. 213).

8) 돌봄 지원

(1) 다함께돌봄센터

정부는 맞벌이 가구 등 돌봄이 필요한 아동에게 양질의 돌봄 서비스를 제공하기 위해

'다함께돌봄사업'을 추진하고 있다. 다함께돌봄센터는 지방자치단체가 설립·운영 주체가 되어 안전하고 접근성이 좋은 지역 내 공공시설 등을 활용하여 돌봄이 필요한 모든 초등학생에게 다양한 서비스를 발굴·제공하는 시설이다. 다함께돌봄사업의 지원 대상은 돌봄이 필요한 6~12세 아동에게 학기 중에는 14시부터 20시까지, 방학 중에는 9시부터 18시까지 시간제 돌봄, 문화·예술·스포츠 등 프로그램 운영, 상담 및 서비스 연계, 간식 제공 등을 한다. 다함께돌봄센터는 2024년 기준 1,048개소의 센터를 설치·운영하여, 30,303명의 아동에게 돌봄을 제공하고 있다(여성가족부, 2025, pp. 213-214).

(2) 지역아동센터

지역아동센터는 「아동복지법」 제52조 제1항 제8호의 아동복지이용시설로, 방과후 돌봄이 필요한 18세 미만의 지역사회 아동의 건전한 육성을 위해 보호·교육, 건전한 놀이와 오락의 제공, 보호자와 지역사회의 연계 등 종합적인 복지 서비스를 제공함으로써 홀로 방치될 수 있는 취약계층 아동들에게 사회적인 안전망을 제공하는 것을 목적으로 하고 있다. 지역아동센터는 아동의 심리적·정서적 안정과 신체·인지·사회성 발달을 목적으로 보호, 교육, 문화, 정서 지원, 지역사회 연계 서비스 영역에 대한 프로그램을 운영하고 있다. 보호 프로그램을 통해 아동이 안전한 곳에서 건강한 생활을 할 수 있도록 급식, 일상생활 지원, 정서 지원, 안전 지도 프로그램을 제공하며, 교육 프로그램은 아동에게 기초학습 지도, 학교생활 관리, 다양한 교육 활동을 지원하고 있다. 문화 프로그램에는 공연 관람, 견학, 캠프 등이 포함되며, 정서 지원 프로그램은 아동과 부모 상담 등을 통해 아동 정서를 지원한다. 지역사회 연계 프로그램은 지역 네트워크를 통해 아동을 지역 전문기관과 연계하여 아동 문제에 대한 사전 예방적 기능 및 사후 연계 기능을 수행한다. 지역아동센터는 2024년 기준 4,206개소가 운영 중이며, 2023년 기준 104,033명의 아동이 이용 중이다(여성가족부, 2025, pp. 215-216).

(3) 늘봄학교

최근 심각한 저출생 현상에 따른 학생 수 급감에 대응하고, 초등학교 입학 후 저학년 시기 돌봄공백 문제를 해소하기 위해 교육부가 도입한 사업이다. 정규수업 외에 학교와 지역사회의 다양한 교육자원을 연계하여 학생의 성장·발달을 위해 제공하는 종합 교육 프로그램이다. 초등학교 1~2학년에게는 희망하는 학생에게 양질의 맞춤형 프로그램을 연중 매일 1시간 이내 무료로 제공하며, 맞춤형 프로그램을 희망하지 않는 학생은 같은 시간 내 다른 늘봄 과정(기존 방과후 프로그램, 돌봄서비스 등)에 참여할 수 있도록 지원한다. 초등학교 1~2학년의 원활한 학교생활 적응을 위해 학교 여건에 맞게 학교적응 · 성장 지원 및 놀이 중심의 예 · 체능, 사회 · 정서 프로그램 등을 제공하며, 질 높은 프로그램을 제공하고자 지역사회와 연계한 전문기관, 대학 등과 연계한 사업단을 공모하여 학생과 학부모 수요가 높은 체육, 문화 · 예술, 사회 · 정서, 창의 · 과학, 기후 · 환경 분야의 프로그램을 집중적으로 개발하고 제공한다. 또한 초등학교 1~6학년을 대상으로 하는 늘봄(방과후) 프로그램의 경우, 지자체, 기관, 대학, 기업 등 다양한 프로그램의 우수한 공급처를 지속적으로 확대하고, 온라인 플랫폼을 구축하여 프로그램 공급처를 개방화하는 등 기존의 방과후학교 프로그램을 개선하고 보완하였다. 늘봄(돌봄) 프로그램의 경우, 이른 등교로 정규수업 이전 돌봄이 필요한 학생에게 '아침늘봄'을, 정규수업 이후에 맞벌이가정 · 저소득층가정 · 한부모가정 · 다자녀가정 · 다문화가정 · 담임추천대상자 등의 학생에게 '오후늘봄'을 제공한다. 또한 불가피하게 저녁 시간까지 늘봄이 필요한 아이들을 위해 '저녁늘봄'을 지원하며 저녁늘봄을 이용하는 학생에게는 저녁 식비를 전액 지원한다(여성가족부, 2024, pp. 206-210).

6. 청소년복지 전문가의 역할

청소년복지에서 활동하는 전문가는 여러 가지 역할을 할 수 있다. 이런 역할은 미시적 수준에서의 역할일 수도 있고, 거시적 수준에서의 역할일 수도 있다. 미시적 수준의 역할은 청소년 개인을 대상으로 활동하는 전문가의 역할을 의미하고, 거시적 수준에서의 역할은 조직과 지역사회를 대상으로 활동하거나, 법과 사회정책을 변화시키고자 활동하는 전문가의 역할을 의미한다. 청소년복지 전문가의 역할을 몇 가지 제시하면 다음과 같다(노병일, 노대겸, 2019, pp. 66-67; Council of Europe, 2018).

① 청소년에게 정보를 제공한다.
② 청소년을 지지한다.
③ 청소년에게 조언한다.
④ 청소년을 물질적으로 도와준다.

⑤ 청소년을 교육한다.

⑥ 청소년을 보호한다.

⑦ 청소년에게 직접적으로 개입한다.

⑧ 청소년이 무엇을 하지 못하도록 제한한다.

⑨ 청소년을 후원한다.

참고문헌

교육부(2024). 2024년 교육기본통계 주요 내용.

국가통계포털. https://kosis.kr

권현용(2013). 청소년 동반자의 상담사례를 통한 위기 청소년의 심리사회적 요인에 대한 질적 분석. 인문학논총, 33, 151-181.

기광도(2009). 결손가정과 청소년 비행 간의 관계분석. 형사정책연구, 20, 1, 41-70.

김정열, 조승희(2023). 청소년복지론. 공동체.

노병일, 노대겸(2019). 청소년복지론. 양성원.

노혁(2010). 청소년복지론(개정3판). 교육과학사.

박정란, 서홍란, 장수한(2014). 청소년복지론. 양서원.

여성가족부(2024). 2023 청소년백서.

여성가족부(2025). 2024 청소년백서.

유진이, 송원일, 홍영균, 정영선, 전민경, 송종무(2024). 평택시 청소년(한)부모 실태조사 연구보고서. 평택시.

이광호(2008). 새로운 아동청소년정책 통합과 발전과제에 대한 제언-생애 주기적 접근에 의한 사회적 지지 체계의 재설계 관점에서. 청소년복지연구, 10(2), 49-72.

이배근(1998). 아동의 권리에 관한 국제협약. 한국아동복지학, 7(1), 357-379.

이상희(2008). 청소년 참여와 인권교육. 하승수, 이혜원, 정익중, 이봉주, 김혜래, 오승환, 이지수, 하경희, 이상희, 심한기, 최은미, 김성천. 청소년권리와 청소년복지. (pp. 105-139). 한울.

이세형(2020). 청소년복지론. 양성원.

이태희, 정재필(2024). 청소년복지론. 공동체.

장인협, 오정수(2004). 아동·청소년 복지론(제2개정판). 서울대학교출판부.

정규석, 김영미, 김지연(2017). 청소년복지의 이해(2판). 학지사.

천정웅, 김윤나, 이채식, 전경숙(2012). 청소년복지론. 신정.

최미경, 최세영(2021). 청소년복지론. 어가.

하형석(2024). ISSUE 통계. 한국청소년정책연구원 청소년정책분석평가센터.

홍봉선, 남미애(2015). 청소년복지론. 공동체.

Council of Europe. (2018). *Glossary on Youth*. https://pjp-eu.coe.int/en/web/youth-partnership/glossary

제9장

청소년지도방법

1. 우리나라 청소년지도 개념의 발전 과정
2. 영국에서 청소년지도 개념의 발전 과정
3. 청소년지도와 청소년지도방법의 개념
4. 청소년지도방법의 실제

청소년학의 이해

1. 우리나라 청소년지도 개념의 발전 과정

1) 역사적 배경: 청소년지도 개념의 발전 과정

우리나라에서 청소년지도의 개념이 형성되고 발전하게 된 과정은 사회적 · 역사적 변화와 밀접한 관련이 있다. 한국의 청소년지도 개념이 근대화, 산업화, 민주화 과정 속에서 청소년의 보호와 육성이 중요한 국가적 과제로 대두되면서 점차 제도화되었기 때문이다. 청소년 관련 법률이나 정책에 구체적으로 청소년지도에 관한 개념이 규정되어 있지는 않지만, 청소년정책의 변화와 특성을 통해 청소년지도의 개념을 유추할 수 있다. 시대별 청소년 관련 정책을 통한 청소년지도 개념의 발전은 다음과 같이 전개되어 왔다.

(1) 해방 이후(1945~1960년)

1945년 해방 이후 사회 혼란과 한국전쟁 등으로 요보호 아동의 문제가 대두되기 시작하였으며, 청소년문제는 국가 차원의 정책적 개입이 필요한 사회문제로 인식되었다(천정웅 외, 2011). 이때는 사실 국가가 청소년정책을 수립한다거나 청소년지도의 개념을 가질 만한 사회적 여유가 없는 시기기도 하였다(이광호, 2012). 정부는 반사회성이 있는 소년에 대하여 그 환경의 조정과 성행의 교정에 관한 보호처분을 행하고, 형사처분에 관한 특별 조치를 행함으로써 소년의 건전한 육성을 기함을 목적으로 하여 1958년 「소년법」을 제정하였는데, 이는 한국 최초의 청소년 관련 법률이라고 할 수 있다. 당시 청소년지도는 문제가 있는 청소년을 교화하고 처분하는 교정적 의미로 이해되어 현대적 의미의 청소년지도와는 거리가 멀다고 할 수 있다.

(2) 1960~1980년대 초

1960~1970년대는 한국 사회의 급격한 산업화와 도시화가 진행된 시기로, 전통적인 가족과 지역사회 중심의 청소년 사회화 기능이 약화되기 시작하였다. 농촌의 청소년들이 도시로 이동하면서 부모의 보호와 마을 공동체의 통제가 느슨해졌고, 이는 청소년 비행 증가로 이어졌다. 이에 대응하여 정부는 국가 주도의 청소년정책을 처음으로 추진하기 시작하였으며, 본격적으로 1961년 「미성년자보호법」 제정과 1962년 「아동복리법」

을 제정하여 미성년자를 선도 · 육성하는 것을 목표로 하였다(이광호, 2012). 이 당시는 현재의 청소년지도의 개념이 확립되기 전이지만, 국가 차원의 청소년에 대한 관심이 싹트기 시작한 중요한 시기였다.

1970년대부터는 청소년지도와 육성, 보호에 관한 대책 마련이 요구됨에 따라 청소년 정책 범주 안에 청소년지도의 개념이 포함되기 시작하였지만, 여전히 청소년선도와 보호, 산발적 규제가 청소년지도의 개념으로 사용되었다.

(3) 1980년대 중후반~1990년대 초반

1980년대 초반 청소년문제와 범죄가 증가함에 따라 청소년문제에 대한 체계적이고 종합적인 대책 마련을 위해 본격적인 논의가 시작되었다. 당시, 후반 민주화가 본격화되면서 청소년정책과 청소년지도 방식에도 중요한 변화가 일어났다. 기존의 문제 대응 중심의 청소년지도와 정책에서 사전 예방을 강조하는 정책이 강조되기 시작하였고 청소년문제개선종합대책을 통해 관련 사업이 제시되기도 하였다. 선도와 규제보다는 청소년 건전 육성의 개념이 등장한 시기이기도 하다. 특히 1988년 청소년육성종합계획은 이후 청소년정책기본계획의 기본 골격을 세우는 데 중요한 지침이 되었고 1993년 제1차 청소년육성5개년계획으로 이어졌다. 이 시기의 중요한 특성은 청소년문제가 중요한 사회적 문제로 인식되었다는 점과 더불어, 청소년의 보호 · 육성과 같은 건전 육성 사업으로의 전환점이 되는 시기였다는 것이다. 그러므로 이 시기 청소년지도의 개념은 청소년의 비행을 사전에 예방하고 건전하게 육성하는 것이라고 할 수 있다(이광호, 2012).

(4) 1990년대

1990년대는 청소년기본계획을 통해 청소년수련활동이 제도화되기 시작하였다. 따라서 청소년지도의 개념과 성격은 청소년이 건전하게 성장하도록 육성하는 것에서 탈피하여 경쟁 위주의 공교육의 문제를 인식하고 조화롭고 전인적인 성장을 위한 지원으로 변화하였다. 이에 따라 학교교육의 한계를 극복하는 차원에서 학교 밖 수련 활동의 개념이 등장하였고, 수련활동거리가 개발되고 관련한 수련터전이 확충되기 시작하였으며 수련거리를 전달하는 전달자인 청소년지도자의 육성이 본격화되기 시작하였다. 즉, 청소년수련활동을 위한 인적 · 물적 인프라를 구축하는 시기였고, 이러한 인프라를 활용하여 청소년에게 다양한 활동의 기회를 제공하여 청소년의 전인적 성장을 지원하는 것이 청소년지도의 개념이었다고 볼 수 있다.

(5) 2000년대~현재

2000년대 이후 청소년지도의 개념은 청소년의 권리와 복지를 제공하기 위한 보다 적극적이고 독자적인 영역으로 인식되기 시작하였다. 2004년 「청소년활동 진흥법」과 「청소년복지 지원법」이 제정되었고, 당시 정부의 기조를 반영하여 청소년의 참여와 인권이 강조됨에 따라 청소년정책의 영역이 확장되었다. 즉, 청소년의 참여와 권리 보장이 청소년지도의 중요한 영역으로 포함되기 시작하여 이전 시대보다 훨씬 더 청소년지도의 개념이 발전되었다. 다시 말해, 청소년지도의 개념이 2000년대 이전보다 적극적이고 청소년의 관점으로 변화되었다는 것이다. 즉, 청소년지도의 개념이 다양한 영역에서 종합적이고 통합적인 관점에서 청소년을 동등한 사회 구성원으로 인정하며 건강한 성인의 삶으로의 전환을 위한 복합적인 교육 활동이자 복지 지원 확대, 권리와 참여를 보장하는 등의 개념이 모두 포함된 개념으로 확장되었다. 뿐만 아니라 2000년대 이후 다양하고 안전한 청소년활동의 기반이 마련되었고, 글로벌 중심의 청소년활동을 활성화하고자 하는 제5, 6차 청소년정책기본계획에 따라 관련 활동과 인프라도 구축되기 시작되었다. 이에 더해 청소년 역량의 개념이 본격적으로 소개됨에 따라 청소년지도는 청소년 역량을 강화하기 위한 활동이자 방법이 되기도 하였다.

뿐만 아니라 2010년 이후 다문화 사회의 진전과 본격적인 4차 산업혁명 시대의 시작과 2020년 코로나19 팬데믹을 경험하게 되면서 청소년지도의 영역이 시공간을 초월하는 개념으로까지 발전되기도 하였다. 더욱이 청소년 인구의 지속적인 감소도 중요한 사회적 이슈로 대두됨에 따라 청소년지도의 개념과 영역이 이전과 달리 복잡성을 띠게 되었다고 해도 과언이 아니다. 제7차 청소년정책기본계획(여성가족부, 2023)은 이러한 사회적 상황을 반영하여 청소년 디지털 역량 강화와 이를 위한 인프라 구축, 디지털 환경 확산에 따른 신종 유해 환경으로부터의 청소년 보호를 통해 디지털 시대를 선도하는 청소년을 육성하고자 하였다. 이러한 관점에서 청소년지도는 청소년의 온·오프라인에서의 역량 강화를 통해 청소년의 다양한 성장 기회를 제공하는 것이자, 이를 통해 디지털 시대를 선도하는 청소년을 길러 내는 것이라고도 할 수 있다.

〈표 9-1〉은 19080년대 이후 사회적·역사적 배경에 따른 청소년지도 개념의 변화와 청소년지도 개념이 담긴 주요 정책과 관련 법률을 정리한 것이다.

〈표 9-1〉 청소년지도에 관한 주요 정책과 법률

시기	사회적 · 역사적 배경	청소년지도 개념의 변화	주요 정책 및 법률
1980년대 후반 (민주화 이후)	• 민주화 운동 이후 개인 권리와 민주주의 강조 • 청소년 비행문제 관심 증대	• 청소년 보호와 육성을 국가의 책무로 인식	• 「청소년육성법」(1987) 제정(최초의 종합적 청소년 법률)
1990년대 초반~ 2000년대 초반	• 민주화 확산, 지방자치제 실시(1991년)로 청소년 참여와 권리 이슈화 • IMF 이후 청소년 보호 및 복지 필요성 증가	• 청소년의 보호 및 복지 강화 • 위기청소년문제에 적극 대응 • 청소년의 참여 · 권리 강조 • 청소년을 주체적 시민으로 인식	• 「청소년 기본법」(1991) 제정 • 제1차 청소년정책기본계획(1993~1997) 수립 • 「청소년 보호법」(1997) 제정 • 제2차 청소년정책기본계획(1998~2002) 수립
2000년대 중반~ 2010년대 초반	• 다문화 사회 진입 및 청소년의 개성 · 다양성 중요성 부각	• 청소년 참여 · 활동 강조 • 수련 활동 체계적 활성화 • 청소년 복지 지원 및 다양성 존중	• 「청소년활동 진흥법」(2004) 제정 • 제3차(2003~2007), 제4차(2008~2012), 제5차(2013~2017) 청소년정책기본계획 수립
2010년대 중반~ 2020년대 초반	• 학교 밖 청소년 등 다양한 계층 지원 필요성 증가 • 4차 산업혁명 및 디지털 사회로 전환	• 청소년 주도적 참여, 진로 · 역량 중심 정책 강화	• 제6차 청소년정책기본계획(2018~2022) 수립 • 학교 밖 청소년 지원사업 확대
2023년 이후 (현재)	• 디지털 대전환, 청소년 주체적 참여 및 권리 강조 • 청소년의 창의성 · 융합적 역량 강조	• 청소년의 자기주도성, 주체성 극대화 • 사회변화 대응 역량(디지털 리터러시 등) 강조 • 지속 가능한 발전과 포용적 청소년정책 추진	• 제7차 청소년정책기본계획(2023~2027) 수립 • 「청소년 기본법」 및 「청소년활동 진흥법」 개정 · 보완

2) 청소년지도 개념이 등장한 사회적 배경

(1) 산업화와 도시화에 따른 사회구조 변화

1960년대 이후 한국 사회는 급속한 산업화와 도시화를 겪으며 농촌 인구의 도시 이주가 급격히 증가하였다. 이에 따라, 전통적으로 가족과 지역사회가 수행하던 청소년 사회화 기능이 약화되었고, 청소년에 대한 비공식적 통제와 보호 체계가 흔들리기 시작하였다. 그 결과 비행, 가출, 학교 중단 등 청소년문제가 사회문제로 대두되었고, 이를 해결하기 위한 제도적 개입의 필요성이 증가하면서 청소년지도 개념이 등장하게 되었다(이광호, 2012).

(2) 청소년문제의 대두

1980년대 이후 산업화가 가져다준 물질적 풍요와 소비 문화의 확산 속에서 청소년의 일탈, 흡연, 음주, 폭력 등의 문제는 사회적으로 더욱 심각하게 인식되었다. 1990년대 후반부터는 인터넷과 게임의 급속한 보급으로 인해 게임 중독, 사이버 따돌림, 디지털 성범죄 등 신유형의 청소년문제가 등장하였고, 이에 대응하기 위한 청소년지도 방식도 변화되었다(천정웅 외, 2011)

(3) 교육 환경의 변화와 경쟁 심화

입시 중심의 교육 체계는 청소년의 학업 스트레스와 정체성 혼란을 초래했고, 정규 교육의 한계를 보완하는 대안적 교육, 진로 탐색, 자율적 활동 등의 필요성이 대두되었다(천정웅 외, 2011). 이에 따라 청소년지도는 학업 보완 이상의 기능, 즉 청소년의 잠재력 계발과 사회적 적응을 위한 지원 기능으로 확대되었고 청소년지도 영역이 교육복지, 진로 지도, 자기계발 지원 등 다양한 분야로 확장된 배경이 되었다.

(4) 민주화와 인권 의식의 성장

1987년 민주화 이후 한국 사회는 권리 담론이 확대되었고, 이는 청소년에게도 적용되기 시작하였다. 청소년을 단순한 보호 대상이 아닌 권리의 주체로 인식하는 사회적 흐름이 형성되었고, 이에 따라 청소년지도는 보호와 통제 중심에서 벗어나, 자율성·참여·권리 보장을 중심으로 하는 방향으로 변화해 왔다(이광호, 2012). 이는 「유엔아동권리협약」(1989) 등 국제 기준의 영향을 받아 국내 법제도와 정책에 반영되었다.

(5) 글로벌화와 국제 청소년 교류 증가

1990년대 이후 국제화 시대가 본격화되면서, 국내 청소년도 다양한 문화와 국제사회에 적응할 수 있는 역량을 갖추는 것이 중요해졌다. 이에 따라 청소년지도는 단지 국내 문제해결을 위한 활동에서 벗어나, 글로벌 시민성, 다문화 수용성, 국제교류 활동 등을 포함하는 통합적 접근으로 확대되었다(천정웅 외, 2011). 국제 청소년 교류 프로그램, 청소년 국제 캠프, 글로벌 봉사 활동 등은 이 같은 흐름의 대표 사례라 할 수 있다.

3) 결론

우리나라에서 청소년지도 개념은 사회적 변화와 역사적 흐름에 따라 발전해 왔다. 전통 사회에서는 가족과 공동체 중심으로 청소년을 지도했으나, 산업화와 도시화 이후에는 국가가 적극적으로 개입하면서 청소년지도 개념이 체계적으로 정립되었다. 1980년대 이후에는 민주화와 청소년 권리 의식의 성장으로 청소년이 주체적으로 활동할 수 있도록 지원하는 방향으로 변화하였으며, 오늘날에는 디지털 환경과 국제화 시대에 맞춰 보다 다양한 방식으로 발전하고 있다. 그러므로 청소년지도의 개념은 청소년지도의 가치는 지향하되 시대적 요구에 부응하여 변화되고 재해석될 수 있을 것이다.

2. 영국에서 청소년지도 개념의 발전 과정

영국에서 'Youth Work(청소년지도)' 개념이 등장하고 발전하게 된 배경은 한국 사회처럼 사회적·경제적·정치적·문화적 변화와 밀접하게 연관되어 있다. 청소년지도는 단순한 보호 활동을 넘어, 청소년이 사회에서 적극적인 역할을 할 수 있도록 지원하는 방식으로 발전해 왔다. 이러한 배경을 역사적 맥락에서 살펴보면 다음과 같다.

1) 산업혁명과 청소년문제의 대두(18세기 후반~19세기)

18세기 후반부터 본격화된 산업혁명은 영국 사회 전반에 영향을 끼쳤다. 농촌 인구의 도시 이주는 전통적인 가족 기반 공동체를 약화시켰으며, 부모가 장시간 노동에 종사하는 동안 청소년들은 보호받지 못한 채 방임되거나 생존을 위해 노동시장에 유입되기도 하였다(Humphries, 2010). 섬유공장, 탄광, 제분소 등에서 노동에 투입된 아동과 청소년은 교육의 기회는 차치하고라도 건강 악화 및 범죄 노출이라는 이중고를 겪게 되었다(Cunningham, 2006). 이에 따라, 종교단체 및 자선단체들이 빈곤층 청소년을 대상으로 주일학교의 형식을 빌어 초기적 형태의 청소년지도 활동을 시작하였다. 이때 교회는 예배 후, 교육을 받지 못하는 아동과 청소년에게 최소한의 비형식적 교육을 통해 빈곤 아동에게 문해력, 위생, 도덕성 교육을 실시하며, 청소년지도의 원형을 형성하였다(infed, 2025).

이 시기의 청소년지도 활동은 오늘날 청소년지도의 초기적 형태로 평가되며, 청소년이 사회 안에서 주체로 살아갈 수 있도록 도와주는 비형식적 교육(informal education)의 기반을 마련했다(Jeffs & Smith, 2005). 청소년지도는 공식 학교 교육의 대안으로, 관계 중심, 대화 중심, 참여 중심 접근을 통해 청소년이 자기 삶의 방향을 주체적으로 탐색할 수 있도록 지원하는 것을 의미한다(Smith, 1998). 결국 영국에서의 청소년지도는 산업화에 따른 사회문제해결을 위한 자발적 실천으로 출발하였으나, 점차 청소년 권리, 참여, 자율성을 기반으로 한 민주적 교육 실천의 일부로 자리 잡게 되었으며, 이는 오늘날 청소년지도의 철학과도 긴밀히 연결된다(Ord, 2016).

1844년에는 YMCA(Young Men's Christian Association)가 런던에서 창설되었으며, 이는 종교적 기반 위에 도시 청소년, 특히 이주 청년 노동자들에게 안전한 공간, 스포츠, 성경 공부, 토론 모임 등을 제공하는 종합적 프로그램을 운영하였다. YMCA는 청소년을 단순한 보호 대상이 아니라 자율적이고 책임감 있는 시민으로 성장시켜야 한다는 철학을 바탕으로 활동을 전개했으며, 이는 비형식 교육의 대표적 사례로 평가된다(infed, 2025). 즉, 종교단체 중심의 청소년 보호 활동은 점차 청소년지도 실천의 체계화로 이어졌고, 청소년지도자의 역할, 공간, 방법론의 토대를 제공하게 되었다. 비록 초기에는 도덕적 통제나 종교적 교화에 무게를 두었으나, 시간이 지나며 청소년의 자율성과 사회참여를 강조하는 방향으로 진화하였다(Ord, 2015).

2) 청소년단체의 등장과 조직화(19세기 후반~20세기 초)

19세기 후반, 영국 사회에서는 도시 빈곤, 노동 착취, 아동 범죄 등이 심각한 사회문제로 부상하면서 자선단체와 사회개혁운동이 청소년문제에 적극적으로 개입하기 시작하였다(Hendrick, 1997). 이 시기의 청소년지도 활동은 단순한 구호나 보호에 머무르지 않고, 청소년의 도덕적 성장과 사회적 책임 함양을 위한 체계적 프로그램으로 확대되었다(Cunningham, 2006). 특히 빅토리아 시대 특유의 도덕성과 자기규율 강조는 청소년지도 실천에도 그대로 반영되었다(Griffin, 1993). 사회개혁가들은 청소년이 올바른 시민으로 성장하기 위해서는 노동 이전에 인간으로서의 가치와 태도를 교육받아야 한다고 보았으며, 이는 이후 훈련 중심의 청소년단체 활동으로 구체화되었다(Bessant, 2004).

이러한 사회적 흐름 속에서 영국에서는 근대적 청소년단체들이 등장하였다. 1883년 창설된 Boys' Brigade는 세계 최초의 조직화된 청소년단체로, 군사 훈련과 기독교 교육을 결합하여 청소년에게 규율, 순종, 도덕성을 심어 주고자 하였다(infed, 2025). 특히 '훈련을 통한 도덕적 개선'이라는 명확한 교육 목표를 지녔으며, 이후 많은 청소년단체에 영향을 미쳤다. 1907년에는 로버트 베이든파월(Robert Baden-Powell)이 창설한 보이스카우트(boy scouts)가 탄생하였다. 그는 청소년의 조기 자립능력과 책임감의 중요성을 인식하고, 야외 활동과 모험을 기반으로 한 자기계발 중심 프로그램을 제시하였다. 보이스카우트 운동은 공동체 정신, 자연 속 교육이라는 비형식 교육의 요소를 강조하였으며, 세계 청소년지도 운동의 상징적 모델이 되었다(Proctor, 2009).

1910년 창설된 Girl Guides는 보이스카우트의 여성 버전으로, 초기에는 가정 내 역할 훈련이 중심이었으나 이후 여성의 시민성과 사회참여를 강화하는 방향으로 발전하였다(infed, 2025). 그러므로 이 시기 청소년단체 활동은 단순한 도덕 교화나 종교 교육을 넘어서, 청소년의 참여, 주도성, 비형식 학습을 촉진하는 조직화된 실천으로 기능하였고, 이후 국가 청소년정책 및 청소년지도 제도화의 초석이 되었다(Ord, 2016).

3) 국가의 개입과 공공 청소년정책(20세기 중반)

(1) 세계대전과 청소년문제의 심화

제1차 세계대전(1914~1918)과 제2차 세계대전(1939~1945)은 영국 사회에 심대한 영향을 미쳤으며, 청소년은 전시 사회의 구조적 혼란 속에서 특히 취약한 집단이었다. 전쟁 중 부모를 잃거나 피난을 떠나야 했던 청소년들은 정서적 불안, 학업 중단, 생활 기반 붕괴 등 다차원적 위기에 노출되었다. 당시 정부는 전쟁 동원과 사회복지 정책 중심으로 운영되어 있었으나, 점차적으로 청소년을 위한 별도의 지원 정책이 필요하다는 인식이 확대되기 시작하였다(infed, 2025). 이러한 상황 속에서 교회나 자선단체 중심의 자발적 청소년지도 활동만으로는 한계가 있다는 점이 명확해졌고, 청소년복지 및 교육에 대한 국가 개입의 필요성이 본격적으로 제기되었다(Coussée, Verschelden, & Williamson, 2009).

(2) 청소년정책과 청소년지도의 제도화

1939년, 전쟁 발발과 함께 영국 정부는 청소년의 여가 시간과 교육적 기회를 조직화할 필요성을 절감하고, 청소년 서비스를 국가 정책의 일부로 포함시키기 시작하였다(Jeffs & Smith, 2005). 특히 1944년 「교육법(Education Act 1944, Butler Act)」은 청소년교육과 관련된 국가의 책임을 법적으로 명확히 하였으며, 지방정부가 청소년 클럽과 여가시설을 운영하도록 권장하였다(Hendrick, 1997). 청소년 클럽은 비공식 교육의 장소이자 사회 통합의 수단으로 간주되었으며, 청소년지도는 점차 공공 서비스 체계에 통합되었다(ord, 2016).

1960년대에는 영국 정부가 공식적으로 청소년 서비스 지침을 발간하며, 청소년지도자의 역할, 활동 목표, 조직 운영 원칙 등을 구체화하였다(Davies, 1999). 이는 청소년지도가 민간 주도의 실천에서 벗어나, 국가 정책이자 공공 서비스로 제도화되는 전환점이었다. 이때부터 청소년지도는 지역정부의 재정 지원을 받는 공공 인프라의 일환으로 기능하기 시작하였으며, 정체성, 시민성, 참여 역량을 기르는 교육적 실천으로 인정받게 되었다(Smith, 2002).

4) 현대 청소년지도 개념의 발전(1970년대 이후)

(1) 청소년 참여 중심의 패러다임 변화

1970년대 이후 영국에서의 청소년지도는 단순히 도덕 훈련이나 보호 기능에 머물지 않고, 청소년이 사회적 주체로 참여하는 방향으로 전환되었다(Davies, 2005). 청소년문제를 외재적 통제나 해결 대상으로 여기지 않고 청소년 스스로의 경험과 관점 그리고 선택을 존중하며, 자기결정권을 중심에 둔 교육적 실천이 중요하다는 인식이 확산되기 시작하였다(Ord, 2016).

그 결과, 청소년과의 수평적 관계, 자발적 참여, 비형식 교육의 실천 원리가 중요해졌으며, 청소년지도는 청소년이 자신의 삶과 공동체에 비판적 사고와 창의적 기여를 할 수 있도록 지원하는 역할로 정체화되었다(Jeffs & Smith, 2005; Young, 2006). 특히 1980년대에는 여자 청소년, 이주민, 장애 청소년 등 소외 청소년의 목소리를 반영하는 방향으로 활동의 범위가 확대되었다(Crimmens et al., 2004).

(2) 1990년대 이후: 정부의 적극적인 지원과 법제화

1990년대 이후 영국 정부는 Youth Work의 공공성을 명확히 하기 시작하였다. 2001년 발표된 「청소년 사업 개혁: 청소년을 위한 청소년지도의 발전 방향」 보고서는 기존의 활동 중심 청소년지도를 청소년 참여 기반의 교육적 실천으로 전환해야 한다는 국가 정책을 제시하였다(Department for Education and Skills: DfES, 2001). 청소년 참여, 권리, 자기결정권을 핵심 원칙으로 설정하였으며, 청소년지도 실천의 방향성을 명문화하였다. 이후 2008년 영국 교육부는 청소년지도의 핵심 가치와 실천 원칙을 다음과 같이 다섯 가지로 정립하였다(Department for Education, 2012).

- 청소년과 자발적으로 관계를 맺는다.
- 청소년이 삶의 주체로 성장할 수 있도록 지지한다.
- 청소년의 참여와 민주주의를 촉진한다.
- 공동체 안에서 청소년의 책임 있는 역할 수행을 돕는다.
- 비형식 교육의 원칙에 기반한다.

이러한 기준은 오늘날까지도 영국 청소년정책 및 실천의 핵심 철학으로 자리매김하고 있으며, 청소년지도는 청소년 권리 증진과 사회적 연대를 강화하는 공공 교육 실천으로 간주되는 출발점이 되었다(Bessant, 2004; Ord, 2016).

5) 결론

영국에서 청소년지도는 산업혁명 이후 청소년문제의 대두, 종교단체 및 자선단체의 개입, 청소년단체의 등장, 국가 정책의 발전을 거쳐 점진적으로 발전해 왔다. 특히 20세기 이후에는 단순한 보호와 훈련을 넘어 청소년의 자율성과 참여를 강조하는 방향으로 변화하였으며, 현대에 이르러서는 청소년의 권리를 보장하고, 사회적 역할을 수행하도록 지원하는 활동으로 자리 잡았다. 시기만 다를 뿐, 한국도 영국과 마찬가지로 청소년지도가 단순한 보호와 규제, 지원의 개념에서 점차 사회적 구성원으로서의 대등한 권리를 인정하는 방향으로 발전되어 왔다.

3. 청소년지도와 청소년지도방법의 개념

청소년지도는 청소년이 건강하고 바람직한 방향으로 성장할 수 있도록 다양한 활동을 지원하고 지도하는 교육적 활동이며, 청소년의 신체적 · 정신적 · 정서적 · 사회적 발달을 촉진하기 위한 체계적인 교육과 지원을 포함한다. 청소년지도의 개념을 보다 구체적으로 이해하기 위해, 관련 법률인 「청소년 기본법」과 「청소년활동 진흥법」을 참고하여 정리하면 다음과 같다.

1) 「청소년 기본법」에 따른 청소년지도 개념

「청소년 기본법」(제3조)은 청소년을 9세 이상 24세 이하의 사람으로 정의하고 있으며, 청소년정책의 기본 방향을 규정하고 있다. 같은 법 제6조(청소년의 보호와 지원)에서는 국가와 지방자치단체가 청소년이 건전하게 성장할 수 있도록 보호하고 지원할 책무가 있음을 명시하고 있다. 특히 제49조(청소년지도사)에 따르면, 청소년지도를 담당하는 청소년지도사는 청소년의 건전한 성장과 발달을 돕기 위해 상담, 교육, 활동 프로그램 개발 등을 수행해야 한다고 규정하였다. 이러한 법적 근거를 바탕으로 볼 때, 청소년지도는 청소년이 사회 구성원으로서 올바르게 성장하도록 지원하는 교육적 · 사회적 개입으로 정의할 수 있다.

2) 「청소년활동 진흥법」에 따른 청소년지도 개념

「청소년활동 진흥법」은 청소년의 다양한 활동을 장려하고 체계적으로 운영하기 위한 법률로, 제2조에서 청소년활동을 청소년이 자발적으로 참여하여 심신을 단련하고 인성을 함양하는 활동으로 정의하고 있다. 이 법의 제3조(국가와 지방자치단체의 책무)에서는 청소년활동의 진흥을 위한 정책을 수립 · 시행해야 한다고 명시하고 있으며, 제7조(청소년활동의 지원)에서는 국가와 지방자치단체가 청소년을 대상으로 한 활동 프로그램 개발과 지도자 양성을 강조하고 있다. 이를 종합하면, 청소년지도는 청소년이 자발적으로 참여할 수 있는 다양한 활동을 통해 바람직한 가치관을 형성하고 능력을 개발할 수 있도록 지원하는 과정이라고 정의될 수 있을 것이다.

이러한 법적 근거를 바탕으로 청소년지도의 개념을 종합하면 다음과 같이 정의할 수 있다. 즉, 청소년지도란 청소년이 신체적 · 정신적 · 사회적으로 건강하게 성장할 수 있도록 다양한 활동과 프로그램을 기획하고 운영하며, 청소년의 전인적 성장을 이는 「청소년 기본법」과 「청소년활동 진흥법」을 바탕으로 국가와 지방자치단체, 청소년지도자 및 관련 기관이 협력하여 수행하는 활동이 포함된다. 즉, 청소년지도는 단순한 보호와 통제를 넘어, 청소년이 주체적으로 성장할 수 있도록 다양한 기회를 제공하고 지원하는 적극적인 개입이자 교육적 활동이라고 할 수 있다.

3) 청소년지도방법의 개념

청소년지도방법은 청소년이 개인적 · 사회적 · 정서적 · 교육적으로 조화롭게 성장할 수 있도록 지원하기 위한 체계적인 실천 전략과 접근 방식이라고도 볼 수 있다. 이는 단순한 활동의 집합이 아니라, 청소년의 삶의 맥락과 참여 조건을 고려하여 설계된 의도적이고 반영적인 교육 과정이다(NYA, 2025). 청소년지도방법은 공식 교육(formal education), 비공식 교육(non-formal education), 비형식 교육(informal education)의 세 가지 교육 유형과 관계가 있다. 공식 교육은 학교 시스템에서 제공되는 정규 커리큘럼을 의미하며, 비공식 교육은 청소년단체나 프로그램을 통해 의도적으로 이루어지는 학습 활동, 비형식 교육은 일상 속의 경험과 상호작용을 통해 자연스럽게 이루어지는 학습을 의미한다(SALTO Training and Cooperation and Jugend fur Europa, 2016)

청소년지도방법은 특히 비공식 교육과 비형식 교육의 가치에 주목하며, 청소년이 자신이 처한 환경에서 의미 있는 관계를 형성하고 스스로의 삶에 대한 주체성을 확보할 수 있도록 돕는다(infed, 2025). 이러한 맥락에서 청소년지도는 단순히 지식이나 기능을 전달하는 것이 아니라, 청소년의 경험을 존중하고, 대화를 통한 학습, 자발성, 참여, 실천을 중시하는 관계 중심의 교육적 실천이라고 할 수 있다. 또한 청소년지도방법은 상호작용, 자기표현, 집단 활동, 사회참여 등을 통해 청소년이 사회 구성원으로서 역량을 강화할 수 있도록 돕는다(NYA, 2025). 이는 청소년을 수동적인 보호 대상이 아니라, 능동적인 시민으로 인식하고, 그들의 참여를 기반으로 하는 민주적 실천으로서의 교육 접근이라 할 수 있다.

(1) 비형식 교육

비형식 교육은 특정한 시간, 장소, 목적에 맞춰 조직되지 않은 교육 형태로, 개인이 일상적인 상호작용과 경험을 통해 자연스럽게 지식, 기술, 가치, 태도를 습득하는 학습 과정이다(SALTO Training and Cooperation and Jugend fur Europa, 2016). 이는 명시적인 커리큘럼 없이 삶의 다양한 맥락에서 이루어지며, 학습자는 학습자인 줄도 모르는 상태에서 스스로 의미 있는 지식을 내면화하게 되는 것을 의미한다. 예를 들어, 친구들과의 대화, 부모와의 토론, 직장 내 경험, 지역사회참여, 동아리 활동, TV 시청, 유튜브 검색, SNS 소통 등은 모두 비형식 교육의 일부로 간주할 수 있다(Coombs & Ahmed, 1974). 이러한 학습은 자율적이고 우연적인 특성을 가지며, 학습자 스스로의 관심사와 필요에 따라 유동적으로 발생한다. 비형식 교육의 특징은 다음과 같다(SALTO Training and Cooperation and Jugend fur Europa, 2016).

- **비의도성**: 명확한 교육 목표나 커리큘럼 없이 우연적 또는 자연스럽게 발생한다.
- **비공식성**: 학습자와 '교사'의 구분이 희미하며, 누구나 서로 가르치고 배우는 관계 속에서 상호작용한다.
- **비인증성**: 공식적인 학위나 자격이 주어지지 않는다.
- **연속성**: 전 생애에 걸쳐 반복되고 확장되는 학습이다.

그러므로 비형식 교육은 특히 청소년의 사회적 학습에서 매우 중요한 역할을 하며, 청소년지도 실천에서도 중추적인 기반으로 작용한다. 이는 공식 교육이 미처 포괄하지 못하는 관계성, 감정, 실천적 지혜, 일상 감각 등을 학습하게 하는 중요한 경로이다.

(2) 비공식 교육

비공식 교육은 공식 교육 체계 외부에서 이루어지는 조직적이고 계획적인 학습 활동을 의미한다. 이는 학교와 같은 정규 교육기관이 주도하지는 않지만, 명확한 교육 목표와 학습 성과를 지향하며, 주로 자발적 참여를 전제로 한 다양한 프로그램 형태로 운영된다. 비공식 교육은 형식 교육과 비형식 교육 사이의 중간 영역으로, 비교적 구조화되어 있으면서도 유연성을 가지는 특징이 있다(Jeffs & Smith, 2005). 구체적인 역량을 개발하거나 문제해결 능력을 기르는 데 초점을 두기도 한다(Ord, 2016).

이러한 비공식 교육은 청소년지도방법의 핵심적 실천 전략 중 하나로, 청소년의 참여와 실천을 기반으로 한 학습 환경을 조성한다. 청소년 워크숍, 진로 탐색 프로그램, 지역사회 프로젝트 활동 등은 그 대표적 예이다(Jeffs & Smith, 2005). 공식 교육과 달리 강의 중심이 아닌, 참여 중심의 활동, 실습, 공동체 기반 경험을 통해 학습을 촉진한다. 또한 비공식 교육은 일반적으로 학위를 수여하지 않지만, 수료증, 활동 인증서 등 다양한 형태의 결과물을 제공할 수 있으며, 이는 청소년의 사회적 참여나 진로 선택에 실질적인 영향을 줄 수 있다(Ord, 2016). 특히 청소년지도에서 활용되는 비공식 교육은 개인의 주도성과 사회적 역량 강화를 동시에 추구하며, 변화하는 사회와 교육 환경에 민감하게 반응하는 유연한 실천 모델이다.

(3) 공식 교육

일반적으로 공식 교육은 학교, 대학교, 대학원 등과 같은 제도화된 교육기관에서 체계적이고 계획적으로 제공되는 교육 형태를 말한다. 정해진 교육 과정(curriculum), 시간표, 평가 체계에 따라 진행되며, 교육의 목표, 내용, 방법이 국가 또는 교육 당국에 의해 표준화되어 있다(SALTO Training and Cooperation and Jugend fur Europa, 2016). 공식 교육은 교사와 학습자 간의 명확한 역할 구분, 학급 조직, 수업 시간, 학년제도 등으로 특징지어지며, 시험이나 수업 평가 등의 제도적 기준을 통해 학습자의 성취를 측정한다. 일정 기준을 충족한 학습자에게는 졸업장, 학위, 자격증 등 공식적인 인증이 수여된다. 이 인증은 사회적으로 광범위하게 인정되며, 개인의 진로, 고용, 사회적 지위에 실질적인 영향을 미칠 수 있다. 일반적으로 공식 교육은 비공식 · 비형식 교육과는 달리 획일적이고 구조화된 학습 경험을 제공하지만, 학습의 지속성과 다양성 면에서 한계를 가질 수 있기 때문에 청소년지도에서는 다른 유형의 교육(비공식 · 비형식)과 보완적으로 활용된다(SALTO Training and Cooperation and Jugend fur Europa, 2016).

이 세 가지 교육 형태는 현실에서는 서로 독립적으로 이루어지지 않고 밀접하게 연결되어 있으며, 개인은 평생 동안 이 세 가지 교육 방식을 모두 경험하면서 학습하게 된다. 〈표 9-2〉는 세 가지 교육 형태를 정리한 것이다.

〈표 9-2〉 교육의 다양한 형식

구분	형식 교육 · 공식 교육 (Formal Education)	비형식 교육 (Informal Education)	비공식 · 무형식 교육 (Nonformal Education)
개념	학교와 같은 공식적 기관에서 체계적으로 이루어지는 교육	일상생활 속에서 자연스럽게 이루어지는 교육	공식적 교육기관 밖에서 이루어지는 조직화된 교육 활동
목적	공식적인 학위 및 자격 취득	생활에 필요한 실질적 지식과 경험 습득	특정 목적과 필요에 따른 개인 능력 개발
학습장소	학교, 대학 등 공식 교육기관	가정, 직장, 친구, 미디어 등 일상생활의 모든 장소	청소년시설이나 기관
학습방법	체계적 · 단계적 커리큘럼, 공식적인 수업, 평가와 자격증	비계획적이고 비조직적, 경험을 통한 학습	자발적 참여, 유연한 프로그램, 필요에 따른 과정 설계
학습기간	정해진 기간 내 정규 과정	평생, 지속적, 비체계적, 무한정	다양하며 단기적 · 중기적 기간(상대적으로 유연)
교사와 학생의 관계	명확한 교사와 학생의 역할 구분, 수직적	명확한 교사와 학생의 역할 구분 없음	역할 구분이 있지만, 관계 수평적
자격 및 인증 여부	학력, 학위, 졸업장, 공식 인증서 발급	공식적 자격이나 인증이 없음	때로는 수료증, 자격증, 인증서 등 발급 가능(공식 학위는 아님)
예시	초 · 중 · 고등학교, 대학교, 대학원 등	부모와의 대화, TV 시청, 인터넷 검색 등	청소년수련시설의 청소년활동프로그램 및 사업

청소년지도방법은 비형식 교육과 비공식 교육의 관점을 통합하여, 청소년들의 개인적 · 사회적 · 교육적 발달을 지원하는 실천 중심 접근이다(Jeffs & Smith, 2005; Ord, 2016). 이 방법론은 청소년의 주체성과 참여를 바탕으로 하는 교육 실천이며, 공식 교육이 포괄하지 못하는 삶의 맥락을 중심에 두고 있다.

청소년지도방법의 대표적인 실천 원리는 다음과 같다(Jeffs & Smith, 2005; Ord, 2016).

- **청소년 중심 접근법**: 청소년지도는 청소년을 수동적 보호 대상이 아닌, 능동적 참여자이자 자기결정권을 가진 시민으로 존중하는 데에서 출발한다. 이는 청소년의 욕구, 흥미, 의견을 기반으로 활동을 설계하며, 활동 전 과정에 청소년이 주체적으로 개입할 수 있도록 한다.

- **관계 기반 실천:** 청소년지도는 신뢰와 상호존중을 기반으로 한 관계 형성을 핵심으로 삼는다. 이는 청소년지도자와 청소년 간의 대화, 경청, 정서적 지지가 중심이 되는 실천 방식이며, 참여와 변화의 출발점이 된다.
- **포용성과 다양성 존중:** 청소년지도는 인종, 성별, 문화, 장애, 사회경제적 배경 등 모든 형태의 차이를 포용하며, 다양한 관점을 인정하고 반영하는 것을 원칙으로 한다. 이는 특히 소외되기 쉬운 청소년의 참여를 확대하는 데 중요한 기반이 된다.
- **지역사회참여:** 청소년지도방법은 청소년이 지역사회 활동에 참여함으로써 책임감, 소속감, 공공의식을 기를 수 있도록 장려한다. 프로젝트 기반 활동, 봉사 활동, 참여예산제 등은 청소년이 사회 구성원으로 성장하는 실천의 장이다.
- **자기계발과 역량 강화:** 청소년지도는 청소년이 자신의 역량과 잠재력을 인식하고 개발할 수 있도록 지원하며, 자율성과 자기효능감을 강화하는 것을 핵심 목표로 삼는다. 이를 위해 진로 탐색, 자기표현, 의사결정 훈련 등이 지도 활동에 포함된다.

이상의 핵심 요소들을 통해 청소년지도방법은 청소년의 전인적 발달을 지원하며, 이들이 자기 삶과 공동체에 긍정적인 영향을 미치는 주체로 성장할 수 있도록 한다. 이 실천은 단지 프로그램 수행을 넘어, 청소년이 비판적으로 사고하고 사회에 기여하며 변화의 주체가 되도록 이끄는 교육적 · 사회적 개입이다.

4) 청소년지도방법의 특성

청소년지도방법은 청소년지도사가 청소년의 전인적 발달을 지원하기 위해 어떠한 방식으로 활동을 기획하고 실천할 것인가에 대한 구체적 접근을 의미한다(Ord, 2016). 청소년지도에서 지도방법은 단순한 기술이 아니라, 청소년과의 관계 맺기, 공간 설계, 프로그램 운영, 피드백 제공 등 복합적 실천 전략의 총합으로 이해된다(Jeffs & Smith, 2005). 따라서 청소년지도방법은 청소년의 변화와 성장을 돕는 데 핵심적인 역할을 하는 중요한 교육적인 실천 전략이라고 할 수 있다. 구체적인 특성은 다음과 같이 설명할 수 있다.

첫째, 도구적 성격이다. 청소년지도방법은 그 자체가 목적이 아니라, 청소년지도 목표 달성을 위한 수단이라는 점에서 도구적 성격을 가진다. 예를 들어, 리더십 캠프, 체험 활동, 토론회 등의 활동은 모두 청소년의 자율성과 사회성을 향상시키기 위한 수단으로 사용된다(Ord, 2016). 둘째, 청소년지도는 청소년지도사와 청소년 간의 지속적인 상호작용 속에서 이루어진다. 이 상호작용은 대화, 신뢰, 공감, 피드백 등의 관계 속에서 이루어지며, 청소년지도방법은 이러한 관계 기반 실천의 틀 안에서 설계되어야 한다(Jeffs & Smith, 2005). 셋째, 청소년지도방법의 특성은 체계적 활동이라는 것이다. 청소년지도는 우연적 개입이 아니라, 목표와 전략이 명확히 설정된 체계적이고 의도적인 활동이다. 따라서 청소년지도방법은 활동의 기획, 실행, 평가 전 과정에 걸쳐 명확한 단계성과 구조성을 요구한다(infed, 2025). 넷째, 청소년지도방법의 특성은 비공식적인 현장에서 장에서의 실행된다는 것이다. 주로 학교 밖의 환경에서 실행되며, 청소년 수련관, 청소년문화의집 등 청소년시설이나 기관에서 이루어지는 특성이 있다. 다섯째, 청소년지도방법의 특성은 청소년의 능동적 참여로 이루어진다는 것이다. 청소년지도방법은 청소년의 자기주도성과 능동적인 참여를 전제로 한다. 청소년은 수동적 수혜자가 아니라, 활동의 설계자이자 실행자이며 평가자이다. 이러한 참여 구조는 청소년이 경험을 내면화하고 자율적으로 성장할 수 있는 기반이 된다(infed, 2025).

4. 청소년지도방법의 실제

다음은 한국과 유럽연합, 영국에서 공통적으로 사용되는 청소년지도방법의 실제 사례이며, 이를 바탕으로 더욱 다양한 청소년지도방법을 도출할 수 있을 것이다.

1) 참여 중심의 청소년지도방법

참여 중심의 청소년지도(participation-based youth work)는 청소년이 수동적 대상이 아닌, 활동의 주체로서 자율적으로 참여하고 결정하는 실천 방식이다. 이 방법은 청소년의 자율성과 창의성을 존중하며, 그들의 경험, 의견, 선택이 청소년지도 전반에 반영되는 것을 핵심 가치로 삼는다. 다시 말해, 청소년지도자는 활동을 설계하고 주도하는 사람이 아니라, 청소년이 스스로의 필요와 관심에 따라 활동을 기획하고 실행할 수 있도록 지원하는 조력자의 역할을 하게 된다(NYA, 2025). 청소년의 참여는 단순한 참여 명단 작성이나 설문 조사 수준이 아니라, 의사결정, 문제해결, 기획과 실행, 평가까지 포함하는 전 주기적 참여를 의미하며, 이러한 참여는 청소년의 시민적 역량, 책임감, 자기효능감, 사회참여성을 증진시키는 데 효과적인 방식이다(Checkoway, 2006). 우리나라도 이미 청소년참여기구가 법적으로 보장받고 있으므로, 청소년 참여가 청소년지도의 목적과 방법 모두로 사용될 수 있을 것이다.

(1) 청소년 주도 활동

청소년 주도 활동(youth-led activities)은 청소년 스스로가 활동의 목적을 설정하고, 기획과 운영을 책임지는 형태의 프로그램이다. 청소년지도자는 청소년의 요구와 아이디어를 기반으로 자율적 선택과 실천의 공간을 열어 주며, 이를 통해 청소년은 사회의 문제를 인식하고 변화의 주체로서 성장하게 된다(Jeffs & Smith, 2005).

영국 사례

- **청소년 의회(Youth Parliament)**: 영국에서는 청소년이 직접 참여하는 의회 구조가 정례적으로 운영된다. 청소년 의회는 전국 청소년 대표들이 모여 교육, 복지, 환경, 인권 등 주요 사안에 대해 정책을 제안하고 공공기관에 제언할 수 있도록 보장된 공간이다. 이 활동은 정치적 리터러시와 시민적 참여 경험을 동시에 제공한다(UK Youth Parliament, 2018).
- **청소년 액션 그룹(Youth Action Groups)**: 지역사회 내 특정 문제(쓰레기, 교통안전, 인종차별 등)에 대해 청소년이 자발적으로 조직한 소그룹이다. 이들은 조사, 캠페인 기획, 지역 주민 설득, 행정 참여 등을 수행하며 실제로 지역 변화에 영향을 준다. 청소년지도자는 배경 자료 제공과 네트워크 연결을 통해 간접적으로 지원한다.
- SIMY: 글래스고에서 운영되는 SIMY(Southside Impact for Youth)는 8~18세 청소년들이 자신들의 목표와 열망에 따라 프로그램을 설계하고 주도하는 지역사회 프로젝트다. 이들은 등산, 수영, 음악, 예술 등의 활동을 통해 신체적·정신적 복지, 자존감, 선택의식을 동시에 개발하며, 전 과정을 청소년 스스로 기획·평가한다(SIMY, 2023).

(2) 참여형 의사결정

청소년지도에서 참여형 의사결정은 단순히 프로그램에 '참여'하는 것을 넘어서, 그들이 프로그램을 기획하고 자원을 배분하며, 실행 후 평가에도 영향을 미치는 구조를 의미한다(Checkoway, 2006). 이는 청소년의 정책 형성과 자원 배분에 대한 경험을 제공하며, 결과적으로 시민으로서의 정체성과 책임 의식을 강화한다.

영국 사례

- **청소년 위원회(Youth Advisory Committees)**: 지역의 청소년 센터, 공공 도서관, 시청 등의 기관들은 청소년 자문위원회를 구성하여 프로그램 내용과 운영 방식에 대한 자문을 받는다. 위원회는 주기적으로 회의를 열고, 지역 주민과의 협력이나 문제해결을 위한 제안을 하며 실질적 의사결정 권한을 일부 보유한다.
- **청소년 프로젝트 펀딩(Youth Project Funding)**: 영국 여러 지자체에서는 청소년이 직접 기획한 프로젝트를 심사하고, 자금을 배정받는 구조의 '참여형 예산제(Youth PB)'를 운영한다. 이 구조는 청소년의 공공 재정에 대한 인식과 책임감, 자기표현 역량을 동시에 키울 수 있는 기반을 제공한다.
- **난민 청소년 문화예술 참여 프로젝트(PAN Intercultural Arts)**: PAN Intercultural Arts는 난민 및 망명 신청자 청소년을 대상으로 드라마, 퍼포먼스, 신체 활동 등을 통해 자신감과 사회 통합성을 높이는 프로젝트를 진행한다. 이 프로그램의 특징은 청소년이 공연 주제 선정, 구성, 발표 방법까지 스스로 결정하며, 지도자는 공동 연출자로 참여하는 방식이다(PAN, 2023).

2) 관계 기반 청소년지도

관계 기반 청소년지도는 청소년지도에서 핵심적이며, 지속 가능한 실천 방법으로 평가된다. 이는 청소년과 지도자 간의 신뢰, 공감, 상호 존중을 중심으로 한 관계 형성을 출발점으로 하여, 청소년의 심리적 안정과 자율적 성장, 사회적 참여를 촉진하는 방식이다(Ord, 2016). 단순히 활동을 전달하는 기능을 넘어, 청소년의 삶에 개입하고 조력자적 관계를 통해 지속적인 발달을 지원하는 구조를 의미한다.

(1) 신뢰 형성과 멘토링

청소년지도 현장에서는 청소년과 지도자 간의 신뢰 형성을 지도 초기 단계의 핵심 과업으로 설정되어야 한다. 또한 권위주의적 지도 방식을 지양하고, 청소년이 편안하고 비판받지 않는 환경 속에서 자신의 감정과 경험을 자유롭게 표현할 수 있도록 돕는 청소년 지도자의 조력자적 역할이 중요하다(Jeffs & Smith, 2005). 신뢰 관계 형성은 개인화된 관심과 지속적인 상호작용을 통해 이루어진다. 특히 1:1 멘토링(one-to-one mentoring)은 청소년이 자신의 관심사, 감정, 고민을 신뢰할 수 있는 성인과 함께 공유하고, 함께 해결책을 모색해 가는 중요한 구조이다.

영국 사례

- Chance UK: 행동 문제를 겪는 5~12세 아동을 대상으로 1:1 맞춤형 멘토링 프로그램을 운영한다. 이 프로그램은 정서적 안정, 자존감 증진, 사회적 기술 개발을 목표로 하며, 미래의 반사회적 행동과 범죄 가능성을 예방하는 조기개입 전략으로 평가받고 있다. 멘토는 정기적으로 아동과 활동을 함께하며, 정서적 유대와 신뢰를 기반으로 긍정적 행동을 강화한다(Chance UK, 2023).
- EPEAP-Confronting Conflict: 이 프로그램은 11~25세의 청소년을 대상으로, 그들의 일상에서 발생하는 갈등을 건설적으로 관리하는 방법을 훈련시킨다. 동료 조정(peer mediation), 중재 네트워크, 협상 기술 훈련 등을 통해 청소년은 사회적 분쟁 해결 능력과 감정 조절력을 키우게 되며, 이는 공동체 내 폭력 감소와 연결된다(EPEAP, 2023).

이러한 프로그램들은 단순한 상담을 넘어서, 정서적 지지와 사회적 기술을 함께 개발할 수 있는 통합적 지원으로 작용하며, 관계 중심 접근의 효과를 잘 보여 주는 사례들이다.

(2) 지역사회 내 네트워크 형성

관계 기반 청소년지도는 단지 청소년과 지도자 간의 관계에 그치지 않는다. 오히려 청소년이 지역사회와 연결될 수 있도록 다양한 관계 자원을 조성하는 것이 핵심이다. 이는 청소년이 지역사회의 일원으로서 사회적 관계망을 확장하고, 공동체적 책임감을 내면화하는 데 기여할 수 있을 것이다.

- **커뮤니티 멘토링 프로그램(community mentorship programs)**: 지역사회 내 기업인, 예술가, 공공기관 종사자 등 다양한 전문 직종의 성인들이 멘토로 참여하여, 청소년과의 지속적인 관계를 통해 진로 탐색, 사회적 규범 이해, 자기계발을 돕는 방식이다.
- **세대 간 프로그램(intergenerational programs)**: 지역 노인과 청소년이 함께 활동하면서 세대 간 경험을 공유하고, 상호 존중과 배움이 이루어지는 구조이다. 이는 청소년의 사회적 감수성과 타인에 대한 존중을 증진하는 데 효과적이며, 공동체 소속감을 고양시킨다.

영국 전역에서 진행되는 이와 같은 프로그램들은 공공 서비스와 커뮤니티 기반의 자원들이 연계되어 청소년을 지지하는 생태계를 형성하고 있다. 이는 단편적인 프로그램 지원을 넘어, 청소년의 사회적 자본 형성과 공동체 통합을 목표로 하는 청소년지도방법론의 진화된 형태라 할 수 있다(Jeffs & Smith, 2005). 한국에서도 지역사회 협력을 통한 관계 기반 청소년지도방법이 보다 활발하게 개발될 수 있어야 한다.

3) 활동 중심 청소년지도

활동 중심 청소년지도는 청소년이 신체적 · 정서적 · 사회적 발달을 경험할 수 있도록 설계된 다양한 실천적 활동을 중심으로 구성된 청소년지도 방식이다. 이 접근은 단순한 참여 유도 차원을 넘어, 청소년이 도전, 창의, 협업, 자기 표현을 통해 주체적으로 성장하는 기회를 제공하는 데 핵심 목표가 있다(Ord, 2016). 영국의 청소년지도 실천에서는 활동 그 자체가 교육적 가치와 사회적 메시지를 담는 매체로 기능하며, 특히 활동 참여에 있어 참여 기반, 체험 중심, 반영적 성찰이 통합적으로 이루어지는 구조를 강조한다(Jeffs & Smith, 2005). 활동 중심의 청소년지도는 실제 한국에서 가장 많이 활용되는 청소년지도방법 중의 하나이다.

(1) 모험 및 야외 활동

모험 및 야외 활동은 청소년의 자신감, 회복력, 팀워크, 문제해결력을 개발하는 데 효과적인 수단으로 널리 활용된다(Passmore, 2003). 야외 환경에서의 비정형적 활동은 청소년에게 신체적 도전과 함께 자기효능감 향상, 또래 간 협력 경험을 제공할 수 있으므로 중요하다.

영국 사례

- **듀크 오브 에든버러 어워드(The Duke of Edinburgh's Award: DofE)**: 한국에서는 국제청소년 성취포상제도로 알려져 있으며, 1956년 시작되어 영국 전역에서 탐험 활동, 봉사 활동, 자기계발 활동 등을 청소년이 자율적으로 선택하여 참여한다. 청소년은 Bronze, Silver, Gold 세 단계의 목표를 통해 개인적 성취와 사회적 기여를 병행하며 성장하게 된다(DofE, 2023).

(2) 창의적 예술 활동

음악, 연극, 미술, 영상 등의 창의적 예술 활동은 청소년의 감정 표현, 정체성 탐색, 사회적 메시지 전달에 효과적인 수단이다(Ord, 2016). 예술은 언어적 한계를 넘는 표현의 도구로 작동하며, 특히 사회적 소수자 청소년, 이민자, 난민, 성소수자 집단과의 소통에서 강력한 교육적 기능을 발휘할 수 있다.

(3) 스포츠 및 신체 활동

스포츠 및 신체 활동은 리더십, 팀워크, 경쟁과 협동의 균형, 규율, 감정 조절 등을 체험적으로 학습할 수 있는 효과적인 방법이다. 특히 빈곤 지역 청소년의 경우, 스포츠는 스트레스 해소뿐 아니라 긍정적 자아정체감 형성과 지역사회 연계의 계기가 된다.

활동 중심 청소년지도는 단순히 '놀이나 레크리에이션'이 아닌, 청소년의 실천적 성장, 경험 기반 학습, 공동체 기여, 정체성 형성을 목표로 한 포괄적 접근이다. 이러한 활동은 청소년지도자에게도 관찰, 개입, 대화의 실천적 장을 제공하며, 형식 교육의 한계를 넘어선 생활 기반 학습 공간을 형성한다(Jeffs & Smith, 2005; Ord, 2016).

4) 문제해결 중심 청소년지도

문제해결 중심 청소년지도는 청소년이 직면한 구체적인 사회적 · 심리적 · 환경적 문제를 중심으로 한 목적지향적 개입 방식이다. 이 방식은 보호가 필요한 청소년, 정신건강 위기, 빈곤, 약물 중독, 학대 등 위험 상황에 있는 청소년에게 맞춤형 지원을 제공하는 것을 핵심으로 한다. 다시 말해, 단순한 활동 제공을 넘어서 청소년의 위기 상황에 대한 조기 발견, 심리사회적 지원, 권리 옹호, 복지 연계 등을 청소년지도의 실천, 즉 청소년지도방법 안에 통합시키는 방식이다(Ho, 2021).

5) 디지털 기반 청소년지도

디지털 기반 청소년지도는 정보통신기술(ICT)을 활용하여 청소년과 비대면 · 가상 환경에서도 지속적으로 관계를 맺고, 참여와 지원을 실현하는 청소년지도 형태를 의미한다. 이는 특히 코로나19 팬데믹 이후 급속히 확산된 실천 영역으로, 시간 · 공간의 제약을 넘는 참여 기회, 다양한 미디어 활용, 개인화된 지원 등을 가능하게 한다(NYA, 2025; Ord, 2016). 이 접근은 단지 도구로서의 디지털 기술을 넘어서, 청소년지도 실천의 새로운 교육적 환경과 상호작용 구조를 재구성하는 과정으로 이해되어야 한다. 디지털 기반 청소년지도는 기존의 관계 중심 접근, 참여 중심 접근 등과 결합되어 비동시적 소통, 멀티미디어 활용, 감정 표현 방식의 확장이라는 특성을 갖는다(Checkoway, 2006).

요즈음은 다양한 디지털 플랫폼을 활용한 청소년 멘토링 및 상담 서비스가 활성화되고 있다. 이는 특히 시간과 공간의 제약으로 인해 오프라인 기관에 접근하기 어려운 청소년, 또는 신체적 제약, 정신적 불안, 가족 문제 등으로 외부 활동이 제한된 청소년에게 효과적인 지원 수단이다. 청소년은 온라인 채팅, 비디오 콜, 익명 게시판 등을 통해 자신이 직면한 문제를 공유하며, 지도자는 실시간 혹은 비동기적으로 정서적 지지, 정보 제공, 문제해결을 위한 정보 및 상담을 제공해 오고 있다(NYA, 2025). 이러한 온라인 멘토링 및 상담은 오히려 오프라인보다 더 솔직하고 깊은 관계 형성을 가능하게 할 수 있다는 평가도 있다.

또한 인스타그램, 틱톡, 유튜브, 페이스북 등 SNS를 활용한 청소년의 사회참여 활동은 최근 가장 활발한 디지털 청소년지도 방식 중 하나이다. 특히 청소년 스스로가 캠페인의 기획자, 제작자, 전달자로 참여하며 사회적 메시지를 대중적으로 전달하고 공동체 내 이슈를 공론화하는 구조로 발전하고 있다(Schrier, 2021). 청소년들은 해시태그 운동, 숏폼 콘텐츠, 이미지 포스터 제작, 영상 편집 등을 통해 온라인상에서의 자기표현을 실천하며, 이는 사회적 이슈에 대한 참여뿐만 아니라 디지털 리터러시, 시각적 문해력, 미디어 제작 능력을 향상시키는 교육적 계기가 된다.

디지털 청소년지도의 의의는 다음과 같다. 우선 디지털 기반 청소년지도는 단지 비대면 대안이 아니라, 청소년이 이미 활동하고 있는 온라인 공간을 교육과 실천의 장으로 확장한 것이다(NYA, 2025). 이 방식은 다양한 배경의 청소년이 사회적 배제 없이 안전하게 연결될 수 있는 디지털 접근성을 보장하며, 동시에 자기표현, 사회참여, 관계 형성, 정서적 안정을 지원하는 유연한 실천 구조를 제공한다. 물론 디지털 접근의 불균형(digital divide), 플랫폼 안전 문제, 프라이버시 보호 등은 여전히 해결 과제로 남아 있다. 그러나 청소년의 생활 세계 변화에 따라 청소년지도 역시 환경과 매체를 재구성하는 과정이 수반되어야 한다.

참고문헌

여성가족부(2023). 제7차 청소년정책기본계획(2023~2027). 여성가족부.

이광호(2012). 새로운 청소년육성제도 및 정책론. 창지사.

천정웅, 김민, 김진호, 박선영(2011). 차세대 청소년학 총론. 양서원.

Banks, S. (2010). *Ethical issues in youth work* (2nd ed.). Routledge.

Bessant, J. (2004). Mixed messages: Youth participation and democratic practice. *Australian Journal of Political Science, 39*(2), 387-404.

Centrepoint. (2023). Ending youth homelessness. https://centrepoint.org.uk

Chance UK. (2023). Mentoring for children with behavioural difficulties. https://www.chanceuk.com

Checkoway, B. (2006). *Youth Participation and Community Change* (1st ed.). Routledge. https://doi.org/10.4324/9780203051726

Coussée, F., Verschelden, G., & Williamson, H. (2009). *The history of youth work in Europe: Relevance for youth policy today* (Vol. 3). Council of Europe.

Crimmens, D., Factor, F., Jeffs, T., Pitts, J., Pugh, C., Spence, J., & Turner, P. (2004). Reaching Socially *Excluded Young People: A National Study of Street-Based Youth Work*. Joseph Rowntree Foundation. National Youth Agency.

Cunningham, H. (2006). *The invention of childhood*. Random House.

Davies, B. (1999). From Voluntaryism to Welfare State: A history of the Youth Service in England. Volume 1: 1939-1979.

Davies, B. (2005). Youth Work: A Manifesto for Our Times. *Youth & Policy, 88*, 5.

Department for Education (2012). *A Narrative for Youth Work Today*. Department for Education

Department for Education and Skills(DfES). (2001). Transforming Youth Work: Developing youth work for young people.

DofE. (2023). The Duke of Edinburgh's Award. https://www.dofe.org

EPEAP. (2023). Confronting Conflict Programme Overview. https://www.ep-eap.org.uk

Fixers. (2023). Youth-led social campaigns. https://www.fixers.org.uk

Griffin, C. (1993). *Representations of Youth: The Study of Youth and Adolescence in Britain and America*. Polity Press.

Hendrick, H. (1997). *Children, Childhood and English Society, 1880-1990*. Cambridge University Press.

Humphries, J. (2010). *Childhood and Child Labour in the British Industrial Revolution*. Cambridge University Press.

infed. (2025a). what is youth work? https://infed.org/mobi/what-is-youth-work-exploring-the-history-theory-and-practice-of-work-with-young-people/

infed. (2025b). Josephine Macalister Brew, youth work and informal education. https://infed.org/mobi/josephine-macalister-brew-and-informal-education/

Jeffs, T., & Smith, M. K. (2005). *Informal education: Conversation, democracy and learning* (2nd ed.). Nottingham: Educational Heretics Press.

NYA(National Youth Agency). (2025). https://nya.org.uk/

Ord, J. (2016). *Youth Work Process, Product and Practice* (2nd ed.). Routledge.

Proctor, T. M. (2009). *Scouting for Girls: A Century of Girl Guides and Girl Scouts*. Praeger.

SALTO Training and Cooperation and Jugend fur Europa. (2016). Recognition of youth work and of non-formal and informal learning within youth work. Council of Europe.

SIMY(Southside Impact for Youth). (2023). About our youth-led programs. https://www.simy.org.uk

Smith, H. (2002). From Youth Work to Youth Development: The New Government Framework for English Youth Services. *Youth & Policy, 79*, 46-59.

Smith, M. (1988) Developing Youth Work. Informal education, mutual aid and popular practice, Milton Keynes: Open University Press. The book is also available in the informal education archives: http://www.inied.org/archives/developing_youth_work/dyw_intro.htm.

Smith, M. K. (2002). Informal education - an introduction. infed.org. https://infed.org/mobi/informal-education-an-introduction/

Spence, J. (2004). *Reaching Socially Excluded Young People: A National Study of Street-Based Youth Work*. The National Youth Agency.

The Mix UK. (2023). Support for under 25s. https://www.themix.org.uk

UK Youth Parliament. (2018). Make Your Mark Report. https://www.byc.org.uk

Young, K. (2006). *The Art of Youth Work* (2nd ed.). Russell House Publishing.

제 10 장

청소년상담

1. 청소년상담의 개념과 필요성
2. 청소년상담이론
3. 청소년상담에서 다루는 주요 문제
4. 청소년상담의 과정과 상담매체
5. 청소년상담사

청소년학의 이해

청소년기는 아동기와 성인기 사이의 과도기로 신체적 성장과 인지적 · 사회적 발달이 활발하게 이루어지는 시기이다. 이러한 발달 과정에서 청소년들은 심리적 불안과 스트레스를 경험하기 쉬우며, 이는 우울 및 불안과 같은 내면화된 문제 또는 비행 및 공격성과 같은 외현화된 문제로 나타날 수 있다. 청소년기의 정서 및 행동적 문제는 청소년의 적응과 발달에 부정적인 영향을 미칠 수 있다.

다양한 변화 속에서 청소년이 심리적 어려움을 극복하고 건강하게 성장할 수 있도록 지원하는 과정이 청소년상담이다. 청소년상담은 단순한 문제해결을 넘어 청소년의 전반적인 발달을 촉진하는 역할을 수행한다.

이 장에서는 청소년상담의 개념과 필요성, 청소년상담이론, 청소년상담에서 다루는 주요 문제, 청소년상담의 과정과 상담매체, 청소년상담사에 대해 살펴본다.

1. 청소년상담의 개념과 필요성

1) 상담의 정의

상담(counseling)은 많은 학자에 의해 다양한 방식으로 정의되어 왔다. 이장호(1995)는 상담을 "도움을 필요로 하는 사람이, 전문적인 훈련을 받은 사람과의 대면 관계에서, 생활 과제의 해결과 사고 · 행동 및 감정 측면의 인간적 성장을 위해 노력하는 학습 과정이다."라고 정의하였다. 홍경자(2001)는 "상담자가 내담자와의 관계에서 촉진적인 의사소통을 통해 내담자가 개인적인 문제에 대한 자기이해와 자기지도력을 터득하도록 도와주는 과정이다."라고 정의하였다. 노안영(2005)은 "전문적 훈련을 받은 상담자와 조력을 필요로 하는 내담자가 상담 활동의 공동 주체로서 내담자의 자각 확장을 통해 문제 예방, 발달과 성장, 문제해결을 달성함으로써 그의 삶의 질을 향상하기 위해 함께 노력하는 조력 과정이다."라고 정의하였다.

이처럼 세 학자의 정의는 공통적으로 상담자의 전문성과 내담자의 성장에 초점을 두고 있다. 특히 노안영(2005)의 정의는 상담이 단순한 문제해결을 넘어 문제 예방과 삶의 질 향상까지 포괄한다는 점에서 더욱 통합적이며, 차별화된 과정을 제시한다.

상담의 궁극적인 목표는 내담자가 자기 자신을 깊이 이해하고, 내적 갈등을 해소하며 새로운 행동 패턴을 학습하도록 돕는 것이다. 이를 통해 내담자는 자아존중감과 자기효능감을 향상시키고, 긍정적인 변화를 경험하며 삶의 질을 개선할 수 있다. 특히 상담은 개인의 성장과 행복을 추구하는 과정으로, 내담자가 자신의 잠재력을 발휘할 수 있도록 돕는 중요한 역할을 한다.

상담은 다음 세 가지 주요 구성 요소로 이루어진다.

첫째, 심리적 어려움으로 인해 자신의 잠재력을 충분히 발휘하지 못하고 도움을 필요로 하는 내담자이다. 이들은 다양한 문제를 겪고 있으며, 상담을 통해 자신의 감정과 생각을 탐색하고 문제해결을 위한 새로운 관점을 찾고자 한다.

둘째, 전문적인 지식과 기술을 바탕으로 내담자의 문제를 이해하고, 이를 해결할 수 있도록 돕는 역할을 수행하는 상담자이다. 상담자는 내담자가 편안하게 자신의 문제를 탐색하고 해결할 수 있도록 전문적인 지식과 기법을 적용한다.

셋째, 내담자와 상담자 간의 신뢰와 이해를 바탕으로 한 상호작용, 즉 상담 관계이다. 상담 관계가 긍정적일수록 내담자의 성장 가능성이 높아진다. 또한 상담 관계가 원활할수록 내담자가 상담을 지속할 확률이 높아진다(김홍순, 김청송, 2017).

결과적으로, 상담의 성공은 내담자, 상담자, 상담 관계라는 세 가지 요소 간의 상호작용에 크게 의존한다. 내담자의 변화와 성장은 상담자와의 관계에서 형성된 신뢰와 이해를 바탕으로 이루어진다. 상담자는 내담자에게 공감과 존중을 제공하며 진솔하게 소통함으로써 내담자가 스스로를 탐색할 수 있는 안전한 환경을 제공한다. 이와 같은 관계적 요소는 상담 과정을 촉진하고, 내담자가 자신의 문제를 더 효과적으로 해결할 수 있도록 돕는다.

앞서 살펴본 내용을 바탕으로 상담을 정의하면 다음과 같다. 상담이란 전문적인 훈련을 받은 상담자와 심리적 어려움을 겪는 내담자 간의 상호작용을 통해, 내담자가 자신의 문제를 이해하고 해결하며, 더 나아가 개인적 성장과 행복한 삶을 추구하도록 돕는 전문적 조력 과정이다. 이러한 상담의 본질은 청소년상담에도 그대로 적용되지만, 청소년상담은 일반 상담과 차별화된 특징을 지닌다.

2) 청소년상담의 개념

청소년상담은 아동기와 성인기 사이의 발달 단계인 청소년기의 특수성을 반영하여, 청소년이 겪는 심리적 · 정서적 · 환경적 어려움을 해결하고 성장을 지원하는 전문적인 상담 활동이다(박재황 외, 1993; 이성진, 1996; 권승, 정재우, 2014 재인용).

청소년기는 신체적 성장 급등과 2차 성징을 경험하며 정서적으로 불안정하고, 자아정체감 형성에 혼란을 겪는 시기이다. 또한 학업, 진로, 외모, 친구 관계 등 다양한 고민을 경험하면서 심리적 불안과 정서적 어려움을 겪을 가능성이 높다.

통계청(2024)에 따르면, 청소년이 가장 고민하는 문제는 공부(32.7%), 그다음으로 직업(26.1%), 외모(12.0%), 신체적 · 정신적 건강(6.7%) 순으로 나타났다. 청소년이 고민을 상담하는 대상은 친구 · 동료(40.7%)가 가장 많았으며, 부모(34.2%), 스스로 해결(17.1%), 형제 · 자매(4.3%) 순이었다. 이러한 결과는 청소년이 고민을 해결하기 위해 친구나 부모에게 의지하거나 스스로 극복하려는 경향이 있음을 보여 준다. 그러나 이 과정에서 잘못된 정보를 받아들이거나, 의지하고 있던 대상과의 관계가 오히려 악화되어 심리적 불안이 더욱 가중되는 경우도 많다.

또한 청소년상담은 부모나 교사의 연계로 이루어지는 경우가 많아, 내담자인 청소년이 상담에 비자발적인 태도를 보이는 경우가 흔하다. 이들은 변화의 필요성을 인식하지 못하거나 거부하는 모습을 보이기도 하지만, 동시에 변화를 원하기도 하는 양가적인 태도를 가진다. 따라서 청소년상담에서는 내담자와 신뢰 관계(라포)를 형성하는 데 많은 노력이 필요하며, 상담자는 공감적 경청과 비판 없는 태도를 통해 신뢰를 구축해야 한다.

청소년상담은 일반 상담과 차별화된 몇 가지 특징을 가진다.

첫째, 청소년상담은 발달 단계 중심의 접근이다. 청소년기는 신체적 · 정서적 · 사회적 · 도덕적 · 인지적 발달이 급격히 진행되는 시기이므로 청소년상담은 이들이 발달과업을 성공적으로 수행할 수 있도록 지원하며, 발달 단계에 따른 욕구와 문제를 다룬다.

둘째, 청소년상담은 자아정체감 형성을 지원한다. 청소년기는 자아정체감 형성의 시기로 자신의 정체성을 확립하는 과정에서 갈등이 발생하는데, 청소년상담은 청소년이 자신의 자아정체감을 탐색하고 확립할 수 있도록 지원하는 데 중점을 둔다.

셋째, 청소년상담은 환경적 요인을 강조한다. 청소년의 문제는 가족, 또래, 학교, 사회적 환경과 밀접하게 연결되어 있기에 청소년상담은 이들의 관계를 고려하여 환경에 체계적이고 다각적으로 접근한다.

넷째, 청소년상담은 예방적이고, 교육적인 접근이다. 청소년기에 다양한 문제에 노출되면서 위기 상황을 겪을 가능성이 높기에 청소년상담은 문제 행동을 조기에 발견하고 예방적 차원의 개입에 초점을 둔다. 또한 청소년에게 필요한 정보와 기술을 제공하여, 스스로 문제를 해결해 나갈 수 있도록 의사결정, 스트레스 관리, 대인관계 기술 등 교육 활동을 지원한다.

다섯째, 청소년상담은 위기관리와 문제 행동적 접근이다. 자해나 자살 위험 등 위기 상황에 대한 긴급 지원과 청소년기의 학교 부적응, 학업 스트레스, 또래 관계, 가족 갈등, 인터넷(SNS) 중독, 성(性) 문제, 도박 및 마약 문제, 범죄 연루 등 다양한 문제에 개입한다.

여섯째, 청소년상담은 다양한 상담 방법을 적용한다. 언어적 대화를 기반으로 한 1:1 개인상담뿐만 아니라 청소년의 발달 특성을 고려한 다양한 접근법(미술치료, 놀이치료, 집단상담 등)을 활용하며, 익명성을 보장하고 접근성을 높이는 상담 방법(전화, 메일, 채팅)과 최근 코로나19 팬데믹 이후 디지털 기술을 적극 활용한 상담 접근(SNS, 비대면 화상, 메타버스 등)도 증가하고 있다.

일곱째, 청소년상담은 청소년을 포함한 부모, 교사 등 청소년의 주변 인물까지도 상담의 대상으로 포함한다. 청소년은 주변 환경과 인물에 영향을 받기 때문에 청소년상담은 청소년을 포함한 청소년과 관계 맺는 대상에게 부모상담 및 부모교육, 교사자문을 비롯한 상담·교육·훈련·자문을 제공한다.

청소년상담은 청소년기의 특수성을 반영하여 다양한 심리적·정서적 어려움을 해결하고, 발달과 성장의 잠재력을 실현하도록 돕는 전문적인 활동이다. 청소년상담은 청소년뿐만 아니라 부모, 교사 등 주변 인물과 환경까지 포함하여, 종합적이고 다차원적으로 접근한다. 이를 통해 청소년이 건강하게 성장할 수 있는 환경을 조성하는 데 중점을

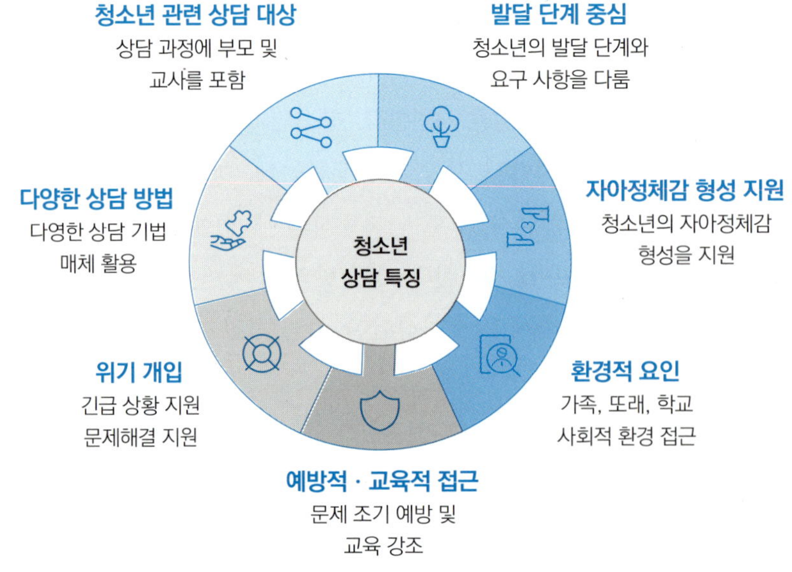

[그림 10-1] 청소년상담의 특징

둔다.

특히 청소년상담은 개인 중심적 접근과 환경 중심적 접근으로 나누어 볼 수 있다. 개인 중심적 접근은 발달 과제의 성취 위기에 직면한 청소년에게 상담 서비스를 제공함으로써 심리적 문제의 발생을 예방하고, 그들의 발달과 성장을 직접적으로 지원하는 활동을 의미한다. 환경 중심적 접근은 인간발달이 환경과 체계의 영향을 받는다는 점에 주목하여, 청소년 발달에 긍정적인 영향을 미칠 수 있도록 환경과 체계를 변화시키는 활동을 포함한다(장수한, 2018).

결론적으로, 청소년상담은 청소년이 겪는 다양한 발달과업을 조력하고, 성장 환경을 개선하는 역할을 수행하는 전문적인 상담 과정이다. 이를 위해 청소년상담자는 다각적인 접근법을 활용하여 청소년이 건강하게 성장할 수 있도록 지원한다.

2. 청소년상담이론

청소년상담에서 효과적인 개입을 위해서는 다양한 상담이론에 대한 깊은 이해가 필수적이다. 각각의 상담이론은 청소년문제를 바라보는 관점, 문제 원인의 해석, 상담 진행 방식, 목표 설정 등의 측면에서 차이를 보인다. 이에 청소년의 특성과 상담 목표를 고려하여 적절한 상담이론을 선택하고, 경우에 따라 여러 이론을 통합적으로 적용하는 것이 필요하다.

이 장에서는 청소년상담에서 주로 활용되는 주요 상담이론으로 정신분석상담이론, 인지행동상담이론, 인간 중심 상담이론, 해결 중심 상담이론, 동기강화상담이론을 살펴본다.

1) 정신분석상담이론

정신분석상담이론은 오스트리아 출신 정신과 의사인 프로이트(Freud)에 의해 창시되었다. 정신분석학에서는 인간을 비합리적 · 비이성적이며, 결정론적 존재로 본다. 즉, 인간의 심리적 문제는 합리적이거나 이성적이지 않은 본능적인 욕구와 무의식적 갈등에 의해 결정되며, 생애 초기 경험은 인생에 중요한 영향을 미친다고 본다.

정신분석에서는 인간의 행동과 감정이 의식적으로 인식되지 않는 무의식에 의해 영향을 받는다고 본다. 프로이트에 따르면, 인간의 정신은 **의식**(consciousness), **무의식**(unconsciousness), **전의식**(preconsciousness)으로 구성된다.

- **의식**은 현재 우리가 지각하고 느끼고, 알 수 있는 정신의 영역이다. 예를 들면, 지금 읽고 있는 내용, 눈앞에 보이는 사물, 현재 느끼고 있는 감정 등이 포함된다. 의식은 현재와 직접 연결되어 있으며 합리적인 사고를 담당한다.
- **무의식**은 우리가 의식적으로 인식되지 않는 정신의 영역이다. 예를 들면, 과거의 트라우마나 억압된 욕망과 본능, 충동 등이 포함된다. 무의식은 인간 정신의 가장 크고 깊은 영역을 차지하며, 의식되지 않더라도 인간의 행동과 감정에 큰 영향을 미친다.
- **전의식**은 현재 우리가 의식하지 못하지만, 필요할 때 쉽게 의식으로 불러올 수 있는 정신의 영역이다. 예를 들면, 우리가 조금만 주의를 집중하고 노력하면 기억이 나는 것들로 '가장 최근에 읽었던 책이 무엇인지'를 묻는 질문에 바로 답할 수 있는 정보 등이 포함된다. 이러한 전의식은 의식과 무의식의 사이에 존재한다.

프로이트는 인간의 성격 구조를 **원초아**(id), **자아**(ego), **초자아**(superego)로 구분하였다. 세 영역은 서로 밀접하게 관련되어 있지만 각각의 고유 특성과 기능을 지닌다.

- **원초아**는 인간의 가장 원초적이고 본능적인 부분으로 생물학적 욕구, 충동을 지닌 성격의 한 부분이다. 쾌락의 원칙에 따라 작동하여 즉각적인 만족을 추구하며 주로 생존 본능, 성적 본능, 공격적 충동을 주도한다.
- **자아**는 현실 세계와 상호작용하며 원초아와 초자아 사이에서 갈등을 중재하는 역할을 한다. 현실의 원칙에 따라 작동하며 개인이 사회적 규칙이나 현실을 고려하여 행동하도록 논리적이며 자기통제 기능을 발휘한다.
- **초자아**는 도덕적 기준과 사회규범을 반영하며 양심과 이상을 추구하는 역할을 한다. 도덕의 원칙에 따라 작동하며 인간의 행동을 평가하고 이상적인 자아를 목표로 한다. 이에 원초아를 성격의 생물학적 구성 요소, 자아를 심리적 구성 요소, 초자아를 사회적 구성 요소로 설명한다(이미리 외, 2019).

인간의 행동은 세 영역의 상호작용 결과로 나타나게 된다. 원초아는 즉각적인 욕구 충족을 요구하기 때문에 강하면 충동적이고 본능적인 행동이 나타난다. 초자아는 도덕적 기준에 따라 행동을 통제하기 때문에 강하면 지나치게 도덕적이고, 억압적인 성향을 보인다. 자아는 이 둘 사이에서 현실적으로 행동하려고 노력하기 때문에 균형을 잘 맞출 때 건강하게 기능할 수 있다. 예를 들면, '돈은 없는데, 배가 고프고 맛있는 냄새가 나는 상황'이다. 이런 경우, 원초아는 즉각적으로 "당장 먹어야 해!"라고 요구하고, 초자아는 "돈이 없으니 음식을 훔쳐 먹는 것은 나빠!"라고 억제한다. 자아는 "돈을 벌어서 음식을 사는 것이 좋겠다."라고 중재한다.

이 세 요소의 균형이 유지되어야 건강한 성격이 형성되며, 불균형할 경우 심리적 갈등이 발생할 수 있다. 자아는 원초아와 초자아 간의 갈등으로 인해 불안을 경험하게 될 경우, 이를 극복하기 위해 방어기제(defense mechanism)를 사용한다. 방어기제는 자아가 불안으로부터 자신을 지키고 심리적 안정을 유지하기 위해 무의식적으로 사용하는 보호기제이다. 방어기제는 상황에 따라 긍정적 역할을 할 수도 부정적 영향을 미칠 수도 있으나, 장기적으로 작동할 경우에 문제해결이 어렵고 심리적 어려움이 가중될 수 있다. 〈표 10-1〉은 방어기제의 종류와 내용에 관한 것으로 청소년에게 적용한 예시를 들었다.

〈표 10-1〉 방어기제의 종류와 내용

방어기제	내용 (예시)
억압 (repression)	받아들이기 어려운 기억, 욕구, 감정을 무의식 속으로 밀어내는 것 (예: 학교에서 왕따를 당했던 기억을 전혀 떠올리지 못하지만, 특정 상황에서 불안감과 두려움을 느끼는 것)
부인 (denial)	고통스럽거나 불쾌한 현실을 인정하지 않고 부정하는 것 (예: 부모님이 이혼했지만, "그럴 리 없어. 우리 부모님은 절대 이혼하지 않아."라고 부정하는 것)
투사 (projection)	자신의 부정적인 감정이나 욕구를 다른 사람에게 돌리는 것 (예: 자신이 질투를 느끼고 있으면서도 "저 친구가 나를 시기하고 있는 것 같아."라고 느끼는 것)
합리화 (rationalization)	불편한 감정이나 행동에 대해 논리적이고 합리적인 이유를 붙여 정당화하는 것 (예: 친구들과 다퉈서 모임에 가지 않았으면서 "그 모임은 재미없어 보여서 안 갔어."라고 말하는 것)
전치 (displacement)	원래 감정을 느껴야 할 대상에게 감정을 표현하지 못하고, 다른 대상에게 옮기는 것 (예: 학교 선생님께 혼나 화가 났지만, 집에 와서 동생에게 짜증을 내며 화풀이하는 것)

반동형성 (reaction formation)	받아들이기 어려운 감정을 반대로 표현하는 것 (예: 자신이 싫어하는 친구에게 오히려 지나치게 응원하는 모습을 보이는 것)
퇴행 (regression)	스트레스 상황에서 이전 발달 단계의 행동으로 돌아가는 것 (예: 동생이 태어난 이후 유아기 시절처럼 자면서 손을 빨게 된 아동)
승화 (sublimation)	사회적으로 받아들일 수 없는 욕구를 긍정적 · 건설적인 방식으로 표현하는 것 (예: 또래와의 갈등에서 생긴 공격성을 운동에 몰입하며 해소하는 것)
동일시 (identification)	타인의 특성을 모방하여 자신의 불안을 줄이는 것 (예: 운동 선수로 성공한 유명인을 본받아 운동에 몰두하며 스트레스를 잊으려는 것)

청소년은 학업, 또래 관계, 가족 관계 등 다양한 영역에서 스트레스와 불안을 경험한다. 이러한 방어기제의 사용은 청소년이 감정을 조절하고, 복잡한 상황에 적응하는 데 도움을 줄 수 있지만, 지나친 방어기제의 사용은 문제해결 능력을 저해할 수 있기에 상담 장면에서 청소년의 방어기제를 살펴보고 다루어야 한다.

프로이트는 인간의 본능인 성적 에너지(libido)가 발달 과정에서 특정 신체 부위에 쾌락을 집중시킨다고 보고, 이를 기반으로 인간의 성격 발달을 5단계로 나누었다. 〈표 10-2〉는 프로이트의 심리성적 발달 단계를 설명한 것이다. 성적 에너지가 집중되는 신체 부위를 중심으로 '**구강기**(Oral stage) → **항문기**(Anal stage) → **남근기**(Phallic stage) → **잠복기**(Latency stage) → **생식기**(Genital stage)'로 분류되며, 발달 단계 중 태어나서 5세에 해당하는 남근기까지의 경험이 인간의 성격 형성에 중요한 영향을 미친다.

- **구강기**는 출생 후 18개월까지로, 성적 에너지가 입으로 집중되는 시기이다. 이 단계에서는 빨기, 물기, 먹기 등을 통해 쾌감을 느끼며, 양육자와 신뢰 및 애착을 형성한다. 이러한 과정에서 욕구 충족이 지나치게 부족하거나 과도할 경우 구강기 고착 성격이 나타날 수 있다. 예를 들면, 스트레스를 받을 때 흡연과 과음, 과식을 통해 긴장을 해소하려는 경향이 있을 수 있다.
- **항문기**는 생후 18개월~3세까지의 시기로, 배변 훈련을 통해 자율성과 통제감을 학습하는 시기이다. 이 과정에서 배변의 보유와 배출을 조절하며 자기 통제력을 경험하게 된다. 부모의 훈육방식에 따라 지나치게 엄격한 배변 훈련은 강박적이고 완벽주의적인 성향으로 이어질 수 있으며, 느슨한 훈련은 무질서하고 충동적인 성격으로 발전할 수 있다.
- **남근기**는 3~5세까지의 시기로, 성적 에너지가 성기에 집중되는 시기이다. 이 시기

〈표 10-2〉 프로이트의 심리성적 발달 단계

단계	연령	신체	특성
구강기 (Oral stage)	0~18개월	입(구강)	빨기, 물기, 먹기, 수유 경험 등으로 쾌감을 얻음 욕구 충족이 결핍 혹은 과도한 경우 구강기 고착 성격 (예: 과도한 흡연과 음주, 물어뜯거나 음식에 집착)
항문기 (Anal stage)	18개월~3세	항문	배변의 보유와 분출, 배변 훈련으로 자율성과 통제감 엄격한 훈련 혹은 느슨한 훈련은 항문기 고착 성격 (예: 강박적, 완벽주의적 대 무질서, 충동적)
남근기 (Phallic stage)	3~5세	성기	남자와 여자의 신체 구조에 대한 관심 이성 부모에 대한 사랑욕구, 동성 부모에 대한 적대감 오이디푸스 콤플렉스와 엘렉트라 콤플렉스 동성 부모의 특성을 본받고 모델링하며 성역할 습득
잠복기 (Latency stage)	6세~사춘기	특정되지 않음	성적 욕구가 억제되고 또래(동성) 친구들과 관계 형성 사회적 활동과 학업 활동에 에너지 집중
생식기 (Genital stage)	사춘기 이후	생식기	성적 욕구가 이성에 대한 관심으로 전환 이성과의 친밀한 관계로 발전시킴

에 중요한 특징으로 자신의 성별에 대한 인식을 하며 남아가 어머니에 대한 애착을 보이는 현상인 오이디푸스 콤플렉스를, 여아가 아버지에 대한 애착을 보이는 현상인 엘렉트라 콤플렉스를 경험한다. 이 과정에서 동성 부모를 모델로 삼아 성역할을 학습한다.

- **잠복기**는 6세~사춘기까지로, 이 시기에는 성적 에너지가 억제된다. 또래 활동과 사회적 관계에 에너지가 집중되며 이 과정에서 사회적 기술을 배우게 된다.
- **생식기**는 사춘기 이후로, 성적 에너지가 이성에 대한 관심으로 전환되면서 성숙한 관계를 형성한다. 이 과정에서 친밀감, 책임감, 독립성이 발달한다.

정신분석상담이론의 주요 목표는 내담자가 자신의 무의식적 갈등을 의식적으로 인식하고, 억압된 감정이나 경험을 상담을 통해 표현하도록 돕는 것이다. 또한 약화된 자아의 기능을 강화함으로써 현실에서 균형을 조율하고 건강한 자아를 발달시키도록 조력한다.

따라서 정신분석적 관점의 상담 기법에는 내담자의 무의식을 의식화할 수 있도록 돕는 자유연상, 꿈의 분석, 해석이 사용된다. 자유연상은 무의식적 내용이 의식으로 떠오르도록 하는 것으로 내담자가 떠오르는 생각을 자유롭게 이야기하도록 하는 것이다. 검열 없이 생각과 감정을 즉각적으로 보고하는 자유연상은 무의식적 소망, 환상, 갈등, 동기의 문을 열기 위해 사용하는 기본 도구이다(장수한, 2018). 꿈의 분석은 내담자의 꿈의 내용을 분석하여 억압된 감정이나 갈등을 이해하는 것으로, 꿈에 나타난 상징을 분석하고 해석하는 것이다. 해석이란 상담자가 내담자의 자유연상과 꿈에 대해 분석하여 의미를 설명해 주는 것이다.

이러한 기법을 통해 청소년 내담자가 자신의 감정을 이해하고 건강한 자아를 형성할 수 있도록 지원하는 것이 정신분석상담의 핵심이다.

2) 인지행동상담이론

인지행동상담이론은 인지이론과 행동이론이 통합되어 발전된 이론이다. 인지이론에서는 인간이 사건 자체보다 그 사건을 어떻게 해석하느냐에 따라 심리적 영향을 받으며, 인지는 정서와 행동에 영향을 미친다고 간주한다. 따라서 인지이론은 인간의 부적응적 인지를 파악하고 수정하는 데 초점을 맞춘다. 행동이론에서는 인간의 행동은 학습을 통해 형성되고 수정되며, 잘못 학습된 행동이 심리적 문제를 유발한다고 본다. 따라서 행동이론은 학습과 행동 수정의 원리를 활용해 인간의 부적응적 행동을 개선하는 데 초점을 맞춘다.

이러한 두 개의 이론이 통합된 인지행동상담이론은 인간이 어떻게 사고하느냐에 따라 인간의 감정과 행동이 달라진다고 가정하며, 내담자의 부적응적 사고와 행동을 적응적으로 변화시키는 것이 주된 상담 목표이다. 궁극적으로, 내담자의 사고를 다루기 때문에 상담자의 지시적이고 적극적인 개입이 필요하며, 다른 상담이론에 비해 단기적인 상담이라 할 수 있다.

인지행동상담이론에는 대표적으로 벡(Beck)의 인지치료(Cognitive Therapy: CT)와 엘리스(Ellis)의 합리적 정서행동치료(Rational Emotive Behavior Therapy: REBT)를 들 수 있다.

(1) 벡의 인지치료

벡은 인간의 문제 행동에 대한 원인으로 사고에 초점을 맞춘다. 벡의 인지치료의 주요 개념은 다음과 같다.

첫째, 자동적 사고(automatic thought)를 변화시킨다. 인간의 심리적 문제는 어떤 사건 자체가 아니라 그 사건을 대하면서 자동적으로 떠오르는 생각이 문제를 유발한다고 보고, 이에 부정적인 자동적 사고를 확인하고 변화시켜야 한다.

둘째, 인지적 오류(cognitive error)를 변화시킨다. 인지적 오류는 생활 사건을 나름대로 해석하여 자동적 사고를 만들어 내는 인지적 과정의 잘못을 의미하며, 현실을 실제보다 부정적인 방향으로 왜곡하거나 과장함으로써 부정적인 감정과 행동을 유발하게 된다(권석만, 2012).

〈표 10-3〉은 다양한 인지적 오류와 예시를 정리한 것이다.

〈표 10-3〉 인지적 오류와 예시

인지적 오류	설명	예시
흑백논리 (이분법적 사고)	생활사건의 의미를 이분법적인 범주 중 하나로 해석하며 중간의 회색 지대를 생각하지 못하는 오류	시험에서 한 과목이라도 점수가 낮으면, 시험의 실패로 여김
과잉일반화	특수한 상황의 경험으로부터 일반적인 결론을 내리고 무관한 상황에도 그 결론을 적용하는 오류	한 번 고백을 거절당한 후 항상 거절당한다고 생각함
정신적 여과 (선택적 추상화)	특정한 사건과 관련된 일부의 정보만 선택적으로 받아들여 그것이 마치 전체를 의미하는 것으로 잘못 해석하는 오류	발표 후 선생님의 칭찬보다 조언만 선택적으로 기억하며 발표를 망쳤다고 여김
의미 확대와 의미 축소	어떤 사건의 의미나 중요성을 실제보다 지나치게 확대 또는 축소하는 오류	우울한 청소년은 부정적인 일의 의미는 크게 확대, 긍정적인 일의 의미는 축소함
개인화	자신과 무관한 사건을 자신과 관련된 것으로 잘못 해석하는 오류	친구가 피곤해서 대화에 집중하지 못하면 "내가 지루해서 그래."라고 여김
잘못된 명명	사람의 특성이나 행위를 기술할 때 과장되거나 부적절한 명칭을 사용하여 기술하는 오류	수업 중 답변을 못했을 때 "나는 멍청이야, 나는 쓰레기야."라고 자신을 규정함

출처: 권석만(2012)의 인지적 오류 설명에 예시를 재구성함.

셋째, 역기능적 인지도식(dysfunctional schema)을 변화시킨다. 인지도식은 인간이 세상을 이해하고 정보를 처리하는 데 사용하는 사고의 틀을 말한다. 역기능적 인지도식이란 왜곡되고 부적응적인 신념으로 주로 경직되고 융통성 없는 내용으로 구성되어 있다.

인지도식이 부정적인 내용으로 구성된 경우 삶에 기능적으로 대처하지 못하고, 부정적인 자동적 사고를 활성화하여 심리적 문제를 야기시킨다. 예를 들면, 타인의 사랑 없이는 내가 행복해질 수 없거나, 다른 사람에게 도움을 요청하는 것은 나약함의 표시라는 생각들이 역기능적 인지도식이다(이미리 외, 2019).

(2) 엘리스의 합리적 정서행동치료

엘리스의 합리적 정서행동치료는 개인의 신념이 비합리적일 경우, 부정적 감정과 부적응적 행동을 유발한다고 보고, 비합리적인 신념을 합리적 신념으로 대체하는 것을 목표로 한다. 합리적 정서행동치료의 주요 개념은 다음과 같다.

첫째, 비합리적인 신념을 변화시킨다. 비합리적 신념은 자신과 세상에 대한 비현실적인 기대와 요구로 예를 들면 "나는 반드시 성공해야 한다." "나는 항상 인정받아야 한다." "세상은 항상 공평해야 한다."와 같다. 이렇게 '항상, 반드시 ~해야 한다.'와 같은 당위적 요구는 실현되기 어려운 비현실적인 것일 뿐만 아니라 필연적으로 좌절을 초래하여 건강하지 못한 부정적 감정과 행동을 유발함으로써 우리의 삶을 부정적으로 몰아가기 때문에 비합리적이라 할 수 있다(권석만, 2012).

둘째, ABCDEF 모델을 적용한다. A는 선행사건(Activating event)으로 부정적 감정을 촉발시키는 사건이다. B는 내담자의 신념(Belief), C는 비합리적 신념의 결과(Consequence)로 부정적 정서와 행동이다. D는 비합리적 신념에 대한 논박(Dispute)으로 신념에 대한 합리성 여부에 대해 다룬다. E는 논박을 통해 새로운 신념으로의 변화효과(Effect)이며, F는 이때 새롭게 경험하는 긍정적 감정(Feeling)이다. 예를 들어, 시험에서 낮은 점수를 받은 청소년이 자신의 비합리적 신념을 수정해 가는 과정을 ABCDEF 모델에 적용해 보자. 시험에서 기대보다 낮은 점수를 받은 상황은 촉발사건(A)이다. 이 청소년이 '시험에서 높은 점수를 받지 못하면 나는 실패자'라고 생각하는 것은 비합리적 신념(B)이며, 그 결과로 좌절감과 우울, 무기력을 경험한다면 이는 부정적 결과(C)이다. 이때 상담자가 "한 번 낮은 점수를 받은 게 너의 전체적인 능력을 의미한다고 볼 수 있을까?"라고 질문한다면 이것은 청소년의 비합리적 신념에 논박(D)하는 것이다. 논박을 통해 청소년이 '모든 시험에서 완벽할 필요는 없어.'라는 새로운 신념을 갖게 되었다면, 이는 효과(E)라고 볼 수 있고, 이후 청소년에게 희망과 동기가 생겨 불안과 좌절감이 감소된 결과를 가져왔다면 이는 긍정적 감정(F)이다.

이 과정에서 제일 중요한 핵심은 상담자가 내담자의 비합리적 신념을 파악하고, 내담자가 지니는 사고가 내담자의 삶에 유용한지, 합리적인지를 논박하는 것이다. 상담자와 내담자의 대화를 통해서 이루어지는 논박은 내담자가 자신이 가지고 있는 부정적인 인지도식과 신념이 무엇인지를 파악하고 스스로 사고를 변화할 수 있는 기회를 제공한다. [그림 10-2]는 ABCDEF 모델을 그림으로 나타낸 것이다.

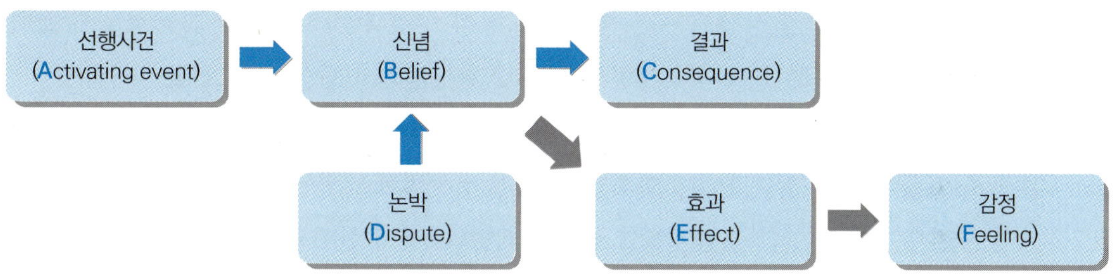

[그림 10-2] ABCDEF 모델

벡의 인지치료와 엘리스의 합리적 정서행동치료에서 알 수 있듯이, 인지행동상담이론은 내담자의 비합리적이고 부정적인 사고를 합리적이고 현실적인 사고로 바꿀 수 있도록 돕는 인지적 접근을 기반으로 한다.

내담자의 긍정적 변화를 유도하기 위해 인지행동상담에서는 다양한 기법을 사용한다. 주요 기법으로는, 첫째, 자동사고 기록지를 사용해 내담자가 비합리적이거나 왜곡된 사고를 식별하고 수정할 수 있도록 하는 사고의 재구성이다. 둘째, 인지 왜곡 목록을 작성해 내담자의 사고 패턴에서 인지 왜곡을 찾아 수정하는 인지 왜곡 수정이다. 셋째, 내담자가 우울하거나 비활동적인 상태에서 벗어나 긍정적인 행동을 증진하도록 돕는 행동 활성화이다. 넷째, 공포나 불안의 원인에 점진적으로 노출시켜 회피 행동을 감소시키는 기법으로 체계적 둔감화를 포함한 노출 기법이다. 다섯째, 불안과 스트레스의 생리적 증상을 완화시키기 위해 신체적 긴장을 낮추는 이완 훈련이다. 여섯째, 내담자가 특정 상황에서 새로운 행동이나 반응을 시도해 보도록 돕는 역할 연기가 있다.

인지행동상담은 경험적 증거를 제공하여 증거기반 실천으로 가장 많이 활용되는 이론적 배경이다(방기연 외, 2023). 감정, 행동, 사고 간의 상호작용에 주목하고 부정적 사고 패턴을 수정하여 우울, 불안, 스트레스와 같은 청소년의 다양한 심리적 문제를 다루고 긍정적 행동 변화를 촉진하는 데 효과적이다.

3) 인간 중심 상담이론

로저스(Rogers)의 인간 중심 상담이론은 인간이 근본적으로 잠재력을 발현하며 성장하려는 건강한 동기를 지니는 존중받을 만한 존재로 보는 긍정적인 인간관에 기초하고 있다. 또한 내담자의 무의식 세계보다 의식적 경험을 중시할 뿐만 아니라, 객관적 현실보다 개인의 주관적인 경험과 인식을 중시하는 현상학적 입장에 근거하고 있다(권석만, 2012). 이에 인간 중심 상담이론은 인간의 내면적 성장과 자기실현의 가능성을 강조하며 심리적 문제해결뿐만 아니라 개인의 성장과 자아실현을 돕는 데 초점을 맞춘다.

인간 중심 상담은 초기에는 비지시적 상담으로 시작되었다. 이는 내담자의 주체성을 존중하며, 상담자의 역할을 최소화하려는 초기 접근법에서 출발했다. 이후 내담자 중심 상담을 거쳐 현재의 인간 중심 상담으로 확장되었다. 앞서 살펴본 정신분석상담이나 인지행동상담과는 다르게 인간 중심 상담에서는 상담자가 내담자의 문제해결 과정에서 조언이나 지시를 내리지 않고 내담자가 스스로 문제를 탐색하고 해결할 수 있도록 돕는다.

인간 중심 상담에서는 상담자의 역할이 매우 중요한데, 치료적인 상담 관계를 형성하기 위해서 상담자는 충분히 수용적이고 공감적인 진솔한 분위기를 만들어야 한다. 로저스는 상담자가 지녀야 할 필수적인 세 가지 역할로 진실성(genuineness), 무조건적 긍정적 존중(unconditional positive regard), 공감적 이해(empathetic understanding)를 강조했다. 이는 인간 중심 상담에서 상담자의 핵심 조건이며, 모든 상담의 기본 태도로 간주된다.

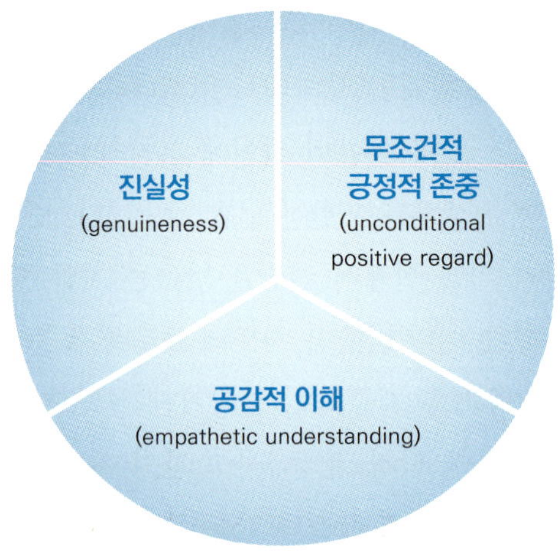

[그림 10-3] 인간 중심 상담의 세 가지 핵심 조건

첫째, 진실성이란 상담자가 내담자와의 관계에서 경험하는 것에 대해 내담자에게 진실되게 표현하는 것으로 상담자가 상담 장면에서 진실하게 존재할 때 내담자와 신뢰로운 상담 관계가 형성된다.

둘째, 무조건적 긍정적 존중이란 내담자에게 그 어떠한 조건을 달지 않고, 비평가적이고 비판단적으로 내담자의 있는 그대로를 조건 없이 존중하는 태도를 의미한다.

셋째, 공감적 이해란 상담자가 내담자의 경험과 감정을 정확하게 이해하는 것이다. 공감적 이해를 위해서 상담자는 위선적 가면을 벗고 진실한 모습으로 내담자의 모든 것을 그대로 긍정적으로 존중하면서 그의 내면 세계로 들어가 교감하기 때문에 공감적 이해는 진실성과 무조건적인 긍정적 존중이 먼저 이루어져야 가능하다(권석만, 2012).

상담자가 내담자를 진솔하게 대하고 조건 없이 존중하며 내담자의 생각, 감정, 행동을 내담자의 관점에서 정확하게 공감해 줄 수 있을 때, 내담자는 상담자에 대해 방어적이지 않고 자신을 개방하게 되어 결과적으로 자신의 문제를 해결할 수 있게 된다(이미리 외, 2019).

이는 인간이 자기실현 경향성(self-actualizing tendency)을 지니고 있기 때문이다. 자기실현 경향성은 인간이 자신을 유지하면서 잠재력을 건설적인 방향으로 성취하려는 선천적인 성향을 말하는 것으로, 결국 자기실현은 최종의 완전한 상태를 의미하는 것이 아니라 보다 더 유능한 인간으로 성장해 가는 끊임없는 과정으로 이해해야 한다(권석만, 2012).

그러나 이러한 자기실현 경향성이 억제되거나 발휘되지 못할 때 심리적 문제를 경험하게 된다. 개인이 실제로 경험하는 삶(실현된 자기)과 개인이 되어야 한다고 느끼는 이상적인 모습(이상적 자기)이 조화를 이루지 못하고 불일치할 때, 자신을 있는 그대로 받아들이지 못하고 스스로를 비난하거나 부정적으로 평가할 때 심리적 문제가 발생한다. 또한 어린 시절부터 조건적 사랑을 받으며 성장한 경우, 개인은 자신의 진정한 욕구나 감정을 억누르게 되며, 억압적이거나 부정적인 환경도 개인이 자신의 잠재력을 발휘하지 못하게 하여 심리적 문제를 유발한다. 따라서 인간 중심 상담에서는 내담자가 자신의 진정한 욕구와 경험을 수용하고, 자신의 조건 없는 가치를 깨닫도록 돕는 것이 중요하다.

인간 중심 상담의 궁극적인 상담 목표는 내담자가 스스로의 힘으로 현재 직면한 문제들과 앞으로 일어날 수 있는 문제들에도 효과적으로 대처할 수 있도록 내담자의 자기실현 경향성을 향상시켜 주고, 성장하여 '충분히 기능하는 인간(fully functioning person)'이 되도록 돕는 것이다(이미리 외, 2019). 충분히 기능하는 인간은 자기실현 경향성을 최대한 발휘하여 삶을 살아가는 이상적인 인간의 모습으로, 자신의 내적 경험과 외적 세계의 조화를 이루며 살아가는 사람이다. 이러한 사람들의 특징은 어떤 일이 일어나고 있는지를 충분히 사실적으로 경험하기 위하여 두려움이나 방어적인 태도 없이 자신의 경험을 있는 그대로 받아들인다. 또한 자기 신뢰를 지니며 외부의 가치나 권위적 타인의 영향을 덜 받고, 개인적인 자유로움 속에서 자신의 삶을 생산적이고 보람 있는 방향으로 이끌며 자신의 행동과 결과에 대한 책임을 진다(권석만, 2012).

최근 '충분히 기능하는 인간'의 개념은 긍정심리학, 교육, 직업 상담 등 다양한 분야에서 활용되고 있으며, 특히 스트레스가 많은 현대 사회에서 자기수용과 성장의 중요성이 다시 조명되고 있다. 예를 들어, 긍정심리학에서는 강점 기반 접근법과 연결되며, 직업 상담에서는 자기효능감과 경력 개발을 촉진하는 데 적용된다. 이러한 관점은 개인의 심리적 웰빙을 증진하고, 삶의 질 향상에 기여하고 있다.

4) 해결 중심 상담이론

해결 중심 상담은 스티브 드 세이저(Steve de Shazer)와 그의 배우자이자 동료인 김인수에 의해 개발되었다. 이 이론은 모든 개인이 자신만의 강점과 자원을 가지고 있으며, 스스로 회복할 수 있는 탄력성을 가진 긍정적 존재라고 본다. 이에 문제의 역사와 원인을 분석하기보다 내담자가 원하는 미래 상태를 상상하고 구체화하도록 돕는다. 따라서 해결 중심 상담은 전통적인 심리상담의 문제 중심적 접근이 아니라 강점과 해결에 중점을 두며 문제의 일시적 성격과 변화 가능성을 강조한다.

해결 중심 상담에서는 내담자와 함께 구체적이고 실현 가능한 목표를 설정하는 과정이 핵심적이며, 이를 위해 다음의 일곱 가지 원칙을 따른다.

첫째, 내담자에게 중요한 것을 목표로 설정한다. 둘째, 작은 변화를 목표로 설정한다. 셋째, 구체적이고 명확하며 행동적인 것을 목표로 설정한다. 넷째, 문제를 제거하기보다 긍정적인 행동에 관심을 둔다. 다섯째, 목표를 종식보다는 시작으로 간주한다. 여섯째, 내담자의 생활에서 현실적이고 성취 가능한 목표를 설정한다. 일곱째, 목표 수행을 힘든 일로 인식하는 것이다(이미리 외, 2019).

상담자의 역할은 내담자의 삶과 문제에 대한 전문가가 아니라 내담자가 자신의 삶에서 강점과 자원을 발견하고 해결의 주체가 될 수 있도록 돕는 협력자의 역할을 한다. 상담의 초점을 내담자가 원하는 변화와 새로운 행동에 맞춰 상담자는 내담자에게 기적 질문, 예외 질문, 척도 질문, 대처 질문, 관계 질문을 활용한다. 이러한 질문들은 내담자의 강점과 자원을 끌어내는 방식에 초점이 맞춰져 있고, 해결 중심 상담에서 중요한 기법으로 사용된다. 〈표 10-4〉는 주요 질문 기법을 정리한 것이다.

〈표 10-4〉 해결 중심 상담의 주요 질문 기법

질문	내용과 예시
기적 질문 (miracle question)	내담자가 원하는 상태를 상상하도록 유도하여 목표를 설정하고 긍정적인 변화를 경험하게 함 (예: "내일 아침 기적이 일어나 문제가 사라진다면, 무엇이 달라질까?")
예외 질문 (exception question)	내담자의 문제가 발생하지 않았던 과거의 예외 상황을 탐구하여 해결의 단서를 찾음 (예: "그 문제가 일어나지 않았던 때는 어떤 점이 달랐니?")
척도 질문 (scaling question)	내담자가 문제해결의 진행 상황이나 목표 달성을 점수 등의 수치로 평가하도록 함 (예: "1에서 10까지의 척도에서 현재 상태를 몇 점으로 평가할 수 있을까?")
대처 질문 (coping question)	내담자가 현재 어려운 상황 속에서도 어떻게 견뎌 왔는지 탐구하여 내재된 강점을 발견함 (예: "이런 상황에서도 지금까지 어떻게 버틸 수 있었니?")
관계 질문 (relationship question)	내담자가 중요한 타인의 시각에서 문제를 바라보고 해결 방안을 모색하도록 함 (예: "그 변화가 일어나면 부모님은 어떻게 느끼고 반응하실까?")

기적 질문은 내담자가 이상적으로 문제를 해결한 상태를 상상하고 구체적으로 묘사하도록 유도하는 질문으로, 내담자가 원하는 미래를 시각화하고 목표를 구체화하도록 돕는다. **예외 질문**은 문제가 발생하지 않았던 예외적인 순간을 찾아내고 이를 문제해결에 활용하도록 돕는 질문으로, 과거 성공 경험을 재조명하여 내담자가 이미 보유한 자원을 인식하게 한다. **척도 질문**은 문제의 심각도, 변화 정도, 목표 달성 수준 등을 0에서 10까지의 척도로 표현하게 하는 질문으로, 내담자가 자신의 상황을 객관적으로 평가하고 작은 변화를 계획할 수 있도록 돕는다. **대처 질문**은 현재 상황에서 내담자가 어떻게든 문제를 견뎌 내고 있는 방법에 주목하여 긍정적으로 평가하는 질문으로, 내담자가 이미 활용하고 있는 대처 전략을 강화하고 자신감을 부여한다. **관계 질문**은 내담자가 주변 사

람들과의 관계를 통해 문제해결의 동기를 찾도록 돕는 질문으로, 대인관계와 사회적 영향을 고려하여 변화의 동기를 강화한다.

이러한 질문 기법들은 내담자가 스스로 문제를 해결할 수 있다는 가능성을 인식하도록 돕고, 작은 변화와 긍정적 경험을 확대해 나가는 데 중점을 둔다. 이를 통해 내담자는 자신의 자원을 발견하고 실질적 행동을 계획하며 목표를 달성할 수 있다.

해결 중심 상담은 내담자의 강점과 자원을 적극 활용해 실질적인 문제해결에 중점을 두는 접근법으로, 간결하고 실용적이며 단기상담에 적합하다. 특히 청소년상담 현장에서 그 효과가 두드러진다. 고위험군 청소년은 비자발적으로 상담에 참여하는 경우가 많기 때문에 해결 중심 상담의 단기적이고 실용적인 접근은 이들에게 유용하며, 우울과 불안, 자아존중감 문제를 경험하는 청소년에게 긍정적인 변화를 경험하도록 돕는다(최중진, 2014; 최중진, 장새롬, 2021). 또한 해결 중심 상담은 청소년 집단상담에서도 효과적으로 활용된다. 집단상담에서는 구성원들이 서로의 강점을 발견하고 경험을 공유하며 지지를 통해 긍정적 변화를 이끌어 낸다. 집단상담의 회기는 비교적 짧게 구성되지만, 참여자들이 각자의 자원을 활용해 목표를 성취하도록 돕는다(최은정 외, 2018).

이처럼 해결 중심 상담은 단기적이고 실용적이며 강점 기반의 접근을 통해 내담자에게 즉각적이고 긍정적인 변화를 유도한다는 점에서, 기존의 문제 중심적 접근의 상담이론과는 차별화된다.

5) 동기강화상담이론

청소년상담에서는 내담자가 상담에 적극적으로 참여하도록 동기를 유도하고 강화하기 위해 동기강화상담(Motivational Interviewing: MI)을 활용한다. 동기강화상담이론은 인간을 문제해결 능력을 지닌 긍정적 존재로 바라보며, 개인이 자신의 삶에 대한 선택권과 자율성을 가지고 있다고 본다. 따라서 내담자를 문제를 가진 존재로 국한하지 않고, 스스로 변화를 이루어 갈 수 있는 능력이 있다고 가정한다. 특히 모든 사람은 변화할 수 있는 내적 동기와 잠재력을 가지고 있으며, 변화 능력이 부족한 것이 아니라 양가감정이나 변화를 방해하는 장애물로 인해 어려움을 겪는다고 본다. 이러한 관점은 상담 과정에서 내담자의 동기를 존중하고 촉진하는 데 중요한 역할을 한다.

여기서 동기(motivation)란 변화를 이루기 위한 기본 조건으로, 상담 과정에서 내담자가 스스로 목표를 세우고 참여하여 변화를 추구하는 상태를 말하며, 양가감정

(ambivalence)은 특정한 행동에 대해 상반된 감정을 동시에 느끼는 상태를 말한다. 상담 동기는 상담의 지속 여부 및 성과에 중요한 영향을 미치며, 동기가 부족할 경우 상담이 조기에 종료될 가능성이 크다.

동기강화상담은 내담자들이 자발적으로 변화할 수 있는 분위기를 조성하고, 내담자의 생각, 느낌, 가치관, 인생 목표, 관점 등의 변화 동기를 강화한다. 이를 통해 내담자가 스스로 자신의 변화를 선택하고 결정할 수 있도록 돕기 때문에 동기가 부족하고 비자발적인 청소년 내담자를 위한 상담에 효과적인 상담 기법이다(Miller & Rollnick, 2006). 특히 상담 과정에서 상담자와 내담자의 협력적 관계를 중시하며, 내담자가 변화에 대한 양가감정을 자신의 언어로 표현할 수 있도록 하여 변화 대화를 전략적으로 이끌어 내는 것이 다른 상담 기법과 구별되는 중요한 특징이다(신성만 외, 2015).

동기강화상담의 핵심은 내담자 중심의 대화와 공감적 태도를 통해 자발적인 변화를 촉진하는 것이다. 이를 위해 상담자는 'OARS' 기법을 사용하여 내담자에게 공감을 표현하면서 관계성을 증진한다. 'OARS'는 동기강화상담의 기본 기술을 요약한 약어로, 다음 네 가지의 기술을 말한다.

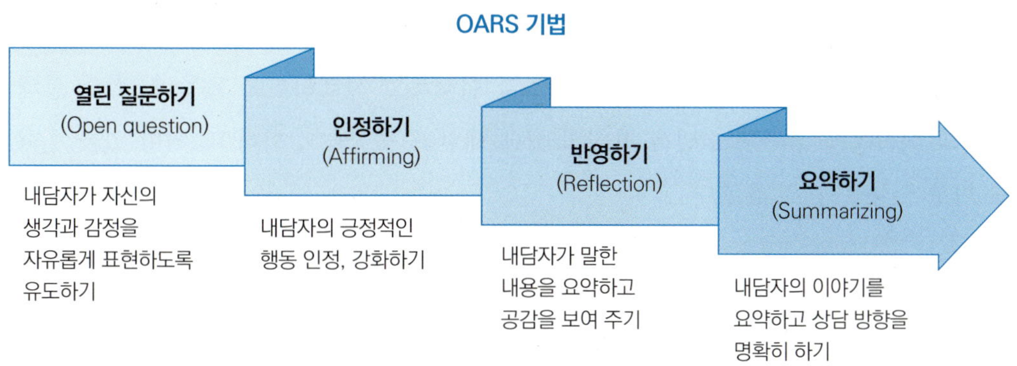

[그림 10-4] 동기강화상담의 'OARS' 기법

① **열린 질문하기**(Open question): 내담자가 자신의 생각과 감정을 자유롭게 표현하도록 돕는 질문을 한다. (예: "최근 관계에서 가장 힘들다고 느끼는 부분은 무엇이니?")

② **인정하기**(Affirming): 내담자의 강점과 노력, 긍정적인 행동을 인정하고 강화한다. (예: "관계를 개선하려고 이렇게 상담을 시작한 용기가 정말 대단하다.")

③ **반영하기(Reflection)**: 내담자가 말한 내용을 요약하거나 다른 방식으로 표현하여 공감과 이해를 보여 준다. (예: "사람들과의 대화가 두렵고 불편하게 느껴진다는 거구나.")

④ **요약하기(Summarizing)**: 내담자의 이야기를 정리하여 핵심 내용을 강조하고 방향을 명확히 보여 준다. (예: "친구와의 관계를 회복하고 싶지만, 현재 상황이 복잡하고 어려움이 많다고 느끼는 거구나.")

앞의 'OARS' 기법, 즉 열린 질문하기, 인정하기, 반영하기, 요약하기는 청소년 내담자와의 신뢰 관계를 형성하고, 내적 동기를 유발하는 데 매우 효과적이다. 동기강화상담은 내담자가 자신의 양가감정을 변화에 대한 저항과 함께 다루면서 자기효능감을 강화한다. 이 과정에서 청소년 내담자들은 자신이 가진 양가감정을 진솔하게 드러내고 다루면서 상담받는 것이 자신에게 도움이 될 것이라는 동기를 스스로에게 부여하는 기회를 갖기도 한다(이규미, 2008).

청소년기는 자아정체성을 형성하고, 자율성과 독립성을 추구하는 시기이다. 이 과정에서 청소년은 종종 자신의 행동 변화에 대해 저항하거나 혼란스러운 양가감정을 경험한다. 동기강화상담은 이러한 청소년의 내적 갈등을 수용적이고 비판단적인 방식으로 다루면서, 내담자가 변화의 필요성을 스스로 인식하고 선택하도록 돕는다. 이를 통해 변화의 어려움을 겪는 청소년은 자신의 삶에 대한 주체성을 강화하고, 의미 있는 변화를 이루어 나갈 수 있게 된다.

지금까지 살펴본 다양한 상담이론은 청소년상담에서 활용되는 주요 접근법으로, 각각의 이론이 강조하는 핵심 개념과 개입 방식은 다르지만 모두 청소년의 정서적 성장과 행동 변화를 돕는 데 중요한 역할을 한다. 상담자는 청소년 내담자의 특성과 상담 목표에 따라 적절한 이론을 선택하고 적용해야 한다. 상담이론이 실제 상담에서 효과적으로 활용되기 위해서는 청소년이 경험하는 다양한 심리·정서적 문제를 이해해야 한다. 다음 단계에서는 청소년상담에서 다루는 문제들에 대해 살펴본다.

3. 청소년상담에서 다루는 주요 문제

청소년상담에서 다루는 문제는 행동적 · 정서적 · 인지적 측면을 기준으로 정의될 수도 있으며, 청소년, 부모, 혹은 전문가들이 초점을 맞추는 주제에 따라 달라질 수도 있다. 그러나 일반적으로 청소년문제란 그들이 호소하거나 드러나는 문제 행동 또는 이를 유발하는 위기를 의미한다(서미 외, 2022). 여기서 위기란 청소년의 발달과 적응을 저해하는 환경적 · 심리적 요인의 복합적 작용을 의미하며, 이는 개인 내적 요인뿐만 아니라 가족, 학교, 지역사회 등의 외부 요인과도 밀접한 관련이 있다.

청소년상담에서 다루는 문제는 시대적 · 사회적 변화에 따라 그 양상과 초점이 변해 왔다. 과거에는 주로 학교 부적응, 가출, 폭력과 같은 행동 중심의 문제와 진로 탐색, 학업 문제, 부모와의 갈등이 주요 상담 주제였다. 그러나 최근에는 청소년의 정신건강 문제와 디지털 환경에서 발생하는 문제가 더 큰 주목을 받고 있다. 예를 들어, 우울증, 불안, 자해, 코로나19 팬데믹 이후의 고립감과 같은 정신건강 이슈, 스마트폰 과의존, 사이버폭력, 중독 문제 등이 이에 해당한다.

청소년문제는 단일 요인보다 환경적 · 심리적 요인이 복합적으로 작용하여 나타나는 경우가 많다. 특히 고위험 청소년은 개인, 가족, 학교, 또래, 지역사회문제를 두 가지 이상 복합적으로 경험하며 심리적 · 정서적 안정에 취약하다(황순길 외, 2015). 이를 해결하기 위해 청소년상담은 다각적인 이해와 전문적인 개입이 필요하다.

사회적 변화와 환경적 변화를 고려하여 최근 청소년이 경험하는 주요 호소 문제를 분석한 연구에서는 청소년의 문제를 다음과 같이 아홉 가지 주요 유형으로 분류하였다(서미 외, 2022). 〈표 10-5〉는 이 분류 체계를 정리한 것이다.

이러한 분류는 청소년문제를 다각적으로 이해하고, 체계적인 상담 개입 방향을 수립하는 데 중요한 기초 자료를 제공한다. 각 유형에 따른 주요 개입 방안을 정리하면 다음과 같다.

- **정신건강**: 우울증, 불안, 스트레스, 자살 충동, ADHD와 낮은 자존감, 성격적 불만족 등 청소년 개인의 성격적 문제와 정서적 · 인지적 문제를 포함한다. 청소년상담에서는 청소년 내담자의 발달적 특성과 환경적 요인을 함께 고려하여 심리적 안정과 긍정적인 정체성 형성을 지원하는 접근이 필요하다.

〈표 10-5〉 청소년 주요 호소 문제 유형

대분류	하위 분류
정신건강	자살(자살생각과 시도), 비자살적 자해, 우울, 불안/강박(공포, 공황), 품행 및 공격행동(반항, 분노 조절), 외상 후 스트레스, 사고 문제(정신증, 편집증, 망상), 신체화 문제(건강염려, 섭식장애), 발달 문제(경계선 지능, ADHD, 자폐스펙트럼, 틱장애), 부적응적 성격 문제(편집·과민한, 충동·공격적, 완벽성향·경직된 성격, 낮은 자존감, 자아정체감 혼란, 성격 불만족)
대인관계	고립 등 관계 단절(대인기피, 은둔), 또래 관계(친구 및 선후배), 이성 관계, 교사 관계(학교, 학원, 지도자 관계), 가족 관계(부모-자녀, 부모 간 갈등, 형제 관계, 친척), 온라인상 관계(랜덤 채팅, 온라인동호회), 직장 관계(아르바이트 상사, 동료)
학업 및 진로	학업 및 학교생활 문제(학업 스트레스, 학교 부적응, 학교생활), 학업 중단 문제(학업 중단 전·후), 진로 및 진학 문제(진로 탐색 및 준비, 결정), 취업 및 창업(취·창업 준비, 실업 및 일자리 불안정, 노동 인권)
과의존/중독	인터넷/스마트폰(게임, 쇼핑, SNS, 영상 시청), 물질 사용(흡연, 음주, 약물 등), 도박(온라인 사이버, 오프라인)
폭력 피해	가정폭력(신체적·정서적 폭력, 경제적 위협), 아동학대 및 방임(신체적·정서적·성적 학대, 방임), 학교폭력(신체·언어폭력, 강요, 금품갈취, 따돌림, 사이버폭력, 스토킹), 성폭력(성폭행, 성추행, 성희롱, 디지털 성폭력)
폭력 가해 및 비행	청소년 폭력, 비행(단순 가출, 성인사이트 접속 및 시청, 교칙위반, 비행 친구와 어울림, 단기 환각물질 사용)
성	성 건강 및 성교육(성병, 성교육, 성 지식 부족), 성매매(자발적, 강요), 성적 충동/성 욕구(자위행위, 성관계, 이상 성행동), 임신/출산/낙태, 성적 지향/성별 정체성 혼란, 성역할 갈등/성차별
신체 건강 및 신체 인식	신체 인식(성장 관련, 외모 차별 및 불만족), 장애 및 만성질환(신체장애, 신체질환), 건강 관련 행동(운동 부족, 정기적 운동지식, 수면)
빈곤 및 경제적 결핍	경제적 결핍(결식, 영양결핍, 의류 결핍, 위생용품 결핍, 의료 결핍, 여가문화 생활 결핍, 교육적 결핍, 채무), 주거 빈곤 및 불안정(과밀주거, 불안정 주거, 노숙, 가출팸)

출처: 서미 외(2022). 청소년문제유형 분류를 위한 기초연구를 재구성함.

- **대인관계**: 친구, 가족, 교사 등과의 관계 갈등, 의사소통의 문제, 사회적 고립 등이 해당한다. 청소년의 갈등 해결 능력 부족과 SNS 사용 증가로 인해 관계 형성이 어려워지기도 한다. 청소년상담에서는 청소년 내담자가 경험하는 갈등의 구체적 상황과 관계적 패턴을 파악하고, 의사소통 기술 및 문제해결 능력을 강화하는 개입이 필요하다.

- **학업 및 진로**: 학업 성취에 대한 압박과 진로 선택의 어려움, 학업 중단, 취업 문제 등이 해당한다. 경쟁 중심의 교육 환경에서 청소년은 스트레스를 겪으며, 진로에 대한 명확한 정보 부족이 불안을 가중시킨다. 청소년상담에서는 학업 스트레스를 다루고, 자기 이해와 직업 세계에 대한 이해를 통해 진로 탐색을 촉진하는 개입이 필요하다.

- **과의존/중독**: 스마트폰, 게임, SNS, 약물 사용 등이 해당한다. 디지털 기기의 접근성이 늘어나면서 디지털 환경에서의 문제는 학업 및 생활 기능 저하로 이어질 수 있다. 또한 청소년의 약물 및 환각 물질 사용의 증가도 시급히 해결해야 할 과제로 부각되고 있다. 청소년상담에서는 내담자의 중독 수준을 평가하고, 자기조절 능력을 강화하며 긍정적인 대체 활동을 제공하는 것이 필요하다.

- **폭력 피해/가해 및 비행**: 가정폭력, 학대, 학교폭력, 사이버폭력, 성폭력, 비행 등이 해당한다. 청소년은 여전히 가정과 학교로부터 보호받아야 할 존재이지만, 많은 청소년이 다양한 폭력의 피해자로 존재하고 있어 청소년상담에서는 피해 청소년의 피해 수준을 면밀히 살피고, 보호적 개입을 제공해야 한다. 또한 최근 청소년 비행이 성인 범죄화되는 양상을 보이고 있어 청소년상담에서는 비행 및 범죄에 관한 예방 교육과 재범을 방지할 수 있는 프로그램도 함께 진행되어야 한다.

- **성 문제**: 성 욕구, 성매매, 임신, 성적 정체성 혼란 등의 문제가 해당한다. 성은 청소년의 정체성 형성 과정에 중요한 이슈이지만, 왜곡된 성문화와 디지털 매체의 부정적 영향으로 인해 청소년의 건강한 성 가치관 형성이 저해될 수 있다. 따라서 청소년상담에서는 정확한 성 지식을 제공하고, 자신의 성에 대해 책임감 있는 선택을 할 수 있도록 돕는 데 초점을 맞춰야 한다.

- **신체 건강 및 신체 인식**: 조숙(또래에 비해 빠른 신체적 발달)과 만숙(또래에 비해 느린 신체적 발달)의 고민, 신체장애와 수면 등의 문제가 해당한다. 청소년기에는 2차 성징을 겪으며 신체에 급작스러운 변화를 경험하는데, 여기서 오는 외모 콤플렉스와 왜곡된 신체상을 가질 수 있다. 따라서 청소년상담에서는 이들이 겪는 신체 변화가 정상적인 발달 과정에서 겪는 자연스러운 현상임을 알게 하고, 신체 이미지에 대한

과도한 집착과 부정적인 자아상을 다뤄 청소년의 건강한 발달을 촉진해야 한다.

- **빈곤 및 경제적 결핍**: 의식주 결핍, 교육적 결핍, 의료 결핍 등이 해당한다. 청소년의 경제적 빈곤은 정신건강의 문제, 학업 비용 부담으로 인한 학업 중단, 비행으로 연결되어 다양한 문제를 초래한다. 따라서 청소년상담에서는 청소년 가족의 경제적 빈곤 및 건강 상태까지 파악하고, 사회적 지원 체계를 활용하여 적극적인 연계 지원 방안을 마련해야 한다.

청소년상담에서 다루는 문제는 복합적인 요인들이 얽혀 있기 때문에 개인, 가정, 학교, 지역사회를 포함한 체계적이고 협력적인 접근이 필요하다. 청소년문제를 해결하기 위해 상담자는 심리적인 지원뿐만 아니라 환경적 자원을 연계하는 등의 통합적 개입을 통해 청소년의 안정적이고 건강한 발달을 도울 수 있다.

이처럼 청소년상담에서 다루는 문제는 매우 다양하며, 상담자는 이를 효과적으로 해결하기 위해 상담 과정을 체계적으로 운영해야 한다. 또한 최근에는 상담의 접근성과 효율성을 높이기 위해 대면 상담뿐만 아니라 다양한 매체가 활용되고 있다. 다음으로 청소년상담이 진행되는 과정과 상담에서 활용되는 다양한 매체에 대해 살펴본다.

4. 청소년상담의 과정과 상담매체

1) 상담 과정

청소년상담은 문제해결과 정서적 발달을 돕기 위해 체계적으로 이루어지며, 초기, 중기, 후기의 단계로 유연하게 진행된다. 상담 과정은 내담자의 문제를 탐색하고 목표를 설정하는 초기 단계, 구체적인 개입을 통해 변화를 촉진하는 중기 단계, 상담을 마무리하고 변화를 지속적으로 유지할 수 있도록 돕는 후기 단계로 구성된다.

(1) 초기 단계: 상담 준비 및 관계 형성

청소년상담은 상담 신청 접수부터 시작된다. 접수 단계에서 내담자의 기본 정보를 수집하고 호소 문제와 상담 목적을 탐색한다. 필요시 부모나 교사와의 면담을 통해 문제의 배경을 추가로 파악할 수도 있다. 또한 상담의 절차, 예상 회기, 비밀보호 및 한계 등을 내담자에게 설명하는 상담의 구조화가 필요하다. 무엇보다 초기 단계에서 가장 중요한 것은 상담자와 내담자 간의 긍정적인 신뢰 관계(라포)를 형성하는 것이다. 상담 협력관계가 초기에 안정적으로 형성되면, 내담자는 상담 과정의 구체적인 과제들을 잘 수행하고 상담자를 신뢰하며 수용하게 된다(김홍순, 김청송, 2017).

초기 단계에서 상담자는 내담자와 함께 'SMART' 원칙을 활용해 구체적이고 실현 가능한 목표를 설정한다. [그림 10-5]는 SMART 목표 설정의 다섯 가지 요소를 정리한 것이다.

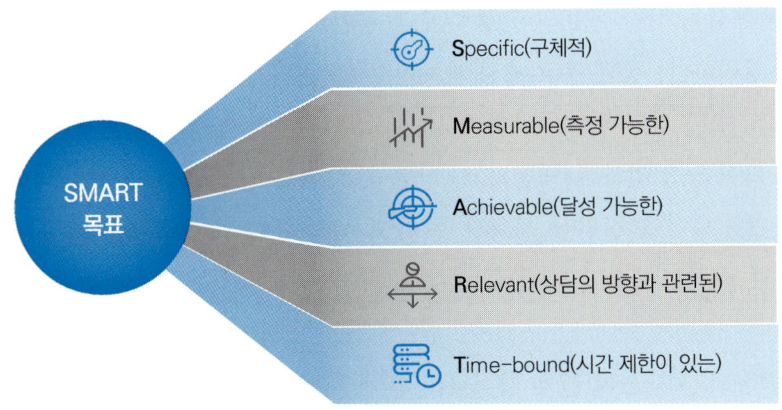

[그림 10-5] 청소년상담의 SMART 목표

- Specific: 목표는 구체적이고 명확해야 한다.
- Measurable: 목표는 달성 여부를 측정할 수 있어야 한다.
- Achievable: 목표는 실행 가능한(달성 가능한) 수준이어야 한다.
- Relevant: 목표는 내담자의 주요 문제와 상담 목적에 부합해야 한다.
- Time-bound: 목표 달성을 위해 명확한 기간을 설정해야 한다.

이러한 SMART 목표 설정은 청소년의 발달적 특성과 능력을 고려하여, 목표를 현실적이고 달성 가능한 방향으로 설계하는 데 유용하다.

(2) 중기 단계: 문제 탐색 및 개입

중기 단계는 상담 목표를 달성하기 위해 노력하는 핵심 단계이다. 이 단계에서는 내담자의 문제를 심층적으로 탐색하고, 인지적 · 행동적 · 정서적 접근을 통해 개입 전략을 설계한다. 인지적 접근으로는 왜곡된 신념과 부정적인 사고의 패턴을 수정하고, 긍정적인 대안을 찾도록 한다. 행동적 접근으로는 문제 행동을 수정하고 대처 기술을 훈련하도록 한다. 정서적 접근으로는 감정의 조절과 스트레스 관리 등이 있다. 이러한 전략을 내담자에게 적용하며, 상담자는 내담자가 목표를 달성하기 위해 노력하는 과정에서 지속적으로 지지하며 진행 상황을 점검한다.

(3) 후기 단계: 성과 평가 및 상담 종결

후기 단계에서는 상담 목표의 달성 여부를 평가하고, 상담 과정을 통해 내담자가 경험한 변화를 정리한다. 상담 종료에 대해 내담자와 논의하고 종결에 대한 불안이나 아쉬움을 다룬다. 또한 상담자는 내담자가 상담 종료 후에도 스스로의 문제를 해결할 수 있도록 대처 방안을 정리하여 제공하고, 상담 과정에서 발견한 내담자의 강점과 자원을 지지한다. 필요시 후속 상담을 계획할 수 있고, 내담자가 상담 종료 후에도 언제든지 다시 도움을 요청할 수 있음을 알려 주는 것도 중요하다.

청소년상담 과정은 초기 관계 형성부터 문제 탐색, 개입, 종결에 이르는 체계적인 단계로 이루어진다. 상담자는 내담자의 발달적 특성과 문제를 종합적으로 이해하고, 유연하게 상담을 진행해야 한다. 또한 전반적인 상담 과정에서 부모 및 교사와의 협력을 통해 청소년을 둘러싼 환경적 요인을 조율함으로써 더 효과적인 상담 결과를 달성할 수 있다.

2) 상담매체

청소년상담매체는 내담자와 상담자가 효과적으로 소통하고 상담 목표를 달성하는 데 도움을 주는 도구와 방법을 의미한다. 청소년은 추상적 사고보다 구체적이고 시각적인 접근에 더욱 반응하는 경향이 있어 상담매체는 청소년의 관심을 끌고 상담 참여를 촉진하며, 상담 과정을 더 흥미롭고 효과적으로 만드는 역할을 한다. 매체는 청소년의 발달적 특성과 상담의 목적에 따라 선택되며 다양한 방식으로 활용된다. 또한 매체는 말로 표현하기 어려운 감정이나 생각을 표현할 기회를 제공하기도 한다. 여기에서는 놀이치료, 미술치료, 온라인 상담매체, 메타버스 상담의 특징을 간단히 살펴본다.

(1) 놀이치료

놀이치료(play therapy)는 내담자가 놀이를 통해 자연스럽게 자신의 감정, 생각, 행동을 표현하고, 심리적 문제를 해결하거나 정서적 안정을 찾도록 돕는 치료적 접근이다. 놀이를 통해 언어적 표현이 서툰 아동도 자신을 표현할 수 있으며, 놀이 자체가 치료의 매개체가 되기도 한다. 놀이는 놀이하는 사람의 내적 요구를 만족시키고, 즐거움과 기쁨 등의 긍정적인 느낌을 주어 삶의 활력을 되찾게 한다. 또한 놀이는 노는 사람을 놀이에 몰두하게 하여 주의집중 능력, 놀면서 맛보는 자유로움, 자기주도력, 자기결정의 경험을 하게 한다(이미리 외, 2019). 놀이치료는 발달 과정에서 정서적 · 행동적 문제를 보이는 아동에게 적합하나 때로는 대인관계 갈등, 학업 스트레스, 트라우마를 겪는 청소년에게도 적용 가능하다. 치료자는 놀이를 관찰하고 분석하며, 내담자가 자신의 문제를 스스로 해결할 수 있도록 지지한다.

(2) 미술치료

미술치료(art therapy)는 미술 활동을 통해 내담자가 자신의 감정, 생각, 경험을 표현하고 심리적 · 정서적 문제를 해결하도록 돕는 치료적 접근이다. 말로 표현하기 어려운 감정을 비언어적인 방법으로 표출하도록 유도하여 내담자의 자기 이해와 치유를 촉진한다. 특히 언어적 소통이 어려운 아동 · 청소년에게 효과적이며 그림, 조각, 콜라주 등 다양한 미술 활동을 통해 창의적이고 안전한 방식으로 감정을 표출하는 기회를 제공한다. 또한 내담자는 특정한 상징(예: 나무, 집, 동물 등)을 통해 자신의 무의식적 내면 세계를 표현하게 된다. 이를 통해 상담자는 그림의 의미와 감정을 함께 이야기하며 내담자의 자기 이해를 도울 수 있다.

(3) 온라인 상담매체

온라인 상담매체(online counseling media)는 채팅, 이메일, 화상 통화, 스마트폰 애플리케이션 등을 활용하여 상담을 진행하는 플랫폼과 기술을 의미한다. 비대면 상담 환경에서 내담자의 정서적 안정, 문제해결, 심리적 지원을 목적으로 한다. 코로나19 팬데믹 상황에서 대면 상담이 제한되자, 온라인 시스템을 활용한 상담이 그 역할을 대신했다. 코로나19 팬데믹이 종료된 지금도 디지털 기기에 익숙한 청소년들은 온라인 상담을 선호하는 경향이 있어, 상담자는 이에 대응할 수 있도록 온라인 상담 기술을 습득하고 실무에 접목해야 한다. 온라인에는 내담자가 문제를 글로 작성하고 상담사가 이에 응답하는 방식의 채팅(SNS) 상담, 이메일 상담이 있으며, 음성을 통해 진행하는 전화 상담도 이에 해당한다. 이러한 상담은 내담자가 얼굴을 드러내지 않아도 되며, 언제 어디서든 편리하게 이용이 가능한 익명성과 접근성을 특징으로 한다. 대면 상담을 대체하는 것으로 가장 많이 활용하는 것이 화상 상담이다. 비대면이지만 대면 상담에 가까운 상호작용이 가능하고, 내담자의 표정과 몸짓 등 비언어적 신호도 관찰이 가능하기 때문이다. 통신기기와 인터넷망이 준비되면 장소와 시간에 구애를 받지 않으며 상담 환경이 따로 필요하지 않고, 교통비가 절감되는 장점이 있으나, 인터넷상의 기술적인 문제가 발생할 경우에 상담 운영이 불가한 한계가 있다.

(4) 메타버스 상담

메타버스 상담(metaverse counseling)은 비대면 화상 상담이 가진 한계점을 극복하면서 시공간의 편리성을 유지할 수 있는 대안으로 등장하였고, 이에 청소년 전문가들은 메타버스 플랫폼 활용을 중요하게 인식하고 있다(권혜수, 심현진, 2024). 메타버스 상담은 가상 현실(Virtual Reality: VR) 또는 증강 현실(Augmented Reality: AR) 기술을 활용하여, 가상 공간에서 아바타를 통해 상담자와 내담자가 상호작용하는 상담 방식이다. 아바타를

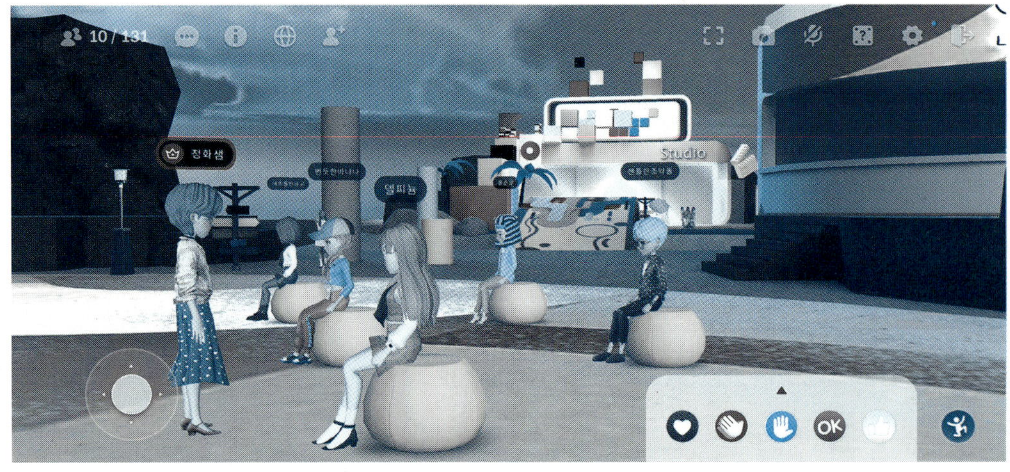

[그림 10-6] 청소년 메타버스 상담 장면

출처: 성남시청소년재단. 분당판교청소년수련관 메타버스 상담실 제공.

사용함으로써 청소년은 자신의 얼굴이나 신원을 공개하지 않고도 상담에 참여할 수 있으며, 상담 목적에 맞는 가상 공간으로 만들어진 몰입형 환경은 내담자의 심리적 안정감을 높이고 현실감을 강화한다. 또한 가상 환경에서 게임처럼 문제 상황을 시뮬레이션하고 현실적인 대처 방법을 연습할 수 있기 때문에 비자발적인 청소년에게도 효과적이다. 반면, 메타버스 통신의 문제와 생산적인 침묵 그리고 비생산적인 침묵을 분별하기 어렵고, 아바타의 언어적 메시지를 관찰하기 어렵다는 점은 한계로 작용한다(권혜수, 심현진, 2024).

각각의 매체는 고유한 장점과 효과를 가진다. 특히 정서적 치유에는 놀이치료와 미술치료가 효과적이며, 온라인 및 메타버스 상담은 높은 접근성과 실시간 소통 기능으로 강점을 가진다. 이러한 매체 상담 방식은 앞으로도 상담 분야에서 중요한 역할을 담당할 것이다. 따라서 청소년상담사는 청소년 내담자의 개별적인 특성과 환경을 반영하여 적절한 상담매체를 선택하고, 이를 기반으로 한 맞춤형 접근을 통해 상담의 효과를 극대화해야 한다.

5. 청소년상담사

1) 청소년상담사의 역할과 영역

청소년상담사는 「청소년 기본법」 제22조 제1항에 따라 여성가족부 장관이 부여하는 국가자격을 갖춘 전문가로, 청소년상담사 자격시험에 합격하고 자격연수를 이수한 자를 말한다. 청소년상담사는 1급 · 2급 · 3급으로 나뉘며, 각 등급에 따라 역할이 구분된다.

1급은 지도 인력으로 기관의 업무를 총괄 · 운영하는 역할을 수행하고, 2급은 기간 인력으로 청소년상담의 전반적인 업무를 수행한다. 3급은 실행 인력으로 기본적인 청소년상담의 업무를 수행한다(청소년상담사 홈페이지, 2024).

청소년상담사는 [그림 10-7]과 같이 청소년상담복지센터, 학교 밖 청소년지원센터, 학교 내 상담실, 공공기관 및 연구소, 아동 · 청소년 관련 기관, 민간 상담센터 등 다양한 기관에서 상담 활동을 수행하고 있다.

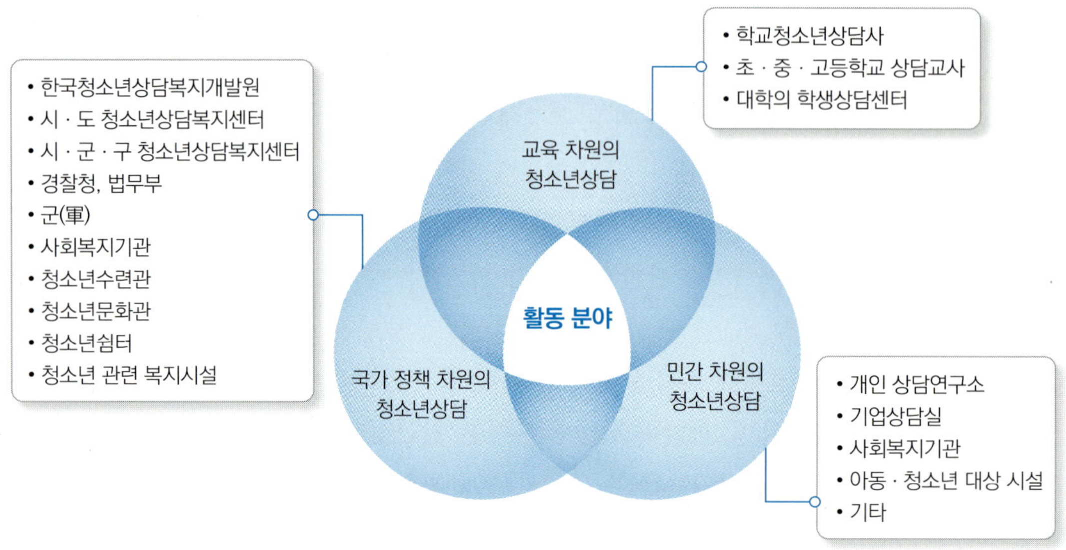

[그림 10-7] 청소년상담사의 활동 분야

출처: 청소년상담사 홈페이지.

청소년상담사는 청소년들이 겪는 심리적 어려움을 조기에 발견하고 해결함으로써 청소년의 건강한 성장과 사회적 적응을 돕는 중요한 역할을 한다. 또한 가족 및 지역사회와 연계하여 통합적인 지원을 제공함으로써 청소년문제를 예방하고 안정적인 삶을 지원하는 데 기여한다.

우리 사회에서 위기 청소년이 증가함에 따라 청소년상담사의 역할과 전문성이 더욱 강조되고 있다. 권승과 정재우(2014)는 고전적으로 청소년상담자에게 주어졌던 역할과 21세기의 변화된 환경 속에서 요구되는 역할을 〈표 10-6〉과 같이 정리하였다.

과거 청소년상담사의 주요 역할은 개별적인 실천가로서 청소년의 정서적 지원을 수행하는 역할이 중심이었다. 그러나 현대 사회에서는 변화하는 다양한 환경적 요인을 고려한 개입과 연계 서비스가 더욱 강조되면서 청소년상담사의 역할도 확대되고 있다. 청소년상담사는 단순한 상담자를 넘어 사회적 중개자, 정책 조정자, 권익 옹호자, 활동가 등으로 복합적인 역할을 수행하는 전문가로 변모해야 한다. 따라서 청소년상담사는 새로운 역할에 대한 지속적인 학습 과정을 거치는 평생 학습자로서의 태도와 사회 변화에 대한 통찰력을 갖추어야 한다.

또한 김동일과 이주영(2022)의 연구에서는 청소년상담사가 상담 현장에서 실질적인 개입을 수행하는 데 필요한 역량으로 청소년에 대한 가치관, 인간과 청소년에 대한 이

〈표 10-6〉 청소년상담자의 역할과 수행 내용

구분	역할	수행 내용
고전적 역할	조력자(enabler)	내담자의 문제를 도와주는 전문인 및 성인으로서의 역할
	역량강화자(empowerer)	내담자가 자신의 환경을 이해하고 선택과 결정에 책임을 지도록 지원하는 역할
	교사(educator)	정보를 제공하고, 적응 기술을 가르치는 역할
	중재인(mediator)	당사자 간 분쟁을 조정하고 타협점을 찾도록 돕는 역할
	조사연구자(researcher)	청소년의 현황 및 상담 프로그램 개발의 조사연구 역할
현대적 역할	중개자(broker)	지역사회 서비스를 연결하여 청소년이 지원을 받을 수 있도록 지원하는 역할
	조정자(coordinator)	서비스 중복 방지 및 효율성을 높이는 역할
	옹호자(advocate)	청소년의 권리를 대변하고 보호하는 역할
	행정관리자(administrator)	청소년상담복지기관의 관리자로서의 역할
	행동가/활동가(activist)	궁극적으로 사회제도의 변화를 위해 노력하는 역할
	주창자(initiator)	변화를 주도하고, 잠재적인 문제에 대비하는 역할

출처: 권승, 정재우(2014). 청소년의 삶의 질 제고를 위한 청소년상담자 역할의 재조명: 거시적 시각을 기반으로.

해 능력, 행정적 기술과 지식, 상담자의 성격적 특성, 문제 행동 해결 능력, 청소년 교육 및 면담 기술, 심리검사 활용 역량 등이 중요하게 언급되었다.

2) 청소년상담사의 자질

청소년상담사는 청소년의 심리적 성장과 사회적 적응을 돕는 데 핵심적인 역할을 수행하며, 이를 효과적으로 수행하기 위해서는 특정한 자질이 요구된다. 상담자의 자질은 상담 과정에서 청소년과의 신뢰 관계 형성, 문제해결 능력, 윤리적 기준 준수 등에 직접적인 영향을 미친다. 따라서 청소년상담사는 인간적 · 전문적 · 윤리적 자질을 균형 있게 갖추어야 한다.

(1) 인간적 자질

청소년과의 관계 형성은 상담의 핵심 요소이므로, 청소년상담사는 인간적인 따뜻함과 진정성을 지녀야 한다. 인간적 자질로 먼저 청소년의 입장을 이해하고, 그들의 감정과 생각에 민감하게 반응할 수 있는 공감 능력을 갖추어야 한다. 또한 청소년의 다양한 배경과 경험을 존중하며, 섣불리 판단하거나 비난하지 않고 있는 그대로 받아들이는 수용적인 태도도 요구된다. 마지막으로, 청소년의 변화와 성장은 오랜 시간이 요구되므로 청소년상담사는 이들을 기다리고 지지할 수 있는 인내심이 필요하다.

(2) 전문적 자질

청소년의 문제를 이해하고 해결할 수 있는 능력과 지식을 갖추는 것은 필수적이다. 청소년상담사는 심리학, 발달이론, 상담이론, 청소년 관련 법률 등 청소년의 성장·발달과 보호에 대한 이론적 지식을 지니고 있어야 한다. 또한 심리검사 활용 능력, 위기개입 능력, 프로그램 기획 및 운영 역량이 요구되며, 내담자의 문제를 객관적으로 평가하고 적절한 개입 전략을 세우기 위해 상담 기법을 숙달해야 한다. 아울러 청소년상담사는 다양한 문제 상황에서도 체계적으로 접근하여 창의적으로 해결 방안을 제시할 수 있는 문제해결 능력이 필요하며, 복잡하고 변화하는 시대에 맞춰 새로운 연구와 방법론을 학습하며 자신의 전문성을 지속적으로 개발하는 자세도 갖추어야 한다.

(3) 윤리적 자질

청소년상담사는 윤리적 기준을 준수하며 신뢰를 기반으로 청소년상담을 진행해야 한다. 한국청소년상담복지개발원은 청소년상담사 윤리강령을 제정하여, 청소년상담사의 책임과 의무를 명확히 하고 내담자를 보호하며, 직무 수행의 기준을 제공한다.

윤리강령은 청소년상담사의 전문적 자세, 내담자의 복지, 상담 관계, 비밀보장 등의 원칙을 포함하며, 청소년상담사는 최우선으로 내담자의 복지를 증진하고 존엄성을 존중해야 함을 강조한다(청소년상담사 홈페이지). 상담 과정에서 공유된 정보를 철저히 비밀로 유지해야 하며, 청소년의 자율성과 의사를 존중해야 한다. 또한 도덕적 딜레마 상황에서도 청소년상담사는 윤리적 기준에 따라 올바른 결정을 내리고, 개인적 감정이나 편견 없이 모든 청소년에게 공정하게 대해야 한다.

청소년상담사는 단순히 청소년의 심리적 문제를 해결하는 것이 아니라, 청소년의 건강한 성장과 사회 적응을 돕는 핵심적인 역할을 수행한다. 따라서 청소년상담사는 지속적인 전문성 개발과 윤리적 책임감을 바탕으로, 변화하는 청소년 환경에 맞춘 개입을 실천해야 한다.

[그림 10-8] 청소년상담사의 자질

3) 한국청소년상담복지개발원(KYCI)

한국청소년상담복지개발원(Korea Youth Counseling & Welfare Institute: KYCI)은 「청소년복지 지원법」 제22조에 따라 설립된 여성가족부 산하 공공기관으로, 청소년상담·복지 정책 연구, 전문 인력 양성, 청소년상담복지센터 운영 지원 등의 역할을 수행한다.

KYCI는 전국 600여 개의 청소년상담복지센터, 학교 밖 청소년지원센터(꿈드림), 청소년쉼터, 청소년자립지원관, 청소년회복지원시설을 총괄하며, 청소년의 건강한 성장과 복지를 위해 다양한 사업을 운영한다. 주요 업무로는 청소년상담 및 복지와 관련된 정책의 연구, 청소년상담·복지 사업의 개발 및 운영·지원, 청소년상담 기법의 개발 및 상담자료의 제작·보급, 청소년상담·복지 인력의 양성 및 교육, 청소년상담·복지 관련 기관 간의 연계 및 지원, 청소년상담복지센터·청소년복지시설 및 학교 밖 청소년지원센터에 대한 지도 및 지원, 청소년 가족에 대한 상담·교육, 통합정보시스템의 운영, 그 밖에 청소년상담복지개발원의 목적을 수행하기 위하여 필요한 부수 사업 등이 있다(한국청소년상담복지개발원 홈페이지).

KYCI는 국가 차원의 청소년상담·복지 정책을 총괄하는 중추적인 역할을 한다면, 「청소년복지 지원법」 제29조에 따라 시·군·구의 청소년상담복지센터는 지역사회를 중심으로 청소년에 대한 실질적인 상담과 개입을 수행한다. 2023년 기준 전국 17개 광역자치단체와 223개의 기초자치단체에서 청소년상담복지센터가 운영되고 있다(여성가족부, 2024).

4) 청소년안전망

청소년안전망은 위기 청소년을 조기에 발견하고 지원하여 건강한 성장과 사회적 복귀를 돕는 체계적이고 종합적인 지원 시스템이다. 이 시스템은 지역사회 내 다양한 기관과 협력하여 학업 중단, 가정 밖 생활, 인터넷 중독 등으로 어려움을 겪는 청소년에게 맞춤형 상담, 보호, 자립 지원을 제공한다. 주요 협력기관으로는 경찰청, 교육청, 학교, 쉼터, 복지시설 등이 있으며, 청소년의 문제 유형에 따라 적절한 서비스를 연계하여 지원한다.

청소년안전망의 목표는 가정 · 학교 · 지역사회에서 어려움을 겪는 위기 청소년을 조기에 발견하고, 그들의 심리적 · 정서적 · 학업적 · 사회적 문제해결을 위한 맞춤형 지원을 제공하는 것이다. 이를 위해 지역사회 내 공공기관, 민간단체, 학교 등과 협력하여 효과적인 연계 시스템을 구축하고, 청소년의 권리 보호와 복지 향상을 위한 다양한 지원 체계를 운영하고 있다.

2024년 여성가족부 자료에 따르면, 청소년안전망을 통한 지원 건수는 2022년 410만 건에서 2023년 488만 건으로 19% 증가하였다. 서비스 유형별로 보면 상담 및 정서적 지원이 70.5%로 가장 높은 비중을 차지하며, 기초생활 및 경제적 지원(14.6%), 여가 및 문화 활동 지원(6.5%)이 그 뒤를 이었다. 이러한 통계는 청소년안전망 지원이 필요한 위기 청소년 수가 증가하고 있으며, 특히 상담 및 정서적 지원의 중요성이 더욱 강조되고 있음을 보여 준다.

[그림 10-9]는 청소년안전망의 지원체계를 시각적으로 나타낸 도표로, 주요 연계 기관 및 서비스 제공 내용을 포함한다.

최근 지방자치단체에서도 위기 청소년을 지원하기 위한 노력이 강화되고 있다. 2020년 9개소에서 시작된 청소년안전망 전담팀 사업은 2023년 22개소로 확대되었으며, 이를 통해 지원 체계가 더욱 강화되었다. 청소년안전망 전담팀은 전담 공무원과 청소년 통합사례관리사 등 전문 인력으로 구성되며, 주요 역할은 위기 청소년 발굴, 기관 연계, 실태조사, 정책 개발 등이다(여성가족부, 2023. 02. 21.).

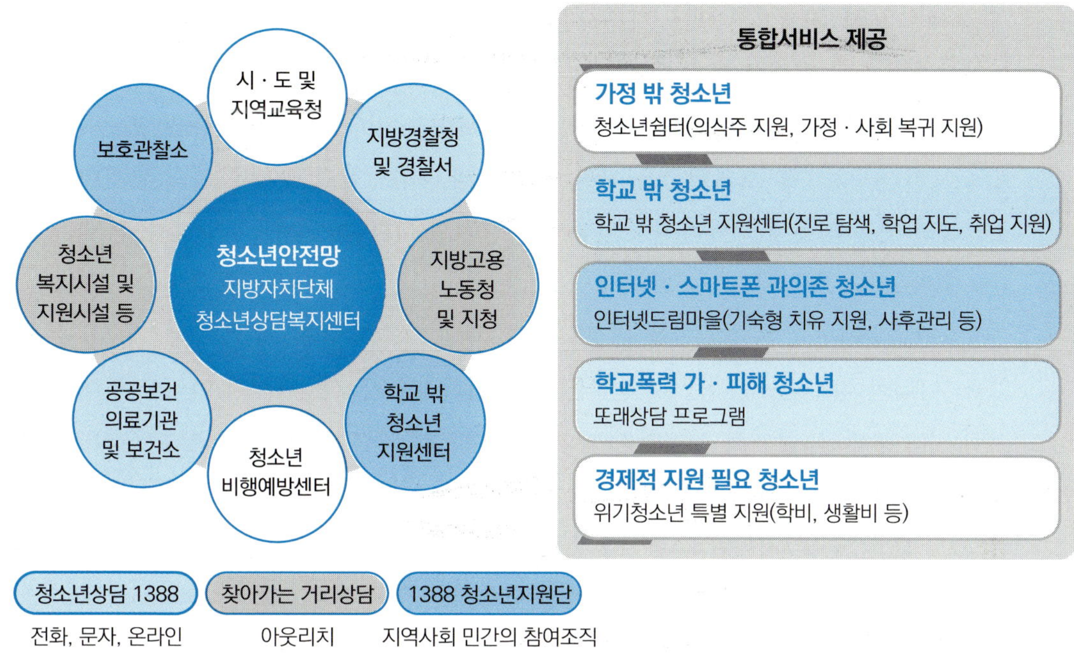

[그림 10-9] 청소년안전망(지역사회청소년통합지원체계) 체계도

출처: 여성가족부(2023). 2023 청소년백서.

(1) 청소년동반자 프로그램

청소년동반자(Youth Companions: YC)는 도움이 필요한 위기청소년을 직접 찾아가 정서적 지지, 심리 상담, 지역 자원 및 기관 연계를 제공하는 맞춤형 지원 프로그램이다. 위기청소년이 증가하고, 이들에 대한 체계적이고 맞춤형 지원이 필요해짐에 따라 2005년부터 시작되어 전국적으로 운영되고 있다. 위기청소년은 심리적 어려움을 겪더라도 다양한 이유로 인해 직접적으로 상담 서비스를 찾지 못하거나, 상담에 대한 동기가 낮아 문제를 심화시키는 경향이 있다. 이러한 상황을 예방하고 개입하기 위해 청소년상담복지센터는 지역사회 내 안전망을 강화하고, 청소년동반자 프로그램을 운영하여 청소년상담자가 위기청소년을 직접 찾아가 이들에게 맞춤형 서비스를 제공하고 자원을 연계한다.

청소년동반자의 주요 특성으로는, 첫째, 현장 접근성 강화이다. 청소년이 있는 현장으로 직접 찾아가 상담과 지원을 제공하며 자발적인 청소년뿐만 아니라 비자발적 청소년까지 포함하여 다수의 청소년에게 접근성을 높인다. 둘째, 다차원적 개입이다. 청소년의 문제를 개인뿐만 아니라 가족, 학교, 지역사회 등 다양한 환경적 요인을 고려하여 개입한다. 셋째, 전문적 서비스 제공이다. 심리상담사와 사회복지사의 역할을 결합하여 위기청소년을 돕기 위한 맞춤형 전문 서비스를 제공한다. 넷째, 신뢰 관계 형성이다. 지속적인 관계 형성을 통해 청소년과 신뢰를 구축하고, 이를 바탕으로 상담 및 문제해결을 도모한다. 다섯째, 고위험군을 지원한다. 자해, 가출, 학교 부적응 등의 고위험군 청소년과의 접촉을 통해 즉각적이고 맞춤형 지원을 모색한다(박승곤, 김수정, 문성호, 2014; 황순길 외 2015).

청소년동반자는 위기청소년을 대상으로 한 대표적인 맞춤형 지원 서비스라고 할 수 있다. 이러한 청소년동반자 프로그램을 통해 위기청소년들은 자신의 어려움에 대해 정서적 지지를 받고, 삶에서 직면한 다양한 문제해결에 실질적인 도움을 받을 수 있다. 또한 가정과 학교, 지역사회와의 연계를 통해 관계를 회복하고 사회에 적응하면서, 궁극적으로 자신의 삶을 계획하고 건강한 성장과 자립을 할 수 있다.

[그림 10-10]은 청소년동반자가 어떻게 활동하는지 시각적으로 나타낸 도표로 주요 개입 과정과 지원 내용이 포함되어 있다.

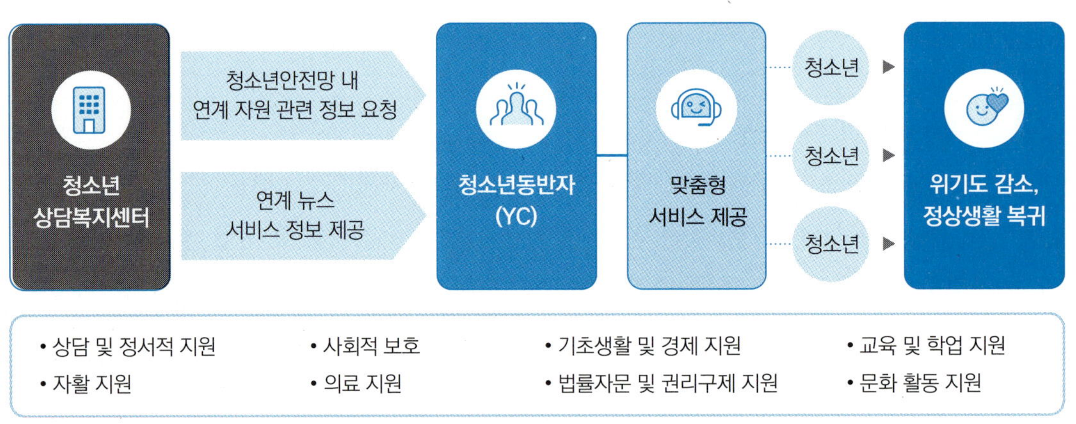

[그림 10-10] 청소년동반자의 주요 개입과 지원 내용

출처: 한국청소년상담복지개발원 홈페이지.

(2) 청소년상담 1388

청소년상담 1388은 전화, 웹채팅, 문자, SNS 등 다양한 채널을 통해 맞춤 정보 제공, 시설 찾기, 온라인 신청 및 365일 24시간 연중 상시 고민 상담 등의 맞춤 서비스를 제공하는 청소년 지원 종합포털이다.

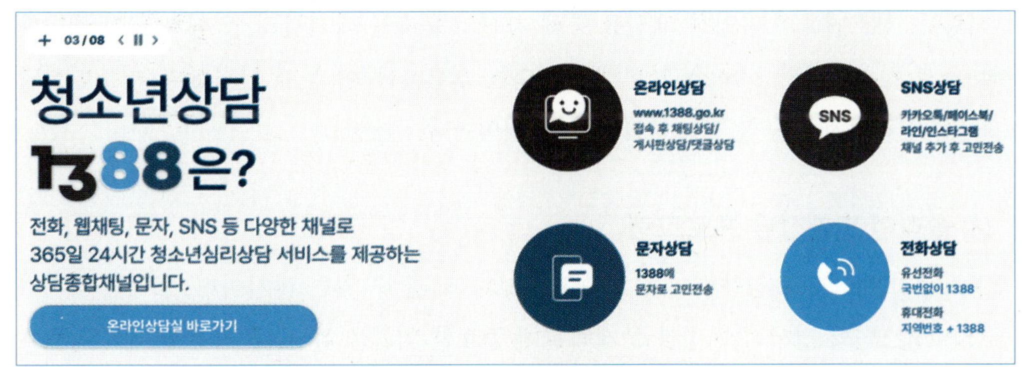

[그림 10-11] 청소년상담 1388

출처: 청소년 1388 홈페이지.

최근 통계(여성가족부, 2023)에 따르면, 2023년 청소년상담 1388의 상담 건수는 총 74만 6천 건으로, 전화 상담은 36만 1천 건, 온라인 상담(모바일 문자, 사이버상담)은 38만 4천 건으로 나타났다. 청소년이 도움을 요청한 상담 주제는 정신건강(34.9%), 대인관계(20.2%), 학업 및 진로(9.2%), 정보 제공(8.7%), 가족 관계(4.0%) 순으로 나타났다.

강주연과 이이든(2019)은 국내 최대 포털 사이트인 네이버 지식iN(2011~2018년)을 활용하여 '청소년상담 1388' 키워드에 대한 텍스트마이닝 분석을 진행하였다. 분석 결과, [그림 10-12]에 제시된 것처럼 '청소년상담 1388' 검색 결과와 관련하여 검색 빈도가 높은 키워드 다섯 가지는 친구, 학교, 여학생, 학생, 엄마였으며, 그중에서도 특히 '친구'가 가장 높은 출현 빈도를 보였다. 이는 청소년의 생활 환경과 밀접하게 연관된 학교와 가정 관련 키워드들이 중심이라는 점을 시사한다.

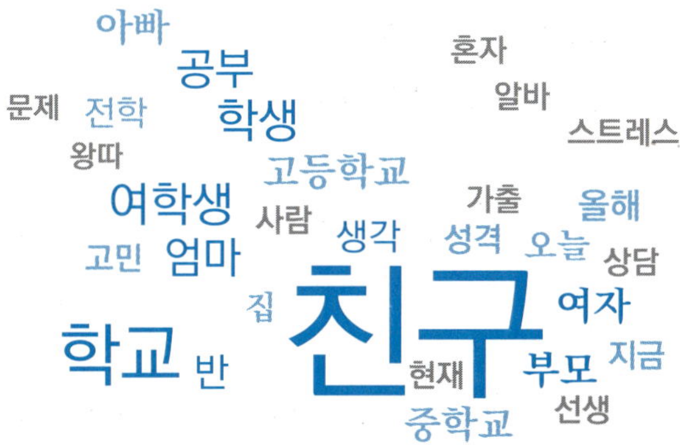

[그림 10-12] 2011년~2018년 '청소년상담 1388' 검색 결과에 대한 핵심어 WordCloud

출처: 강주연, 이이든(2019). 텍스트마이닝을 활용한 청소년 1388 분석.

이렇듯, 청소년들이 다양한 채널을 통해 자신의 문제를 해결하려 할 때 접근이 용이한 서비스로 청소년상담 1388을 인식하고 있다는 점은 그들이 문제 상황에서 '청소년상담 1388'을 신뢰하고 활용할 가능성이 높음을 의미한다.

(3) 솔리언 또래상담 프로그램

청소년기는 또래의 영향력이 부모나 교사보다 더 클 수 있는 시기이며, 또래의 지지와 공감은 청소년의 정서적 안정과 문제해결에 중요한 역할을 한다. 솔리언 또래상담 프로그램은 이러한 청소년기 특성을 반영하여 개발된 상담 프로그램이다. 솔리언 또래상담 프로그램은 비슷한 연령과 유사한 생활 경험 및 가치관을 지닌 또래가 일정한 훈련을 받은 후에 자신의 경험을 바탕으로 하여 주변에 있는 정상적인 다른 또래들이 정상적인 발달 과정에서 일어날 수 있는 문제를 주로 다루어, 이들이 성장 · 발달할 수 있도록 생활의 제반 영역에서 지지적인 도움을 제공하는 행위이다(구본용, 구혜영, 이명우, 1994).

솔리언 또래상담 프로그램은 친한 친구되기(Friendship), 대화하는 친구되기(Counselorship), 도움되는 친구되기(Leadership)의 세 가지 핵심 가치로 구성되며, 또래상담자는 이 3단계를 총 11회기(12~15시간) 동안 체계적으로 교육받으며, 실습과 피드백을 통해 상담 기술을 익힌다(서미 외, 2015). 친한 친구되기 단계에서는 진정한 친구의 의미를 알고 좋은 친구가 되는 것, 대화하는 친구되기 단계는 경청과 공감 전략을 사용하여 친구의 고민을 나누며, 도움되는 친구되기 단계는 다양한 문제해결 전략을 통해 친구를 돕는다.

솔리언 또래상담 프로그램의 장점은 다양하게 나타난다. 먼저, 또래로부터 상담을 받은 내담자 측면에서 볼 때 또래상담은 전문 상담자에게 접근하기 어려운 상황에서 부담 없이 친구와의 대화를 통해 공감과 지지를 받으며 정서적 안정을 얻을 수 있다. 또한 또래와의 긍정적 상호작용을 통해 의사소통 기술과 관계 형성 능력, 문제해결 능력이 향상된다.

반면, 또래상담자 측면에서는 훈련을 통해 상담 기술을 배우며, 문제 상황에서 건설적이고 긍정적인 대응을 할 수 있는 능력을 키운다. 또한 실제로 상담을 수행하며 또래의 문제해결에 도움을 주면서 책임감, 자신감, 자기효능감, 리더십 등이 향상된다.

이러한 프로그램을 활성화하는 학교의 측면에서는 또래상담 활동이 활발해지면 학교폭력의 감소, 학교 응집력 및 지지 자원 강화, 문제를 조기에 발견하는 효과를 얻는다.

[그림 10-13] 솔리언 또래상담 교육프로그램

솔리언 또래상담 프로그램은 청소년들이 또래 간의 신뢰와 공감을 통해 문제를 해결하고, 정서적 지지를 받을 수 있는 효과적인 프로그램이다. 이 프로그램은 청소년기의 발달적 특성과 또래 관계의 중요성을 반영하여 도움을 받는 내담자와 도움을 주는 또래상담자 모두의 문제해결력과 자기효능감을 강화한다.

그러나 솔리언 또래상담 프로그램은 상담자의 전문성 부족, 비밀보장 및 윤리적 문제를 효과적으로 처리하는 데 어려움이 있을 수 있다는 한계를 지닌다. 이러한 문제를 보완하기 위해서는 또래상담이 전문 상담자의 교육과 감독하에 운영되어야 하며, 필요할 경우 전문가와의 연계 협력을 통해 내담자와 또래상담자의 성장을 촉진해야 한다.

청소년기는 다양한 변화와 도전을 경험하는 시기로, 심리적·정서적 안정과 건강한 성장·발달을 위해 적절한 상담과 지원이 필수적이다. 이 장에서 다룬 청소년상담의 개념, 이론적 접근, 상담 과정 및 기법 그리고 청소년안전망을 포함한 다양한 상담 서비스는 위기청소년뿐만 아니라 모든 청소년의 삶의 질을 향상하는 중요한 역할을 한다.

청소년상담의 궁극적인 목표는 단순한 문제해결을 넘어, 청소년 개개인이 자신의 삶을 주체적으로 설계하고 미래를 준비할 수 있도록 돕는 데 있다. 청소년상담의 필요성과 중요성은 앞으로도 계속 강조될 것이며, 이에 따라 청소년상담이 더욱 접근성이 높고 실효성 있는 형태로 제공되기 위한 노력이 지속되어야 한다. 또한 변화하는 사회 속에서 청소년상담이 보다 전문적이고 포괄적인 방향으로 발전해 나가야 할 것이며, 이를 위한 지속적인 연구와 실천적 노력이 요구된다.

참고문헌

강주연, 이이든(2019). 텍스트마이닝을 활용한 '청소년상담1388' 빅데이터 분석: 2011~2018 네이버지식 iN을 중심으로. 청소년상담연구, 27(2), 127-147.

구본용, 구혜영, 이명우(1994). 또래상담자 훈련 프로그램 개발 연구. 청소년대화의 광장.

권석만(2012). 현대 심리치료와 상담이론. 마음의 치유와 성장으로 가는 길. 학지사.

권승, 정재우(2014). 청소년의 삶의 질 제고를 위한 청소년상담자 역할의 재조명: 거시적 시각을 기반으로. 청소년상담연구, 22(2), 201-228.

권혜수, 심현진(2024). 메타버스 플랫폼을 활용한 대학생 대인관계 향상 집단상담 효과. 청소년상담연구, 32(1), 119-137.

김동일, 이주영(2022). 청소년상담사 표준교육과정 개발 연구: 2022 청소년상담연구 · 234. 한국청소년상담복지개발원.

김홍순, 김청송(2017). 청소년상담에서 내담자의 상담에 대한 기대, 상담자의 자기개방 및 상담협력간의 관계. 청소년학연구, 18(7), 235-255.

노안영(2005). 상담심리학의 이론과 실제. 학지사.

박승곤, 김수정, 문성호(2014). 청소년동반자의 역할수행에 관한 질적분석. 청소년학연구, 21(7), 119-144.

박재황, 남상인, 김창대, 김택호(1993). 청소년상담 교육과정 개발연구. 청소년대화의 광장.

방기연, 이혜진, 신인수(2023). 인지행동치료 집단상담의 청소년 시험불안 감소 효과에 대한 메타분석. 청소년학연구, 30(9), 381-410.

서미, 유민상, 손영민, 최수정(2022). 청소년문제유형 분류를 위한 기초연구: 2022 청소년상담연구 · 230. 한국청소년상담복지개발원.

서미, 천희선, 윤민지, 이혜민(2015). 해외 교포 대상 솔리언또래상담 프로그램 개발연구: 재미교포 청소년을 중심으로. 청소년상담연구, 23(2), 361-391.

신성만, 류수정, 김병진, 이도형, 정여주(2015). 인터넷 중독 청소년을 위한 동기강화상담 집단프로그램 개발 및 효과. 상담학연구, 16(4), 89-109.

여성가족부 홈페이지(2023. 02. 21.). 고위기청소년 지원 청소년안전망 22개 지자체로 확대 정책뉴스. https://www.mogef.go.kr/nw/enw/nw_enw_s001d.do?bbtSn=710865&mid=mda700&utm_source=chatgpt.com

여성가족부(2024). 2023년 자체평가 결과보고서(주요정책부문).

여성가족부(2024). 2024 청소년 통계 보도자료(배포일자 2024. 05. 28.).

이규미(2008). 청소년상담 동기강화프로그램의 구성 및 효과에 관한 연구. 청소년상담연구, 16(1), 119-137.

이미리, 김춘경, 여종일(2019). 청소년 심리 및 상담. 학지사.

이미리, 조성연, 길은배, 김민(2019). 청소년학개론(2판). 학지사.

이성진(1996). 청소년상담 발전의 방향과 과제. 제3회 청소년상담학세미나 자료집. 청소년대화의 광장.

이장호(1995). 상담심리학(제3판). 박영사.

장수한(2018). 청소년 상담론(개정판). 양서원.

청소년 1388 홈페이지. https://www.1388.go.kr/ind/YTOSP_SC_IND_01

청소년상담사 홈페이지. https://www.youthcounselor.or.kr:446/new/

최은정, 신동윤, 김청송(2018). 해결중심집단상담프로그램이 청소년의 자아존중감과 진로성숙에 미치는 영향. 청소년학연구, 25(9). 293-316.

최중진(2014). 다문화가족청소년의 역량강화를 위한 해결중심 치료의 활용. 청소년학연구, 21(11), 199-222.

최중진, 장새롬(2021). 아동청소년 대상 해결중심상담의 국내 연구 동향 분석: 2007~2020. 청소년학연구, 28(5), 241-272.

통계청(2024). 2024년 사회조사결과(가족·교육과 훈련·건강·범죄와 안전·생활환경) 보도자료.

한국청소년상담복지개발원 홈페이지. https://www.kyci.or.kr/userSite/index.asp

홍경자(2001). 자기이해와 자기지도력을 돕는 상담의 과정. 학지사.

황순길, 손재환, 전연진, 양민정(2015). 잠재계층분석을 통한 청소년동반자 내담자의 문제 계층별 상담요구 분석. 청소년상담연구, 23(1), 273-294.

Miller, W. R., & Rollnick, S. (2006). 동기강화집단상담: 변화준비시키기(*Motivational interviewing; Preparing people for change*). 신성만, 권정옥, 손명자 역. 시그마프레스. (원저 2002년 출판).

제 11 장

청소년프로그램 개발과 평가

1. 청소년프로그램의 개념과 특징
2. 청소년프로그램의 개발이론
3. 청소년프로그램 개발의 단계
4. 청소년프로그램 평가

청소년학의 이해

1. 청소년프로그램의 개념과 특징

1) 청소년프로그램의 개념

일반적인 프로그램(program)의 의미는 '특정 목적(목표)를 달성하기 위해 미리 계획된 일련의 활동이나 일정'이라고 할 수 있다. 교육 및 방송 프로그램, 행사 프로그램(순서) 등 시간표, 구성 요소, 참여자 등이 포함된 개념이다. 언어적으로 프로그램이란 용어는 'pro'와 'grophein'의 합성어로 이전(before)과 서술하는 것(to write)의 합성어이다.

따라서 프로그램은 과거와 현재의 시점에서 미래에 발생할 행동을 사전에 서술하는 것이라는 의미를 가지고 있다(유진이, 유혜순, 2020). 또한 프로그램은 하나의 목표를 달성하기 위해 행하는 활동들의 집합이라고 할 수 있고, 목표 달성을 위해 수단을 구체화한 일련의 계획된 활동을 의미한다. 즉, 프로그램은 단일한 목표를 성취하기 위해 조직된 활동들의 집합이며, 측정 가능한 목표를 달성하기 위하여 한정된 집단에게 유용하게 제공될 수 있도록 선택된 서비스나 지원의 일련의 배열이다(유진이, 윤혜순, 2020).

이러한 프로그램의 개념 정의를 바탕으로 한 청소년프로그램이란, 청소년의 성장과 발달, 긍정적인 변화를 지원하기 위해 체계적으로 계획(기획 및 설계)된 활동 및 활동 절차 · 과정을 의미한다. 즉, 청소년프로그램은 단순히 청소년들의 여가 활동이 아니라, 목적과 목표를 가지고 이를 달성하기 위한 보다 체계적으로 설계된 교육적 사업(활동)이라고 할 수 있다.

또한 청소년프로그램은 청소년의 신체적 · 정서적 · 사회적, 인지적 발달을 지원하는 체험 · 활동 중심으로 학교 외 교육을 보완하면서 창의적이고 주도적인 학습 기회를 제공하는 과정이며, 이를 통해 청소년의 자아실현, 사회성 함양, 미래 역량 개발을 목표로 구성된 활동이라는 의미를 가지고 있다.

청소년활동 현장에서 운영되고 있는 대부분의 청소년활동은 기간이나 규모에 관계없이, 목적과 목표를 가지고 일정한 절차나 순서에 의해 이루어지기 때문에 프로그램이라 통칭할 수 있다. '청소년프로그램 개발'이란 바로 청소년활동 현장에서 적용할 프로그램을 개발하는 전 과정을 의미하는 것으로 활동 목적 및 목표, 활동 내용 및 방법 등을 담고 있다. 청소년활동에서 프로그램 개발은 아주 중요하며, 프로그램 개발의 관점은 크게 세 가지로 나누어 범주화할 수 있다(김진화, 2001)

첫째, 프로그램의 계획(기획, 설계), 실천(운영), 평가의 절차 및 구조와 관련한 프로그램 개발의 개념적 의미이다. 흔히 프로그램 개발이라고 하면 협의의 관점에서 프로그램 계획으로만 이해될 수 있고, 광의의 관점에서 프로그램 계획, 프로그램 운영, 프로그램 평가를 포함하는 총체적인 의미로 이해될 수 있다. 그러나 현재에는 프로그램 개발의 궁극적인 목적은 프로그램을 통해 청소년의 긍정적인 변화, 즉 성장과 발전을 도모하는 데 있으므로 그 의미가 프로그램 계획이나 프로그램 설계 수준 이상의 개념으로 확대되었다고 할 수 있다.

둘째, 프로그램 개발자의 역할과 행위의 관점에서 보는 프로그램 개발의 의미이다. 청소년활동 현장에서 하나의 프로그램이 개발되기 위해서는 수많은 이해 당사자가 존재하기 마련이다. 그러므로 프로그램 개발은 이러한 이해 당사자 간의 영향력, 권력 관계를 조화롭게 조정하고, 협상하는 하나의 정치적 과정이 되게 마련이다. 즉, 프로그램 개발은 개발자가 권력 관계에 의해 구조화된 조직적 상황 속에서 관련 당사자 간의 이해를 협상하는 사회적 활동으로 규정할 수 있다(고영화, 김진화, 2007).

셋째, 프로그램 개발 개념을 실제적으로 일어나는 현상을 가지고 설명하는 입장이다. 프로그램 개발이란 활동의 주체자인 청소년과 청소년지도사 사이의 상호작용의 내용을 창출, 선정, 조직하는 행위이다. 즉, 청소년에게 의미 있는 지식과 정보 그리고 활동거리를 창안하고 이 중에서 프로그램 속에 포함시킬 내용을 합리적으로 선정하여, 이를 논리적으로 조직해 하나의 교육적 경험으로 개발하는 일련의 현상이 프로그램 개발이라는 관점이다. 즉, 프로그램의 협의적 개념은 일반적인 공연 등 각종 행사를 할 때 배포되는 행사내용을 소개하거나 설명하는 소책자부터 어떤 활동을 목적으로 시간과 활동의 순서에 따라 구체적으로 나열한 사전 계획표와 활동 지침 등이라고 할 수 있다.

반면, 광의적 개념은 목적한 활동을 실행하는 데 필요한 활동 목표와 내용, 대상, 방법, 장소, 조직, 제반 준비사항 등을 포괄하며, 나아가 프로그램을 실행하고 평가하는 과정까지도 포함하는 개념이다(김경준, 박정배, 2004).

청소년프로그램은 청소년의 발달과 성장, 참여를 돕기 위해 계획되고 실행되는 체계적인 활동으로, 우연이 아닌 사전에 설계된 구조와 흐름을 가진다. 또한 명확한 목적과 목표를 지향하며, 단일 활동이 아니라 내용 · 시간 · 방법 · 인력 등 상호 연계된 여러 구성 요소로 이루어진다. 이와 함께 청소년의 요구를 반영하여 청소년이 능동적이고 자발적으로 참여하고, 스스로 기획하거나 의견을 제시할 수 있도록 설계된 구조와 체계를 갖는다.

2) 청소년프로그램의 특징

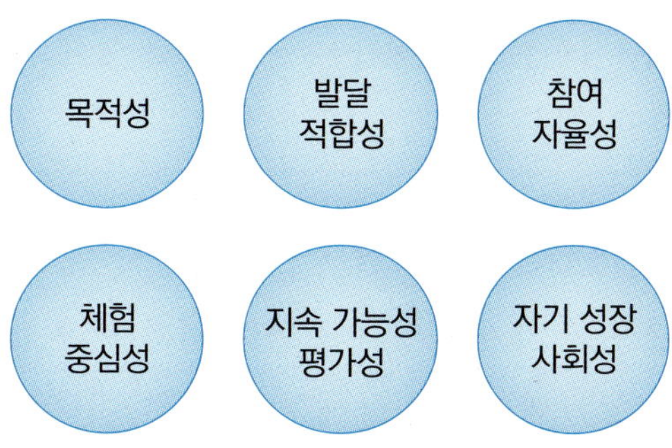

[그림 11-1] 청소년프로그램의 특징

① 청소년프로그램의 목적성

청소년프로그램은 목적성을 가지고 있다. 청소년프로그램은 청소년의 자기이해 및 자아실현, 사회성 발달, 진로 탐색 및 체험, 민주시민으로의 성장 등 명확한 교육적 목적을 가지고 개발하여야 한다.

② 청소년프로그램의 발달 적합성

청소년프로그램은 청소년의 발달 단계에 적합하도록 제공해야 한다. 청소년의 신체적 · 사고적 · 심리적 · 정신적 · 사회적 발달 단계에 부합하는 내용과 방법으로 설계하여 청소년에게 제공하여야 한다. 청소년들의 교급에 따라 참여 요구와 방식이 다르기 때문에 이를 고려한 프로그램 개발과 제공이 필요하다.

③ 청소년프로그램의 참여와 자율성

청소년프로그램은 청소년의 참여와 자율성을 강조하여야 한다. 청소년이 능동적인 주체로서 프로그램을 이끌거나 의견을 반영할 수 있도록 해야 하며, 스스로 기획 · 운영하거나 참여 과정을 통해 자율성, 책임감을 키울 수 있도록 설계해야 한다.

④ 청소년프로그램의 체험 중심성

청소년프로그램은 활동 중심으로 설계해야 한다. 지도자 위주의 활동이 아니라, 청소년들이 수련 활동 · 문화 활동 · 교류 활동 · 참여 활동 · 봉사 활동 · 진로 체험 활동 · 팀 프로젝트 활동 등에 직접 체험에 참여하면서 변화를 경험할 수 있도록 해야 한다.

⑤ 청소년프로그램의 지속 가능성과 평가성

청소년프로그램은 지속 가능성과 평가 가능성이 있어야 한다. 청소년활동 프로그램은 일회성 활동이 아니라, 지속적인 운영과 성과 평가를 통해 성장과 변화를 측정하고 추적할 수 있도록 설계해야 한다.

⑥ 청소년프로그램의 자기 성장과 사회성

청소년프로그램은 청소년의 자기 성장과 함께 사회적 역량 개발이 가능하도록 설계해야 한다. 청소년들이 프로그램 참여를 통해 자기 이해, 자존감, 타인에 대한 이해, 도덕성, 협동능력, 사회적 상호작용 역량, 미래에 필요한 역량 등이 함께 성장할 수 있도록 해야 한다.

이러한 청소년프로그램의 특징들은 단순히 활동을 제공하는 것을 넘어서, 청소년이 스스로를 이해하고 또래, 사회, 세상과 관계 맺으며 의미 있는 삶을 살아갈 준비를 하는 과정으로 이어질 수 있도록 돕는 게 중요하며, 이것이 청소년프로그램의 핵심 역할이라고 할 수 있다.

3) 청소년프로그램의 유형

① 자기계발 프로그램

청소년의 개인적 성장과 역량 강화를 위한 프로그램으로 독서 토론, 외국어 학습, 리더십 캠프, 창의력 계발 활동 등이 있다.

② 사회봉사 프로그램

청소년이 지역사회에 기여하며 사회적 책임감을 기르는 프로그램으로 자원봉사, 환경보호 캠페인, 노인 · 장애인 돌봄 활동 등이 있다.

③ 문화 · 예술 프로그램

청소년의 창의적 감각과 표현 능력을 길러 주는 프로그램으로 미술, 음악, 연극, 사진, 문학 창작 활동 등이 있다.

④ 스포츠 · 레저 프로그램

신체적 건강을 증진하고 협동심을 기르는 프로그램으로 등산, 수영, 축구, 체육대회, 캠핑, 익스트림 스포츠 등이 있다.

⑤ 국제교류 프로그램

글로벌 마인드를 기르고, 다문화 감수성을 키우는 프로그램으로 해외 교류, 국제 청소년 캠프, 외국어 캠프 등이 있다.

⑥ 청소년 참여 및 자치 프로그램

청소년이 사회적 의사결정 과정에 참여하도록 돕는 프로그램으로 청소년특별회의, 청소년운영위원회, 청소년 참여위원회, 모의 의회, 자치회 운영 등이 있다.

⑦ 모험 · 도전 프로그램

극기 체험을 통해 도전 정신과 리더십을 기르는 프로그램으로 서바이벌 캠프, 산악훈련, 독립군 체험 등이 있다.

⑧ 진로 및 직업 체험 프로그램

직업 탐색과 진로 개발을 돕는 프로그램으로 직업 체험, 기업 방문, 인턴십, 창업 프로그램 등이 있다.

⑨ 기타 프로그램

이외에 교육 및 학습 지원 프로그램으로 방과후 학습, 독서 토론, 외국어 교육 등과 심리 · 정서 지원 프로그램으로 또래상담, 집단상담, 명상, 정서 계발 활동 등이 있다.

4) 청소년프로그램의 원칙

청소년프로그램은 단순한 놀이 활동이 아니라, 청소년의 성장과 발전을 위한 체계적인 과정이기 때문에 청소년의 자율성 · 교육성 · 다양성 · 협력성을 기반으로 구성되어야 하며, 청소년의 관심과 사회적 필요를 반영하여 효과적으로 운영하는 것이 중요하다. 청소년프로그램은 청소년의 필요와 관심, 요구를 반영하여 설계 · 운영해야 하며 청소년의 연령과 수준에 맞는 체계적이고 단계적인 구성·설계가 필요하다.

또한 안전하고 신뢰할 수 있는 환경을 제공하고 안전사고 예방을 위한 사전 준비가 필수이다. 이를 위해 청소년지도사, 활동 전문가 등 전문적인 지도자와 함께해야 하고 청소년이 활동 전과 활동 이후에 긍정적으로 변화되었는지 프로그램의 효과성을 평가하며 지속적으로 개선해야 한다.

5) 청소년프로그램의 개념적 요소

청소년프로그램의 개념적 요소는 대상, 내용, 운영 주체로 구분하여 제시할 수 있다.

청소년프로그램은 주로 9~24세 청소년을 대상으로 하지만, 일부 프로그램은 특정 연령층, 즉 초등학생, 중·고등학생, 대학생 등에 맞춰 진행되어야 하며 청소년의 균형 있고 조화로운 성장을 목적으로 청소년의 전인적 성장, 자기계발, 사회성 향상, 진로 탐색, 여가 활동, 봉사 활동 등 다양한 목표로 설계한다.

청소년프로그램의 내용 구성은 활동 지원, 문화·예술 활동, 체육 활동, 리더십 훈련, 인성 교육, 환경 보호 활동 등 폭넓은 영역을 포함하고 있다.

운영 주체는 정부기관(청소년수련시설, 학교, 지자체 등), 민간단체(NGO, 청소년단체, 기업 등), 종교기관 등이며, 형태적으로는 정기 프로그램, 캠프, 동아리 활동, 멘토링, 온라인 교육 등 다양한 방식으로 구성되어 있다.

2. 청소년프로그램의 개발이론

청소년프로그램 개발이론은 청소년의 발달적·개인적 요구와 사회적 요구를 반영하여 전인적 성장이라는 목적과 목표를 달성하도록 돕는 이론적 틀이다. 이는 청소년의 긍정적인 변화와 성장을 위해 프로그램을 효과적으로 기획·설계·운영·평가하는 원칙과 방법, 절차를 제시하며, 청소년의 성장과 발달을 지원하는 활동을 체계적으로 개발할 수 있는 방법론을 제공한다.

1) 청소년프로그램 개발이론의 주요 개념

(1) 개발적 접근

청소년프로그램 개발 시에는 참여 청소년의 발달 단계 및 요구에 따른 맞춤형 프로그램 설계를 하는 것이 중요하다. 청소년은 신체적 · 인지적 · 정서적 · 심리적 · 사회적으로 다양한 발달 단계를 거치기 때문에, 각 연령대에 맞는 프로그램을 설계하는 것이 중요하다고 할 수 있다. 예를 들면, 초등학생을 위한 창의적 놀이, 중학생을 위한 진로 탐색 활동, 고등학생을 위한 리더십 프로그램 등을 개발하고, 제공하는 접근이다.

(2) 경험적 접근

청소년프로그램 개발이론에서 가장 중요한 이론은 경험학습이론이라고 할 수 있다. 이는 경험을 통한 학습을 강조하는 이론으로 청소년은 단순히 지식을 전달받는 것이 아니라, 직접 경험하고 체험하는 활동을 통해 자연스럽게 학습이 이루어진다는 접근으로 예로는 프로젝트 기반 학습(PBL), 현장 학습, 체험 캠프 등이 있다.

(3) 참여적 접근

청소년프로그램 개발에서 청소년의 주도적 참여를 장려하는 접근 방법이다. 이는 청소년들이 프로그램 기획과 운영, 나아가 평가에도 참여하게 함으로써, 자율성과 책임감을 기르고, 자기주도적 활동을 유도할 수 있는 장점이 많은 접근으로 예로는 청소년참여 활동, 청소년의회, 자치회 활동, 동아리 활동, 커뮤니티 봉사 활동 등이 있다.

(4) 사회적 접근

사회적 접근은 청소년이 속한 사회적 관계 및 또래 관계와 상호작용을 통한 활동을 강조하는 접근 방법이다. 청소년은 또래 집단이나 멘토와의 상호작용을 통해 많은 것을 배우며, 사회적 관계를 통해 협력과 공동체 의식을 키울 수 있다. 예로는 협동 프로젝트, 팀워크 활동, 사회적 봉사 활동 등이 있다.

2) 주요 청소년프로그램 개발이론

(1) 피아제의 인지발달이론

피아제(Piaget)의 인지발달이론은 청소년프로그램 개발 시 청소년의 사고 능력과 인지발달단계를 이해하는 데 많은 도움을 주는 이론이다. 인지발달단계는 감각운동기, 전조작기, 구체적 조작기, 형식적 조작기의 4단계로 구성되어 있는데, 구체적 조작기(7~11세)에는 논리적 사고가 가능하지만, 추상적 사고에는 어려움이 있기 때문에 이 시기의 청소년들에게는 체험 중심의 활동이 필요하다. 형식적 조작기(12세 이후)이후 청소년들은 추상적 사고, 논리적 추론 등이 가능하기 때문에 문제해결, 토론, 탐구 중심 활동 등이 적합하다.

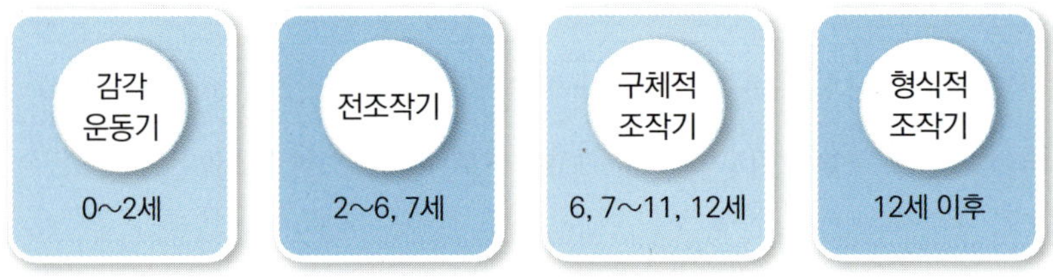

[그림 11-2] 피아제의 인지발달

출처: 천정웅 외(2024). 청소년문제와 보호.

- **감각운동기**: 환경과 상호작용하기 위해 자신의 신체적 감각, 지각 및 신체활동에 의존하는 단계
- **전조작기**: 언어와 같은 상징기호사용으로 사고 능력의 진보, 세상을 직관적으로 이해, 자아 중심적이며 논리적 사고가 결여된 단계
- **구체적 조작기**: 논리적 사고가 가능하나 현재 존재에 국한, 보존개념 획득, 분류와 위계 설정 가능한 단계
- **형식적 조작기**: 청소년 시기에 해당하며 추상적이고 가상적인 상황에서도 논리적으로 사고가 가능하고 상대적 · 다차원적 사고가 가능한 단계

피아제의 인지발달이론에 근거한 프로그램 개발의 핵심은 청소년기의 형식적 조작기(12세 이상)에는 추상적 사고와 논리적 사고가 발달하므로, 복잡한 문제해결이나 논리적

사고를 자극하는 프로그램, 창의적 사고를 자극하는 과학 실험, 탐구 기반 활동 등을 개발하는 것이 중요하다는 의미이다. 청소년현장에서는 청소년 리더십 캠프에서 문제해결 중심의 활동 설계, 프로젝트 기반 학습(PBL)을 활용하고 있다.

(2) 에릭슨의 심리사회적 발달이론

에릭슨(Erikson)은 인성의 발달을 생물학적 차원, 사회적 차원, 개인적 차원 등 세 가지 차원들 간의 부단한 상호작용의 결과로 인식하였으며 인간의 발달 단계를 8단계로 구분하였다.

〈표 11-1〉 에릭슨의 심리사회적 발달 단계와 발달과업

발달 단계	발달과업
유아기	신뢰 대 불신: 보호자의 양육의 질(친밀, 일관적)이 중요
아동 초기	자율성 대 수치감(또는 의심): 자기의 새로운 능력에 대해 긍지 느낌
아동 후기	솔선성 대 죄의식: 솔선적으로 자기 행동을 계획, 달성 노력
학령기	근면성 대 열등감: 자기 문화에 대한 기술을 배우고 익힘
청소년기	정체감 대 역할혼미: 정체감을 확고하게 형성 못하면 혼란
성인 초기	친밀성 대 소외: 다른 사람과의 성적, 사회적 친밀감 추구
성인기	생산성 대 정체: 다음 세대의 복지 등에 관심
노년기	자아통합 대 절망: 자기의 노력과 성취에 대해 반성하는 시기

출처: Erikson (1963).

심리사회적 발달이론에서 청소년기는 '자아정체감 대 역할혼미'의 시기로, 자신의 정체성을 확립하는 과정이 중요하며 청소년은 자아정체감 확립 단계에 있기 때문에, 자신이 누구인지를 탐색할 수 있는 기회가 필요하다.

따라서 청소년기에는 자아 탐색과 정체성 형성을 돕는 프로그램이 효과적이라고 할 수 있다. 또한 청소년기는 소속감과 관계 형성이 중요한 시기이므로 멘토링, 동아리 활동, 봉사 활동 등이 긍정적인 영향을 줄 수 있으며 리더십 프로그램, 진로 탐색 활동, 다양한 역할을 시도해 볼 수 있는 체험 활동이 효과적이라고 할 수 있다. 청소년 현장에서는 진로 탐색 프로그램과 또래 관계 형성을 위한 활동 및 동아리 활동을 운영하고 있다.

(3) 브론펜브레너의 생태학적 이론

브론펜브레너(Bronfenbrenner)의 생태학적 이론은 청소년의 성장에는 개인뿐만 아니라 환경(가족, 학교, 지역사회, 문화)이 영향을 미치고 이러한 다양한 환경적 요인에 청소년들은 많은 영향을 받기 때문에 프로그램 설계 시 청소년을 둘러싼 다양한 환경적 요소를 고려하여 프로그램을 설계해야 한다는 이론이다. 따라서 프로그램 설계 시 가정, 학교, 지역사회의 협력을 고려해야 하고, 개별적 접근이 아닌 환경적 요소를 통합한 프로그램이 효과적이다.

청소년 현장에서는 지역사회와 연계한 봉사 활동(학교-가정-지역사회 연결), 가족과 부모 참여 프로그램, 학교와 협력하는 진로 교육 등의 활동을 운영하고 있다.

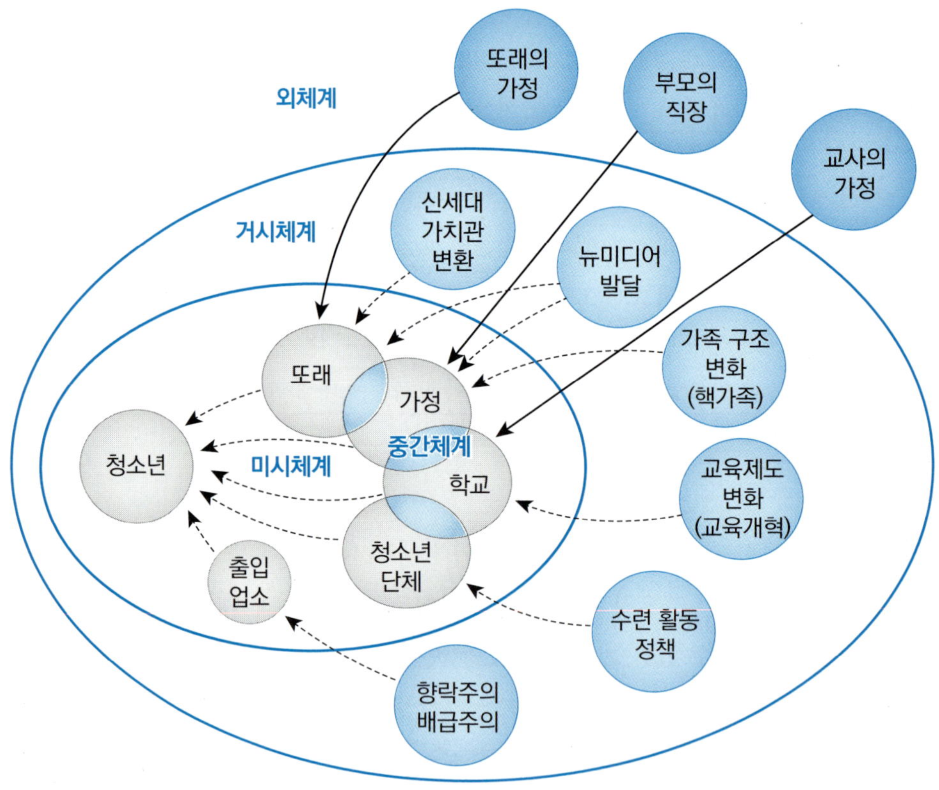

[그림 11-3] 청소년의 주위 환경

출처: 이명숙(1996).

(4) 콜브의 경험학습이론

콜브(Kolb)의 경험학습이론은 청소년활동과 프로그램 개발의 핵심이론으로, 학습은 체험이며 이는 반성을 통해 개념화하고 적용하는 과정을 반복적으로 거쳐 이루어지고, 체험적 학습을 통해 청소년이 직접 배우고 경험할 수 있도록 해야 한다는 이론이다. 청소년 현장에서는 현장 실습, 롤플레잉, 프로젝트 기반 활동, 현장 체험, 진로 체험 활동, 봉사 활동 등의 활동을 운영하고 있다.

경험학습이론에서 청소년프로그램은 단순히 강의식 지식 습득이 아니라, 청소년이 직접 체험하고 경험을 통해 배울 수 있도록 설계되어야 한다.

- 1단계: 구체적 경험(concrete experience) → 직접 체험
- 2단계: 반성적 관찰(reflective observation) → 경험을 되돌아봄
- 3단계: 추상적 개념화(abstract conceptualization) → 배운 것을 정리
- 4단계: 적극적 실험(active experimentation) → 실생활에 적용

예를 들어, 청소년 리더십 캠프에 참여하여 토론 활동을 통해 리더십을 경험하고 피드백 및 반성을 통해 경험을 되돌아보며, 개념화를 통해 경험한 것을 정리하고, 실제 현실에서 리더십을 적용하는 것이다.

(5) 밴듀라의 사회학습이론

밴듀라(Bandura)의 사회학습이론에서 청소년은 모델을 관찰하고, 이를 모방하는 방식으로 학습한다. 즉, 청소년은 관찰과 모방이라는 학습 과정을 통해 성장한다는 이론이다. 관찰과 모방은 관찰자가 타인의 행동을 관찰하고 그것을 인지적으로 처리하며 자신의 행동을 결정하는 과정을 포함한다. 따라서 청소년에게는 긍정적인 롤모델이 무엇보다도 중요하며, 청소년프로그램을 통해 긍정적인 역할 모델을 청소년에게 제공하는 것이 이 이론의 핵심이다. 즉, 또래, 부모, 교사, 멘토 등의 다양한 모델 역할이 중요하며 강화(보상과 피드백)를 통해 행동의 변화를 이끌어 내는 접근 방법이다. 청소년현장에서는 멘토링 프로그램, 롤모델 초청 강연, 동료 지도 프로그램 또래 멘토링 프로그램(성공적인 청소년 롤모델과의 만남), 사회적 기술 훈련 프로그램(리더십, 갈등 해결 능력 개발) 등이 활용되고 있다.

(6) 블룸의 교육 목표 분류학

블룸(Bloom)의 교육 목표 분류학의 핵심 개념은 청소년프로그램 개발 시 활동 목표를 인지적 · 정의적 · 심동적 영역으로 나누어 설계해야 한다는 접근이다. 인지적 영역에서는 지식 습득(강의, 독서, 문제해결 활동), 정의적 영역에서는 태도, 가치, 감정(토론, 역할극, 협업 프로젝트), 심동적 영역에서는 신체 활동, 실습(스포츠, 예술 활동, 실험) 등이 포함된다고 할 수 있다. 프로그램 목표를 설계하는 것은 청소년프로그램 개발 시 평가와도 연계되기 때문에 아주 중요하다고 할 수 있다. 예를 들면, 인지적 영역에서는 창의적 문제해결 워크숍, 정의적 영역에서는 윤리 교육 및 토론 프로그램, 심동적 영역에서는 스포츠 캠프 및 예술 교육 등으로 편성, 활용할 수 있는 이론이다.

(7) ADDIE 모형

ADDIE 모형(ADDIE Model)은 청소년프로그램을 개발할 때 가장 널리 사용되는 체계적 교수설계 모형이다.

- A(Analysis): 분석 → 청소년의 요구, 발달 단계, 문제점 분석
- D(Design): 설계 → 목표 설정, 프로그램 구조 및 활동 설계
- D(Development): 개발 → 활동 자료 제작, 지도 방법 결정
- I(Implementation): 실행 → 프로그램 운영, 실제 활동 진행
- E(Evaluation): 평가 → 프로그램 효과 측정 및 개선

예를 들어, 청소년프로그램을 개발할 때 사전 분석(청소년의 발달 단계 및 청소년의 요구)과 사회적 요구를 결합하여 주제와 목표를 선정하고, 체험 활동을 설계하여 실행한 후에 프로그램을 평가하고 보완하는 절차에 활용되고 있는 이론이다.

(8) 타일러의 목표 중심 모형

타일러(Tyler)의 목표 중심 모형은 청소년프로그램의 목표를 명확히 설정하고, 이를 중심으로 프로그램을 구성하는 방법이다.

- 1단계: 교육 목표 설정 → 청소년이 배워야 할 핵심 역량을 정의
- 2단계: 학습 경험 선정 → 목표에 맞는 활동과 프로그램 구성

- **3단계:** 활동 조직 → 효과적으로 학습할 수 있도록 단계별 계획 수립
- **4단계:** 평가 → 목표가 제대로 달성되었는지 점검

예를 들면, 청소년 환경 보호 프로그램의 설계 시 '환경 보호 의식 증진'이라는 목표를 설정하고 이러한 목표를 달성하기 위해 재활용 체험, 환경 보호 캠페인 등의 체험 활동 내용을 설계하여 진행하고 목표가 제대로 달성되었는지 평가를 통해 확인하는 것이다.

청소년프로그램 개발이론은 청소년의 발달적 특성에 맞는 프로그램을 체계적으로 설계하고, 실행하기 위한 중요한 기준을 제공하며 각 이론을 토대로 청소년이 자아를 확립하고, 사회적 역량을 키울 수 있는 다양한 프로그램을 기획하고 운영하는 것이 중요하다. 프로그램을 개발하는 청소년지도사들은 청소년의 필요와 요구를 반영하며, 청소년의 적극적 참여와 경험을 통한 활동을 유도하는 방식으로 프로그램을 설계해야 한다.

또한 청소년프로그램을 효과적으로 설계하고 운영하기 위해 다양한 개발이론을 활용해야 한다. 개발이론들은 청소년의 성장 발달 과정과 활동 원리를 반영하여 프로그램이 보다 효과적으로 목표를 달성할 수 있도록 돕는 역할을 한다고 할 수 있다. 따라서 청소년프로그램 개발 시 인지적 · 심리사회적 발달, 사회적 학습, 활동 목표 설정, 환경적 요인 등을 종합적으로 고려해야 하기 때문에, 청소년프로그램 개발이론들을 기반으로 개발하면 청소년의 성장과 발달을 효과적으로 지원하고 이를 이론에 근거해서 객관적으로 평가할 수 있는 프로그램을 설계할 수 있다.

청소년프로그램 개발의 핵심은 청소년의 발달 단계와 요구를 반영하여 체계적으로 프로그램을 설계하고 활동 목표를 설정하여 체험 중심의 활동으로 운영하고, 평가와 피드백을 통해 프로그램을 지속적으로 개선하는 것이라고 할 수 있다.

3. 청소년프로그램 개발의 단계

1) 청소년프로그램 개발 절차

청소년프로그램 개발은 청소년의 발달과 성장에 맞는 효과적인 활동을 계획하고 운

영하는 과정이고, 청소년프로그램을 효과적으로 개발하기 위해서는 체계적인 절차가 필요하다. 체계적으로 설계하여 프로그램의 효과성을 높이고, 무엇보다도 청소년의 요구를 반영하여 개발하는 것이 중요하다.

일반적으로 청소년프로그램 개발 절차(youth program development process)는 요구 분석을 통한 '프로그램 기획 → 프로그램 설계 → 프로그램 운영 → 프로그램 평가'의 단계로 이루어 진다. 또한 설계와 운영 사이에 홍보를 넣어 단계를 세분화하기도 한다.

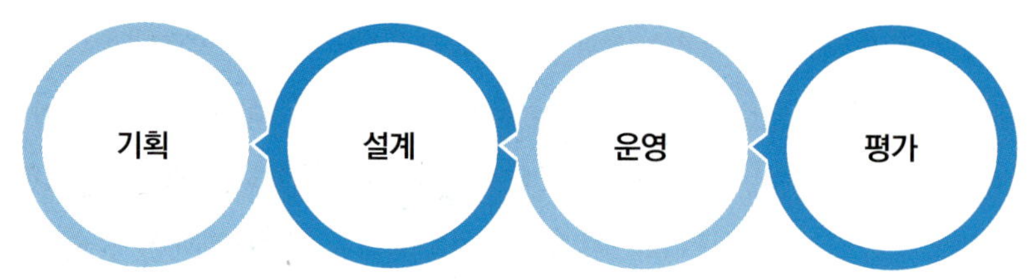

[그림 11-4] 청소년프로그램 개발 절차

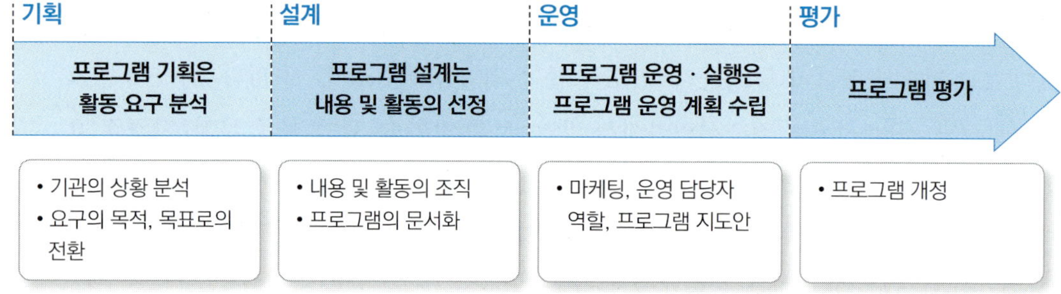

[그림 11-5] 청소년프로그램 개발 모델

(1) 프로그램 기획

청소년의 요구와 사회적 이슈를 반영하는 것이 프로그램 기획의 핵심이다. 프로그램 기획 단계에서는 요구 분석을 통해 청소년의 요구와 사회적 요구를 분석하여 프로그램의 주제를 선정하고 분석한 요구를 프로그램 목적과 목표로 전환하는 단계이다. 즉, 청소년의 문제와 요구를 확인하고 그 원인과 내용을 파악하여 문제와 요구의 인과관계를 알아보고, 현재 실태와 현황을 구체적으로 파악하여 프로그램의 가설과 목적 및 목표를 설정하는 단계이다.

① 요구 분석

요구란 사회학적인 용어로 한 개인의 내적인 바람과 동기는 물론이고 집단적 · 사회적 필요를 의미하며 현재 상태와 바람직한 상태 간의 차이를 의미하는 개념이다. 요구분석은 그러한 차이를 인식하고 차이의 원인을 분석하여 격차를 해소시킬 수 있는 방안을 찾는 것이다.

요구는 생존 또는 성장과 발전에 있어 무엇인가 결핍된 상태이고, 결핍을 해결하기 위한 구체적인 수단에 대해 바라는 선호, 구매 능력이나 구매 의지에 의해 뒷받침되는 요구인 수요를 통해 해소되는 특징이 있다.

청소년프로그램 기획 시 요구 분석은 요구 분석 기법과 정보 수집 방법을 통해 청소년의 발달 단계와 청소년의 개인적 · 사회적 · 정서적 요구를 파악하여 프로그램의 목표와 목적을 명확히 설정하는 단계, 즉 청소년의 연령, 성별, 문화적 배경, 사회적 배경을 고려하고 청소년의 요구와 필요를 조사 분석하여 프로그램이 해결해야 할 문제나 목표를 설정하는 데 필요한 정보를 확보하는 단계이다.

구체적으로는 서베이(설문조사, 면접법), 인터뷰, 델파이법 등의 요구분석 기법을 통해 현재 청소년의 관심사와 요구를 분석하고 전문가 집단을 통한 의견을 수렴한다. 이를 통해 청소년 관련 사회적 이슈 및 트렌드를 분석하고, 학교, 학부모, 지역사회 등 이해관계자의 의견을 반영하고, 기존 유사 프로그램의 효과성 분석 등을 반영한다.

이렇게 분석한 청소년의 요구와 사회적 이슈는 프로그램 설계에 '프로그램의 필요성' 또는 '추진 배경'에 반영한다.

[그림 11-6] 요구 분석 및 정보 수집 방법

② 목표 설정

프로그램의 목적을 명확히 정리하고 세부적인 프로그램 목표를 설정하는 단계이다. 실제 프로그램 개발에서는 개발자의 의도가 반영되는 가장 중요한 부분이라고 할 수 있다. 목적은 관념적이며 철학적이고 이상적인 실천의 이념적 틀로 목표에 비해 보다 포괄적인 개념이다. 유념해야 할 점은 선택한 문제가 다른 문제보다 왜 우선되어 다루어져야 하는 부분이 설명되어야 하는 점이고, 목적을 실제 진술할 때에는 상황, 대상, 내용, 결과 및 효과 순으로 작성하는 것이 좋다. 목표는 개발자가 궁극적으로 달성하고자 하는 지향점으로 목적보다 구체적이고 세부적이며 측정과 검증이 가능하도록 작성하는 것이 포인트이다.

〈표 11-2〉 SMART 목표 설정 원칙

Specific(구체적)	청소년의 어떤 능력을 개발할 것인가?
Measurable(측정 가능)	목표 달성 여부를 어떻게 평가할 것인가?
Achievable(달성 가능)	청소년이 현실적으로 달성할 수 있는가?
Relevant(관련성 있음)	청소년의 발달 단계와 필요에 적절한가?
Time-bound(시간 설정)	목표를 언제까지 달성할 것인가?

* 예) 2박 3일 동안 40명의 청소년이 동아리 캠프에 참여하여 팀워크 및 사회적 상호작용 능력을 향상시킨다.

또한 목표는 평가와 연계하여 '만족(도)'과 '효과(성)'로 구분하여 작성하는 것이 필요하다. '제공한다' '설명한다' '경험한다' '이해한다' '감사한다' '공유한다' 등의 동사는 만족도에 활용하고, '향상시킨다' '높인다' '증가시킨다' '계발한다' '감소한다' '고취시킨다' 등의 동사는 효과성에 활용할 수 있다.

(2) 프로그램 설계

프로그램 설계는 목표를 달성하기 위한 구체적인 활동과 운영 방안을 설계하는 단계이다. 투입, 전환, 산출, 성과의 과정으로 프로그램의 내용과 일정을 구성·선정하고 체계적으로 구조화하는 단계로, 문서화를 통해 프로그램 계획서를 완성한다.

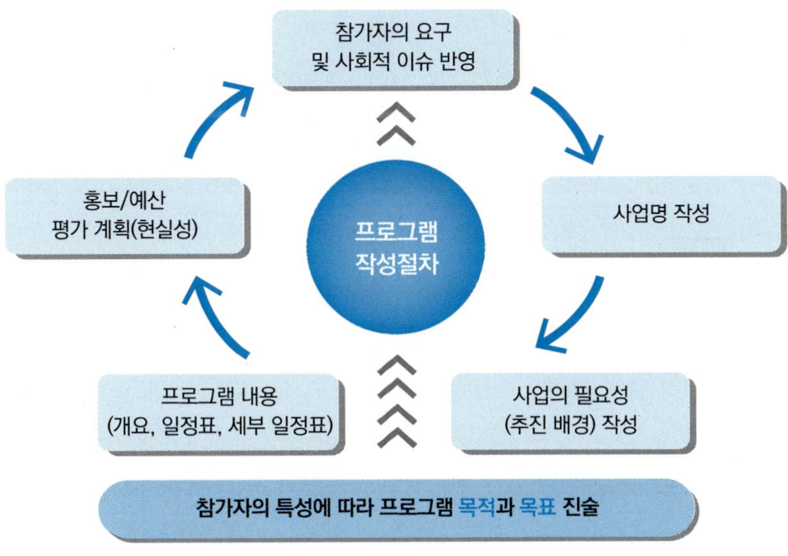

[그림 11-7] 청소년프로그램 설계(안) 작성

① 주요 내용

- 프로그램의 형태 및 진행 방식 결정(워크숍, 캠프, 동아리 활동, 온라인 교육 등)
- 프로그램의 세부 활동(단위 프로그램) 및 일정 수립
- 참가 대상 선정 및 모집 방법(홍보 방법) 결정
- 활동 지도안 편성, 지도인력(강사진), 예산 계획 수립
- 안전 관리 계획, 위생 관리 계획 수립
- 평가 계획 및 기대 효과 수립
- 이 외에 지도자가 프로그램에 필요하다고 생각되는 사항 편성

• 프로그램명(사업명) • 사업의 필요성 • 목적 및 목표 설정	• 사업개요(육하원칙) • 사업 일정표 • 세부 일정표	• 홍보 및 참가자 모집 계획 • 지도 인력 편성 • 소요 예산	• 평가 계획 (진단, 형성, 총괄) • 기대 효과

[그림 11-8] 청소년프로그램 기본 설계(안) 내용 예시

01
- 유사시 대체 프로그램
- 우천 시 대체 지도자 등

02
- 안전사고 대책
- 위급상황 발생 시 대처 요령
- 비상 연락망
- 긴급후송대책 등

03
- 안전보험
- 활동보험
- 여행자 보험
- 보험가입 예정서

04
- 장비 및 기자재
- 투입되는 장비와 교육 기자재 (보유, 임대, 구매)

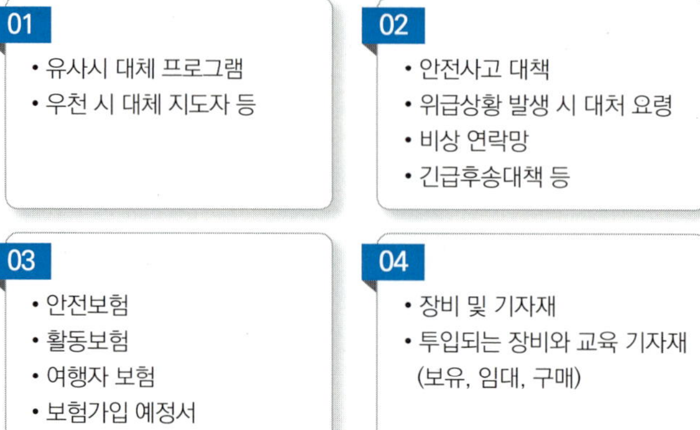

[그림 11-9] 청소년프로그램 설계(안) 내용 예시, 공모사업 또는 인증 신청 시 추가할 내용 I

위생관리계획	간식(기본형) 및 식단표(숙박형)	숙박형(캠프형) 숙박관리 야간안전지도 안전지도자 편성	이동형 프로그램 이동관리 → 국토종단, 수학여행, 역사탐방 등

[그림 11-10] 청소년프로그램 설계(안) 내용 예시, 공모사업 또는 인증 신청 시 추가할 내용 II

청소년프로그램 설계(안) 작성 시 목적과 목표, 기대 효과는 구분하여 작성해야 한다. 기대 효과는 프로그램의 목적과 목표가 프로그램 평가를 통해 달성되었을 때 참여 청소년에게 기대하는 효과를 진술하는 것이다. 또한 프로그램 목적과 목표는 프로그램 개발자의 관점에서 진술하고 기대 효과는 참여 청소년 및 프로그램을 운영하는 기관의 관점에서 구분하여 진술한다.

(3) 프로그램 실행 및 운영

프로그램 운영은 설계된 프로그램을 청소년이 실제 참여할 수 있도록 실행하는 단계이다. 즉, 설계된 계획서대로 프로그램을 진행하는 단계이다. 먼저, 프로그램 운영을 위해서는 참가자 모집을 위한 홍보(마케팅) 단계가 필요하다.

① 홍보(마케팅)

홍보란 기관의 체제를 유지 · 발전시키면서 조직의 목적을 효율적으로 달성시키는 것을 목적으로 하는 보다 영구적이고 과학적이며 체계적인 공중 관리의 개념이다. 최근에는 홍보보다 마케팅이란 용어를 많이 사용한다.

마케팅이란 4P(Product, Place, Promotion, Price)라고 하는 마케팅 요소와 STP 전략을 활용하여 기업에서 생산한 제품을 효과적으로 판매하기 위한 전략이라고 할 수 있으며, STP는 시장 세분화(Segmentation), 표적시장 선정(Targeting), 위치 선정(Positioning)을 의미한다.

구체적으로, **시장 세분화**는 제품과 소비자의 요구에 근거하여 동질적인 여러 고객 집단을 구분하는 것이며, **표적시장 선정**은 경쟁상황과 자신의 능력을 고려하여 가장 자신 있는 시장을 선정하는 것이고, **위치 선정**은 시장의 고객들에게 자사의 제품이 가장 적합하다는 것을 소개하는 것이다.

청소년기관의 홍보(마케팅) 활동의 목적은 기관의 공신력을 확보하고 유지하는 것, 지역과 서비스 대상자와 사회적 지지를 획득하는 것, 다양한 자원을 동원하는 것, 문제 관리를 통한 기관의 발전을 도모하는 것이다.

실제 프로그램 설계 시 '홍보 및 참가자 모집 계획'에서는 프로그램(제품)을 효과적으로 홍보할 구체적인 방안(홍보지, 포스터, 홈페이지, SNS 활용, 학교 및 유관기관 공문발송 등)을 제시하고 참가자 모집 계획을 설계한다. 홍보 계획 설계에서 가장 중요한 것은 실제 제시한 홍보 방안에 따른 각각의 홍보 시안을 첨부하는 것이 필요하다. 또한 청소년의 자발적 참여와 단체 활동 시 필요한 정보(특이사항, 복용약, 음식 알레르기 등)를 확인

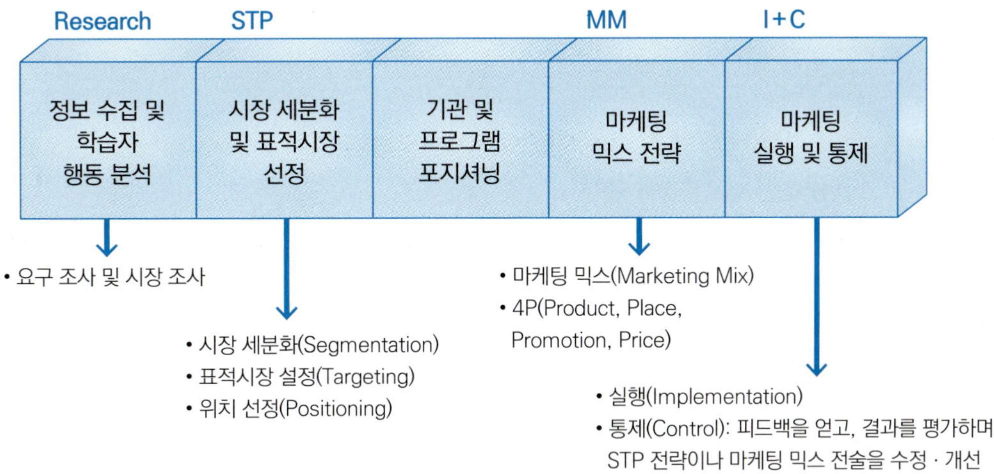

[그림 11-11] 홍보(마케팅) 관리 과정

* 4P(Product, Place, Promotion, Price)
* 청소년기관의 product = program

할 수 있는 참가 신청서를 첨부한다.

② 프로그램 실행 및 운영

설계된 프로그램을 실제 실행 · 운영하는 단계로 청소년의 적극적인 참여를 유도하고 필요한 프로그램 활동 공간을 마련하며, 인적 · 물적 자원을 동원하고, 프로그램 운영에 투입 가능한 네트워크 등을 활용하여 보다 원활한 진행이 될 수 있도록 하여, 이를 통해 프로그램 목표가 달성될 수 있도록 관리하는 단계이다.

청소년프로그램 개발 절차에 신경 써야 할 부분은 청소년의 요구 분석이 철저해야 프로그램이 성공할 가능성이 높다는 점이고, 보다 명확한 프로그램 목표 설정이 있어야 방향이 흔들리지 않는다는 점이다. 또한 실제 운영 시 청소년의 참여를 유도하고, 안전을 최우선으로 고려해야 한다. 청소년프로그램 평가는 단순히 종료 후가 아니라, 운영 중에도 지속적으로 이루어져야 한다.

이러한 절차를 기반으로 개발된 청소년프로그램은 청소년의 균형 있고 조화로운 성장, 즉 청소년의 신체적 · 사고적 · 심리 · 정서적 · 정신적 영역 등 다양한 부분에서 긍정적인 영향을 미칠 수 있다.

프로그램 운영의 주요 과업

- 프로그램 운영 체크 리스트 준비
- 프로그램 일정과 장소 확인
- 참여 청소년 사전 교육
- 프로그램 운영 방식 결정(온라인/오프라인, 단기/장기)
- 프로그램 운영 업무분장표 준비
- 프로그램 강사진 및 운영진, 보조 지도자 교육
- 참여 청소년의 적극적인 참여를 위한 지도 방법 준비
- 안전사고 예방 및 응급 대책 준비
- 기타 안전한 운영 방안 마련(청소년 보호 및 활동장 점검)
- 프로그램 운영, 활동 및 현장 관리, 참가자 관리
- 피드백 수집(참여자 반응 관찰)
- 프로그램이 계획대로 원활하게 운영될 수 있도록 집중
- 프로그램 운영 중 문제 발생 시 즉각 조정 가능

(4) 프로그램 평가

프로그램 평가는 프로그램의 만족도와 효과성을 분석하고 개선 방안을 마련하는 단계이다. 즉, 프로그램이 목표를 얼마나 달성했는지 평가하고, 피드백을 반영하여 지속적으로 개선하려는 단계로서 프로그램 평가와 피드백의 과정으로 구성한다.

① 프로그램 평가 및 피드백

프로그램 평가 및 피드백을 통해 개발자는 참가자 및 운영진의 설문조사 및 피드백 수집, 사전 · 사후 평가를 통한 프로그램 운영 성과 분석 및 프로그램의 목표 달성을 확인한다. 평가 결과, 미흡한 부분이나 문제점이 있으면 향후 프로그램 개선을 위해 방향성을 도출하고 프로그램 발전을 위한 수정 · 보완 작업을 수행한다.

프로그램 평가 및 피드백

- 프로그램 종료 후 참여 청소년의 프로그램 만족도와 효과성을 분석하고 개선 방향을 수립하는 단계
- 청소년, 지도자, 학부모, 운영진의 피드백을 반영하여 지속적인 발전 가능
- 프로그램의 효과를 측정하고, 피드백을 반영하여 보완
- 참여자 만족도 조사 및 성과 평가

이러한 평가 및 피드백의 과정을 통해 프로그램의 미흡했던 부분을 보완하고, 프로그램의 성공적인 요소와 새로운 요구를 반영한 프로그램의 개선 방향을 설정하여 향후 보다 효과적인 프로그램 개발의 가능성을 높이고 지속적인 프로그램의 질 향상을 도모한다.

한편, 프로그램 설계 시 평가 계획이 없는 것은 프로그램 목표 달성을 확인할 수 없기 때문에 좋은 프로그램이라고 할 수 없으며, 설계 시 평가 계획은 진단 평가, 형성 평가, 총괄 평가로 구분하여 평가 단계를 제시하고 단계별 평가 방법을 설계하여야 한다. 또한 각 단계별 평가(측정)도구를 설계 · 제시하여야 한다. 궁극적으로, 마지막 단계인 총괄 평가는 프로그램의 목표를 평가하는 것이고 프로그램에 대한 청소년의 만족도와 변화 정도인 효과성을 측정하는 것이다.

청소년프로그램은 단순한 활동이 아니라 청소년의 발달 특성을 반영한 체계적인 프로그램 개발 과정이어야 하고, 관련 이론을 기반으로 참여 청소년의 요구와 사회적 이슈(요구)를 반영하여, '기획 → 설계 → 홍보(마케팅) → 운영(실행) → 평가'의 과정을 거쳐야 한다. 또한 청소년의 의견을 적극 반영하고, 청소년이 직접 참여하고, 일상생활에 적용할 수 있는 경험(체험)형 프로그램이 효과적이며, 지속적으로 개선하면서 운영하는 것이 중요하다.

4. 청소년프로그램 평가

1) 프로그램 평가의 목적

청소년프로그램 평가의 목적은 프로그램의 운영 과정과 프로그램 효과성을 분석하여 프로그램의 목표 달성 여부를 확인하는 것이다. 또한 평가를 통해 청소년의 프로그램 만족도 및 개선 요구 사항을 파악하여, 향후 프로그램의 개선 및 발전 방향을 제시하는 것이다.

2) 평가 유형

(1) 진단 평가

진단 평가는 청소년의 현재 수준이나 상태를 파악하기 위해 시행하는 평가로 주로 활동이 시작되기 전에 진행되며, 청소년의 강점과 약점, 선행 활동의 정도를 확인하는 데 그 목적이 있다. 주로 사전 설문지 조사나 인터뷰 등을 활용하여 청소년 맞춤형 프로그램 운영 및 지도 방향을 명확히 설정할 수 있다. 또한 프로그램 개발자가 달성하고자 하는 목표와 관련하여 사전 인식이나 경험 정도를 파악하여 총괄 평가 시 목표 달성 여부의 기준으로 활용할 수 있다.

(2) 형성 평가

형성 평가는 프로그램이 진행되는 과정에서 문제점을 파악하고 개선하는 평가이다.

중간 점검을 통해 실시간으로 프로그램을 수정 · 보완하기 위해 수행하는 평가로, 프로그램 운영 중 참가자의 반응과 참여도를 분석하여 운영 방식 조정하는 평가로 '중간평가'라고도 한다. 프로그램을 진행하는 과정에서 참여 청소년들의 만족도를 조사하여 실시간으로 프로그램을 개선하여 조치하고 시행한다. 또한 프로그램 운영 중 참여 청소년의 피드백을 받아 활동 운영 방식을 조정한다.

(3) 총괄 평가

총괄 평가는 프로그램 종료 후 프로그램의 효과성과 프로그램의 성과를 평가하는 방법으로, 프로그램 목표 달성 여부 및 장기적인 영향을 분석하고 프로그램의 지속 여부 또는 확대 필요성 등을 검토하는 평가이다. 주로 프로그램 실시 전 수행했던 사전 설문조사와 프로그램 종료 후 사후 설문조사를 비교하여 참여 청소년의 목표 달성(변화)을 분석한다. 프로그램에 참여한 청소년의 성취도 변화를 측정하는 방법을 많이 사용하고 있다.

(4) 과정 평가

과정 평가는 프로그램의 운영 방식, 강사진, 참여율, 진행 일정 등 전반적인 프로그램 운영 과정을 평가하는 것으로, 프로그램의 원활한 진행 여부 및 운영상의 문제점을 파악하는 평가이다. 즉, 프로그램 일정이 계획대로 진행되었는지 확인하고 청소년의 출석률 및 참여도를 분석한다. 보통 청소년 및 지도자의 프로그램 일지 작성을 통해 평가한다.

(5) 효과 평가

효과 평가는 프로그램이 청소년에게 미친 장기적인 영향을 평가하는 방법으로, 활동 프로그램 종료 후 일정 기간이 지난 후 청소년의 변화 정도를 분석하는 평가이다. 학교 밖 청소년을 대상으로 한 진로 멘토링 프로그램에 참여한 청소년의 대학 진학률 변화 분석, 리더십 활동 프로그램 참여 청소년의 향후 사회 활동 참여 여부 조사 등이 해당된다.

3) 평가 방법

(1) 정량적 평가

정량적 평가는 수치, 데이터를 활용한 평가 방식으로 주로 설문조사, 참여율 분석, 성취도 평가 등을 통해 프로그램의 효과성을 측정하는 방법이다.

(2) 정성적 평가

정성적 평가는 참여자들의 주관적인 경험과 의견을 바탕으로 평가하는 것으로 인터뷰, 포커스 그룹 인터뷰(FGI), 델파이법, 결정적 사건 분석, 활동 사례 분석 등의 방법이 활용된다.

(3) 비교 평가

비교 평가는 프로그램의 시작 전과 후의 변화를 비교하는 방법으로 사전 · 사후 검사를 통해 참가자의 변화 정도를 측정한 것이다.

4) 평가 과정

청소년프로그램 평가의 과정은 평가 목표 설정, 평가 내용 및 방법 설정, 평가(측정) 도구 설계, 평가 실행, 평가 결과의 분석, 평가 활용 순이다.

평가 목표 설정은 프로그램 설계에 편성된 프로그램 목표를 평가하기 위한 구체적이고 세분화된 평가 목표를 설정하는 과정으로 프로그램 목표를 만족도와 효과성으로 나누고 진단 평가, 형성 평가, 총괄 평가 각각에 대한 평가 목표를 제시한다.

평가 내용 및 방법 설정 역시 평가 내용은 프로그램 목표와 세부 목표를 준거로 하여 평가 도구를 설계하고 방법은 정량적 평가, 정성적 평가, 비교 평가로 구분하여 종합적으로 설정한다.

평가 실행은 평가 목표를 달성하기 위해 설계된 평가 내용 및 방법, 평가(측정) 도구를 가지고 실제 평가 과업을 수행하는 과정이다. 보통은 설문지법이나 면접법 등의 서베이법을 많이 활용하여 진행한다.

평가 실행 후 평가 과정은 평가 결과의 분석, 활용의 과정으로 마무리한다. 평가 실행을 통해 측정된 정보와 자료를 바탕으로 집계표를 만들고, 필요시 통계 분석을 통해 결과를 분석한다. 분석된 결과는 향후 프로그램 개정이나 신규 프로그램 개발에 활용할 수 있다. 이러한 과정으로 도출한 청소년프로그램 평가 결과는 실제 운영한 프로그램의 문제점을 파악하고 향후 프로그램을 개선하는 데 활용한다. 또한 양질의 프로그램을 확대 운영함으로써 청소년프로그램의 우수 사례를 확산하는 데 활용할 수 있다. 또한 객관적이고, 과학적인 평가를 통해 작성된 보고서는 프로그램의 성과 분석 및 청소년정책 수립에 중요한 자료로 활용될 수 있다.

청소년프로그램 평가는 양질의 프로그램을 청소년에게 제공하고, 청소년들에게 더욱 의미 있는 활동의 경험을 제공하는 필수 과정이다.

진단 평가, 형성 평가, 총괄 평가, 과정 평가, 효과 평가와 정량적 평가, 정성적 평가, 비교 평가를 종합적으로 활용하고 구조화된 평가 과정을 통해 나온 평가 결과를 반영하여 청소년프로그램이 지속적으로 개선·발전될 수 있도록 해야 한다.

참고문헌

고영화, 김진화(2007). 참여관찰 연구방법을 통한 프로그램개발 현상의 특성 분석. 평생교육학연구, 13(1), 103-132.

김경준, 박정배(2004). 글로벌시대 청소년의 사회참여 실태와 지원방안. 한국청소년정책연구원 연구보고서, 1-250.

김진화(2021). 평생교육프로그램개발론. 교육과학사.

사이토 마코초(2009). 기획서 · 제안서 작성법. 삼양미디어

여성가족부(2023). 2022 청소년백서. 여성가족부.

유진이, 윤혜순(2020). 청소년프로그램개발과 평가. 양서원.

이명숙(1996). 청소년교육론. 교육과학사.

천정웅, 이지민, 성윤숙(2024). 청소년문제와 보호(제3판). 양서원.

하중래(2025). 청소년지도사 자격연수 원고(프로페셔널 문서기술: 기획서 작성의 이해). 한국청소년활동진흥원.

한국청소년개발원(2004). 청소년학 용어집. 교육과학사.

한국청소년정책연구원(2007). 청소년학개론. 교육과학사.

Erikson, E. H. (1963). *Childhood and Society* (2nd ed.). W. W. Norton & Co., Inc.

제 12 장

청소년과 정책

1. 법에 대한 이해
2. 정책에 대한 이해
3. 행정에 대한 이해
4. 법, 정책 그리고 행정의 관계
4. 청소년정책, 제도의 이해
6. 청소년정책의 향후 과제

청소년학의 이해

1. 법에 대한 이해

1) 법의 개념

법은 인간의 사회적 삶을 규율하고, 질서를 유지하며, 갈등을 조정하는 핵심적인 사회규범이다. 일상생활에서 '법 없이도 살 사람'이라는 표현이 쓰이듯이, 법은 개인의 의사와는 무관하게 사회생활의 판단 기준으로 작용하며, 인간 상호 간의 관계 속에서 질서를 유지하는 수단이 된다.

사전적으로, 법은 국가기관에 의해 제정되고 채택되어 사회생활을 유지하는 국가적인 규범을 의미한다. 김홍수 등(1994)은 법을 "국가 권력에 의해 보장되는 조직적이고 강제적인 사회규범이다."라고 정의하였으며, 김문현 등(1996)도 이를 "사회통제 수단의 하나이며, 인간의 자유 보장 수단으로서, 국가 권력에 의해 보장된 조직적이고 강제적인 사회규범이다."라고 설명한다. 이와 유사하게, 법무부(2010)는 법이란 "사회 구성원 간의 문제와 갈등을 해결하고, 문제 발생 자체를 예방하기 위하여 구성원들의 합의로 만들어진 강제성을 지닌 규칙이다."라고 정의하고 있다.

법의 개념은 동양과 서양에서 각각 독특한 시각을 가지고 발전해 왔다. 김영규 등(2014)은 동양적 시각에서는 법이 물의 흐름처럼 공정하게 분쟁을 해결하고, 옳고 그름을 분별하여 악을 제거하는 규범으로 이해된다고 하였다. 이때 법의 어원은 '물 수(水)'와 '갈 거(去)'로 구성되어 있으며, 이러한 글자 자체가 법의 공정성과 자연스러운 질서를 상징한다. 반면, 서양에서는 법이라는 개념이 고대 그리스어 '노모스(nomos)'에서 유래하였으며, 이는 자연의 질서 또는 원리를 의미하는 '피시스(physis)'에 대응하는 개념으로서, 인간의 행위를 규제하는 규범을 의미한다.

법의 개념에 대해 다양한 학자가 제시한 정의도 흥미롭다. 라렌츠(Larenz)는 법을 "공동체의 살아 있는 의지"로, 헨켈(Henkel)은 법을 "사회적 조직체의 공동정신"으로 보았다. 라드부르트(Radbruch)는 "법은 법이념에 봉사한다는 의미의 현실적 규범이다."라고 하였으며, 옐리네크(Jellinek)는 "법은 도덕의 최소한"이라고 표현하였다. 오스틴(Austin)은 법을 "주권자가 복종하는 국민에게 내린 명령"으로 보았고, 키케로(Cicero)는 "법은 인간 본성에 내재한 최고 이성으로서 행해야 할 것을 명령하고, 해서는 안 되는 것을 금지하는 규범"으로 정의하였다. 이와 같이 법은 단순히 규칙의 집합이 아닌, 인간의 사회적 존재 방식과 가치관, 공동체 의식이 반영된 규범체계임을 알 수 있다.

존 로크(John Locke, 1632~1704)는 법의 필요성을 강조하면서, "자신의 권리를 보다 효율적으로 누리기 위해 법과 정부가 필요하다."라고 하였다. 로크에 따르면 사람들 사이의 분쟁을 해결하고 권리를 보장받기 위해서는 세 가지 요소가 필요하다. 첫째, 기준이 되는 법의 존재, 둘째, 이를 해석하고 판단하는 법관의 존재, 셋째, 그 권리를 실질적으로 보장해 주는 집행 권력의 존재이다(법무부, 2009). 이는 법이 단지 명문화된 규범이 아닌, 사회정의 실현과 권리 보호를 위한 구조적 체계임을 보여 준다.

이처럼 법은 단순히 사회적 규율을 넘어서, 인간의 자유와 권리를 보장하고 공동체의 질서를 유지하며, 사회적 정의를 실현하기 위한 핵심적인 수단이다. 법은 사회 전체의 의지를 반영하며, 개인과 공동체 간의 상호 작용을 조정하고, 공정한 기준을 제공함으로써 사회 통합을 이끌어 낸다. 이러한 법의 개념은 동서양의 철학과 사회체계 속에서 오랜 시간에 걸쳐 형성되고 발전해 온 귀중한 사회적 자산이다.

2) 법과 도덕, 관습의 구분

현대 사회는 다양한 규범 체계 위에 성립되어 있으며, 그중에서도 법, 제도, 관습은 인간의 행동을 지배하고 공동체 질서를 유지하는 핵심적 장치이다. 이 세 가지는 상호 관련성을 가지면서도, 각각 고유의 성격과 기능을 지니고 있다.

우선, 법은 일반적으로 국가의 권한 아래 제정되고 집행되는 공식적 규범으로, 사회 구성원 간의 갈등을 조정하고 질서를 유지하는 기능을 수행한다. 김홍수 등(1994)은 법을 "국가 권력에 의해 보장되는 조직적이고 강제적인 사회규범"으로 정의하면서, 법은 다른 규범들과 달리 제정과 시행이 명확하며, 국가가 직접 그 이행을 강제한다는 점에서 도덕이나 관습과 구별된다고 설명한다.

법은 문서화된 성문법과 판례나 관습에 기반한 불문법을 포괄한다. 특히 법은 강제력이라는 특징을 갖고 있어서, 이를 위반할 경우에 국가의 제재를 받게 된다. 예컨대, 형법이나 민법, 행정법 등은 개인과 국가, 개인과 개인 간의 관계를 규정하며, 이를 통해 권리와 의무를 법적으로 확정한다.

반면, 제도는 반드시 법의 형식을 갖추고 있지 않더라도 사회적으로 정립된 규범적 구조를 의미한다. 제도는 일정한 목적 아래 지속적이고 반복적으로 작동하는 사회적 실천 양식이며, 사회 구성원들 간의 상호작용 속에서 점진적으로 형성된다. 김범주(2004)는 제도를 "사회적 행위의 반복과 합의에 의해 구성된 규범적 구조"로 정의하며, 제도는 법보다 넓은 개념으로, 관습이나 문화적 원칙, 행정적 절차까지 포함할 수 있다고 본다.

예를 들어, 교육제도나 가족제도, 복지제도 등은 법률에 근거를 두고 있지만, 그 내용은 법을 넘어서 사회문화적 요소나 공동체 관행에 의해서도 결정된다. 제도는 법률에 의해 뒷받침되기도 하지만, 법 없이도 유지될 수 있으며, 특히 시민사회나 자치조직 내에서 중요한 역할을 수행한다.

한편, 관습은 사회 내에서 오랜 시간 반복된 행위를 통해 자연스럽게 형성된 규범이다. 이는 법처럼 국가에 의해 제정된 것이 아니며, 성문화되어 있지 않지만 사회적 승인과 반복적 실행을 통해 일정한 구속력을 지닌다. 김홍수 등(1994)은 관습을 "일정한 행위가 특정 집단 내에서 반복되어 사회 구성원을 어느 정도 구속하기에 이른 사회규범"이라고 정의하였다.

관습은 형식적으로는 법적 강제력을 갖지 않지만, 이를 따르지 않을 경우에 사회적 비난이나 공동체로부터의 배제를 경험하게 되므로 실질적인 영향력은 매우 크다. 성년례, 결혼식, 제사의례, 장례절차 등이 대표적인 관습의 예이며, 이는 공동체의 정체성을 구성하고 집단 내부의 연대감을 형성하는 데 중요한 역할을 한다. 특히 이러한 관습이 장기간 지속되고 사회 구성원이 이를 당연한 규범으로 인식할 경우, '관습법'이라는 형태로 법적 효력을 획득하기도 한다. 「민법」 제1조에서도 "민사에 관하여 법률에 규정이 없으면 관습법에 의하고, 관습법이 없으면 조리에 의한다."라고 규정하고 있듯이, 관습법은 성문법의 보완적 법원으로서 중요한 기능을 한다(김영규 외, 2014).

하지만 모든 관습이 법적 효력을 갖는 것은 아니다. 법무부(2010)는 관습법이 성립되기 위해서는 세 가지 요건이 필요하다고 보았다. 첫째, 일정한 관행이 존재해야 하며, 둘째, 사회 구성원들이 이를 법으로 받아들이는 '법적 확신'이 있어야 하고, 셋째, 공공질서나 강행법규에 위배되지 않아야 한다는 것이다. 이 조건을 갖추지 못한 관습은 설령 오래된 행위라고 해도 법적 효력을 가질 수 없다.

요약하자면, 법은 명확한 제정과 강제력을 갖춘 공식 규범이며, 제도는 사회 구성원이 공유하는 규범적 틀로서 보다 유연하고 포괄적인 구조이고, 관습은 사회 내 반복된 행위를 통해 형성된 비공식적 규범이다. 이들은 모두 사회 통합과 질서 유지를 위한 규범 체계이며, 서로를 보완하면서 사회의 발전을 이끈다.

〈표 12-1〉 법, 제도, 관습의 개념 비교

구분	법(Law)	제도(Institution)	관습(Custom)
형성주체	국가 및 입법기관	사회 구성원의 합의 및 반복	공동체 구성원의 반복적 행위
강제성	국가의 법적 강제력 존재	법적 강제력은 없으나 내부 규율 존재	법적 강제력은 없으나 사회적 비난, 압력 존재
형태	성문법 및 불문법	공식적 또는 비공식적 구조	전통적, 성문화되지 않은 규범
지속성	법 개정 전까지 유지	사회 변화에 따라 유연하게 변화	점진적 진화 혹은 소멸
법적 효력	있음	간접적으로 존재(법에 의해 뒷받침 가능)	없음(단, 요건 충족 시 관습법으로 인정 가능)
예시	헌법, 형법, 민법 등	교육제도, 복지제도, 선거제도	성년례, 제사 의례, 장례절차 등

3) 법의 기능

법은 국가 권력에 의해 보장되는 강제적인 사회규범으로서, 사회 구성원들의 공동생활을 유지하고 조화롭게 기능하도록 만드는 필수적인 요소이다. 법은 다양한 기능을 수행하며, 그중에서도 질서 유지, 제도 형성, 예측성 확보, 정당성 평가, 분쟁 해결, 공익 추구, 정의 및 인권 수호 등이 대표적이다(김범주, 2004; 법무부, 2009).

첫째, 법은 사회질서를 유지하는 기능을 수행한다. 법은 개인의 생명, 신체, 재산 등 권익을 폭력적 침해로부터 보호하고, 나아가 사회적 · 국가적 이익을 수호함으로써 사회적 안정과 질서를 실현한다(김범주, 2004).

둘째, 법은 사회제도를 형성하는 기능을 한다. 법치주의 국가에서 모든 사회제도는 법 형식에 의해 수립되고 운영되며, 정치 · 경제 · 교육 · 문화 · 가족제도 등은 모두 법적 규범에 기반한 제도적 틀 속에서 형성된다(법무부, 2009).

셋째, 법은 예측 가능성을 확보하는 기능을 통해 인간 행위의 결과를 일정하게 만들어 사회적 관계의 안정성과 협력 가능성을 높인다. 이는 법이 명확하게 규정되어 있고, 자의적인 개정이 자제되며, 국민의 법 의식과 부합해야 실현될 수 있다(김범주, 2004).

넷째, 법은 정당성을 평가하는 기준으로 작용한다. 인간의 행동이 사회적으로 정당한지를 판단하는 준거가 되며, 특히 권력의 행사에 있어서 그 타당성을 검토하고 정당성을 부여하는 역할을 한다(법무부, 2009).

다섯째, 법은 분쟁 해결의 기능을 수행한다. 사회 내 갈등이 발생했을 때 법은 도덕,

종교, 관습 등보다 명확하고 보편적인 기준을 제공함으로써 객관적이고 공정한 해결을 가능하게 한다(김범주, 2004).

여섯째, 법은 공익을 추구하는 기능을 통해 사회 전체의 복지와 공공의 이익을 실현하려 한다. 이는 권력의 남용을 방지하고, 국민의 합의와 참여 속에서 제도적으로 공공성을 확보하려는 노력의 일환이다(법무부, 2009).

일곱째, 법은 정의와 인권을 수호하는 기능을 갖는다. 역사적으로 법은 인권을 보장하는 수단으로 발전해 왔으며, 특히 재판제도와 청원제도는 법을 통해 시민의 권리를 보장하는 대표적인 절차로 자리매김하였다(김범주, 2004).

이와 같이 법은 단순한 규범 체계를 넘어서서 사회를 구성하는 핵심적인 틀이며, 사회 구성원의 권리를 보호하고 사회적 연대를 유지하며 발전을 촉진하는 데에 핵심적인 역할을 한다.

4) 법의 기본 원리

법은 단순한 규칙이나 강제 수단을 넘어, 인간의 자유와 권리를 보장하고 사회질서를 유지하기 위한 정당성과 합리성을 내포한 기준이다. 이러한 기준은 여러 법의 기본 원리를 통해 구체화된다. 법무부(2010)는 법의 기본 원리를 크게 다섯 가지로 제시하고 있는데, 이는 비례의 원칙, 적법절차의 원칙, 죄형법정주의, 신의성실의 원칙, 권리남용금지의 원칙이다.

첫째, 비례의 원칙은 국가가 법률을 통해 국민의 기본권을 제한하는 경우, 그 제한이 목적과 수단 사이의 균형을 유지해야 한다는 원칙이다. 이는 기본권 침해가 불가피한 경우에도 침해의 최소화와 효과의 극대화 사이에서 합리적 조절이 있어야 함을 뜻한다. 헌법재판소는 이 원칙을 다음과 같은 네 가지 요건으로 구체화하고 있다. 즉, 목적의 정당성, 수단의 적절성, 피해 최소화, 법익 균형성의 충족이 요구되며, 이 중 하나라도 위배될 경우, 해당 법률은 위헌 판결을 받을 수 있다.

둘째, 적법절차의 원칙은 법의 집행 과정이 정당하고 합리적이어야 한다는 원칙으로, 형식적 정당성뿐만 아니라 실질적 공정성까지 포괄한다. 본래는 형사 절차에서 국민의 신체의 자유를 보장하기 위한 원칙으로 출발하였지만, 오늘날에는 공권력에 의한 모든 행정작용에 적용되는 일반 원칙으로 자리 잡고 있다.

셋째, 죄형법정주의의 원칙은 어떠한 행위가 범죄로 간주되어 형벌이 부과되기 위해서는 반드시 법률에 명시되어 있어야 한다는 원칙이다. 이는 국민이 예측 가능하고 명확한 법률의 테두리 내에서 자유를 행사할 수 있도록 하며, 국가가 자의적으로 형벌권을 행사하는 것을 방지한다. 따라서 법률에 규정되지 않은 행위는 처벌할 수 없으며, 법률이 정한 형벌 외의 제재도 부과될 수 없다.

넷째, 신의성실의 원칙은 권리의 행사와 의무의 이행이 사회의 신뢰와 공동체의 상식에 기반하여 성실하게 이루어져야 한다는 원칙이다. 이는 민법에 명시된 조항으로, 예컨대 채무자가 상식에서 벗어나는 방식으로 채무를 이행할 경우, 법적으로도 그 행위는 인정되지 않는다. 이 원칙은 공동체적 가치와 상호 신뢰를 중시하는 사회규범으로 기능한다.

다섯째, 권리남용금지의 원칙은 권리의 외형을 띠고 있지만 실질적으로는 타인에게 해를 끼치거나 공동체 질서를 해치는 행위를 방지하기 위한 원칙이다. 헌법은 권리의 행사가 공공복리에 반하지 않아야 한다고 명시하고 있으며, 이 원칙을 위반한 권리 행사는 법의 보호를 받을 수 없다. 경우에 따라서는 해당 행위가 불법행위로 간주되어 손해배상의 책임을 질 수도 있다.

이와 같이 법의 기본 원리들은 법률의 내용뿐 아니라, 그 적용과 집행 과정에서도 정의와 정당성을 실현하는 데 중요한 역할을 한다. 이는 단지 법의 형식적 체계를 넘어, 민주적이고 인권 친화적인 사회를 구성하기 위한 핵심 기준으로 기능한다.

5) 법의 종류 및 체계

법은 인간 사회의 질서를 유지하고, 권리와 의무를 규정하며, 분쟁을 해결하는 규범으로서 다양한 형태와 체계를 갖추고 있다. 그 분류는 존재 형식, 적용 범위, 내용에 따라 여러 가지로 나뉘며, 각 유형은 법이 사회에 미치는 영향과 기능에 따라 중요한 의미를 가진다.

우선, 법은 존재 형식에 따라 성문법과 불문법으로 구분된다. 성문법은 입법기관이나 공공기관이 제정한 법률을 문서 형태로 공포한 것으로, 그 내용이 문장으로 명확히 규정되어 있다. 대표적으로 헌법, 법률, 명령, 조례, 규칙, 조약 등이 이에 속한다. 이 중 헌법은 국가의 최고법으로서 국민의 기본권을 보장하고 통치 구조를 규정하며, 법률은 국회가 제정한 성문법으로 헌법에 이어 높은 법적 효력을 지닌다. 명령은 대통령령, 총리령, 부령 등 행정부가 발하는 법이며, 조례와 규칙은 지방자치단체가 자치행정을 위해 제정하는 법규이다. 조약은 국가 간 합의로 체결되며,「헌법」제6조에 따라 국내법과 동일한 효력을 가진다(법무부, 2010).

반면, 불문법은 문서로 명문화되어 있지 않지만 사회적으로 인정되고 반복되어 온 규범을 말한다. 대표적인 예로 관습법, 판례법, 조리가 있다. 관습법은 오랜 기간 반복되어 온 관행이 사회적으로 법적 확신을 얻어 규범으로 작용하는 것을 말하며, 판례법은 법원이 동일한 법적 쟁점에 대해 반복적으로 판결함으로써 사실상의 법적 기준으로 작용하는 것이다. 조리는 명확한 법 규정이 없을 때 인간의 이성과 형평, 정의에 따라 문제를 해결하는 기준으로 사용된다(김영규 외, 2014).

법은 또한 내용과 적용 대상에 따라 공법, 사법, 사회법으로 구분된다. 공법은 국가와 국민 사이의 공적인 관계를 규율하는 법으로, 헌법, 행정법, 형법, 민사소송법, 형사소송법 등이 여기에 속한다. 사법은 개인 간의 사적인 법률 관계를 규율하는 법이며, 대표적으로 민법과 상법이 있다. 사회법은 본래 사법의 영역이지만, 국가가 사회적 약자 보호와 공공복리를 위해 개입하면서 등장한 법 영역으로, 노동법, 사회보장법, 경제법 등이 이에 해당한다(법무부, 2013).

법은 적용 범위에 따라 국내법과 국제법으로도 나뉜다. 국내법은 한 국가의 영토 내에서 적용되는 법을 의미하며, 공법, 사법, 사회법이 모두 포함된다. 이에 반해 국제법은 국가 간의 관계를 규율하는 법체계로서, 조약, 국제법규, 국제관습법 등이 포함된다. 국제법은 국내법보다 상위 개념은 아니지만, 헌법에 따라 국내에 수용되면 일반 법률과 동일한 효력을 갖는다(김영규 외, 2014).

이처럼 법의 체계는 각기 다른 법 유형들이 위계적으로 연결되어 구성된다. 헌법이 가장 상위에 위치하고, 그 아래에 법률, 명령, 자치법규 등이 놓이며, 모든 하위 법률은 상위 법률에 위배되어서는 안 된다. 이는 법률우위의 원칙과 법률유보의 원칙에 기반하여 법질서를 유지하고 국민의 권리를 보호하는 방식이다(법무부, 2010).

또한 조약과 같은 국제법도 국내법의 일부로 편입될 수 있으며, 헌법은 조약이 국내법과 같은 효력을 가진다고 명시함으로써 국가 간 협력과 국제적 법질서의 조화를 도모하고 있다(「헌법」제6조; 법무부, 2010).

결론적으로, 법은 다양한 형식과 체계를 통해 개인과 공동체의 삶을 조율하며, 국가의 통치 원리와 시민의 권리를 함께 보장하는 정교한 규범체계라 할 수 있다.

2. 정책에 대한 이해

1) 정책의 개념

정책은 사회문제를 해결하거나 정치적 목적을 달성하기 위해 정부 또는 공공기관이 설정한 계획적이고 권위 있는 지침이라 할 수 있다. 일반적으로 정책은 정부, 단체, 개인이 일정한 목적을 실현하기 위하여 설정한 행동 방침 또는 실천 계획을 의미하며, 이는 사회 전체를 위한 가치의 분배 방식과 밀접한 관련을 갖는다(동아출판사편집국, 2010).

정책이라는 용어의 한자적 의미에서, '정(政)'은 나라를 다스린다는 뜻이며, '책(策)'은 꾀하고 기획한다는 의미를 지닌다. 따라서 정책이란 나라를 다스리기 위해 꾀하는 방안, 곧 정치적 목적을 실현하기 위한 수단으로 이해된다. 이러한 의미는 일본의『사회학사전』에서도 유사하게 나타나는데, 정책은 집단이나 개인이 일정한 가치 또는 목표를 실현하기 위하여 준비한 활동 계획 또는 방침으로 정의된다(모리오카, 1993에서 재인용).

정책의 개념은 학자들에 따라 다양하게 정의되고 있으며, 그 정의는 정책의 본질과 역할에 대한 이해를 심화시키는 데 기여한다. 라스웰(Lasswell, 1951)은 정책을 미래를 탐색하기 위한 가치와 행동의 복합체이자, 목표와 가치를 포함한 계획된 활동으로 보았다. 그는 정책을 단순한 행정 행위가 아니라, 사회 변동을 위한 능동적인 기획으로 인식하였다. 이스턴(Easton, 1953)은 정책을 사회 전체를 위한 가치의 권위 있는 배분으로 정의하며, 정책을 정치체계가 수행하는 권위 있는 결정과 그 산출물로 이해하였다. 이는 정책이 단순히 실무적 조치에 그치지 않고 정치적 권한과 밀접한 연관이 있음을 시사한다.

드리어(Drior, 1986)는 정책을 정부기관에 의해 결정된 미래의 활동 지침으로 정의하면서, 공익을 실현하기 위한 수단의 합리성을 강조하였다. 그는 정책의 목적이 '최선의 수단을 통한 공익의 달성'임을 분명히 하였다. 한편, 권기헌(2014)은 정책을 미래의 바람직한 상태를 실현하기 위한 정책 목표와 이를 달성하기 위해 과학적으로 강구된 정책 수단으로 구성된 정부의 활동 지침이라고 보았다. 그는 특히 정책 목표가 미래에 대한 가치지향적 방향성을 포함해야 하며, 그 실현을 위한 수단은 분석과 예측에 기반한 과학적인 접근이어야 한다고 강조하였다.

정정길 등(2011) 또한 정책을 바람직한 사회상태를 이룩하기 위해 권위 있는 정부기관이 공식적으로 결정한 기본 방침으로 설명하였다. 그는 정책의 구성 요소로 정책 목표, 정책 수단, 정책 대상자를 제시하며, 정책은 단순한 행동 지침이 아니라 사회를 변화시키기 위한 통합적 구조물임을 명시하였다.

나아가 라스웰(Lasswell, 1951)은 바람직한 정책의 조건으로 인간의 존엄성을 실현하는 기능을 강조하였는데, 이는 정책이 단순히 제도적 수단에 그치지 않고 인간의 가치를 구현하는 행위라는 점에서 오늘날까지도 의미 있는 통찰을 제공한다.

요컨대, 정책은 공공의 문제를 해결하기 위해 정부나 공공기관이 공식적으로 수립한 가치지향적이고 미래지향적인 행동 방침이며, 그 과정은 과학적 분석과 민주적 정당성에 기반하여 이루어진다. 정책은 목표와 수단, 대상이 결합된 일종의 사회적 기획이며, 그것이 지향하는 바람직한 사회는 인간의 존엄성과 공동체의 공익을 중심으로 구성된다.

2) 정책의 구성 요소

정책은 바람직한 사회적 목표를 실현하기 위해 설정된 일련의 계획된 행동 지침이며, 이러한 정책은 특정한 구성 요소들로 이루어진다. 일반적으로 정책의 구성 요소는 정책 목표, 정책 수단, 정책 대상자의 세 가지로 정리된다(권기헌, 2014; 정정길 외, 2011).

(1) 정책 목표

정책 목표란 정책을 통해 실현하고자 하는 바람직한 상태를 의미한다. 라스웰(Lasswell, 1951)은 정책 목표를 “현재는 존재하지 않으나 정책을 통해 미래의 시점에 발생하도록 하는 상태”로 정의하였으며, 정정길 등(2011) 역시 이를 ‘바람직한 상태(desirable state)’라고 설명하고 있다. 예를 들어, 경제정책의 목표는 경제 안정, 보건정책의 목표는 국민 건강 증진, 청소년정책의 목표는 건전한 청소년육성 등이다(정정길 외, 2011).

정책 목표가 달성되었을 때 나타나는 결과를 정책 효과라고 하며, 이때 정책의 효과성(effectiveness)은 정책 목표 달성의 정도를 의미한다. 정책 목표는 정책의 전 과정에 걸쳐 중요한 역할을 수행한다. 즉, 정책 결정 과정에서는 수단 선택의 기준이 되며, 정책 집행 단계에서는 활동의 방향성을 제공하고, 정책 평가 단계에서는 성과 판단의 기준으로 작용한다(권기헌, 2014).

(2) 정책 수단

정책 수단이란 정책 목표를 달성하기 위해 정부가 사용하는 수단과 방법을 말한다. 이는 국민에게 직접적인 영향을 미치는 도구로, 정책 결정 과정에서 첨예한 이해관계 충돌의 원인이 되기도 한다. 실질적으로 정책을 둘러싼 정치적 갈등은 어떤 정책 수단을 사용할 것인가에 집중되며, 때로는 정책 목표에 대한 갈등도 해당 수단의 선택과 연결되어 발생한다(정정길 외, 2011).

정책 수단은 실질적 정책 수단과 보조적 정책 수단으로 나뉜다. 실질적 정책 수단은 정책의 핵심적인 수단으로서, 구체적인 목표를 실현하는 직접적인 도구이다. 반면, 보조적 정책 수단은 실질적 수단을 효과적으로 실현하기 위해, 필요한 집행 기제나 조직, 인력, 재원, 권력 등을 포함한다. 이는 다른 말로 정책 집행 수단이라고도 한다(정정길 외, 2011).

(3) 정책 대상자

정책 대상자는 정책이 직접적으로 영향을 미치는 집단 또는 개인을 말하며, 정책의 성패에 중요한 영향을 미친다. 대상집단은 그 규모, 조직화 정도, 정책 경험에 따라 정책과정에 미치는 영향력이 달라진다. 예컨대, 대상집단의 규모가 작고 결속력이 강할수록 정책 지지를 확보하기 용이하며, 이는 정책의 실현 가능성을 높인다. 또한 대상집단이 잘 조직화되어 있을수록 정책 형성과 집행에 강한 영향력을 행사할 수 있다(권기헌, 2014).

더불어 정책 대상집단의 과거 정책 경험 역시 중요한 요인이 된다. 대상집단이 유사한 정책에 긍정적 경험을 가진 경우, 새로운 정책 수립 및 집행에 협조적인 태도를 보일 가능성이 높아진다. 반대로, 부정적 경험은 정책 저항이나 반발로 이어질 수 있어 사전 분석이 필요하다(정정길 외, 2011).

3) 정책의 기능

정책은 사회의 다양한 문제를 해결하고 공공의 이익을 실현하기 위한 정부의 공식적 지침으로, 다음과 같은 기능을 수행한다(허범, 1981).

첫째, 정책은 규범적 기능을 수행한다. 정책은 당위성에 기반하여 사회 환경을 통제하고, 규범적 기준을 제공하며 목표를 다기화하는 역할을 한다.

둘째, 정책은 서술적 기능을 가지고 있어, 현실을 구조화함으로써 계속해서 문제를 발견하고 정의하는 데 기여한다.

셋째, 정책은 전략적 기능을 통해 당위성과 현실성, 가치와 능률성을 조화롭게 결합하여 실천적인 대안을 제공한다.

넷째, 정책은 변동 유발 기능을 수행하여, 이해관계자 간의 갈등과 조정을 통해 사회 내에서 지속적인 변화를 유도한다.

다섯째, 정책은 정치적 기능도 지닌다. 정책은 공적인 것으로 간주되며, 정치적 정당성을 제공하고 때로는 비합리성을 감추는 수단이 되기도 한다.

4) 정책의 원리

정책의 개념과 구성 요소를 토대로 정책의 원리를 정리하면, 크게 네 가지 정도로 분류할 수 있다.

첫째, 목표지향성의 원리는 정책이 미래의 바람직한 상태를 실현하고자 하는 목표를 기반으로 수립된다는 점에서 중요하다(정정길 외, 2011; Lasswell, 1951). 정책은 단순한 계획이 아니라 명확한 정책 목표와 그 실현을 위한 수단을 포함하는 행위 지침으로 기능한다.

둘째, 공익성의 원리에 따라, 정책은 개인의 사익이 아니라 사회 전체의 이익을 실현하기 위해 형성된다(권기헌, 2014; Drior, 1986). 이는 정책이 공공문제해결이라는 집합적 목표를 전제로 한다는 점에서 확인할 수 있다.

셋째, 권위성의 원리는 정책이 권위 있는 정부기관에 의해 결정되어야 한다는 것을 의미하며, 이를 통해 정책의 구속력과 공공성이 확보된다(Easton, 1953).

넷째, 과학성과 합리성의 원리는 정책 수립이 미래 예측과 분석을 기반으로 하여, 목표 달성을 위한 최적의 수단을 선택해야 한다는 것을 강조한다(권기헌, 2014).

5) 정책의 절차

정책은 바람직한 사회상태를 실현하기 위한 공공의 수단으로, 문제의 인식에서부터 정책의 집행과 평가까지 일련의 절차를 거쳐 형성된다. 이 절차는 정책의 효과성과 정당성을 확보하기 위한 필수 과정으로 간주되며, 각 단계는 유기적으로 연결되어 순환적인 구조를 형성한다.

(1) 정책의제 형성

정책의제 형성(policy agenda setting)은 정책 과정의 첫 단계로, 다양한 사회문제 중 정부가 정책적으로 해결해야 할 문제를 채택하는 과정이다. 이는 개인과 집단의 요구가 정부의 진지한 관심 대상으로 전환되는 과정을 의미하며, 정책 과정 전반에 영향을 미치는 중요한 단계이다.

(2) 정책 결정

정책 결정(policy decision making) 단계에서는 채택된 정책 문제에 대해 목표를 설정하고, 가능한 대안들을 비교 · 분석하여 최선의 대안을 선택한다. 이 과정은 정책 산출물의 형태로 나타나며, 정치적 가치배분 문제와 직결된다. 정책 결정은 동시에 정책 분석의 결과를 반영한 합리적 선택이어야 한다.

(3) 정책 집행

결정된 정책은 현실 속에서 구체적인 실행 단계를 거친다. 이를 정책 집행(policy implementation)이라 하며, 정책 목표 달성을 위한 행정 활동이 본격적으로 전개되는 시점이다. 이 과정에서 정책의 명확성, 일관성, 자원의 확보(예산 및 인적 자원), 집행자의 역량 등이 성공 여부를 좌우한다.

(4) 정책 평가

정책 집행 후에는 정책이 당초 목표를 얼마나 효과적으로 달성했는지를 평가하는 과정이 따른다. 정책 평가(policy evaluation)는 형성 평가(진행 중)와 총괄 평가(정책 종료 후)로 나뉘며, 정책의 수정 또는 종결 여부를 결정짓는 기초 자료를 제공한다. 또한 정책 집행자에 대한 책임성과 향후 정책 수립의 참고 자료로도 활용된다.

(5) 피드백 및 환류

정책 평가의 결과는 다시 정책 형성과 집행에 반영되는 피드백(feedback) 과정을 통해 순환 구조를 이룬다. 이 환류 과정을 통해 정책은 현실의 변화와 문제해결 여부를 반영하여 지속적으로 개선되며, 보다 효율적인 정책 시스템을 구축하게 된다.

3. 행정에 대한 이해

1) 행정의 개념

일반적으로 행정은 국가의 통치작용 중 입법, 사법과 더불어 중요한 축을 이루는 개념으로, 국가 또는 공공조직이 공익의 실현을 목적으로 공공정책을 형성하고 집행하는 활동을 의미한다. 하몬과 메이어(Harmon & Mayer, 1986)는 행정을 공공의 이름으로 자원을 활용하여 의사결정을 수행하는 활동이라 보았고, 세르지오바니 등(Sergiovanni et al., 2004)은 행정을 조직 목적을 달성하기 위한 구성원 간 협력의 과정으로 보았다. 김규정(2002)은 행정을 공공조직이 공익과 사회정의를 실현하기 위해 수행하는 정책 형성과 집행 활동이라고 정의하였다. 이종수(2009)는 행정의 속성으로 공익 증진, 공공문제해결, 공공정책 집행, 공공 부문 활동이라는 측면을 강조하였으며, 신두범과 오무근(2010)은 행정을 인간의 협동적 집단행위로 규정하였다.

2) 행정의 기능

행정의 기능은 사회적 변화와 환경에 따라 다양하게 정의될 수 있으나, 일반적으로 사회질서 유지와 공공문제해결을 위한 정부 활동의 중요한 역할을 포괄한다. 박동서(1995)는 행정의 기능이 시대적 · 환경적 변수에 따라 변동될 수 있음을 강조하며, 행정구조는 그 구조가 처한 환경에 따라 기능이 달라질 수 있다고 설명한다. 이러한 관점에서 행정은 단순한 집행 기능을 넘어선 보다 복합적인 사회적 역할을 수행한다.

행정의 기능은 크게 네 가지로 정리된다.

첫째, 사회 안정의 기능이다. 이는 법과 제도를 기반으로 질서를 유지하고 국민의 안전과 안녕을 도모하는 행정의 고유 기능이다.

둘째, 전통 보호의 기능이다. 행정은 국민의 일상과 문화 속에 자리한 전통과 가치를 보호하고 유지하는 역할을 수행한다.

셋째, 변화를 선도하는 기능이다. 급격한 사회 변화 속에서 행정은 새로운 제도나 정책을 통해 변화를 이끌고 조정하는 역할을 한다.

넷째, 변화 관리의 기능이다. 기존 체제 내에서 발생하는 변화의 충격을 최소화하고,

조화롭게 사회를 안정시키기 위한 대응 체계로서 작용한다(박동서, 1995). 따라서 행정은 단지 정부 운영의 기술적 수단을 넘어, 사회 전체의 안정과 발전을 도모하는 핵심적인 공공기능이라고 할 수 있다. 현대 사회에서는 이러한 기능이 시민사회와의 협력 속에서 더욱 복합적으로 작동하고 있으며, 특히 거버넌스 중심의 행정 실천은 공공성 구현이라는 기능을 강화하고 있다.

3) 행정의 원리

행정의 기본 원리는 민주주의, 법치주의, 복지국가 원리에 기반한 국가 운영의 기본 지침으로 그 원리는 다음과 같다.

첫째, 민주행정의 원리는 국민 주권에 입각하여 행정이 헌법의 정신과 국민의 의사를 반영해야 함을 의미하며, 이를 위해 국민권익위원회 등의 제도적 장치가 운영된다.

둘째, 복지행정의 원리는 국가가 국민의 최소한의 삶의 질을 보장하기 위해 적극적으로 개입해야 함을 의미한다.

셋째, 법치행정의 원리는 행정권의 행사에 있어 법적 근거가 있어야 하며, 국민의 권리를 임의로 침해해서는 안 된다는 원리이다.

넷째, 사법국가주의 원리는 행정상의 분쟁도 사법부가 공정하게 판단해야 함을 의미한다.

다섯째, 지방분권주의 원리는 지역자치단체가 지역 특색에 맞는 자율적 행정을 수행할 수 있도록 권한을 부여하는 것이다.

4) 행정의 과정

일반적으로 행정의 과정은 문제해결과 정책 집행을 위한 일련의 절차로 구성된다. 전통적으로는 기획, 조직화, 집행, 통제의 4단계로 구성되며, 파욜(Fayol, 1930)은 여기에 명령과 조정의 단계를 추가하여 총 5단계의 행정 과정을 제시하였다. 그는 행정이란, ① 조직 목적 달성을 위한 미래 예측과 실천 계획(기획), ② 인적·물적 자원의 구조화(조직), ③ 업무 수행 지시(명령), ④ 조직 내 부서 조정(조정), ⑤ 실행 점검 및 피드백(통제)이라는 과정을 포함한다고 보았다. 이후 굴릭(Gulick, 1937)은 이 과정에 인사, 보고, 예산 편성을 포함하여 POSDCoRB(Planning, Organizing, Staffing, Directing, Coordinating,

Reporting, Budgeting)라는 7단계 모델을 제시하였다. 최근 권기헌(2014)은 외부 환경과의 상호작용을 고려하여 각 단계 간 연계성이 강화된 통합적 행정 과정을 제시하고 있다. 전통적으로 행정 과정은 '계획-조직-집행-통제'의 4단계(또는 파욜의 5단계, 굴릭의 POSDCoRB 7단계)로 구성되어 왔으나, 현대에는 외부 환경과의 상호작용 역시 중요한 요소로 강조되고 있다.

4. 법, 정책 그리고 행정의 관계

법, 정책, 행정은 국가가 공익을 실현하고 사회질서를 유지하기 위해 상호 긴밀하게 작용하는 삼위일체적 요소이다. 이들 각각은 독립적인 성격을 지니지만, 실제로는 서로 유기적인 관계를 통해 공공목표를 실현하는 기능적 체계를 구성한다.

먼저, 법은 정책과 행정의 근간을 이루는 규범적 체계로서, 국가 권력에 의해 제정되고 강제되는 사회규범이다. 법은 국민의 권리와 의무를 명시하고, 정책이 설정될 수 있는 범위와 행정이 작동할 수 있는 기준을 제공한다. 특히 법은 정책의 정당성을 보장하고 행정의 한계를 설정함으로써, 자의적 권력 행사를 방지하고 민주적 통치를 가능케 한다(김범주, 2004; 법무부, 2009).

정책은 국가가 바람직한 사회상태를 실현하기 위해 설정한 목표와 수단의 체계이다. 정책은 법의 틀 안에서 구체적인 사회문제를 해결하기 위한 방향성을 제시하며, 법과 비교했을 때 법이 형식적 규범이라면, 정책은 그 규범을 바탕으로 한 현실적 실행 계획이다. 따라서 정책은 법적 근거 위에서 형성되고, 정책의 실현은 다시 법의 집행을 전제로 한다(권기헌, 2014; 정정길 외, 2011).

행정은 법과 정책을 현실 속에서 구현하는 실행 기제로 작동한다. 행정은 법률에 근거하여 정책을 집행하고, 구체적인 행정 조치를 통해 국민에게 서비스를 제공하거나 규제를 시행하는 활동을 포함한다. 따라서 행정은 법의 준수와 정책의 효과적 실행이라는 이중의 과제를 안고 있으며, 법치행정의 원리를 통해 그 정당성을 확보한다(법무부, 2009).

요약하면, 법은 행정과 정책의 형성과 집행을 가능하게 하는 근본 규범이며, 정책은 법에 따라 설정된 목적지와 그 경로를 보여 주는 설계도라 할 수 있다. 행정은 이 설계도를 현실 속에서 실현하는 작동 메커니즘이다. 세 요소는 단절된 것이 아니라 상호 보완적 관계 속에서 작용하며, 특히 민주주의 국가에서는 법적 정당성 위에 정책이 형성되고, 정책은 행정을 통해 실현되는 순환 구조를 가진다.

다음으로 법과 정책 그리고 행정의 절차적 순서에 대해 설명하고자 한다. 세 개념은 서로 독립적이지 않고, 논리적 · 실천적 흐름 속에서 '법 → 정책 → 행정'의 순서에 따라 유기적으로 작동하는 경우가 많다.

먼저, 법은 기준과 근거를 제공한다. 법은 국가의 공식적인 규범체계로서 정책과 행정이 작동할 수 있는 기본적인 틀과 기준을 제공한다. 법은 국가가 설정할 수 있는 정책의 범위와 한계를 규정하며, 모든 정책과 행정은 법적 근거 없이 시행될 수 없다. 예를 들어, 청소년복지정책은 「청소년 기본법」이나 「청소년복지 지원법」 등의 법률에 기초하여 수립된다. 법은 정당성과 구속력을 보장하는 출발점이다(법무부, 2009).

다음 단계는 정책 수립이다. 정책은 법의 테두리 안에서 사회문제해결이나 공익 실현을 위한 구체적인 목적과 실행 계획을 수립하는 과정이다. 이 과정에서는 어떤 문제가 해결되어야 하는지(정책 목표), 누구를 대상으로 할지(정책 대상자), 어떤 수단을 사용할지(정책 수단)를 설정한다. 다시 말해, 정책은 법에 기반하여 현실에 맞는 설계도를 제시하는 것이다(정정길 외, 2011).

마지막 단계는 행정의 집행이다. 행정은 수립된 정책을 구체적이고 실제적인 사업이나 서비스로 실현하는 활동으로, 중앙정부나 지방자치단체 등 공공조직이 수행한다. 이때, 행정은 다시 법에 따라 움직이며, 법치행정의 원리를 통해 정당성과 합법성을 확보한다. 또한 행정 과정에서는 '계획 → 조직 → 집행 → 통제' 등의 절차를 거쳐 정책이 실효성 있게 실현된다(권기헌, 2014).

5. 청소년정책, 제도의 이해

1) 청소년정책의 이해

청소년정책은 국가가 청소년의 삶의 질을 향상시키고, 건강한 성장과 발달을 지원하기 위해 수립하는 공공정책의 일환이다. 이는 청소년을 단순한 보호의 대상이 아닌, 독립적인 사회 구성원으로 인식하고 이들의 권리와 참여를 보장하기 위한 정책적 개입을 의미한다(정익중, 2013).

청소년정책은 일반적으로 청소년의 발달 특성, 사회적 요구, 시대적 환경 변화에 따라 그 방향성과 내용이 변화해 왔다. 과거에는 보호 중심의 시혜적 정책이 중심이었으나, 현대에 이르러서는 참여와 권리 중심의 통합적 정책으로 변화하고 있다(이종복 외, 2017). 특히 「유엔아동권리협약」(1989)의 채택 이후, 청소년의 자율성과 주체성을 중시하는 세계적 흐름이 정책 설계에 반영되기 시작했다(United Nations, 1989).

청소년정책은 다차원적이며 복합적인 영역으로 구성된다. 교육, 복지, 노동, 문화, 건강, 참여 등 다양한 분야가 청소년정책의 대상이 되며, 이로 인해 여러 부처 간 협력과 조정이 필수적이다. 한국에서는 여성가족부가 청소년정책의 총괄부처 역할을 수행하고 있으며, 각 부처 및 지방자치단체와 협력하여 다양한 정책을 실행하고 있다(여성가족부, 2023).

청소년정책의 주요 기능은, 첫째, 청소년의 권리 보장과 복지 증진, 둘째, 청소년문제 예방과 해결, 셋째, 청소년의 사회참여 촉진, 넷째, 청소년 관련 기관 및 조직 간의 체계적 연계와 조정에 있다(정익중, 2013). 특히 최근에는 디지털 환경 변화, 다문화 사회의 확산, 청년실업 등의 사회문제가 청소년정책의 새로운 과제로 등장하고 있다(이승현, 2020).

한국의 청소년정책은 1991년 「청소년 기본법」 제정을 기점으로 체계적 전환을 이루었다. 이 법은 청소년정책의 기본 방향, 정부의 책무, 청소년의 권리와 참여 보장 등을 명문화함으로써 국가 정책의 토대를 마련하였다. 이후 5년마다 수립되는 '청소년정책기본계획'을 통해 중장기 정책 방향이 설정되고 있으며, 이는 정책 일관성과 효과성을 확보하는 데 중요한 역할을 하고 있다(여성가족부, 2023).

또한 청소년정책의 실행을 위한 전달체계는 중앙정부-지방정부-청소년 관련 기관(예: 청소년수련관, 청소년문화의집 등)의 다층적 구조로 구성되어 있다. 이를 통해 지역의 특성과 수요를 반영한 맞춤형 정책이 가능하며, 청소년의 삶의 현장에서 정책의 실효성을 확보할 수 있다(한국청소년정책연구원, 2022).

청소년정책의 성과를 높이기 위해서는 청소년 당사자의 참여가 매우 중요하다. 청소년참여기구(청소년운영위원회, 청소년참여위원회, 청소년특별회의 등)는 정책 형성 과정에 청소년의 의견을 반영하는 대표적인 제도이며, 이는 청소년의 권리 실현과 민주적 시민성 함양에도 긍정적 영향을 준다(배화옥 외, 2019).

마지막으로, 청소년정책은 단지 청소년 개인의 문제를 해결하는 것을 넘어서, 사회 전체의 지속 가능성과 발전을 위한 전략으로 인식되어야 한다. 건강한 청소년이 곧 건강한 사회의 기초가 되기 때문에 청소년정책은 국가발전전략의 중요한 축으로 자리매김해야 한다(UNESCO, 2014).

2) 청소년정책의 역사적 변천 과정

한국의 청소년정책은 법적 기반을 중심으로 점진적으로 체계를 갖추어 왔으며, 이는 시대적 변화와 청소년문제의 심각성 인식, 국제적 권고의 수용 등을 배경으로 이루어졌다.

1970년대 이전까지 한국 사회는 청소년을 국가의 미래 인적 자원으로 간주하고 있었지만, 별도의 통합된 청소년정책체계는 존재하지 않았다. 이 시기 청소년 관련 정책은 주로 교육정책의 일부로 간주되거나, 보건·복지 정책 안에서 간헐적으로 다루어졌다.

청소년정책이 법적으로 제도화된 첫 전기는 1991년 「청소년 기본법」 제정을 통해 도래하였다. 이 법은 청소년정책의 기본 방향, 청소년의 권리와 책무, 국가와 지방자치단체의 역할을 명시한 최초의 포괄적 법률이었다. 「청소년 기본법」 제정은 청소년정책이 독립적인 영역으로 자리 잡는 계기가 되었으며, 이후의 모든 청소년 관련 정책과 계획의 법적 근거가 되었다.

이어 2004년에는 「청소년 기본법」과 분리된 「청소년활동 진흥법」이 제정되어 청소년의 자율성과 창의성을 기반으로 한 다양한 활동을 국가가 지원하도록 하였다. 이 법은 기존의 보호 중심에서 벗어나 청소년의 성장과 발달을 위한 적극적 정책의 틀을 마련하였다. 또한 2010년대에 들어서면서 「학교 밖 청소년 지원에 관한 법률」(2015), 「청소년복지 지원법」의 개정 등을 통해 취약계층 청소년, 학교 밖 청소년 등 소외되기 쉬운 집단을 포괄하는 정책이 마련되었다. 이러한 법률들은 청소년의 다양성을 반영하고, 단순한 보호를 넘어 권리 보장과 자립 지원에 초점을 맞추기 시작했다.

최근에는 '제7차 청소년정책기본계획(2023~2027)'을 포함하여 청소년정책이 통합적이고 권리 기반적인 방향으로 진화하고 있다. 특히 정책 수립과 집행 과정에 청소년의 참여를 보장하는 제도적 기반도 강화되고 있다. 이는 법적 제도화가 청소년을 단지 보호 대상이 아닌 사회적 주체로 인정하는 방향으로 나아가고 있음을 보여 준다. 각 시대별 청소년정책의 특징을 정리해 보면 다음과 같다.

(1) 1990년대: 청소년정책의 제도적 출발기

1991년 「청소년 기본법」의 제정은 우리나라 청소년정책의 제도적 출발점이었다. 이 법은 청소년의 인격적 성장과 복지를 국가 차원에서 종합적으로 추진하기 위한 법적 근간을 제공하였으며, 청소년의 권리 보장, 정책 수립의 기본 방향, 국가 및 지방자치단체의 책임과 역할 등을 명시하였다(강영배 외, 2024). 이 시기를 통해 청소년정책은 체계화되기 시작했고, 이후 국가청소년위원회 등 중앙정부 차원의 청소년정책 기구 기반이 마련되었다.

(2) 2000년대: 정책 영역의 분화와 전문화

2000년대에 들어서면서 청소년정책은 점차 영역별로 분화되고 전문화되는 양상을 보였다. 특히 2004년 제정된 「청소년활동 진흥법」은 기존 「청소년 보호법」에서 분리되어, 청소년의 자율적 활동 참여를 적극적으로 지원하는 내용을 담았다. 이를 통해 체험 활동, 자원봉사, 동아리 활동 등 다양한 청소년활동이 정책적으로 육성되기 시작했다(강영배 외, 2024). 이 시기는 보호 중심의 정책에서 활동 중심의 정책으로 청소년정책의 패러다임 전환이 이루어진 시점이라 평가할 수 있다.

(3) 2010년대: 통합적 복지 체계와 권리 보장 확대

2010년대는 청소년복지정책의 확장과 권리 기반 접근이 강화된 시기였다. 2015년 「학교 밖 청소년 지원에 관한 법률」이 제정되면서 학업 중단 청소년을 위한 국가의 책임이 제도적으로 명시되었고, 전국적으로 '꿈드림센터'가 설치되어 상담 · 교육 · 자립 지원이 통합적으로 제공되기 시작하였다(강영배 외, 2024). 또한 「청소년복지 지원법」이 개정되어 위기 청소년을 위한 개입체계와 자립 지원이 강화되었다. 이 시기는 정책이 소외집단에 대한 포용성과 복지적 책임을 확대해 나간 시기로 볼 수 있다.

(4) 2020년대: 정책 참여 확대와 통합정책체계 구축

2020년대에 들어 청소년정책은 한층 더 통합적이고 참여 중심의 방향으로 발전하고 있다. 특히 2023~2027년 제7차 청소년정책기본계획에서는 디지털 전환과 인구 감소라는 사회 변화에 대응하는 정책 전략이 제시되었으며, 청소년의 권리 보장과 지역 중심의 지원체계 구축, 데이터 기반 정책 설계가 강조되었다(강영배 외, 2024). 무엇보다 청소년을 정책 수혜자에서 정책 형성의 주체로 바꾸어 인식하며, 청소년참여위원회와 같

〈표 12-2〉 청소년정책의 시대별 특징

시대 구분	주요 법 제정 및 정책 계획	정책적 특징
1990년대 (제도화 초기)	• 1991년 「청소년 기본법」 제정	• 청소년정책의 법적 기초 마련 • 국가 및 지방자치단체의 정책 책임 명시 • 정책의 종합성과 체계성 확보
2000년대 (정책 영역의 분화)	• 2002년 「청소년활동 진흥법」 제정	• 보호 중심에서 활동 중심 정책으로 전환 • 자기주도적 참여와 체험 활동의 법적 기반 마련 • 청소년시설 및 활동 프로그램 육성 강화
2010년대 (복지 확대와 권리 보장)	• 2015년 「학교 밖 청소년 지원에 관한 법률」 제정 • 「청소년복지 지원법」 개정	• 학교 밖 소외청소년에 대한 맞춤형 지원 • 청소년 복지의 통합성과 권리 기반 접근 강조 • 자립, 상담, 교육, 취업지원 확대
2020년대 (참여 중심 통합정책)	• 제7차 청소년정책기본계획 (2023~2027)	• 청소년을 정책 수혜자에서 정책 주체로 전환 • 디지털 환경, 심리정서, 지역격차 등 통합 대응 • 청소년참여기구의 확대

은 제도를 통해 정책 참여가 제도화되고 있다.

3) 청소년육성제도의 이해

(1) 청소년육성제도의 개념 및 형성 과정

우리나라에서 청소년육성을 위한 제도적 기반은 1987년 「청소년육성법」 제정을 기점으로 본격화되었다. 이 법의 제정 전에는 청소년이 18세 미만 아동복지 대상의 일부로 인식되었으나, 법 제정을 통해 청소년을 9세 이상 24세 이하로 정의하며, 청소년의 보호, 육성, 선도 및 지원에 관한 사항을 제도화하였다(강영배 외, 2024).

1991년에는 「청소년 육성법」이 폐지되고 「청소년 기본법」이 제정되어, 청소년정책의 기본적인 원칙과 방향이 법적으로 체계화되었다. 이후 「청소년 보호법」(1997), 「청소년활동 진흥법」(2004), 「청소년복지 지원법」(2004), 「학교 밖 청소년 지원에 관한 법률」(2014) 등의 제정으로 청소년정책의 대상과 범위는 점차 확대되었다(강영배 외, 2024).

(2) 청소년정책의 구조와 운영체계

청소년정책의 구조는 다양한 법령에 의해 다층적으로 구성되어 있으며, 그 중심에는 「청소년 기본법」이 존재한다. 1991년 제정된 이 법은 청소년정책의 기본 방향과 원칙을 명확히 설정하였으며, 청소년을 '9세 이상 24세 이하의 자'로 정의하면서 청소년정책 추진의 법적 토대를 제공하였다(강영배 외, 2024).

「청소년 기본법」 제13조에 따라 국가와 지방자치단체는 청소년육성에 관한 기본계획과 시행계획을 각각 수립·시행할 의무가 있다. 이를 통해 중앙정부와 지방정부는 체계적으로 청소년정책을 추진하고 있으며, 이는 법률에 기반한 계획 중심 정책운영체계의 핵심이다(강영배 외, 2024).

이 외에도 청소년정책 구조를 구성하는 주요 법령에는 다음과 같은 것들이 있다.

- **「청소년 보호법」**(1997): 유해 환경으로부터 청소년을 보호하기 위한 규정 제시
- **「청소년활동 진흥법」**(2004): 청소년의 다양한 활동 참여 보장을 위한 법적 근거 마련
- **「청소년복지 지원법」**(2004): 위기청소년을 포함한 복지대상 청소년에 대한 보호와 지원 강화
- **「학교 밖 청소년 지원에 관한 법률」**(2014): 학업 중단 청소년을 위한 제도적 기반 구축

이와 같은 법제도적 구조는 청소년의 권익 증진, 보호, 성장 지원이라는 전반적 목표 아래 상호보완적으로 기능하며, 정책의 체계성과 법적 정당성을 담보하고 있다(강영배 외, 2024).

청소년정책의 효과적인 실현을 위해서는 중앙정부와 지방정부 간의 체계적인 전달체계 구축이 필수적이다. 이러한 전달체계는 크게 정책 수립·조정 기능을 수행하는 중앙정부 부처, 지방자치단체 그리고 정책 실행을 맡는 전문기관 및 청소년시설로 구성된다.

우선, 여성가족부[1]는 현재 중앙정부 차원에서 청소년정책의 총괄기관으로 기능하고 있다. 여성가족부는 기본계획을 수립하고 관련 법령을 관리하며, 청소년정책의 방향을 설정한다(강영배 외, 2024). 지방자치단체는 지역 특성과 주민 수요를 반영한 연도별 시행계획을 수립하며, 지역 내 전달체계의 핵심 주체로 기능한다. 이를 위해 지방자치단체는 청소년 담당 부서를 설치하고, 청소년정책을 집행할 인력 및 예산을 배정한다. 전달체계의 실행 기반은 청소년 관련 공공기관 및 청소년시설을 통해 구체화된다.

- 한국청소년정책연구원, 한국청소년활동진흥원, 한국청소년상담복지개발원 등은

1) 여성가족부는 2025년 10월 1일, 성평등가족부로 조직의 명칭이 변경되었다.

중앙의 정책 연구 및 실무 집행을 담당한다.

- 청소년수련관, 청소년문화의집, 청소년쉼터 등은 지역사회 기반의 서비스 제공 시설로 기능하며, 현장에서 청소년과 직접적으로 접촉하는 실천 단위로서 중요하다.

이러한 전달체계는 청소년정책의 목표 달성을 위한 실행력을 뒷받침하며, 중앙과 지방 간의 협력 및 연계 체계를 통해 정책의 지속성과 현장 적용 가능성을 높이고 있다.

6. 청소년정책의 향후 과제

급속한 사회 변화와 디지털 기술의 발전, 인구 구조 변화, 다문화 사회로의 이행 등은 청소년정책 환경에 중대한 전환을 요구하고 있다. 특히 오늘날의 청소년은 이전 세대와는 다른 정체성, 가치관, 생활방식을 지니며 성장하고 있으며, 그에 따라 청소년정책도 보다 참여 중심적 · 융합적 · 미래지향적 방향으로 재구조화될 필요가 있다. 다음에서는 『청소년육성제도론』에서 제시된 향후 청소년정책의 주요 과제를 상세히 살펴본다(강영배 외, 2024).

첫째, Z세대와 알파세대의 특성을 반영한 정책 재설계가 필요하다. Z세대와 알파세대는 디지털 환경에서 자란 세대로, 자기표현과 다양성에 대한 감수성이 높으며, 수직적인 지시보다 수평적 소통을 선호하는 특징을 지닌다. 이들은 경제적 안정보다 정체성 실현이나 심리적 만족을 중요시하는 경향이 있어, 기존 청소년정책이 전제한 '평균적 청소년'상(像)과는 괴리를 보인다. 이에 따라 향후 청소년정책은 이들의 문화, 정체성, 소통 방식 등을 고려한 세대 맞춤형 정책으로 재구조화되어야 한다.

둘째, 인구 소멸 지역을 중심으로 청소년정책의 지역 불균형 해소가 시급하다. 청소년 인구 감소는 전국적인 현상이지만, 특히 수도권 외 지역에서는 그 양상이 더욱 심각하다. 교육 · 진로 · 복지 인프라가 열악한 지역일수록 청소년의 유출이 가속화되며, 이는 궁극적으로 지역사회 붕괴로 이어질 수 있다. 청소년정책은 이러한 지역별 격차를 해소하고, 인구 소멸 위기에 놓인 지역에서도 청소년이 안정적이고 지속 가능한 삶을 누릴 수 있는 정책 환경을 조성해야 한다.

셋째, 복지 사각지대 해소와 위기청소년에 대한 통합적 지원이 강화되어야 한다. 가정 밖 청소년, 청소년부모, 다문화 청소년, 장애 청소년 등은 기존 제도에서 소외되거나 충분히 지원받지 못하는 경우가 많다. 복지 사각지대에 놓인 청소년을 조기에 발굴하고, 건강, 주거, 교육, 고용, 정신건강 등의 복합적 문제에 대응하는 다기관 통합지원 체계가 구축되어야 한다. 특히 지역사회 중심의 청소년안전망(CYS-Net)은 위기청소년 지원의 핵심 인프라로 더욱 활성화되어야 한다.

넷째, 디지털 전환 시대에 걸맞은 청소년 역량 강화와 기술 부작용 대응이 요구된다. 인공지능(AI), 딥페이크, 메타버스, SNS 등 디지털 기술은 청소년의 일상과 사고방식에 큰 영향을 미치고 있다. 이러한 기술은 정보 접근성과 창의력 향상이라는 긍정적 측면도 있지만, 개인정보 유출, 사이버폭력, 성범죄(딥페이크 등) 등의 사회적 부작용도 함께 발생시키고 있다. 따라서 청소년을 대상으로 한 디지털 리터러시 교육, 기술 윤리 교육, 디지털 안전망 구축 등의 정책이 적극적으로 추진되어야 한다.

다섯째, 지역사회 중심의 청소년 지원 네트워크 구축이 필수적이다. 기존 청소년정책이 중앙정부 중심의 하향식 구조였다면, 앞으로는 지역 자치 기반의 수평적 협력체계로 전환될 필요가 있다. 학교, 청소년시설, 상담센터, 경찰서, 병원, 복지기관, 시민단체 등 지역사회의 다양한 주체가 연계하여 청소년에게 통합적 서비스를 제공하는 네트워크 체계가 필요하다. 특히 청소년이 자신의 지역 안에서 문제를 해결하고 자원을 연결할 수 있도록 지역 밀착형 전달체계가 구축되어야 한다.

여섯째, 청소년정책의 지속 가능성과 제도적 안정성을 확보해야 한다. 청소년정책은 장기적 관점에서 추진되어야 함에도 불구하고, 정권 교체나 조직 개편 등 외부 요인에 의해 정책의 연속성이 흔들리는 문제가 지속되어 왔다. 이를 방지하기 위해 정책의 법제화를 강화하고, 계획의 이행 과정에 대한 평가 및 피드백 체계를 정비함으로써 정책의 일관성, 안정성, 실효성을 동시에 확보해야 한다.

일곱째, 청소년의 정책 참여 보장과 실질적 영향력 확대가 필요하다. 청소년을 수동적인 정책 수혜자가 아니라 정책 생산과 실행의 주체로 인정해야 한다. 이를 위해 청소년운영위원회, 청소년참여위원회 등 제도적 참여기구를 단순한 형식에 그치지 않고, 실질적으로 정책에 영향력을 행사할 수 있는 구조로 개선해야 한다. 청소년의 정책 제안이 실현되는 경험은 정치적 시민으로의 성장과 청소년정책의 정당성 강화에도 기여할 수 있다.

참고문헌

강영배, 하중래, 조미영, 정희진, 윤여승(2024). 청소년육성제도론 (3판). 학지사.

권기헌(2014a). 정책학개론. 박영사.

권기헌(2014b). 정책학원론. 대영문화사.

김문현, 김홍수, 김영규(1996). 법학개론. 박영사.

김범주(2004). 법학개론. 학문사.

김범주(2004). 현대사회와 법. 학지사.

김영규, 김문현, 김홍수(2014). 법학입문. 대영문화사.

김영규, 김범주, 정정길(2014). 법학입문. 박영사.

김홍수, 김문현, 김영규(1994). 법과 사회. 삼영사.

남궁근(2009). 정책학원론. 대영문화사.

동아출판사서편집국(2010). 표준 국어대사전. 동아출판.

박동서(1995). 행정학 개론. 대영문화사.

배화옥, 윤철경, 김희진, 이승현(2019). 청소년활동론. 양서원.

법무부(2009). 법교육 교재. 법무부.

법무부(2009). 법이란 무엇인가. 법무부 정책자료집.

법무부(2010). 법의 이해. 법무부.

법무부(2010). 생활법률개론. 법무부.

신두범, 오무근(2010). 행정학개론. 박영사.

여성가족부(2023). 제7차 청소년정책기본계획(2023~2027). 여성가족부.

이승현(2020). 청소년정책론. 학지사.

이종복, 최경희, 김상곤(2017). 청소년복지론. 공동체.

이종수(2009). 신행정학개론. 대영문화사.

정용덕 외(1999). 행정학. 법문사.

정익중(2013). 청소년복지론. 나남출판.

정정길 외(2011). 정책학원론. 대명출판사.

최정일(2015). 헌법총론. 청림출판사.

한국청소년정책연구원(2022). 2022 청소년백서. 여성가족부.

허범(1981). 정책학의 기초. 한국행정학보, 15(2), 33-51.

Drior, Y. (1986). *Policy Analysis for Public Decision*. North-Holland.

Easton, D. (1953). *The Political System*. Alfred A. Knopf.

Harmon, M. M., & Mayer, R. T. (1986). *Organization Theory for Public Administration*. Boston: Little, Brown.

Lasswell, H. D. (1951). *The Policy Orientation*. Stanford University Press.

UNESCO. (2014). *Youth and Skills: Putting Education to Work*. UNESCO.

United Nations. (1989). *Convention on the Rights of the Child*. UN.

제 13 장

청소년 인권과 참여

1. 청소년 인권의 이해
2. 청소년 인권의 현황과 쟁점
3. 청소년 참여의 개념과 필요성
4. 청소년 참여 활성화를 위한 과제

청소년학의 이해

1. 청소년 인권의 이해

1) 청소년 인권의 개념과 특성

청소년 인권(youth rights)이란 청소년이 인간으로서 당연히 누려야 하는 기본적 권리를 의미한다. 즉, 성인과 동등하게 존중받아야 할 인간의 보편적 권리를 의미하며, 차별받지 않고 인간답게 살아갈 권리를 보장받는 것이다. 「유엔아동권리협약(United Nations Convention on the Rights of the Child: UNCRC)」에서는 만 18세 미만의 모든 사람을 아동으로 정의하고, 이들의 생존권, 보호권, 발달권, 참여권을 기본적인 인권의 범주로 설정하였다(United Nations, 1989). 청소년 인권은 성인의 인권 개념과 유사하지만, 청소년 특유의 발달적 특성 및 사회적 위치를 고려하여 특별히 보호되고 증진되어야 하는 측면을 포함한다. 따라서 청소년 인권은 단순히 보호와 복지 차원을 넘어, 청소년의 능동적 주체성 존중과 사회참여권을 포함하는 보다 넓은 의미의 권리로 이해되어야 한다.

청소년 인권의 개념은 다음의 특성을 가진다.

첫째, 발달적 특수성을 가진다. 청소년기는 신체적 · 정서적 · 사회적으로 급격한 변화와 발달이 이루어지는 시기로, 이 시기의 인권 보장은 발달 과정에서 나타나는 독특한 욕구와 권리를 반영해야 한다. 예를 들어, 교육권은 단순히 교육을 받을 권리에 그치지 않고, 청소년의 전인적 발달을 촉진하는 방식으로 보장되어야 한다는 것이다(김영지 외, 2019).

둘째, 사회적 취약성을 반영한다. 청소년은 성인 중심적 사회에서 권력과 자원이 상대적으로 불리한 위치에 있으며, 이로 인해 다양한 형태의 차별과 폭력에 노출될 위험이 크다. 이러한 사회적 취약성을 보완하고 보호하기 위해 법적 · 제도적 차원의 특별한 지원과 권리 보장이 필수적이다(Wyness, 2012).

셋째, 능동적 주체성이 중요하다. 청소년은 수동적 보호의 대상이 아니라 자신의 삶과 사회적 사안에 대해 스스로 의견을 제시하고 참여할 수 있는 능동적 주체임을 인식해야 한다. 즉, 청소년 인권은 청소년의 참여권을 보장하고 사회적 의사결정 과정에서 이들의 목소리를 적극적으로 반영해야 할 것이다(Hart, 1992; Lansdown, 2005).

이상의 특성들을 종합해 볼 때 청소년 인권은 보호와 자율성 사이의 균형점을 찾아 청소년 스스로의 삶의 질을 향상시키고 사회적 참여와 역량 강화를 추구하는 방향으로 이해되고 실천되어야 한다.

2) 청소년 인권의 역사적 발전 과정

청소년 인권은 인류의 인권 발전사에서 비교적 최근에 등장한 개념으로, 청소년을 하나의 권리 주체로 바라보는 시각은 오랜 시간 동안 부재하거나 제한적으로만 존재해 왔다(Lansdown, 2005). 다시 말해, 전통적으로 청소년은 성인의 보호와 통제하에 놓인 미성숙한 존재로 간주되었으며, 법적 권리를 스스로 행사할 수 있는 독립된 주체로 인식되지 않았다. 그러나 20세기 이후 인권에 대한 논의가 확장되면서 청소년 역시 권리의 주체로 자리매김하기 시작하였고, 특히 1989년 「아동의 권리에 관한 협약(UNCRC)」의 채택은 청소년 인권이 독자적으로 다루어지는 시초가 되었다(United Nations, 1989).

(1) 고대 및 중세 사회의 청소년 인식

고대 사회에서는 청소년을 인권의 주체로 보지 않았다. 예를 들어, 고대 로마에서 청소년은 아버지의 법적 소유물로 간주되었으며, 법적으로는 독립적인 행위 능력이 없는 존재로 규정되었다. 이는 가족 중심의 가부장적 권위가 청소년을 규율하는 주요 기제로 작동했기 때문이다. 중세 기독교 사회에서도 청소년은 원죄를 지닌 존재로 인식되었으며, 교화와 순종의 대상으로 간주되었다. 그러므로 고대와 중세에는 청소년의 자율성과 권리보다는 복종과 보호의 논리가 우선되었으며, 청소년 인권의 개념이 없었다고 해도 무방하다(Lansdown, 2005).

(2) 계몽주의와 근대 시민혁명의 영향

17세기 계몽주의는 인간의 이성과 자유를 강조하며 인권 개념을 형성하였으나, 청소년은 그 범주에서 여전히 배제되었다. 대표적인 계몽사상가인 장 자크 루소는 『에밀』(1762)에서 아동과 청소년의 발달 단계를 강조하며 교육의 중요성을 설파했지만, 이는 어디까지나 성인으로의 성장 가능성을 전제로 한 보호적 접근이었다(Rousseau, 1762, 2009). 프랑스혁명 이후 1789년에 제정된 「인간과 시민의 권리 선언」이나, 1776년의 미국 독립선언 등은 보편적 인권을 선언했으나, 실질적으로는 성인 남성을 중심으로 구성된 '보편성'이었다(Brown, 2006). 즉, 청소년은 여전히 '미성년자'로 간주되며 시민권이나 정치적 권리에서는 제외되어 오늘날 청소년 인권의 개념은 여전히 부족한 상황이었다.

(3) 산업혁명과 청소년 인권문제의 대두

청소년 인권 문제가 본격적으로 공론화된 것은 19세기 산업혁명 시기였다. 산업화와 도시화의 진전에 따라 아동과 청소년은 값싼 노동력으로 취급받기 시작했고, 극심한 장시간의 노동과 열악한 작업 환경으로 인권이 심각하게 침해되기에 이르렀다(Humphries, 2010). 이에 따라 1833년 영국은 「공장법(Factory Act)」을 제정하여 9세 미만 아동의 노동을 금지하고, 13세 미만은 주당 48시간 이하로 노동시간을 제한하였다(Hendrick, 1997) 이는 국가 차원의 법적 규제가 청소년 인권 보장에 최초로 적용된 사례이다. 동시에 아동·청소년에게 교육받을 권리가 보장되어야 한다는 사회적 인식이 확산되기 시작했으며, 이러한 사회적 현상은 이후 보편교육제도의 등장과 정착으로 이어졌다(Lansdown, 2005).

(4) 제2차 세계대전 이후 인권 담론의 확장

두 차례의 세계대전은 청소년을 포함한 민간인의 인권 침해가 극단적으로 드러난 역사적 사건으로, 국제사회는 전 인류의 인권 보장을 위한 새로운 기준을 마련해야 했다. 1948년 유엔 총회에서 채택된 「세계인권선언(Universal Declaration of Human Rights: UDHR)」은 인간의 존엄과 권리를 국제적으로 보장하기 위한 첫 규범으로, 모든 사람은 태어날 때부터 자유롭고 평등한 권리를 가진다고 명시하였다(United Nations General Assembly, 1948). 그럼에도 불구하고 이 선언에조차 청소년의 인권은 별도로 언급되지 않아 실질적 권리 주체로 인식되지는 않았다(Lansdown, 2005).

1959년 유엔은 「아동권리선언(Declaration of the Rights of the Child)」을 통해 아동 및 청소년의 생존, 보호, 교육에 대한 권리를 천명하였다(United Nations General Assembly. 1959). 이 선언은 1989년에 채택된 「아동의 권리에 관한 협약(UNCRC)」의 토대가 되었으며, 청소년 인권 담론의 시작이 되었다고 할 수 있다.

(5) 「아동의 권리에 관한 협약(UNCRC)」과 청소년 인권의 전환

1989년 유엔 총회에서 채택된 「UNCRC」는 청소년을 포함한 18세 미만 아동에게 적용되며, 생존권, 보호권, 발달권, 참여권의 네 가지 영역을 제시하였다(United Nations, 1989). 특히 '참여권(right to participation)'의 명시는 청소년 인권 담론에 있어 획기적인 전환이었다. 이는 청소년이 단순한 보호 대상이 아니라, 자기 의사를 표현하고 의사결정 과정에 참여할 권리를 지닌 시민으로서 인정되었음을 의미하기 때문이다(Hart,

1992). 한국은 1991년 「UNCRC」를 비준하였으며, 이후 「청소년 기본법」(1991), 「아동복지법」 등 관련 법제 정비를 통해 청소년 권리 보장을 제도화해 오고 있다. 그러나 현실에서는 여전히 보호 중심의 청소년 인권 접근이 우세하며, 참여와 자율성은 제한된 범위에서만 인정되고 있다는 비판도 우세하다(김영지 외, 2022).

(6) 21세기 청소년 인권의 새로운 과제

21세기에 들어 청소년 인권은 더욱 복잡하고 다층적인 양상을 보이기 시작했다. 특히 디지털 환경은 청소년의 표현의 자유와 정보접근권을 확장시키는 동시에, 사이버폭력, 개인정보 침해, 혐오 표현 등의 새로운 위험을 초래하고 있다(Livingstone & Third, 2017). 더욱이 사회의 다양성이 확산되어 감에 따라 성소수자 청소년, 이주배경 청소년, 장애 청소년 등은 중첩된 차별을 경험하며, 기존의 인권 체계로는 포괄되지 않는 인권 영역에 대한 논의가 제기되기도 한다(Terriquez, 2015).

이와 더불어 전 세계적으로 청소년의 정치적 참여가 확대되고 있으며, 독일 일부 주에서 16세 투표권을 허용하고, 한국에서도 2020년부터 만 18세 이상의 청소년에게 선거권이 부여되었다(Eichhorn & Bergh, 2021). 이는 청소년을 '정치적 시민'이자 독립적인 주체로 인정하는 사회적 인식의 확산을 의미하며, 인권의 범위가 실질적인 참여로 확장되고 있음을 시사한다.

청소년 인권의 발전사는 단순한 법적 변화의 역사라기보다는 청소년에 대한 사회적 인식이 '수동적 보호 대상'에서 '능동적 권리 주체'로 변화해 온 과정을 보여 준다. 고대의 종속적 존재에서 출발하여, 근대의 보호 논리를 거쳐, 현대에는 시민적 권리의 주체로서 청소년을 바라보고 있다(Lansdown, 2005). 그러나 제도적 보장과 실제 현실 간의 괴리는 여전히 존재하며, 이를 해소하기 위한 교육, 정책, 사회문화적 기반 마련이 필요하다.

2. 청소년 인권의 현황과 쟁점

1) 교육권과 학습권

교육은 인간이 자신의 잠재력을 실현하고, 사회적 통합과 참여를 가능케 하는 주요한 권리이다. 특히 청소년기의 다양한 경험은 개인의 인격 형성과 진로 결정에 지대한 영향을 미치므로, 교육권은 청소년 인권의 핵심 축을 형성한다고 보아야 한다(Lansdown, 2005). 「UNCRC」 제28조와 제29조는 교육권을 명확히 규정하고 있으며, 국가가 아동과 청소년의 교육에 대한 접근을 실질적으로 보장해야 할 의무가 있다고 명시하고 있다. 그러나 한국을 비롯한 여러 국가에서는 청소년의 교육권이 실제 교육현장에서 온전히 보장되지 않고 있으며, 다양한 학습권 침해 사례가 드러나는 것이 현실이다(김영지 외, 2019).

(1) 교육권의 정의와 국제적 기준

교육권은 모든 아동과 청소년이 차별 없이 양질의 교육에 접근할 수 있는 기본 인권으로, 교육의 내용과 방법도 인권 친화적이어야 한다(Tomasevski, 2003; UNESCO, 2015). 「UNCRC」 제28조는 초 · 중등 교육의 의무성과 무상성을, 제29조는 교육의 목적을 "인격, 재능 및 정신적 · 신체적 능력의 최대한의 발달"로 규정하여 국가가 아동 · 청소년의 교육 기회를 실질적으로 보장할 법적 의무를 부과하였다(United Nations, 1989). 또한 교육 기회 제공을 넘어 교육의 전체 과정에 인권 원칙을 통합해야 한다는 '인권으로서의 교육(right to education)' 개념은 토마세브스키(Tomasevski, 2003)에 의해 체계적으로 정립되었으며, 이는 청소년이 존중받는 환경에서 자기 주도적으로 배울 수 있는 권리를 의미한다. 뿐만 아니라 아동 · 청소년의 발달 단계에 따른 '발달 능력(evolving capacities)' 원칙은 교육권 보장의 방식이 연령과 발달 특성을 고려해야 한다(Lansdown, 2005).

(2) 한국 사회에서의 청소년 교육권 현실

① 과도한 입시 경쟁과 학습권 침해

한국의 교육 환경은 높은 학업 성취도 이면에 과도한 경쟁이 자리 잡고 있다. OECD 보고서에 따르면 우리나라 15세 학생의 연간 수업 및 자기주도 학습 시간은 약 1,114시간으로, OECD 평균인 842시간을 크게 웃돈다(OECD, 2019). 이러한 빡빡한 학습 일정은 학생들의 휴식권 · 수면권 · 여가권을 침해하며, 반복적인 학업 스트레스는 우울 · 불안 · 집중력 저하 등 정신건강 문제와 밀접히 연관되어 있다(Pascoe, Hetrick, & Parker, 2020). 특히 '강제 자습제도'처럼 자율학습을 명목으로 학생을 교내에 묶어 두는 관행은 학습 선택권을 무시하고, 청소년을 수동적 권리 이행 대상으로 간주하게 된다. 이는 「UNCRC」의 교육권 논의에서 강조된 "교육의 내용과 방식이 아동 · 청소년의 발달 능력에 맞춰야 한다."라는 원칙에 위배된다고 할 수 있다(Lansdown, 2005; Choi, Lee, Bang, & Kim, 2019).

② 학습권의 불평등

소득 수준에 따른 교육 기회 격차는 점차 심화되고 있다. 높은 사회경제적 지위(SES)를 가진 학생이 특목고 · 자율형사립고 등 '고품질 고등학교'에 진학할 가능성이 유의하게 높아, 가정 배경이 학업 경로와 진학 결과를 결정짓는 주요 요인으로 작용한다(김세일, 김나정, 2024). 지역 간 불평등도 여전하다. 코로나19 팬데믹 기간 중 대면 학습 감소가 서울과 강원 지역 학생들의 수학 성취도 격차를 더욱 확대했음을 보여 주는 연구도 있다(Chu et al., 2023). 이 연구는 도시 · 농어촌 간 교육 인프라 · 사교육 접근성 차이가 학습 성과에 직접적인 영향을 미친다고 보았다. 다문화가정 청소년은 언어 · 문화적 제약으로 학교생활 및 학습 참여에서 소외를 경험하기도 한다. 강순원(2010)은 한국 이민자 자녀를 대상으로 한 다문화 교육 현황을 검토하며, "제도적 지원의 부재가 이들의 교육 접근성과 학습권 자체를 제한한다."라고 지적했다(Kang, 2010). 전술한 연구 사례들은 학습권 불평등으로 이어지게 되며, 이러한 구조적 불평등은 「UNCRC」에서 규정한 '차별 없는 교육권(right to education)' 보장 원칙에 정면으로 배치되는 것이다(United Nations, 1989).

③ 청소년의 교육권에 대한 인식과 실태

청소년종합실태조사(여성가족부, 2020)에 따르면, 전체 응답 청소년의 68.5%가 "학업 성취 압박으로 높은 수준의 스트레스를 경험한다."라고 답하였으며, 이로 인해 학습동기가 유의하게 저하된다고 보고되었다(여성가족부, 2020). 이러한 결과는 청소년 스스로가 "나에게 맞는 방식으로 배울 권리(right to education)"가 충분히 보장되지 않고 있다고도 해석할 수 있다. 교육권의 실현을 위해서는 학생들이 자신의 학습 환경과 교육과정 편성에 의견을 제시할 수 있어야 한다. 미트라(Mitra, 2004)는 "학생 목소리(student voice)"가 학교 의사결정에 반영될 때 청소년의 참여감과 주체성이 향상되며 학습 동기와 학업 성취 모두 긍정적 영향을 받는다고 주장하였다(Mitra, 2004). 그러나 국내의 많은 학교에서는 여전히 학생을 '피교육자'로만 간주하여, 학생 자치회나 교육과정위원회 등 참여 기구가 형식적으로 운영되는 데 그치고 있다. 이처럼 제도상 참여 통로가 존재하더라도, 실제 의사결정 과정에서 학생 의견이 실질적으로 반영되지 않는 한 교육권이 완전히 보장되고 있다고 보기는 어렵다.

④ 코로나19 팬데믹과 디지털 전환 속 교육권의 재조명

코로나19 팬데믹은 전례 없는 규모의 학교 폐쇄를 초래하며 디지털 교육으로의 전환을 가속화했다. 그러나 원격 학습에 필요한 기기 · 인터넷 접근성 차이는 교육권 격차를 심화시켰다. UNESCO 모니터링에 따르면 "적어도 학생의 3분의 1이 기기나 연결성 부족으로 원격 학습 기회에서 배제되었다."라고 보고되었다(UNESCO, 2020). 한편, 디지털 수업 전환이 가져온 학습 방식의 변화는 기존의 교육 불평등을 더욱 고착화시켰다. 디 피에트로 등(Di Pietro et al., 2020)은 "온라인 수업 환경의 준비도, 가정 내 학습 자원, 교사 지원 역량 등이 국가별 · 계층별로 상이하여 학생 간 학습 손실 격차를 확대했다."라고 분석하였다(Di Pietro et al., 2020). 원격 수업의 또 다른 문제는 교사-학생 간 상호작용 부족과 정서적 지지 결여이다. 로데스 등(Loades et al., 2020)의 신속하고 체계적인 검토에 따르면, 사회적 고립이 지속될수록 청소년의 우울 · 불안 발생률이 급격히 상승하며, 이는 학습 몰입도와 학습권 질이 심각하게 훼손된다(Loades et al., 2020). 이러한 위기 상황에서 교육권을 재구성하려면 단순히 수업 유지 여부를 넘어서, 첫째, 모든 청소년이 디지털 학습에 실질적으로 접근할 수 있는 기술적 인프라 보장, 둘째, 원격 환경에서의 정서적 안정과 상호작용을 위한 지원체계 구축, 셋째, 온라인 · 오프라인 학습 전환 과정에서 청소년 스스로 학습 방식과 도구를 선택 · 조정할 자기결정권 보장이 종합적으로 고려되어야 한다(Lansdown, 2005).

⑤ 교육권 보장을 위한 과제

청소년 교육권을 실질적으로 보장하기 위해서는 다음과 같은 과제들이 필요하다. 첫째, 청소년 의견 수렴의 제도화이다. 즉, 교육 정책 수립과 학교 운영 전반에 청소년의 목소리를 반영할 수 있도록 제도적 장치를 마련해야 한다. 하트(Hart, 1992)는 아동 · 청소년의 전 주기 참여가 '형식적 참여(tokenism)'를 넘어 진정한 시민성 함양으로 이어질 때 비로소 권리 주체로서 인정받게 된다고 보았다. 둘째, 학습 · 휴식 균형과 교육환경 조성이 필요하다. 과도한 학업 부담으로 인한 정신 · 신체적 건강 훼손을 막기 위해 학습과 휴식이 조화된 교육 환경을 설계해야 한다. 파스코 등(Pascoe et al., 2020)은 중 · 고등학생의 장시간 학습이 우울 · 불안 · 수면 질 저하와 밀접히 연관됨을 밝혀, 학생이 스스로 조절할 수 있는 휴식권 보장의 필요성을 강조했다. 셋째, 구조적 불평등이 해소되어야 한다. 다시 말해, 소득 · 지역 · 가정 배경에 따른 교육 기회 격차를 해소하기 위해, 국가 차원의 재정 투입과 제도 개혁을 추진해야 한다. 김세일과 김나정(2024)은 한국의 사회경제적 지위(SES) 격차가 고교 · 대학 전이 단계에서 교육 기회의 불평등을 재생산하는 실증적 증거를 제시하며, 효과적 불평등 해소를 위한 정책 개편을 제언했다. 넷째, 교육에 대한 인식 전환이 필요하다. 교육을 단순 '입시 준비' 수단이 아니라, 청소년의 삶의 질 향상과 기본권 보장의 핵심 축으로 인식하는 전환이 요구된다. 센(Sen, 1999)은 교육을 "개인의 잠재력 실현과 자유 확대를 위한 필수적 수단"으로 보고, 교육권을 시민의 기본 자유(capability) 관점에서 재정립할 것을 주장하였다.

2) 표현의 자유와 정치적 참여권

표현의 자유는 민주주의 사회의 핵심 권리로, 청소년에게도 보편적 인권으로 보장되어야 한다. 「UNCRC」 제13조는 "아동은 의견을 자유롭게 표현할 권리를 가진다."라고 명시하며, 제12조는 "모든 아동은 자신과 관련된 사안에 의견을 제시할 권리와 그 의견이 존중받을 권리"를 선언하고 있다(United Nations, 1989). 그러나 현실에서는 청소년의 표현이 미성숙하거나 위험하다는 인식으로 억압되거나 무시되는 경우가 많다(Livingstone & Third, 2017).

정치적 표현과 참여도 마찬가지로 '성인만의 영역'이라는 문화 속에서 제약된다. 체코웨이와 알다나(Checkoway & Aldana, 2013)는 청소년의 의사결정 참여를 네 가지 형태(정치 참여, 사회 실천, 자치 활동, 정보 표현)로 구분하면서, 이 중 진정한 시민적 참여는 단순한 토큰주의(tokenism)를 벗어나야 한다고 강조했다(Checkoway & Aldana, 2013). 하트(Hart, 1992) 역시 형식적 참여는 '의례적 참여'에 불과하며, 청소년이 실질적 의사결정 과정에 참여할 때 비로소 진정한 시민권을 획득한다고 지적하였다(Hart, 1992). 그러므로 아동 · 청소년이 발달 단계에 맞추어 점진적으로 권리 행사의 능력을 확장해 나갈 수 있도록, 참여 기회의 설계와 지원이 필수적이라고 할 수 있다(Lansdown, 2005).

(1) 표현의 자유에 대한 개념과 청소년

표현의 자유(freedom of expression)는 사상 · 의견 · 감정 등을 말 · 문자 · 예술 등 다양한 수단으로 자유롭게 표현할 수 있는 권리이며, 이는 국제 인권 규범의 핵심으로 자리 잡고 있다. 1948년 유엔 총회에서 채택된 「세계인권선언(UDHR)」 제19조는 "모든 사람은 의견과 정보를 어디서나 찾고, 받으며 전파할 자유"를 보장하였다(United Nations General Assembly, 1948). 한편, 「UNCRC」 제13조는 아동 · 청소년이 "국경에 관계 없이 정보와 생각을 찾고, 접수하며 전파할 자유"를 명시하고, 제12조에서는 "자신과 관련된 사안에 대해 의견을 제시하고 그 의견이 존중받을 권리"를 보장한다(United Nations, 1989).

그럼에도 불구하고 현실에서 청소년의 표현은 학교 규율 · 교내 정책 · 사회적 편견 등에 의해 종종 검열되거나 억압된다. 포스트(Post, 2024)는 미국 교육 현장에서 Tinker 판례(1969) 이후에도 학생의 정치적 표현이 '실질적 교실 교란' 기준으로 과도하게 제약되며, 상당수의 표현이 학교장 재량으로 금지되고 있다고 지적한다. 미트라(Mitra, 2004)는 'student voice' 연구를 통해, 학교 의사결정 구조에서 학생의 의견이 형식적으로만 수렴되고 실제 정책에는 반영되지 않아, 표현의 자유가 실질적 참여로 이어지지 못하는 한계를 지적하였다. 이를 통해 청소년의 표현의 자유에 대한 보장은 단지 한국 사회만의 문제가 아님을 알 수 있다.

(2) 청소년의 정치적 참여권의 의미와 국제 동향

정치적 참여권(political participation rights)은 단순히 선거권 · 피선거권뿐 아니라, 시위 · 캠페인 · 온라인 의견 표명 · 학교 자치회 참여 등 공적 의사결정 과정 전반에 청소년이 주체적으로 관여할 수 있는 권리를 포함한다(Brady, Verba, & Schlozman, 1995; Checkoway & Aldana, 2013). 이러한 참여는 청소년을 미래의 시민이 아닌 "현재의 시민"으로 인정함으로써 민주주의 교육의 핵심 요소가 되는 것이다(Lansdown, 2005) . 국제적으로는 오스트리아가 2007년 전국 선거에서 투표 연령을 만 16세로 낮춘 것을 시작으로, 아일랜드 · 브라질 · 독일 일부 주에서도 지역선거 기준을 16세로 하향 조정하는 움직임이 확산되고 있다(Eichhorn & Bergh, 2021; Tremmel & Wilhelm, 2015). 한국도 대한민국 정부 수립 당시 21세였던 선거 연령이 1960년 만 20세로 하향 조정되었다가 2005년 「공직선거법」 개정으로 만 19세로 조정되었다. 그 후 2019년 다시 한번 「공직선거법」이 개정되면서 만 18세로 하향 조정되었다. 이는 청소년 참여를 단지 '보호 대상 확대'가 아닌, 공적 의사결정의 정당한 주체로 재구성하려는 제도적 전환이라 볼 수 있다.

(3) 한국 사회의 현실과 문제점

현재 한국은 만 18세 이상 청소년에게 선거권을 부여하고 있으나, 실질적 선거 참여로 연결되지 못하고 있다(Chang, 2021). 여성가족부(2022)의 '제7차 청소년정책기본계획(2023~2027)'은 청소년의 정치교육 강화와 청소년의 직접 참여를 보장하는 제도 마련을 주요 과제로 제시했으나, 아직 현장 적용에는 상당한 간극이 존재한다. 학교 현장에서는 '정치적 중립' 명목하에 학생의 정치적 발언 · 토론 · 집회 · 시위 참여를 규제하는 조항이 교칙에 남아 있어, 사실상 학생의 정치 표현권이 제약되고 있다(국가인권위원회, 2022). SNS 등 디지털 공간에서 청소년의 정치적 의사표현은 활발하지만, 성인 · 교사 · 언론 등 주류 사회는 이를 '미성숙한 발언' 또는 '조종된 행동'으로 폄하하며, 청소년을 독립된 시민 주체로 인정하지 않는 경향을 보이기도 하는 것이 현실이다.

(4) 표현의 자유와 정치 참여권이 청소년에게 미치는 영향

청소년이 사회적 표현과 정치적 참여 활동에 관여할 때 자기효능감, 시민의식, 비판적 사고력이 유의미하게 향상된다(Checkoway & Aldana, 2013). UNICEF(2012)는 미국 · 캐나다 · 호주 등에서 실시된 청소년정책 참여 프로그램이 실제로 지역사회 의사결정에 반영되어 교육 · 복지 정책 개선을 이끈 사례들을 문서화하기도 하였다. 특히 청소년 주도 사회운동에 참여한 연구 대상자들은 집단 문제해결 능력과 정치적 주체성을 기르며, 이를 통해 학교 · 지역사회 · 온라인 공간 등 다양한 맥락에서 목소리를 내는 법을 배웠다(Kirshner, 2007). 이러한 청소년기의 참여 경험이 성인이 된 후에도 정치지식과 실제 참여율을 높이는 반면, 표현과 참여가 억압된 환경에 놓인 청소년은 학습된 무력감과 정치적 무관심을 학습하고, 이는 결국 낮은 성인 시민 참여로 이어질 수 있다.

(5) 향후 과제

첫째, 학교는 정치적 중립을 이유로 표현의 자유를 제한하기보다는, 다양한 의견과 가치를 존중하는 민주적 학습공동체를 구축해야 한다. 하트(Hart, 1992)는 아동 · 청소년의 전 주기 참여가 '형식적 참여(tokenism)'를 넘어 실질적 시민성으로 이어질 때 비로소 권리 주체로 인정된다고 강조한다. 둘째, 청소년의 정치 참여는 선거권에만 국한되지 않아야 하며, 정책 제안 · 공청회 · 청소년 의회 · 자치회 등 실질적 의사결정 통로를 다양화해야 한다. 트레멜과 빌헬름(Tremmel & Wilhelm, 2015)은 16세 투표권 하향 조정이 "현재의 시민"으로서 청소년 권리를 제도화한 전환점이 된다고 평가하며, 이와 유사한 참여 기구가 확대될 때 정치교육 효과가 극대화된다고 분석했다. 셋째, 교사 · 부모 · 정책 결정자는 청소년의 정치적 관심과 표현을 존중하는 문화적 토대를 조성해야 한다.

베산트(Bessant, 2021)은 청소년의 목소리를 "진지한 정치 담론의 일부"로 수용하는 사회일수록 지속 가능한 시민 정체성이 형성된다고 보고하였다. 마지막으로 유럽평의회(Council of Europe, 2003)의 '유럽 청소년 참여 헌장'은 지방 · 지역 차원의 청소년 참여 권리를 법적 · 제도적으로 보장할 것을 권고한다. 이를 참조하여, 대한민국에서도 지역 정책 수립 · 평가 과정에 청소년이 다양한 방법으로 공식 참여할 수 있도록 법적 근거를 강화해야 할 것이다.

3) 보호와 자율성의 균형

청소년 인권 논의에서 가장 핵심적인 쟁점 중 하나는 보호와 자율성 간의 균형 문제이다. 청소년은 신체적 · 정서적 · 사회적 발달 과정에 있는 존재로서 일정 수준의 보호가 필요하지만, 동시에 시민으로서 자율성과 책임 있는 주체로 인정받아야 한다.

(1) 보호 개념의 역사적 · 법적 맥락

청소년 보호 개념은 근대 복지국가 형성과 더불어 제도화되었으며, 특히 산업화 이후 아동 · 청소년은 취약계층으로 간주되어 국가의 보호책임 대상이 되었다(Tomasevski, 2003). 「UNCRC」 제19조와 제36조는 국가가 모든 형태의 폭력 · 착취로부터 아동 · 청소년을 보호할 법적 의무를 명시하였다(United Nations, 1989). 하지만 보호 중심의 접근은 청소년을 수동적 · 무력한 존재로 고정시키고, 그들의 자율성과 판단 능력을 과소평가할 위험이 있다(Archard, 2004). 특히 일률적인 연령 기준으로 법적 능력을 규정할 경우, 발달 수준이 다양한 개별 청소년의 역량을 간과하게 된다.

한편, 국제개발 분야에서 한슨과 니우웬후이스(Hanson & Nieuwenhuys, 2012)는 아동 권리를 단순 보호에서 벗어나 '삶의 권리, 사회정의 그리고 번역'의 맥락에서 재개념화할 것을 제안하였다. 이들은 아동 · 청소년이 삶의 주체로서 권리를 실현하도록 사회구조를 재편해야 한다고 주장하기도 한다.

(2) 자율성의 의미와 국제적 권리 기준

청소년 자율성(self-determination)은 자신에게 영향을 미치는 사안에 능동적으로 참여하고, 스스로 선택할 수 있는 권리로 설명될 수 있다(Lansdown, 2005). 「UNCRC」 제12조는 "아동은 자신에게 영향을 미치는 모든 사안에 대해 자유롭게 의견을 표현할 권리"를, 제5조는 "국가는 아동의 점차 발달하는 역량(evolving capacities)에 따라 보호자의 지도를 조정해야 한다."라고 명시함으로써 청소년에게 자율성의 법적 토대를 제공한다(United Nations, 1989).

한슨과 니우웬후이스(Hanson & Nieuwenhuys, 2012)는 '발달하는 역량'의 개념이 아동·청소년을 고정된 보호대상이 아니라, 사회적 학습과 실천을 통해 능력을 확대해 나가는 주체로 인식하도록 돕는 핵심이라고 강조하였다. 반면, 아카드(Archard, 2004)는 일률적인 연령 기준에 기반한 과도한 보호가 청소년의 판단 능력과 책임감을 억압하고, 권리 주체로서의 정체성을 위축시킬 위험이 있다고 지적하여 한국 사회에 주는 시사점이 있다.

(3) 한국 사회에서의 균형 현실

한국 사회는 전통적으로 유교적 보호주의 유산 위에 청소년정책을 설계·운영해 왔다. 대표적 사례로 2011년 도입된 '셧다운제(온라인게임 셧다운 시스템)'는 만 16세 미만 청소년의 심야 온라인 게임 이용(0~6시)을 법적으로 차단하여, 청소년의 여가 자율권과 정보 접근권을 제한했다(Lee, Kim, & Hong, 2017). 후속 연구에 따르면 이 제도는 인터넷 사용 시간과 수면 시간에 미미한 영향만을 남겼으며, 스마트폰 게임 등 우회 수단의 확산으로 실효성이 크게 저하된 것으로 평가된다(Choi et al., 2018). 또한 다수의 학교에서는 교복·두발·휴대전화 사용 금지를 통해 학생의 자율성을 폭넓게 제약하고 있다.

이처럼 보호와 자율성 사이에서 청소년의 권리가 왜곡되지 않고 균형을 이루려면, 「UNCRC」가 규정한 '발달하는 역량' 원칙에 따라 청소년이 스스로 선택하고 참여할 수 있는 공간을 확대해야 한다(Lansdown, 2005). 즉, 과도한 통제 중심의 규제 대신 청소년의 성장 잠재력을 존중하는 지원적 접근이 절실하다.

4) 차별 및 폭력으로부터의 자유

모든 청소년은 인종, 성별, 장애, 성적 지향, 출신 배경 등의 이유로 어떠한 차별도 받지 않고, 모든 형태의 폭력으로부터 안전하게 보호받을 권리를 가진다(United Nations, 1989). 그러나 실제로 청소년들은 학교, 가정, 지역사회 그리고 온라인 공간 등 일상 전반에서 다양한 차별과 폭력에 노출되고 있으며, 이러한 경험은 반복적으로 재생산되며 지속적인 권리 침해로 이어지고 있다(Hill & Lynch, 1983).

차별과 폭력은 청소년의 자존감, 학습권, 건강권 등 기본권에 심각한 부정적 영향을 미치며, 사회적 고립과 배제를 심화시키는 주요 요인으로 작용한다(Ben-Arieh & Boyer, 2005). 다음은 차별과 폭력의 개념 및 유형에 대한 설명이다.

(1) 차별로부터의 자유: 개념과 국제 기준

차별(discrimination)이란 개인이나 집단이 인종, 성별, 연령, 사회경제적 지위, 종교, 성적 지향 등 특정 속성에 따라 불평등하게 대우받는 것을 의미한다. 「UNCRC」 제2조는 '각국은 어떠한 이유로도 아동이 차별받지 않고 권리를 보장받도록' 의무를 지운다(United Nations, 1989). 특히 여자 청소년, 성소수자 · 장애 · 이주배경 청소년 등 교차적 정체성을 지닌 이들은 다중 차별을 경험할 가능성이 크며, 이는 심리적 스트레스와 사회적 배제로 이어진다. 메이어(Meyer, 2003)의 소수자 스트레스 모델은 이러한 편견과 차별이 성소수자 청소년의 정신건강에 심각한 부정적 영향을 미친다고 설명하기도 한다. 비슷한 관점에서 무들리와 그래섬(Moodley & Graham, 2015)은 성별 · 장애의 교차가 차별의 강도를 더욱 심화시키며, 단일 차별 연구만으로는 이 복합적 경험을 설명할 수 없다고 지적하였다.

(2) 폭력으로부터의 자유: 범주와 특성

「UNCRC」 제19조는 "아동은 신체적 · 정신적 폭력, 상해, 학대, 방임, 태만, 착취 등 모든 형태의 폭력으로부터 보호받을 권리"를 규정한다(United Nations, 1989). 그러나 청소년이 실제 겪는 폭력은 다음과 같이 다층적이다.

- 물리적 · 정서적 폭력 등 전통적 폭력은 가해자와 피해자 간 힘의 불균형을 바탕으로 반복된다(Finkelhor, 2008)
- 학교폭력은 또래 간 신체적 · 언어적 폭행, 집단 따돌림, 온라인 괴롭힘 등을 포함하며, 장기적으로 우울 · 불안 · 자살 위험을 높인다(Wolke & Lereya, 2015)
- 가정 내 아동학대는 부모 · 보호자의 신체적 · 정서적 폭력, 방임, 성적 학대를 망라하며, 청소년기 발달에 심각한 부정적 결과를 초래한다(Gilbert et al., 2009)
- 사이버폭력은 SNS · 메신저 등을 통해 이루어지는 전자적 괴롭힘으로, 피해자의 자아존중감 저하와 사회적 고립을 심화시킨다(Kowalski, Giumetti, Schroeder, & Lattanner, 2014)

이처럼 폭력은 다층적 · 복합적으로 작용하여 청소년의 신체 · 정신 건강과 학습권, 사회적 관계망을 위협하며, 국가와 교육기관 · 가정 · 지역사회가 통합적으로 대응해야 할 시급한 과제로 남아 있다.

(3) 구조적 차별과 사회문화적 맥락

차별과 폭력은 개인 간 갈등을 넘어, 사회구조와 문화권에 깊이 뿌리내린 현상이다. 우선 교차적 차별, 즉 인종 · 성별 · 장애 · 성적 지향이 결합될 때 차별의 강도는 배가되며, 이에 대한 분석에는 교차성 관점이 필수적이다. 문화적 규범에 의해서도 차별이 일어난다. 다시 말해 학교에서의 외모 평가나 성적 농담은 성차별 문화가, 성소수자 괴롭힘은 이성애 중심 규범이 강화된 결과라고도 할 수 있기 때문이다. 마지막으로 사회경제적 · 민족적 배경이 구조적 배제를 유발한다. 즉, 다문화 청소년은 언어 · 문화 장벽으로, 장애 청소년은 편의시설 부재와 편견으로 인해 구조적 배제에 직면하는 것이다(Moodley & Graham, 2015).

(4) 한국 사회에서의 현실

한국 청소년의 약 30%가 학교 · 온라인에서 차별 · 괴롭힘을 경험하며, 주된 차별 요인으로 성적 지향 · 외모 · 학업 성적 · 사회경제적 지위가 지목됐다(한국청소년정책연구원, 2023). 앞에서 언급한 다양한 차별이 한국 청소년이 경험하는 차별과 무관하지 않다는 점을 주목해야 할 것이다. 사이버폭력 피해 청소년 중 60% 이상이 "적절한 보호를 받지 못했다."라고 답했다(여성가족부, 한국청소년정책연구원, 2024). 이러한 현실은 제도적 사각지대에 대한 대책도 시급하다는 것을 보여 준다.

(5) 대응과 과제

차별과 폭력으로부터 청소년을 보호하기 위한 대응은 다음의 세 가지 방향에서 이루어져야 한다.

첫째, 법 · 제도가 강화되어야 한다. 즉, 「청소년 보호법」 「학교폭력예방 및 대책에 관한 법률」 「디지털 성범죄 처벌법」 등을 정비하고, 피해자 지원 · 가해자 교육 시스템을 병행 구축해야 한다. 둘째, 인권 교육 및 감수성 제고는 아무리 강조해도 지나치지 않다. 학교 · 가정 · 지역사회에서 성평등 · 다양성 · 반차별 교육을 강화하여, 청소년과 보호자 모두 인권 감수성을 갖추도록 지원해야 한다. 셋째, 피해자 중심의 회복적 정의 모델이 필요하다. 피해 청소년이 자신의 회복 과정에 주체적으로 참여하는 회복적 정의 모델을 도입하여, 처벌 위주의 사법 대응에서 벗어난 포괄적 지원 체계를 마련해야 할 것이다.

3. 청소년 참여의 개념과 필요성

1) 청소년 참여의 이론적 배경

청소년 참여는 단순한 프로그램 참여를 넘어, 청소년을 권리의 주체이자 민주주의의 구성원으로 인정하는 핵심적 시민 실천이다(Checkoway & Aldana, 2013). 이론적으로는 아른슈타인(Arnstein, 1969)의 참여 사다리 이론과 하트(Hart, 1992)의 'Tokenism to Citizenship' 모델에서 출발하여, 청소년이 '관찰 → 정보 제공 → 의견 제시 → 공동의사결정' 단계로 나아갈 때 진정한 참여가 실현된다고 본다. 체코웨이와 알다나(Checkoway & Aldana, 2013)는 청소년 참여를 정치적 참여, 사회실천, 청소년 주도 프로그램, 디지털 행동의 네 유형으로 구분하여, 각각이 청소년의 자기효능감과 시민의식을 고양하는 방식으로 작용한다고 제시한다. 베산트(Bessant, 2004)는 이를 '참여적 시민성'이라 규정하며, 청소년이 스스로 공동체의 문제를 인식하고 해결하는 능력을 길러 주는 교육적·사회적 맥락의 중요성을 강조했다. 국제적 법적 기반은 「UNCRC」 제12조(의견표현권)와 제13조(표현의 자유)가 제공한다(United Nations, 1989). 제12조는 "아동·청소년이 자신에게 영향을 미치는 사안에 대해 자유롭게 의견을 표명하고 그 의견이 존중받을 권리"를, 제13조는 "정보와 생각을 찾고 접수하며 전파할 자유"를 보장함으로써, 모든 국가가 제도·문화 차원에서 청소년 참여를 실질화할 의무를 부과한다. 이를 종합하면, 청소년 참여는 이론적·법적 정당성을 기반으로, 첫째, 실질적 의사결정 참여, 둘째, 공동체 문제해결 주도, 셋째, 디지털 매체를 통한 목소리 확산의 다양한 형태로 나타나며, 이들 모두가 청소년의 시민성·인권 역량을 강화하는 필수적 수단이다.

(1) 청소년 참여의 개념과 원칙

청소년 참여란 청소년이 자신과 공동체, 사회 전반에 영향을 미치는 의사결정 과정에 주체적으로 개입하는 활동을 의미한다. 하트(Hart, 1992)는 참여를 '관찰 → 정보 제공→ 의견 제시 → 공동의사결정' 단계로 구분하며, 단순한 '보여 주기(tokenism)'를 넘어 실질적 권한이 부여될 때 비로소 진정한 시민적 참여가 이루어진다고 보았다

이와 유사하게, 웡과 짐머만 그리고 파커(Wong, Zimmerman, & Parker, 2010)는 '도구' '상징' '다양' '독립' '자율'의 다섯 유형으로 참여의 질을 제시하여, 각 단계마다 청소년-어른 간 권력 공유 정도와 개발 잠재력이 달라진다고 설명하였다.

(2) 이론적 배경

① 하트의 '참여 사다리' 이론

하트(Hart, 1992)는 청소년 참여를 8단계의 사다리로 설명하며, 하위 수준의 참여는 형식적 또는 강압적인 참여이며, 상위 단계로 갈수록 진정한 참여에 가까워진다고 설명한다.

■ 비참여 단계

- **1단계 조작**: 청소년의 참여가 지도자나 어른의 이익을 위해 조작적으로 이용됨. 실제로는 어른의 의견을 표현하는 도구로만 활용됨(허위 참여).
- **2단계 장식**: 청소년은 실제로 참여하지 않고 상징적 존재로 활용됨. 행사나 활동에서 청소년이 단지 '장식적' 존재로 활용되는 경우임.
- **3단계 명목상의 참여**: 청소년이 표면적으로 참여하나 실제적 영향력이나 발언권은 거의 없음. 형식적이고 제한적인 참여로 실질적인 참여나 의견 반영은 이루어지지 않음.

■ 실질적 참여 단계

- **4단계 정보 제공과 의견 청취**: 지도자가 결정권을 가지고 있지만 청소년에게 충분한 정보 제공과 의견을 청취함. 청소년은 자신의 역할과 의의를 알고 참여하지만 결정 과정에는 깊이 관여하지 않음.
- **5단계 청소년과 어른이 함께 결정하고, 어른이 주도**: 청소년은 의사결정 과정에 참여하지만, 최종 결정은 어른이나 지도자에게 있음. 청소년의 의견이 존중되고 어느 정도 반영되지만 여전히 주도적 결정권은 어른에게 있음.

- **6단계 청소년이 주도하고 어른이 지원:** 어른이 제안한 활동을 청소년이 적극적으로 참여하여 의사결정 과정에서 책임과 권한을 나누어 가짐. 청소년의 의견이 적극 반영되고 어른은 지원과 촉진 역할을 수행함.
- **7단계 청소년 주도의 결정과 활동, 어른은 보조적 역할:** 청소년이 스스로 계획, 결정, 실행의 모든 단계에서 주도적으로 활동함. 지도자는 단지 지원과 보조 역할을 수행하며 필요할 때에만 개입함.
- **8단계 청소년 주도 활동에서 청소년과 어른의 협력적 파트너십:** 가장 이상적이고 높은 단계로서, 청소년이 자발적으로 시작한 활동에 어른을 협력자로 초대함. 청소년과 어른이 동등한 협력적 관계에서 의사결정과 활동을 함께 진행함. 상호 존중과 협력적 파트너십을 이루는 이상적 참여 수준으로 간주됨.

하트는 참여 사다리를 다음과 같이 도식화하였다. 즉, 상위 단계(8단계)가 실질적 참여의 가장 이상적인 형태이며, 하위 단계(1단계)는 가장 낮은 수준인 비참여에 해당한다.

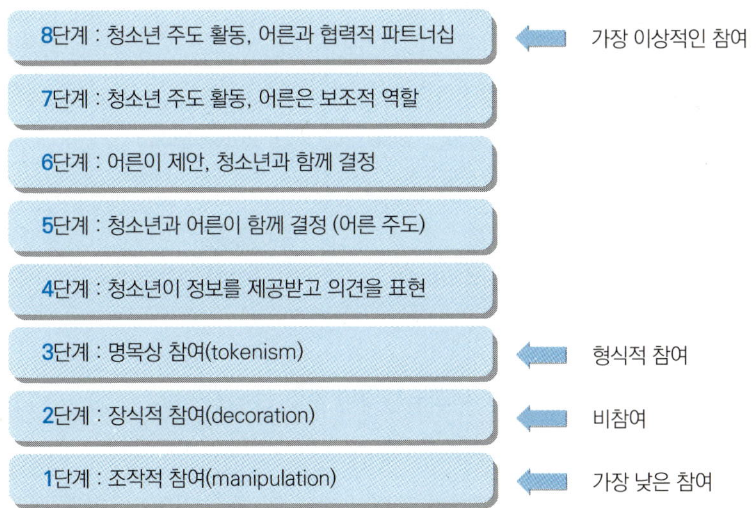

* 참여 단계 설명 요약

- 1~3단계는 비참여 단계로, 실제로는 청소년의 의견이 제대로 반영되지 않는 형식적 참여이다.
- 4~8단계는 실질적 참여 단계로, 단계가 올라갈수록 청소년의 주도성과 책임성, 자율성의 정도가 높아진다.
- 이상적인 참여는 청소년과 어른 간의 상호 협력과 책임 공유가 이루어지는 8단계이다.

[그림 13-1] 하트의 참여 사다리

이러한 사다리 모형은 청소년의 참여 수준을 평가하고, 참여를 촉진하는 방향성을 설정하는 데 유용하게 활용된다. 하트의 참여사다리는 전 세계 청소년정책, 특히 UN, UNICEF 등 국제기구에서 청소년 참여의 기준으로 널리 채택되고 있으며, 예컨대 UNICEF(2019)의 「Child Participation in Local Governance: A UNICEF Guidance Note」는 하트(Hart)의 8단계를 인용하며, 각 단계별로 청소년의 권한 수준과 의사결정 과정 참여 여부를 평가하는 기준으로 활용한다.

② 아른슈타인의 '시민 참여의 사다리'

아른슈타인(Arnstein, 1969)은 참여를 '비참여 → 형식적 참여 → 권한 있는 참여'의 세 그룹으로 나누고, 8단계의 사다리로 시각화하였다.

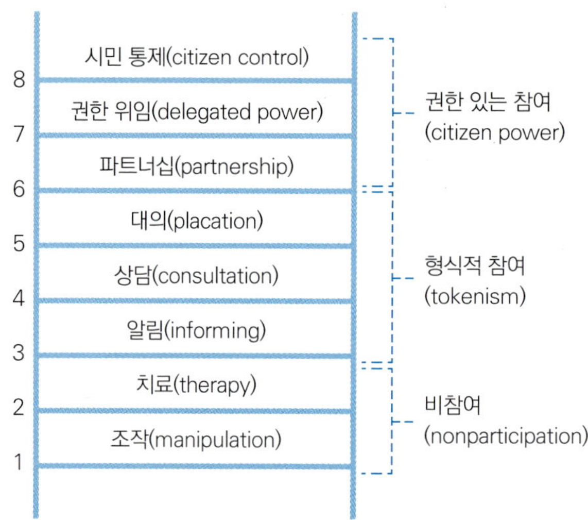

[그림 13-2] 아른슈타인의 시민 참여 사다리

아른슈타인의 모델은 '참여'를 단순히 '프로그램에 참석'하거나 '의견을 들어주는 수준'이 아니라, 의사결정 권력이 실제로 청소년(시민)에게 얼마나 이전되었는가로 평가해야 함을 강조한다. 웡 등(Wong et al., 2010)은 이 사다리 모델을 바탕으로 청소년 참여를 성인 주도형, 협력형, 청소년 주도형의 세 범주로 축약하여 제안했다. 성인 주도형은 성인이 의제를 설정하고 결정을 주도하는 것이며, 협력형은 성인과 청소년이 동등한 의사결정 파트너를 의미한다. 마지막으로, 청소년 주도형은 청소년이 스스로 의제를 발굴하고 실행하며 이때 성인은 지원의 역할만 하게 된다. 이 단순화된 분류는 교육 현장과 정책

평가에서 실질적 권한 부여(empowerment)가 이루어졌는지를 쉽고 명확하게 판단하는 틀로 활용되고 있다.

③ 권한 부여 이론(empowerment theory)

청소년 참여는 단순한 활동 참여를 넘어, 자기결정과 자율성 확대를 통한 권한 부여(empowerment)의 실천 과정이다. 퍼킨스와 짐머만(Perkins & Zimmerman, 1995)의 연구에 따르면, 심리적 권한 부여는 개인 내적, 상호작용적, 행동적 차원에서 이루어지며, 이 과정을 통해 청소년은 자신의 능력과 역량을 인식하고, 이를 바탕으로 사회적 결정 과정에 적극 개입할 힘을 기르게 된다. 이처럼 권한 부여를 경험한 청소년은 공동체에 대한 책임감과 소속감을 강화하며, 자신감 있게 목소리를 내는 법을 배우게 된다. 진라이트와 제임스(Ginwright & James, 2002)는 도시 지역 청소년들이 자산 기반의 조직화 활동을 통해 '변화를 이끄는 주체'로 전환되는 과정을 분석하며, 사회정의 접근법이 청소년의 참여를 정치 참여 · 사회운동 · 지역사회 조직 활동으로까지 확장시키는 동력이 된다고 설명한다.

(3) 청소년 참여의 주요 유형

청소년 참여는 행정, 교육, 지역사회, 디지털 등 다양한 영역에서 나타나며, 활동의 성격과 목적에 따라 다음과 같이 유형화할 수 있다.

① 제도 기반 참여

청소년특별회의, 청소년참여위원회, 청소년운영위원회는 공식적인 행정 및 교육 제도 내에서 청소년의 참여를 제도적으로 보장하기 위해 설계된 대표적 참여기구이다. 청소년특별회의는 국가 차원의 청소년정책을 논의하고 대통령에게 정책 제안을 하기 위해 구성된 회의체이며, 청소년참여위원회는 지방자치단체 및 중앙정부의 청소년정책 수립 과정에 자문 역할을 수행한다. 청소년운영위원회는 청소년수련관, 청소년수련원 등 청소년시설의 운영에 청소년이 직접 참여하여 프로그램 개선과 의견 개진을 담당한다. 그러나 이러한 기구들이 실질적인 권한을 행사하기보다는 형식적 참여에 그치는 사례가 적지 않으며, 청소년의 의견이 정책이나 운영에 실질적으로 반영되지 않는다는 비판도 꾸준히 제기되고 있다(한국청소년활동진흥원, 2018).

② 프로젝트 중심 참여

특정한 사회적 이슈나 지역 문제를 해결하기 위한 청소년 주도 캠페인, 공공예술 활동, 환경 보호 프로젝트 등은 청소년 참여의 대표적인 유형으로 꼽힌다. 이러한 활동에서는 청소년이 기획, 조사, 실행, 평가의 전 과정에 주체적으로 관여함으로써, 단순한 참여를 넘어 사회적 변화의 동력으로 작용할 수 있다.

③ 디지털 기반 참여

SNS, 온라인 청원, 유튜브 콘텐츠, 해시태그 캠페인 등 디지털 공간에서의 활동은 오늘날 청소년 참여의 핵심적인 영역으로 부상하고 있다(Earl & Kimport, 2011). 특히 코로나19 팬데믹 이후 비대면 참여가 일상화되면서, 청소년의 디지털 표현과 행동이 정치·사회적 변화를 유도하는 새로운 방식의 시민성으로 자리 잡았다(UNICEF, 2021). 예를 들어, 2021년 '스쿨미투' 온라인 해시태그 운동은 학생들이 트위터와 인스타그램을 통해 교내 성폭력 문제를 고발하고, 실제로 학교 내 성인지 교육 강화를 이끌어 낸 대표적 디지털 참여 사례로 평가된다. 또한 청소년들이 주도한 기후위기 대응 청원 캠페인은 SNS 링크를 통해 수만 명의 동의를 이끌어 내어 지방자치단체의 탈석탄 선언 및 환경교육 확대 정책 제안으로 연결된 바 있다. 이처럼 디지털 기반 참여는 청소년이 시간·공간의 제약 없이 자신의 의견을 표현하고, 대중과 직접 연결되며, 사회적 담론에 실질적 영향을 미칠 수 있는 강력한 수단으로 기능하고 있어 앞으로도 확대될 전망이다.

④ 사회운동 및 집단행동 참여

기후위기 대응을 위한 시위(Fridays for Future), 젠더평등을 요구하는 페미니즘 운동, 학내 차별 철폐를 위한 집단행동 등은 청소년이 직접 사회적 이슈를 제기하고 집단적 연대를 형성하여 변화를 주도하는 대표적인 참여 방식이다(O'Brien et al., 2018). 이러한 참여는 종종 제도권 바깥에서 자발적으로 이루어지며, 참여자들의 자율성과 급진성, 정치적 상상력이 높다는 점에서 전통적인 제도 내 참여와 구별된다. 한국에서도 대표적인 사례로, 2021년 청소년기후행동 소속 청소년들이 주도한 '기후정의를 위한 결석 시위'가 있다. 이 시위는 청소년들이 수업을 거부하며 정부의 탄소 감축 목표 후퇴를 규탄한 활동으로, 광화문과 전국 10개 도시에서 동시다발적으로 이루어졌다. 이러한 운동은 청소년들이 더 이상 '보호받는 존재'가 아니라, 자신과 사회를 바꾸는 능동적 주체임을 입증하는 사회적 실천으로 평가받고 있다.

(4) 참여의 효과와 지속성

청소년 참여는 단순한 일회성 이벤트나 수동적 참여가 아니라, 지속적인 역량 발달과 시민 정체성 형성의 통로가 되어야 한다(Ginwright & James, 2002). 연구에 따르면, 참여 경험이 있는 청소년은 비판적 사고력, 협업 능력, 공공문제에 대한 감수성이 높으며, 성인이 된 이후에도 정치 참여, 지역사회 활동, 공공 이슈에 대한 지속적 관심으로 이어지는 경우가 많다(Kirshner, 2007). 반면, 형식적 참여가 반복되거나 의견이 무시되는 구조에서는 청소년들이 '가짜 참여'에 대한 회의감을 갖게 되고, 이는 참여 자체를 무력화시키는 탈정치화로 이어질 수 있다(Bessant, 2004). 따라서 청소년 참여를 설계할 때는 단순히 자리를 제공하는 것을 넘어, 참여자 중심성과 실질적 영향력을 보장하는 구조로 설계되어야 한다. 이는 참여가 단지 상징적 수단이 아니라, 청소년을 실질적 시민으로 육성하는 민주적 훈련의 장이 되도록 하는 핵심 조건이기 때문이다.

(5) 향후 과제

청소년 참여를 확장하고 정착시키기 위해 다음과 같은 과제가 요구된다.

첫째, 참여기구의 내실화이다. 청소년의 의견이 정책 수립 및 실행 과정에 실질적으로 반영될 수 있도록, 청소년참여기구의 권한 강화, 법적 보장, 피드백 구조의 투명화가 필요하다. 둘째, 의미 있는 참여를 해야 한다. 청소년이 단지 행사에 '참석'하는 수동적 존재가 아니라, 의제를 설정하고 결정에 영향력을 행사하는 능동적 주체로 기능할 수 있도록 설계해야 한다. 하트(Hart, 1992)의 '참여 사다리' 이론에 따르면, 상징적 참여(tokenism)는 오히려 참여에 대한 불신을 유발할 수 있으므로 의미 있는 참여가 될 수 있는 기회가 더욱 확대되어야 할 것이다. 셋째, 참여 역량을 강화해야 한다. 참여 교육과 역량 강화: 청소년의 효과적인 참여는 비판적 사고력, 자기표현력, 협상 능력, 정책 이해도 등 다양한 역량을 기반으로 하기 때문에, 학교와 지역사회는 이러한 역량을 길러주는 체계적 시민교육 프로그램과 실천 기반 활동 기회를 병행해야 한다(Zimmerman, 1995).

그러므로 청소년 참여는 단순히 성인기를 위한 '준비 훈련'이 아니라, 현재를 살아가는 동등한 시민으로서의 권리이자, 사회를 더 포용적이고 민주적으로 만드는 데 기여할 수 있는 핵심 기반이다(Lansdown, 2005). 따라서 청소년 참여는 '허용'의 문제가 아니라 구조적 · 문화적 · 교육적으로 보장해야 할 권리의 실현이라는 관점에서 접근되어야 한다.

2) 청소년 참여의 효과

청소년 참여는 민주주의의 핵심 구성 요소로, 청소년을 단순한 보호 대상이 아닌 시민이자 권리의 주체로 인정하는 사회적 실천이다. 이는 단순히 의견을 제시하는 수준을 넘어, 청소년이 자신의 삶과 공동체에 영향을 미치는 정책, 제도, 문화적 결정 과정에 실질적으로 관여하는 것을 의미한다(Checkoway & Aldana, 2013). 이러한 참여는 청소년이 자기효능감, 공동체 의식, 비판적 사고력, 정치적 표현 역량 등을 키울 수 있는 중요한 통로로 작용한다. 실제로 다양한 연구는 청소년 참여가 심리적 성장(자아정체성, 자신감), 사회적 통합(소속감, 연대감), 정치적 능력(의사결정력, 정책 이해도) 등 다방면에 걸쳐 긍정적 효과를 유발한다고 보고하고 있다(Wong et al., 2010). 따라서 청소년 참여는 '활동' 이전에, 민주주의를 실현하는 시민적 권리의 표현이자 사회 구성원으로서의 정치적 주체화 과정으로 이해되어야 한다.

(1) 개인적 차원에서의 효과

① 자기효능감 및 자존감 향상

청소년이 공공의 장에서 자신의 의견을 표현하고, 그것이 존중되고 반영되는 경험을 할 때, 자기효능감과 자존감은 크게 향상된다(Zeldin et al., 2008). 이러한 경험은 청소년에게 '나의 목소리가 사회에 영향을 줄 수 있다.'라는 감각을 제공하며, 이는 곧 자율성과 책임감의 내면화로 이어진다(Zimmerman, 1995). 특히 반복적인 참여 경험은 청소년이 자기 주도적 결정과 성취를 경험할 수 있는 구조를 제공함으로써, 심리적 주체성을 강화하는 기반이 된다.

② 리더십 및 의사소통 능력 개발

청소년은 또래 및 성인과의 협의를 통해 설득, 토론, 갈등 조정, 협상 등의 과정에 참여하면서, 리더십과 의사소통 능력을 실천적으로 개발하게 된다(Larson & Angus, 2011). 이러한 상호작용은 단지 기술 습득에 그치지 않고, 다양한 입장을 수용하고 조율하는 민주적 역량을 기르는 데 중요한 기반이 될 것이다. 뿐만 아니라 청소년이 직접 의제를 설정하고 프로젝트를 주도하는 참여형 학습 환경은 조직운영, 역할 분담, 갈등 해결, 팀워크 형성 등 리더십 기술을 체계적으로 훈련할 수 있는 장을 제공하기 때문에 중요하다.

(2) 사회적 차원에서의 효과

① 공동체 의식 및 사회적 연대 강화

청소년은 다양한 참여 활동을 통해 자신이 공동체의 일원임을 자각하게 되며, 지역사회문제해결 과정에 참여함으로써 연대감과 공동체 의식을 형성한다. 이러한 참여는 사회적 소외감을 줄이고, 청소년이 공동체 내에서 의미 있는 역할을 수행하고 있다는 정체성을 갖게 하는 데 기여한다(Flanagan & Levine, 2010). 특히 지역 또는 학교 단위의 참여 구조 속에서 또래 간 협력, 세대 간 대화, 지역사회와의 상호작용이 이루어질 때, 청소년은 자신이 공동체 변화의 일부임을 체감하며 사회적 소속감과 책임감을 함께 강화하게 된다.

② 사회적 자본 형성

청소년 참여는 개인의 사회적 자본을 축적하는 데 중요한 기반이 된다. 참여를 통해 청소년은 또래, 성인, 기관과의 새로운 네트워크에 접근하고, 정보, 기회, 자원을 얻게 되며, 이러한 경험은 사회적 신뢰와 규범, 상호 지원 구조의 형성으로 이어진다(Putnam, 2000). 젤딘 등(Zeldin et al., 2008)은 청소년 참여가 성인기 이후의 고용 가능성, 시민 참여, 지역사회 통합 등에서 지속적으로 긍정적 영향을 미친다고 분석하며, 참여가 단기적 활동을 넘어 장기적 사회통합의 관문이라는 점을 강조하였다.

(3) 정치적 차원에서의 효과

① 시민성 발달과 정치적 역량 강화

청소년기의 참여 경험은 시민적 정체성과 정치적 효능감의 형성에 중요한 기반이 된다. 커쉬너(Kirshner, 2007)은 청소년 주도 프로젝트와 지역사회참여가 청소년이 '정치적 행위자로서 나의 목소리가 의미가 있다.'라는 자각을 갖게 하며, 그 결과 정치적 효능감이 크게 높아진다고 보고하였다(Kirshner, 2007). 특히 학교나 지역사회에서의 참여 경험은 청소년이 자신을 공공 문제에 대한 책임 있는 주체로 인식하게 하고, 정치와 사회에 영향력을 행사할 수 있다는 신념을 강화할 수 있다. 토니-퍼타 등(Torney-Purta et al., 2001)의 국제 시민성 비교 연구(ICCS)에 따르면, 청소년기에 정치적 토론, 청소년 의회, 모의 선거 등의 참여 경험이 있는 경우, 성인이 된 이후에도 투표율, 시민단체 활동, 공공 이슈에 대한 관심이 유의미하게 높게 나타나는 것으로 조사되었다.

② 민주주의에 대한 신뢰와 정치적 관용 증가

청소년 참여는 단지 정치적 기술 습득에 그치지 않고, 민주주의 제도에 대한 신뢰감과 정치적 관용성을 높이는 데에도 기여한다(Youniss et al., 2002). 다양한 의견, 가치, 배경을 가진 사람들과 협력하고 토론하는 경험은 다문화적 · 다가치 사회에서 필수적인 시민성을 형성하며, 이는 극단주의를 방지하고 공동체 회복력을 높이는 핵심 역량으로 간주된다. 특히 청소년이 주도적으로 기획하고 실행한 정책 참여 경험은 정치적 냉소주의를 줄이고, 민주주의를 '경험된 질서'로 체감하게 하는 중요한 통로로 작용할 수 있다.

(4) 심리 · 정서적 차원에서의 효과

청소년이 의미 있는 참여를 경험할 때, 이는 정서적 안녕과 심리적 회복력을 강화하는 보호 요인으로 작용한다. 발라드 등(Ballard et al., 2019)는 미국 청소년 9,471명을 추적 조사한 결과, 투표 · 자원봉사 · 활동 참여 경험이 20대 중반의 정신건강(우울 · 불안 수준) 개선 및 삶의 만족도 증가와 유의미한 상관관계를 보였다고 발표하였다. 또한 미국 국립연구위원회(NRC)와 의학연구소(IOM)(2002)의 청소년발달 프로그램은 심리사회적 발달이론에 기반해, 청소년 참여 프로그램이 자아존중감과 자기효능감을 높임으로써 스트레스 대처 능력과 정서적 안정을 증진한다고 강조한다. 이들은 특히 소외계층 청소년에게 참여 기회를 확대할 때 심리적 보호 요인이 극대화된다고 제안하였다. 그러므로 청소년의 의미 있는 참여는 심리정서적 차원에서도 매우 의미가 있다고 할 수 있다.

4. 청소년 참여 활성화를 위한 과제

청소년 참여는 민주주의 사회에서 청소년의 권리를 실현하고, 공공성에 대한 책임 의식을 함양하는 핵심 요소로 간주된다. 이러한 참여는 청소년을 단지 정책의 수혜자가 아니라, 의사결정 과정에 영향력을 행사하는 동등한 시민으로 인식하게 하는 출발점이 될 수 있다. 그러나 현실에서는 청소년의 참여가 형식에 머무르거나, 실질적인 권한과 영향력을 갖기 어려운 경우가 많다(Checkoway & Aldana, 2013). 이는 제도적 장벽, 사회문화적 편견, 참여 역량의 격차, 기술 인프라의 미비 등 복합적인 요인에서 기인한다. 따라서 청소년 참여를 활성화하기 위해서는 제도적 보장, 교육을 통한 역량 강화, 사회문화적 수용성 제고 그리고 디지털 기술을 활용한 접근성 확대 등 다차원적이고 통합적인 전략이 필요하다(Wong et al., 2010). 이러한 접근은 단순히 청소년을 참여시킨다는 차원을 넘어, 참여의 질과 지속 가능성 그리고 사회 전체의 민주주의적 역량을 강화하는 과정으로 이해되어야 할 것이다. 청소년 참여 활성화를 위해 과제를 제시하면 다음과 같다.

1) 제도적 과제

청소년 참여는 법적 권리로 보장되어야 할 민주주의적 실천이지만, 현실적으로 이를 구조화하고 제도화하는 과정에는 다양한 과제가 존재한다. 청소년이 단지 수동적 존재로 머무르지 않고, 정책 형성과 실행 과정에서 실질적인 영향력을 갖기 위해서는 참여의 기회를 제도적으로 보장하고, 법적 기반을 구축하며, 구체적인 실행체계를 마련하는 것이 필수적이다(Checkoway & Aldana, 2013).

2) 교육적 과제

청소년 참여를 실질적으로 정착시키기 위해서는 교육적 측면에서의 개입이 핵심적이다. 참여는 타고나는 능력이 아니라, 학습과 경험을 통해 발전하는 역량이기 때문에, 체계적인 교육적 기반이 필수적이다(Eccles & Gootman, 2002). 특히 참여에 필요한 기술, 태도, 인식은 일상적인 교육 과정 속에서 반복적으로 경험되고 강화되어야 하며, 이는 학교, 지역사회, 청소년기관 등 다양한 교육 주체의 협력을 통해 이루어져야 한다(Zeldin, Christens, & Powers, 2013).

3) 사회문화적 과제

청소년 참여가 제도적으로 보장되고 교육적으로 지원되더라도, 사회문화적 토대가 이를 수용할 준비가 되어 있지 않다면 참여는 실질적으로 제한될 수밖에 없다(Hart, 1992). 청소년을 바라보는 사회의 시각, 성인과의 관계 구조, 그리고 세대 간 상호작용에 내재한 문화적 조건은 참여의 성패를 좌우하는 핵심 요인 중 하나이다(Checkoway & Gutierrez, 2006; UNICEF, 2018).

4) 기술적 과제

청소년 참여를 활성화하는 데 있어 기술적 요소는 단순한 도구를 넘어 참여의 구조와 접근성을 재편성하는 핵심 인프라로 작용한다. 특히 디지털 환경은 청소년의 일상적 공간이자 정치 · 사회적 표현의 장으로 자리 잡고 있으며, 이를 제도적 참여와 연결하는 방안이 모색되어야 한다(UNICEF, 2021).

5) 청소년 참여 활성화를 위한 학교와 지역사회의 역할 규명

청소년 참여의 권리와 제도적 기반이 확대되고 있음에도 불구하고, 일상적 차원에서의 실질적 참여는 여전히 제한되는 경우가 많다(Bessant et al., 2017). 이는 참여를 위한 법적 제도만으로는 충분하지 않으며, 청소년이 생활하는 구체적인 공간, 즉 학교와 지역사회가 협력하여 참여의 구조와 문화를 함께 조성해야 하기 때문이다. 청소년 참여의 실질적 실현을 위해서는 제도와 정책만큼이나 학교와 지역사회가 협력하여 일상적 참여 환경을 제공하는 것이 중요하다(Wong et al., 2010). 학교는 청소년이 가장 많은 시간을 보내는 제도 공간이며, 지역사회는 청소년의 생활 환경이자 실제 정책과 연결되는 공간이므로 학교와 지역사회가 함께 청소년 참여 활성화를 위한 노력을 기울여야 한다.

참고문헌

교육부(2021). 2021 학교민주시민교육 추진계획. 대한민국 교육부. https://www.moe.go.kr

교육부(2022). 제2차 민주시민교육 종합계획(2022~2026). 대한민국 교육부. https://www.moe.go.kr

국가인권위원회(2022). 학생 정치활동에 대한 학교 규정 제한 관련 보도자료. 국가인권위원회. https://www.humanrights.go.kr/board/read?boardManagementNo=7003&boardNo=7000108

김영지, 김희진, 이민희, 김진호(2019). 아동 · 청소년 권리에 관한 국제협약 이행 연구: 한국 아동 · 청소년 인권실태 2019 총괄보고서(연구보고 19-R12). 한국청소년정책연구원.

김영지, 최홍일, 유성렬, 이은주(2022). 2022 아동 · 청소년 권리에 관한 국제협약 이행 연구 - 한국 아동 · 청소년 인권실태: 총괄보고서. 한국청소년정책연구원.

김정원 외(2022). 학생자치의 현황과 과제에 대한 질적 연구. 한국청소년정책연구원.

박미나(2022). 학교 자치의 실천과 사례연구. 서울시교육청.

서울특별시(2021). 서울특별시 청소년참여예산제 운영보고서.

여성가족부(2020). 2020 청소년종합실태조사. 여성가족부. Retrieved from http://www.youth.go.kr

여성가족부(2022). 제7차 청소년정책기본계획(2023~2027). 여성가족부.

여성가족부(2023). 2023 청소년백서. 여성가족부.

한국청소년정책연구원(2023a). 2023 청소년 인권 실태 조사. 한국청소년정책연구원.

한국청소년활동진흥원(2023b). 2023 청소년수련시설 및 운영위원회 현황 보고서.

한승훈 외(2020). 청소년 참여기구의 구조와 실천 전략. 청소년연구, 27(2), 1-27.

Archard, D. (2004). *Children: Rights and Childhood* (2nd ed.). Routledge.

Arnstein, S. R. (1969). A ladder of citizen participation. *Journal of the American Institute of Planners, 35*(4), 216-224. https://doi.org/10.1080/01944366908977225

Ballard, P. J., Hoyt, L. T., & Pachucki, M. C. (2019). Impacts of adolescent and young adult civic engagement on health and socioeconomic status in adulthood. *Child Development, 90*(4), 1138-1154. https://doi.org/10.1111/cdev.12998

Ben-Arieh, A., & Boyer, Y. (2005). Monitoring and measuring quality of life indicators among children in developed countries. *Social Indicators Research, 74*(1), 57-72. https://doi.org/10.1007/s11205-004-7836-2

Bessant, J. (2004). Mixed messages: Youth participation and democratic practice. *Australian Journal of Political Science, 39*(2), 387-404.

Boulianne, S. (2009). Does Internet use affect engagement? A meta-analysis of research. *Political Communication, 26*(2), 193-211. https://doi.org/10.1080/10584600902854363

Brady, H. E., Verba, S., & Schlozman, K. L. (1995). Beyond SES: A resource model of political participation. *American Political Science Review, 89*(2), 271 - 294.

Brown, P. (2006). Children of the Revolution: the making of young citizens. Modern and Contemporary France. https://doi.org/10.1080/09639480600667749

Kim, S., & Kim, N. (2024). Unveiling the evolving educational inequality from upper secondary to higher education in South Korea: from effectively maintained inequality theory perspective. *Higher Education*, 1-21.

Chang, S. (2021). Youth involvement and voting age: Evidence from South Korea (Doctoral dissertation). University of Michigan. https://deepblue.lib.umich.edu/bitstream/handle/2027.42/169378/csungmin.pdf

Checkoway, B. (2011). What is youth participation? *Children and Youth Services Review, 33*(2), 340-345. https://doi.org/10.1016/j.childyouth.2010.09.017

Checkoway, B. N., & Gutiérrez, L. M. (2006). An introduction. In B. N. Checkoway & L. M. Gutiérrez (Eds.), Youth Participation and Community Change (Vol. 14, No. 1/2, pp. 1-9). Haworth Press.

Checkoway, B., & Aldana, A. (2013). Four forms of youth civic engagement for diverse democracy. *Children and Youth Services Review, 35*(11), 1894~1899. https://doi.org/10.1016/j.childyouth.2013.09.005

Checkoway, B., & Gutiérrez, L. M. (2006). An introduction. In B. N. Checkoway & L. M. Gutiérrez (Eds.), *Youth participation and community change* (Vol. 14, Nos. 1-2, pp. 1-9). Haworth Press.

Choi, C., Lee, J., Bang, Y., & Kim, J. (2019). South Korean children's academic achievement and subjective well-being: The mediation of academic stress and the moderation of perceived fairness of parents and teachers. *Children and Youth Services Review, 100*, 166-176. https://doi.org/10.1016/j.childyouth.2019.02.004

Choi, J., Cho, H., Lee, S., Kim, J., & Park, E.-C. (2018). Effect of the online game shutdown policy on internet use, internet addiction, and sleeping hours in Korean adolescents. *Journal of Adolescent Health, 62*(5), 548-555. https://doi.org/10.1016/j.jadohealth.2017.11.291

Chu, H., Chung, E. K., & Lee, Y. (2023). Reduced in-person learning in COVID-19 widens student academic achievement gaps focusing on rural-urban and in-school disparities. *PLOS ONE, 18*(7), e0284385. https://doi.org/10.1371/journal.pone.0284385

Community Programs to Promote Youth Development: A Workshop Summary. (2002). *National Research Council and Institute of Medicine*. The National Academies Press.

Council of Europe. (2003). *European Charter on the Participation of Young People in Local and Regional Life*. Council of Europe.

Crenshaw, K. (1991). Mapping the margins: Intersectionality, identity politics, and violence against women of color. *Stanford Law Review, 43*(6), 1241-1299.

Di Pietro, G., Biagi, F., Costa, P., Karpiński, Z., & Mazza, J. (2020). The likely impact of COVID-19 on education: Reflections based on the existing literature and recent international datasets. Publications Office of the European Union. Retrieved from https://publications.jrc.ec.europa.eu/repository/handle/JRC121071

Dovey-Pearce, G., Walker, S., Fairgrieve, S., Parker, M., & Weetman, K. (2019). The burden of proof: The process of involving young people in research. *Health Expectations, 22*(3), 465-474. https://doi.org/10.1111/hex.12870

Earl, J., & Kimport, K. (2011). *Digitally Enabled Social Change: Activism in the Internet Age*. MIT Press.

Eccles, J., & Gootman, J. A. (Eds.). (2002). *Community Programs to Promote Youth Development*. National Academies Press.

Eichhorn, J., & Bergh, J. (2021). Lowering the voting age to 16 in practice: Processes and outcomes compared. *Parliamentary Affairs, 74*(3), 507-521. https://doi.org/10.1093/pa/gsab019

Finkelhor, D. (2008). Childhood victimization: Violence, crime, and abuse in the lives of young people. Oxford University Press.

Finkelhor, D., Turner, H., Shattuck, A., & Hamby, S. L. (2015). Lifetime prevalence of child sexual abuse and physical abuse: Results from the National Survey of Children's Exposure to Violence. *JAMA Pediatrics, 169*(8), 782-790. https://doi.org/10.1001/jamapediatrics.2015.67

Flanagan, C. A., & Levine, P. (2010). Civic engagement and the transition to adulthood. *The Future of Children, 20*(1), 159-179.

Franklin, B. (Ed.). (2002). *The New Handbook of Children's Rights: Comparative Policy and Practice*. Routledge.

Galston, W. A. (2001). Political knowledge, political engagement, and civic education. *Annual Review of Political Science, 4*, 217-234. https://doi.org/10.1146/annurev.polisci.4.1.217

Gilbert, R., Widom, C. S., Browne, K., Fergusson, D., Webb, E., & Janson, S. (2009). Burden and consequences of child maltreatment in high-income countries. *The Lancet, 373*(9657), 68-81. https://doi.org/10.1016/S0140-6736(08)61706-7

Gillick v. West Norfolk and Wisbech Area Health Authority, [1986] AC 112 (HL).

Gilliom, J., & Monahan, T. (2012). *SuperVision: An Introduction to the Surveillance Society*. University of Chicago Press.

Ginwright, S., & James, T. (2002). From assets to agents of change: Social justice, organizing, and youth development. *New Directions for Youth Development, 96*, 27-46. https://doi.org/10.1002/yd.25

Hanson, K., & Nieuwenhuys, O. (2012). *Reconceptualizing Children's Rights in International Development: Living Rights, Social Justice, Translations*. Cambridge University Press.

Hargittai, E. (2008). The digital reproduction of inequality. In D. B. Grusky (Ed.), *Social stratification* (pp. 936-944). Westview Press.

Hart, R. A. (1992). Children's participation: From tokenism to citizenship (Occasional Paper No. 10).

UNICEF International Child Development Centre.

Hendrick, H. (1997). *Children, Childhood and English Society, 1880-1990*. Cambridge: Cambridge University Press.

Hill, J. P., & Lynch, M. E. (1983). The intensification of gender-related role expectations during early adolescence. In J. Brooks-Gunn & A. C. Petersen (Eds.), *Girls at Puberty: Biological and Psychosocial Perspectives* (pp. 201-228).

Humphries, J. (2010). *Childhood and Child Labour in the British Industrial Revolution*. Cambridge University Press.

Kahne, J., Middaugh, E., & Allen, D. (2014). *Youth, new media, and the rise of participatory politics*. Yale University Press.

Kang, S. W. (2010). Multicultural education and the rights to education of migrant children in South Korea. *Educational Review, 62*(3), 287-300. https://doi.org/10.1080/00131911.2010.503599

Kirshner, B. (2007). Youth activism as a context for learning and development. *American Behavioral Scientist, 51*(3), 367-379. https://doi.org/10.1177/0002764207306065

Kowalski, R. M., Giumetti, G. W., Schroeder, A. N., & Lattanner, M. R. (2014). Bullying in the digital age: A critical review and meta-analysis of cyberbullying research among youth. *Psychological Bulletin, 140*(4), 1073-1137. https://doi.org/10.1037/a0035618

Lansdown, G. (2005). The evolving capacities of the child. UNICEF Innocenti Research Centre. https://www.unicef-irc.org/publications/384/

Larson, R. W., & Angus, R. M. (2011). Adolescents' development of skills for agency in youth programs: Learning to think strategically. *Child Development, 82*(1), 277-294. https://doi.org/10.1111/j.1467-8624.2010.01555.x

Lee, H., Kim, A., & Hong, B. (2017). Ex-post evaluation of illegalizing juvenile online game after midnight: A case of the shutdown policy in South Korea. *Telematics and Informatics, 34*(6), 547-556. https://doi.org/10.1016/j.tele.2017.06.005

Livingstone, S., & Third, A. (2017). Children and young people's rights in the digital age: An emerging agenda. *New Media & Society, 19*(5), 748-765.

Loades, M. E., Chatburn, E., Higson-Sweeney, N., Reynolds, S., Shafran, R., Brigden, A., … Crawley, E. (2020). Rapid systematic review: The impact of social isolation and loneliness on the mental health of children and adolescents in the context of COVID-19. *Journal of the American Academy of Child & Adolescent Psychiatry, 59*(11), 1218-1239.e3. https://doi.org/10.1016/j.jaac.2020.05.009

Lundy, L. (2007). "Voice" is not enough: Conceptualising Article 12 of the United Nations Convention on the Rights of the Child. *British Educational Research Journal, 33*(6), 927-942. https://doi.org/10.1080/01411920701657033

McCold, P., & Wachtel, T. (2003, August). In pursuit of paradigm: A theory of restorative justice. Paper presented at the XIII World Congress of Criminology, Rio de Janeiro, Brazil. Retrieved from http://www.restorativepractices.org/library/paradigm.html

Meyer, I. H. (2003). Prejudice, social stress, and mental health in lesbian, gay, and bisexual populations: Conceptual issues and research evidence. *Psychological Bulletin, 129*(5), 674-697. https://doi.org/10.1037/0033-2909.129.5.674

Milner, H. R. (2008). The Internet Generation: Engaged Citizens or Political Dropouts? Tufts University Press.

Mitra, D. L. (2004). The significance of students: Can increasing "student voice" in schools lead to gains in youth development? *Teachers College Record, 106*(4), 651-688

Moodley, J., & Graham, L. (2015). The importance of intersectionality in disability and gender studies. *Agenda, 29*(2), 24-33.

Noble, S. U. (2018). Algorithms of Oppression: How Search Engines Reinforce Racism. New York University Press.

OECD. (2019). Education at a Glance 2019: OECD indicators. OECD Publishing.

Park, J. (2013). Do school uniforms lead to uniform minds? School uniforms and appearance restrictions in Korean middle schools and high schools. *Fashion Theory: Journal of Dress, Body & Culture, 17*(2), 159-177. https://doi.org/10.2752/175174113X13541091797607

Pascoe, M. C., Hetrick, S. E., & Parker, A. G. (2020). The impact of stress on students in secondary school and higher education. *International Journal of Adolescence and Youth, 25*(1), 104-112. https://doi.org/10.1080/02673843.2019.1596823

Perkins, D. D., & Zimmerman, M. A. (1995). Empowerment theory, research, and application. *American Journal of Community Psychology, 23*(5), 569-579. https://doi.org/10.1007/BF02506982

Pinheiro, P. S. (2006). Report of the independent expert for the United Nations Study on Violence against Children (A/61/299). United Nations. Retrieved from https://violenceagainstchildren.un.org

Post, R. (2024). Theorizing student expression: A constitutional account of student free speech rights. Stanford Law Review, *76 Symposium*, 1643-1684. Retrieved from https://review.law.stanford.edu/wp-content/uploads/sites/3/2024/10/Post-76-Stan.-L.-Rev.-1643.pdf

Putnam, R. D. (2000). *Bowling Alone: The Collapse and Revival of American Community*. Simon & Schuster.

Rojewski, J. W., Lee, I. H., & Hill, R. B.(2014). Participation patterns of Korean adolescents in school-based career exploration activities. Asia Pacific Educ. *Rev. 15*, 473-482 (https://doi.org/10.1007/s12564-014-9331-z

Rousseau, J.-J. (2009). *Émile, or On Education* (B. Foxley, Trans.). Floating Press. (Original work published 1762)

S. and Marper v. United Kingdom, [2008] ECHR 1581/04 (European Court of Human Rights).

Sen, A. (1999). *Development as freedom*. Oxford University Press.

Shier, H. (2001). Pathways to participation: Openings, opportunities and obligations. *Children & Society, 15*(2), 107–117. https://doi.org/10.1002/chi.617

Silverman, R. D., Opel, D. J., & Omer, S. B. (2019). Vaccination over parental objection – Should adolescents be allowed to consent to receiving vaccines? *New England Journal of Medicine, 381*(2), 194–197. https://doi.org/10.1056/NEJMp1905814

Terriquez, V. (2015). Intersectional mobilization, social movement spillover, and queer youth leadership in the immigrant rights movement. *Social Problems, 62*(3), 343–362. https://doi.org/10.1093/socpro/spv010

Tomasevski, K. (2003). *Education Denied: Costs and Remedies*. UNESCO.

Torney-Purta, J., Lehmann, R., Oswald, H., & Schulz, W. (2001). *Citizenship and education in twenty-eight countries: Civic knowledge and engagement at age fourteen*. Amsterdam: IEA.

Tremmel, J., & Wilhelm, J. (2015). Democracy or epistocracy? Age as a criterion of voter eligibility. In J. Tremmel, A. Mason, I. Dimitrijoski, & P. Godli (Eds.), *Youth quotas and other efficient forms of youth participation in ageing societies* (pp. 125–147). Springer. https://doi.org/10.1007/978-3-319-13431-4_9

UNESCO. (2009). International technical guidance on sexuality education: An evidence-informed approach for schools, teachers and health educators. UNESCO.

UNESCO. (2015). Education 2030: Incheon Declaration and Framework for Action (SDG 4-Education 2030 Agenda). UNESCO.

UNESCO. (2017). Discrimination. In UNESCO TVETipedia Glossary. Retrieved from https://unevoc.unesco.org/home/tvetipedia+glossary/lang=en/show=term/term=Discrimination

UNESCO. (2020). Education: From disruption to recovery. Retrieved from https://www.unesco.org/en/covid-19/education-disruption-recovery

UNICEF. (2012). The State of the World's Children 2012: Children in an Urban World.

UNICEF. (2018). Every Child's Right to be Heard: A Resource Guide on the UNCRC General Comment No. 12. UNICEF.

UNICEF. (2019). Child participation in local governance: A UNICEF guidance note. UNICEF. Retrieved from https://www.unicef.org/sites/default/files/2019-12/UNICEF-Child-Participation-in-Local-Governance.pdf

UNICEF. (2021). Digital civic engagement by young people. UNICEF Office of Global Insight and Policy. https://www.unicef.org/globalinsight/reports/digital-civic-engagement

United Nations General Assembly. (1948). Universal Declaration of Human Rights (A/RES/217 [III]).

Retrieved from https://www.un.org/en/about-us/universal-declaration-of-human-rights

United Nations General Assembly. (1959). Declaration of the Rights of the Child (A/RES/1386 [XIV]). Retrieved from https://digitallibrary.un.org/record/195831

United Nations General Assembly. (1989). Convention on the Rights of the Child (A/RES/44/25). Retrieved from https://www.unicef.org/child-rights-convention

United Nations. (1989). Convention on the Rights of the Child (A/RES/44/25). Retrieved from https://www.unicef.org/child-rights-convention

Wolke, D., & Lereya, S. T. (2015). Long-term effects of bullying. *Archives of Disease in Childhood, 100*(9), 879-885. https://doi.org/10.1136/archdischild-2014-306667

Wong, N. T., Zimmerman, M. A., & Parker, E. A. (2010). A typology of youth participation and empowerment for child and adolescent health promotion. *American Journal of Community Psychology, 46*(1-2), 100-114. https://doi.org/10.1007/s10464-010-9330-0

World Health Organization. (2002). World Report on Violence and Health. World Health Organization.

Wyness, M. G. (2012). "Children's participation and intergenerational dialogue: Bringing adults back into the analysis." *Childhood, 20*(4), 429-442.

Yoomin Won, The role of international human rights law in South Korean constitutional court practice: An empirical study of decisions from 1988 to 2015, International Journal of Constitutional Law, Volume 16, Issue 2, April 2018, Pages 596-624, https://doi.org/10.1093/icon/moy026

Youniss, J., Bales, S., Christmas-Best, V., Diversi, M., McLaughlin, M., & Silbereisen, R. (2002). Youth civic engagement in the twenty-first century. *Journal of Research on Adolescence, 12*(1), 121-148. https://doi.org/10.1111/1532-7795.00027

Youniss, J., McLellan, J. A., & Yates, M. (1997). What we know about engendering civic identity. *American Behavioral Scientist, 40*(5), 620-631. https://doi.org/10.1177/0002764297040005020l

Zeldin, S., Camino, L., & Calvert, M. (2008). Toward an understanding of youth in community governance. *The Prevention Researcher, 15*(1), 3-7.

Zeldin, S., Christens, B. D., & Powers, J. L. (2013). The psychology and practice of youth-adult partnership: Bridging generations for youth development and community change. *American Journal of Community Psychology, 51*(3-4), 385-397. https://doi.org/10.1007/s10464-012-9558-y

Zeldin, S., Petrokubi, J. N., & MacNeil, C. (2008). Youth-adult partnerships in decision making: Disseminating and implementing an innovative idea into established organizations and communities. *American Journal of Community Psychology, 41*(1-2), 262-277. https://doi.org/10.1007/s10464-007-9149-5

찾아보기

ㅎ

저자 소개

강영배(Youngbae, Kang)

명지대학교 청소년지도학과(교육학 학사)
명지대학교 대학원 청소년지도전공(교육학 석사)
일본 국립 도호쿠(東北)대학 대학원 교육학연구과 종합교육과학전공(교육학 박사)
전 일본 쇼케이학원대학 현대사회학과 교수
현 대구한의대학교 사회복지학과 교수

주요 저서: 청소년육성제도론(공저, 학지사, 2025), 청소년상담(공저, 학지사, 2022), 청소년을 위한 진로상담 이론과 실제(공동체, 2020)

주요 논문: 「청소년시설 기관장의 진성리더십과 전문직업성이 조직유효성에 미치는 영향에서 직무재창조의 매개효과」「청소년의 SNS사회자본과 임파워먼트가 디지털시민성에 미치는 영향: SNS이용동기의 조절된 매개효과」 등 다수

박선영(Sunyoung, Park)

명지대학교 청소년지도학과(교육학 학사)
The University of Birmingham(영국) MA in Education
The University of Birmingham(영국) Ph.D in Education
전 동서대학교 청소년상담심리전공 교수
현 한국체육대학교 스포츠청소년지도학과 교수

주요 저서: 청소년활동론(공저, 정민사, 2015), 차세대 청소년학 총론(공저, 양서원, 2011), 청소년지도방법론(공저, 교육과학사, 2019)

주요 논문: 「Clarifying the Characteristics and Exploring the Collaboration of Citizenship and Character Education in South Korea)」「한국 청소년의 시민참여와 정치효능감에 관한 연구」「포스트 코로나19 시대 청소년활동과 청소년정책의 과제」 등 다수

하중래(Joongrae, Ha)

명지대학교 청소년지도학과(교육학 학사)
명지대학교 사회교육대학원(교육학 석사)
명지대학교 대학원 청소년지도전공(교육학 박사)
현 명지대학교 대학원 겸임교수
사)한국청소년지원네트워크 상임이사
시립마포청소년센터 관장

주요 저서: 청소년문화(공저, 학지사, 2024), 청소년육성제도론(공저, 학지사, 2025)
주요 논문: 「청소년지도사의 직무만족 잠재계층유형 분석과 변인간 차이에 관한 연구」「청소년지도자의 직무만족이 소진에 미치는 영향」

허일수(Ilsoo, Huh)

서울예술대학교 디지털아트학과(전문학사)
국립 창원대학교 철학과(문학사)
국립 부경대학교 신문방송학과(신문방송학 석사)
평택대학교 아동청소년학과(교육학 박사)
현 동래구청소년센터 관장
동명대학교 사회복지학과 겸임교수
부산가톨릭대학교 사회복지상담심리학과 겸임교수

주요 저서: 청소년활동론(공저, 양서원, 2023)

이지연(Jiyeon, Lee)

명지대학교 대학원 청소년지도학과(교육학 박사)
상담심리사 1급, 주 수퍼바이저(한국상담심리학회)
임상심리사 1급, 청소년상담사 1급, 청소년지도사 1급
현 숭실대학교 글로벌미래교육원 심리학전공 지도교수
한양대학교 미래인재교육원 겸임교수
서울경찰청 위촉 범죄피해평가전문가
식품의약품안전처 인증 마약류 예방 및 재활 전문인력

주요 저서: 군 상담 이론과 실제(공저, 양성원, 2025)
주요 논문: 「학교폭력에 대한 청소년의 방관적 태도가 자기효능감과 대인관계에 미치는 영향」「학교 밖 청소년의 낙인 경험에 대한 현상학적 연구」「청소년의 학업중단숙려제 경험 탐구」 등 다수

송원일(Wonil, Song)

평택대학교 사회복지학부 청소년학 전공(사회복지 학사)
평택대학교 대학원 아동청소년 전공(청소년학 석사)
평택대학교 대학원 청소년전공(교육학 박사)
전 한국청소년정책연구원 부연구위원
평택대학교 아동청소년교육상담학과 초빙교수
현 사)한국청소년시설환경학회 법인이사

주요 저서: 청소년활동론(공저, 양서원, 2023), 청소년프로그램개발과 평가(공저, 신정, 2025)
주요 논문: 「청소년의 신(新)문화공간 사례연구: 메타버스 중 '제페토(Zepeto)'를 중심으로」「청소년활동 참여 경험 및 의지, 인식이 청소년 삶의 만족과 행복에 미치는 영향: 대전광역시 중 · 고등학생을 중심으로」 등 다수

정희진(Heejin, Jung)

명지대학교 청소년지도학과(교육학 학사)
명지대학교 대학원 청소년지도학과(교육학 석사)
명지대학교 대학원 청소년지도학과(교육학 박사)
전 청소년매체환경보호센터 팀장
현 명지대학교 통합치료대학원 청소년지도학과 객원교수
탁틴내일아동청소년성폭력상담소 팀장

주요 저서: 청소년육성제도론(공저, 학지사, 2025)
주요 논문: 「아동 · 청소년 성폭력 피해상담 분석: 디지털 성폭력 해당 구분」「아동 · 청소년 대상 성범죄 그루밍(Grooming, 길들이기) 판례분석」 등 다수

청소년학의 이해

Introduction to Youth Studies

2026년 2월 10일 1판 1쇄 인쇄
2026년 2월 20일 1판 1쇄 발행

지은이 • 강영배 · 박선영 · 하중래 · 허일수 · 이지연 · 송원일 · 정희진
펴낸이 • 김진환
펴낸곳 • (주) 학지사

04031 서울특별시 마포구 양화로 15길 20 마인드월드빌딩
대표전화 • 02)330-5114 팩스 • 02)324-2345
등록번호 • 제313-2006-000265호

홈페이지 • http://www.hakjisa.co.kr
인스타그램 • https://www.instagram.com/hakjisabook

ISBN 978-89-997-3633-9 93370

정가 23,000원

저자와의 협약으로 인지는 생략합니다.
파본은 구입처에서 교환해 드립니다.